Markus Möller
Ronald Prokein

Lenareise

WeymannBauerVerlag

Informationen zum Verlag und seinen Büchern:
www.weymannbauerverlag.de

Termine, Touren und vieles mehr:
www.moeller-prokein.de

ISBN 3-929395-43-6
1. Auflage 2003

Umschlaggestaltung: Möller/wbv
Fotos: Möller/Prokein
außer erstes Foto Innenteil: Wladimir Makarow und
letztes Foto Innenteil: wbv
Druck und Binden: Clausen & Bosse, Leck
Printed in Germany

Für Parschi
Für Antje und Dirk

VORWORT

Mich hat das beeindruckt. Zwei Jungs aus Rostock, die sich mit einem schon etwas klapprig wirkenden VW Bus, mit viel Mut und wenig Geld bis zum riesigen sibirischen Fluß Lena durchschlagen; zwei Jungs, die diesen Fluß dann auch noch befahren (nicht mit dem VW Bus) und dann das Ganze wieder zurück; zwei Jungs aus Rostock also, die schließlich in Moskau im ARD-Studio auftauchen und einfach davon erzählen, das hat mich beeindruckt. Was sie erlebt haben, das ist das wirkliche Rußland mit all seinen Höhen und Tiefen, all seinen Schönheiten und jener Melancholie, die den, der sich einmal darin verfängt, nicht mehr losläßt. Das ging mir in acht Jahren Rußland selbst so. Natürlich bis heute. Das ging großen Kollegen wie Gerd Ruge, Fritz Pleitgen und Klaus Bednarz so. Natürlich auch ihnen bis heute. Vielleicht haben wir alle durch unsere vielen Reportagen aus dem großen Rußland ein winziges Stück dazu beitragen können, daß sich zwei junge Abenteurer aus Rostock auf den Weg machen und nun so wundersame Geschichten von ihrer Reise zu erzählen in der Lage sind. Das wäre schön.

Einziges Problem: Ich glaube nicht daran. Ich bin überzeugt, daß sie, so wie sie »gestrickt« sind, das sowieso machen oder gemacht hätten. Mit anderen Worten: Getrieben von Erfahrungshunger und einem gehörigen Schuß Abenteuerlust liefern sie nun einen lesenswerten Bericht aus der russischen Wirklichkeit.

Zugegeben: Es gehört viel Kraft und Mut dazu, solch eine Reise auf diese Weise zu unternehmen. Uns, die wir sie nicht begleiten konnten, versetzt es jetzt wenigstens in die Lage, ihre Erfahrungen nachzulesen.

Ich, der ich nach acht Jahren Rußland derzeit in Berlin lebe und arbeite, freue mich darüber. So kommt ein kleines Stückchen meiner zweiten Heimat selbst bis nach Berlin.

Ich wünsche ihnen, den Leserinnen und Lesern, die gleiche Freude.

Thomas Roth
Chefredakteur ARD Hauptstadtstudio
Berlin, im Mai 2003

GEDANKEN

Diese verfluchte Nacht im November. Ich stehe in der Küche meiner Altbauwohnung. Das scharfe Messer in der Hand macht mir keine Angst. Blut tropft auf den Boden. Ich habe mir in den Unterarm geschnitten, will testen, ob die Klinge scharf genug ist. Es tut nicht weh. Ich habe versucht, mich mit Alkohol zu betäuben, zu viel Alkohol: soviel, bis der letzte Tropfen aus der Flasche durch meinen Hals geronnen war. Bilder tauchen wie Blitzlichter auf. Ich starre die kahle weiße Wand an. Wie lange ist es her, seit mich das Stöhnen aus der Nachbarwohnung aus dem Schlaf geholt hat? Ich will nicht mehr leben. Die Wand wird durchsichtig. Ich sehe Lara, die Frau, die ich für die Liebe meines Lebens hielt. Ich sehe Ronald, meinen besten Freund. Ich sehe, was die beiden tun, weil ich es höre ... Ich hämmere mit den Fäusten gegen die Wand, nehme wahr, daß ich schreie. Dann sacke ich zusammen. Müde, betrunken, leer, das Messer in der Hand ...

Ich sitze im Kajak und paddle. Die Bilder der Vergangenheit verschwinden wie der frühe Flußnebel. Die Lena liegt vor mir, glitzert in der Sonne.

Neben mir Ronald. Wir sind wieder unterwegs, konnten dem Drang nach neuen Erlebnissen, dem Versuch, scheinbar Unmögliches zu bewältigen, nicht widerstehen und haben uns auf eine Reise gewagt, die gefährlich werden könnte. Denn was damals passierte, ist bis heute unser dunkelstes Kapitel. Unausgesprochen. Totgeschwiegen. Ronald und ich kennen uns über dreiundzwanzig Jahre, waren die dicksten Freunde, haben fast alles gemeinsam unternommen. Vielleicht ist dies unsere Sicherheit. Doch wird das reichen? Werden wir viertausend Kilometer bis nach Tiksi am Arktischen Ozean unterwegs sein und die Gedanken ausklammern können? Oder wird uns die Vergangenheit überrollen? Kann man verlorengegangenes Vertrauen wiedergewinnen? Wir tun seit Wochen so, als wäre die Vergangenheit tatsächlich vergangen. Schaue ich zu Ronald, sehe ich den Rivalen und nicht den Freund von einst. Ihm wird es nicht anders gehen als mir.

Nun, wir sind trotzdem ein Team, glauben zumindest daran, daß uns ein Teil von dem, was uns stets auf den vorherigen Touren verband, auch diesmal verbinden wird. ›Reisepartner müssen ja keine Freunde sein‹, dachte ich vor der Unternehmung, und so denke ich auch jetzt, ›aber sie können trotzdem zusammenhalten.‹ Und das müssen wir in dieser schier menschenlosen Gegend auch. Einer wird die Garantie für den anderen sein.

DAS FLÜSSCHEN LENA

Die Lena soll im Norden so breit sein, daß man von einem Ufer das andere nicht sehen kann. Launisch, kalt, und im Frühjahr, wenn das Eis taut, soll sie Dörfer und Städte überschwemmen und dabei so manches Leben auslöschen. Der Fluß gehört zu Sibirien, wo alles mächtig, gewaltig und unberechenbar scheint. Wohl nirgends auf der Welt sei der Grat zwischen schön und gefährlich so schmal wie in Sibirien, sagt man.

Dieser Freitagvormittag im Juli, zehn Tage vor der Monatswende, ist schön, und wir fühlen uns in den schnittigen Kajaks ein wenig unterfordert. Wir paddeln kaum, lassen uns mit der Strömung über kleine Wellen treiben.

Jedes der Kajaks kann bis zu zweihundertdreißig Kilogramm Gewicht aufnehmen. Wir haben diese Grenze ausgeschöpft. An Bug, Heck und zwischen den zwei Einstiegsluken befestigten wir die prallgefüllten Neoprentaschen. Die Stauräume sind voll mit Nahrung, Medikamenten und Werkzeug. Ronald hat seine beiden Schäferhunde Gina und Condor zu unserem Schutz mitgenommen. Der Rüde liegt in Ronalds Kajak, die Hündin in meinem. Für die beiden sind die Vorderluken bestimmt. Wir haben dort die Plastiksitze ausgebaut und den Boden mit Teppichresten bedeckt. So können die Hunde verschiedene Liegepositionen einnehmen und haben es zudem weich und bequem.

Es ist Mittag geworden. Die Sonne scheint auf uns herab, und wir paddeln inzwischen schneller. Fast so, als könnten wir die Lena in ein, zwei Wochen abhaken. Der gewaltigste Strom des Nordens ist hier nur siebzig Meter breit und erinnert uns mit seinen kleinen Zuflüssen an die Mecklenburgische Seenplatte. Nein, hier ist nichts gefährlich.

Wir haben die Welt in Rekordzeit umradelt, wir waren mit dem Auto unterwegs nach Brunei. Immer befuhren wir dabei Hauptstraßen. Hier aber gibt es keine Straßen mehr. Die einzige befahrbare ist die Lena selbst.

Als Startpunkt für unsere Reise wählten wir den Ort Birjulka. Zwar ist der Fluß bis zu diesem Dorf schon knapp zweihundert Kilometer aus dem Baikalgebirge herabgeflossen, vor Birjulka aber ähnelt er eher einem Bächlein, schmal und flach. Dennoch ist dieses »Bächlein« nicht ungefährlich. Oftmals liegen in ihm umgefallene Baumstämme, versperren den Weg, und die Strömung ist an diesen Stellen gewaltig.

Unser VW-Bus, mit dem wir von Rostock bis zu diesem Dorf fuhren, steht seit gestern beim dortigen Bürgermeister. Wir suchten ihn in seinem Amt auf, erklärten ihm unser Vorhaben und fragten, ob er den Bus bis zu unserer Rückkehr in seine Obhut nehmen könne. Der Mann hatte nichts dagegen, und sein Hof bot dafür genügend Platz. Dieser Bürgermeister war mir auf Anhieb sympathisch. Ich kann nicht sagen, warum wir dem hageren Mann mit dem chronisch steifen Hals und den vielen Goldzähnen sofort vertrauten. Es war einfach so. Vielleicht lag es auch daran, daß er selbst ein wenig hilflos wirkte. Es war so ein Aus-dem-Bauch-Gefühl.

Der Bus, mit dem wir die achttausend Kilometer bis hierher fuhren, ist schon sechzehn Jahre alt. Neun Tage benötigten wir für die Anreise. Eigentlich eine gewaltige Entfernung. So, als wären wir von Rostock nach Nairobi gefahren. In Rußland aber gelten für uns andere Entfernungswahrnehmungen. Rußland, das ist für uns inzwischen wie ein Stück Heimat geworden. In keinem anderen Land waren wir jemals länger unterwegs. Schon bei der Abreise in Rostock verspürten wir deswegen ein Kribbeln im Bauch. Das war vor elf Tagen, am zehnten Juli. Unsere Eltern, Freunde und Bekannten hatten sich zu unserer Verabschiedung vor dem Rathaus eingefunden, und Rostocks Stadtoberhaupt schüttelte uns, es ist bei unseren Reiseunternehmen schon fast eine Tradition geworden, zum Abschied die Hände und wünschte uns viel Glück. Auch eine auf russisch verfaßte Grußbotschaft an die Menschen, die wir unterwegs treffen würden, gab er uns mit auf den Weg.

Wir waren nur einige hundert Meter vom Rathaus entfernt, als es auf dem Dach des Busses knackte und knirschte. Der selbst zusammengeschweißte und verschraubte Gepäckträger, auf den wir die Kajaks montiert hatten, war zu unserem Entsetzen angebrochen. Verzweifelt steuerten wir den Wagen zurück vor unsere Haustür. Uns war mulmig zumute. Wie würde der Gepäckträger die sibirischen Monsterschlaglöcher aushalten? Wir drehten eine Menge Extraschrauben in die Konstruktion. Dann starteten wir sozusagen ein zweites Mal: Über Polen, Litauen und Lettland erreichten wir ohne Zwischenfälle die lettisch-russische Grenze. Dort mußten wir uns in eine lange Fahrzeugkolonne einreihen. Zehn Stunden dauerte es, bis wir endlich den Schlagbaum passieren konnten.

Dann aber war es wieder da, das Gefühl, in einem Land unterwegs zu sein, das größer und weiter nicht sein kann. Über Moskau und Nishni Nowgorod reisten wir in Richtung Kasan. Jeder Baum an der Strecke, die wir bereits zweimal befahren hatten, schien uns vertraut.

Hinter Kasan überholte uns ein Lada, obwohl die Straße einen Hügel hinaufführte und unüberschaubar war. Auf der Gegenfahrbahn tauchte plötzlich ein Kleinbus auf. Der Lada schleuderte nach rechts, nach links, überschlug sich fast, landete im Straßengraben. Ronald bremste, wir sprangen aus dem Wagen, liefen zum Unfallort. Vorbei an einem Verkäufer, der am Straßenrand stand, in der Hand einen langen Fisch, den er werbewirksam vom Körper streckte, als wäre nichts passiert. Wir rissen die Fahrertür des Lada auf, der schief im Graben lag. Eine Alkoholwolke kam uns entgegen. Dem Fahrer blutete die Nase, seine glasigen Augen schauten verwirrt drein. Auch der Kleinbus stoppte. Ein großer Mann stieg aus, eilte uns zu Hilfe. Zusammen zerrten wir den Ladafahrer vom Steuer, denn der gab schon wieder ordentlich Gas, um aus dem Graben zu kommen. Scheinbar wollte er seine Fahrt fortsetzen. Der Mann zitterte am ganzen Leib. Ich kramte eine Decke aus seinem Kofferraum und reichte sie dem Betrunkenen. Er nahm sie, drückte sie ans Gesicht. Auf Zureden des Kleinbusfahrers legte er sich schließlich auf den Rücksitz seines Fahrzeugs. Als der Mann eingeschlafen war, konnten wir unsere Reise beruhigt fortsetzen. Derweil stand der Verkäufer noch immer mit dem langen Fisch in der Hand am Straßenrand, als gäbe es nichts Wichtigeres.

Gegen Abend, die Sonne stand nur noch flach über dem Horizont, erreichten wir Ufa, die Millionenstadt an der Grenze zu Asien. Von einer Brücke hing ein Kabel herab. Es streifte unsere Frontscheibe, löste einen Funkenregen und bei uns einen ziemlichen Schreck aus.

Von Ufa aus ging unsere Fahrt ohne Unterbrechung weiter auf der Transitstraße in Richtung Kasachstan. Dort, nach knapp sechstausend gefahrenen Kilometern, an der Landesgrenze angekommen, winkte uns ein kasachischer Beamter ohne zu zögern weiter. Nach einhundert Kilometern Fahrt durch diese ehemalige Sowjetrepublik erreichten wir die kasachisch-russische Grenze im Osten, und es tauchte ein Problem auf. Wie nur, so der Uniformierte, hätte uns sein Kollege ins Land lassen können? Für Kasachstan brauche man ein Extravisum, das wir aber nicht hatten. Das russische reiche nicht mehr wie früher für den Transit aus. Doch der Grenzer war freundlich, telefonierte mehrmals, fuhr wegen uns sogar in den nächsten Ort zu seinem Vorgesetzten und erreichte tatsächlich, daß wir weiterreisen durften. Vielleicht verdankten wir es der Tatsache, daß unser Helfer am nächsten Tag heiraten wollte und er deswegen in bester Laune zu sein schien.

Der Rest des Weges bis zum Baikal spulte sich in einem gleichförmigen Rhythmus ab. Wir fuhren Tag und Nacht, wechselten uns beim Fahren ab und wußten, daß das eigentliche Abenteuer noch auf uns wartete ...

Wasser plätschert unter unseren Booten. Sonst ist es still. Kein Mensch weit und breit. Nur dichte Wälder und grüne Hänge, von denen einzelne Bäume wie stumme Zuschauer auf uns herabblicken.

Das Geräusch eines aufheulenden Motors zerschneidet die Stille. Der Lärm wächst an, ein langes, braunes Holzboot schießt an uns vorbei. Der hellblonde Mann am Ruder schaut mit offenem Mund zu uns herüber, und ihm steht die Frage im Gesicht geschrieben, was wir hier, in dieser gottverlassenen Gegend, wohl treiben mögen.

Sekunden später ist das Boot hinter einer Flußbiegung verschwunden. Das Heulen des Motors wird leiser und verklingt.

DER UNFALL

Vor uns baut sich eine bewaldete Insel auf und teilt den Fluß. Die Strömung nimmt zu, unsere Kajaks werden schneller. Wir hören auf zu paddeln, treiben auf den linken Flußarm zu.

Täusche ich mich oder kommen uns dort Wellen entgegen? Wie in einer Vision sehe ich uns kentern.

»Nach rechts!« rufe ich zu Ronald, der im Boot hinter mir treibt. Die Insel fliegt auf mich zu. Panisch paddle ich gegen die Strömung. Es hat keinen Sinn. Ich rase einem knorrigen, schiefen, ins Wasser ragenden Baum entgegen. Warum ich ausgerechnet jetzt an die Warnung meiner Großmutter denken muß, welche meinem Vater galt, wenn er mit uns im Moskwitsch die Alleen zu schnell befuhr, kann ich nicht erklären. »Manfred! Die Bäume sind nicht aus Gummi!« höre ich sie rufen ...

Der Aufprall ist hart. Dann, eine Sekunde etwa, ist alles friedlich. Das Boot steht still. Doch kurz darauf drückt es der Strom unter den Baumstamm. Gina und ich werden aus den Luken gerissen. Ich kann nicht mehr atmen. Wo ist oben, wo unten? Ich werde hinabgezogen, schieße an die Oberfläche, ringe nach Luft. Mein Schuh klemmt in der Fußstütze. Ich tauche, taste mich am Bein entlang, suche den Klettverschluß, finde ihn, reiße ihn auf. Schnell zerre ich meinen Fuß heraus und bin endlich befreit. Sofort greift die Strömung nach mir. Nirgends kann ich mich festhalten. Ich versuche zu schwimmen, meinen Kopf über dem Wasser zu behalten. Wie ein abgebrochener Ast werde ich vom Strom mitgerissen. Kajak und Gepäck treiben an mir vorbei. Ich sehe, wie Gina das Ufer erreicht. Und während ich noch immer versuche, nicht zu ertrinken, laufen Bilder wie in einem Film in mir ab. Nicht die klassische Das-ganze-Leben-zieht-an-mir-vorbei-Story, nein, ich sehe Ronald und mich im VW-Bus sitzen und nach Hause fahren. Stumm. Traurig. Wieder eine vermasselte Reise! In Rostock zeigen Passanten auf uns, lachen. »Schaut! Da kommen die Versager!«

Weit hinter mir erkenne ich Markus. Ich kann ihm nicht helfen. Sein Boot aber, das könnte ich retten. Es treibt an mir vorbei, und ich habe nur diese eine Chance.

Mein Paddel rotiert. Das Boot ist zum Greifen nah. Ich mache meinen Arm ganz lang, bekomme den Bug zu fassen. Doch ich bin mitten auf dem Fluß, die Strömung zieht mich davon. Links von mir – das Ufer mit Bäumen, Ästen, die ins Wasser ragen. Da muß ich hin!

Mit einer Hand halte ich das Kajak von Markus fest, mit der anderen versuche ich, das Paddel zu bewegen. Tatsächlich, es funktioniert! Das Geäst naht. Ich greife einen knorrigen Ast, muß ihn wieder loslassen, fasse den nächsten, welcher daraufhin abbricht. Erschreckt halte ich ihn in der Hand. Weiter geht es. Mit der Kraft, die mir noch geblieben ist, kralle ich meine Finger um einen anderen. Hinter mir Gesträuch, das die Boote auffängt. Es knackt und knirscht. Aber wir stehen halbwegs. Zweige bohren sich in Condors Fell. Er wird nervös, bringt das Boot zum Schaukeln.

»Bleib!« befehle ich. Er folgt, trotz der Zweige, die ihn einengen, sitzt gebückt, aber ruhig vor mir. ›Ein gehorsamer Hund ist ein Segen!‹ schießt es mir durch den Kopf. Für einen Moment fühle ich mich zwischen den Ästen und Zweigen geborgen wie in einem Nest.

Der Fluß ist flacher geworden. Keine Ahnung, wie lange ich schon durch ihn wate, über loses Gestein, nur noch am linken Fuß einen Schuh, ständig umgerissen von der Strömung, auf dem Weg zu Ronald und Condor.

Ich freue mich nicht, die beiden zu sehen. Das ganze Chaos ist mein Werk. In Gedanken sehe ich Ronald triumphieren, höre ihn sagen: »Es ist deine Schuld!« Und ich werde nicht antworten können.

Ich fühle mich niedergeschlagen, enttäuscht, müde. Meine triefendnasse Kleidung zieht mir die Schultern hinunter. Das Wasser ist eisig. Sechs Grad hatte es am Morgen, als wir die Temperatur maßen.

Endlich ist Markus angekommen. Ich will wissen, wie es ihm geht, höre aber nur leises Bibbern. Zitternd klammert er sich an sein Unglücksboot. Das Wasser reicht ihm bis unter die Brust. Wie soll er so ins Boot kommen? Ich schaue in sein rotblau unterlaufenes Gesicht, in müde Augen. Verwirrt und nach Hilfe suchend blickt er sich um. Er tut mir leid. Zum ersten Mal seit Jahren.

Condor leckt mir übers Gesicht. Ein bißchen Trost tut gut.

Anstatt mich auszuschimpfen, meint Ronald fast sanft, ich solle versuchen, die Böschung hinaufzuklettern, welche etwa drei, vier Meter hoch und rutschig ist. Ich fasse nach einem Ast, versuche, mich hochzuziehen, verliere den Halt, falle zurück ins Wasser, probiere es wieder, obwohl ich weiß, daß es sinnlos ist. Irgendwann gebe ich auf.

Zum gegenüberliegenden Ufer! Da muß ich hin, da ist es flach und leicht, an Land zu kommen, da irgendwo ist auch Gina. Ich schaue in meine Kajakluke. Das Wasser steht bis über den Sitz. Zweige und Laubblätter schwimmen darauf. Das Boot von hier aus zu besteigen erscheint mir noch schwerer als diese Schlammböschung neben mir zu erklimmen. Aber was bleibt mir übrig? Den Kahn zum anderen Ufer ziehen? Die Strömung würde mich samt Boot fortreißen. Kälte lähmt meine Gedanken. Alles scheint aussichtslos. Und mein Gepäck treibt weiter fort von uns: das Zelt, mein Schlafsack, meine Winterkleidung ...

Wieder heult ein Motor auf, der Lärm schwillt an. Wir erkennen ein stromaufwärts fahrendes Boot und bald den Blondschopf vom Vormittag. Unsere Rettung! Ronald ruft um Hilfe. Der Bursche steuert lässig auf uns zu.

»Unsere Taschen«, erkläre ich ihm aufgeregt und zeige den Fluß hinab, »bitte, hole sie!« Aus dem Augenwinkel registriere ich einen erstaunten Blick von Markus, der sicher erwartete, zuerst aus dem eisigen Wasser befreit zu werden. Dann nickt er dem Blonden zu. Ohne Gepäck wäre die Reise schon heute zu Ende. Der Fremde schaut uns fragend an. Dann braust er davon.

Minuten später kehrt er mit den Taschen auf der Sitzbank zurück.

WOLJA

Die Sonne versteckt sich hinter mächtigen Wolken, als ich mich ins Motorboot hieve und auf eine Holzbank fallen lasse. Wasser rinnt an mir herab. Ich friere, klappere mit den Zähnen und halte mein Kajak, das wild auf den Wellen schaukelt, am Tragegriff des Bugs fest. ›Du entwischst mir nicht noch einmal‹, denke ich trotzig und erleichtert zugleich.

Ronald müht sich noch über den Fluß, als unser Retter aus dem Boot ans Ufer springt. Ich steige ins knöcheltiefe Wasser und ziehe das Kajak an Land. Danach drehe ich mich zu dem Fremden, um ihm zu danken. Doch der ist verschwunden.

Holz knackt. Kurz darauf leuchtet sein blonder Haarschopf zwischen dem Dickicht auf. Der Bursche kommt mir mit kleinen Ästen und Zweigen im Arm entgegen, wirft sie zu Boden und entfacht in wenigen Sekunden ein Lagerfeuer. Jetzt erst, nach all der Aufregung, betrachte ich den jungen Mann genauer. Er trägt eine graue Baumwolljacke, die ihm etwas zu groß ist. Seine leicht verschmutzte Hose steckt in langen, schwarzen Fischerstiefeln. Er hat kurze, struppige Haare und neugierige Augen. Ich schätze ihn um die dreißig.

Ich hocke mich ihm gegenüber ans Feuer, halte meine Hände darüber und flüstere »Danke« über die Flammen.

»Wolja«, sagt er, zeigt auf sich und reicht mir die Hand. Dann zieht er eine Zigarette hinterm Ohr hervor, zündet sie an und reicht sie mir. Ich nehme einen tiefen Zug, obwohl ich mir die Qualmerei für die Reise abgewöhnt habe. Vom Ufer her höre ich laute Atemgeräusche. Es ist Ronald. Bald hockt er sich neben mich. Und wenig später kommt auch Gina durchs Gestrüpp zu uns gelaufen. Wir sind wieder vereint.

Um uns herum Mücken und Bremsen, die es besonders auf mich abgesehen haben. Da ich nun am Körper nichts weiter als eine Unterhose trage – die übrige Kleidung soll trocknen – biete ich ihnen eine riesige Angriffsfläche. Ich springe vom wärmenden Feuer auf und schlage wild um mich. Was nützt es? Endlich finde ich in einer Tasche trockene Klamotten. Ich streife sie über. Nun fühle ich mich besser und kann auch mit Wolja plaudern.

Wie wir annahmen, ist er Fischer, so wie sein Vater und Großvater auch.

»Was soll man hier sonst tun?« klagt er und streckt uns seine rauhen, verarbeiteten Hände entgegen. Die Fischerei mache einsam. Manchmal, da rede er schon mit sich selbst.

»Vor Jahren«, berichtet er weiter, »gab es hier in der Nähe eine

Werft.« Er zeigt nach Westen, wo etwa zwanzig Kilometer entfernt Katschug, der nächste Ort, liegt.

»Hier geht alles kaputt.« Er winkt ab. »Aber«, sein Blick wird wacher, »ich gehe nach Irkutsk.« Und seine Augen blicken nach Süden, scheinen zweihundert Kilometer über die Baumkronen der Taiga, die Gipfel des Mittelsibirischen Berglands, hin zu jener großen Stadt zu wandern. Woljas weiteste Reise allerdings führte bisher nur nach Katschug, zur Kartoffelernte.

»Ich will arbeiten, Menschen um mich herum haben, schöne Frauen treffen ...« Seine aufgesprungenen Lippen beginnen zu lächeln. Ob seine Wünsche bald in Erfüllung gehen werden? Er wisse es nicht, aber er hoffe es. Und er habe begriffen, wie viel Hoffnung in diesem Land bedeutet.

Wolja verabschiedet sich. Wir schauen ihm hinterher. Er ist der einzige Mensch, den wir heute sahen ...

Wir schöpfen das Wasser aus meinem Kajak und machen eine bedrückende Entdeckung: Unser Fotoapparat ist verschwunden, und die Videokamera, die in einem wasserdichten, aber unverschlossenen Beutel lag, ist naß geworden. Die nächste Stadt am Fluß ist achthundert Kilometer von hier entfernt. Bis dahin werden unsere Köpfe die einzigen Aufzeichnungsgeräte sein. Ich habe gelesen, daß Fotos und Videos die wahren Erinnerungen an eine Reise zerstören, weil sie niemals das wiedergeben, was man im Moment der Aufnahme gedacht und gefühlt hat. Man halte sich an Papierbildern fest, hinter denen die wirklichen Erlebnisse verschwinden. Ich weiß nicht, ob ich mich mit diesen Gedanken anfreunden kann.

Wir wollen den Nachmittag noch zum Weiterkommen nutzen und brechen auf. Die Lena hat uns zurück. Ein eigenartiges Gefühl, wieder im Kajak zu sitzen. Fast scheint es, als wäre nichts passiert. Vorsichtig paddeln wir weiter. Wie weggeblasen sind die Gedanken, zügiger als geplant voranzukommen. Man kann nur so schnell sein, wie es die Umgebung zuläßt.

NUDELN MIT SPECK

Am Abend sehen wir nur etwa einen Kilometer vor uns Katschug. Dieser Ort besteht aus vielen flachen und eng aneinandergereihten Holzhäusern, die wir am Ende einer großen Wiese erblicken. Über uns tiefe, dunkle Wolken. Blitze erhellen den Horizont. Dann grollt Donner.

Wir fahren die Boote dicht ans Ufer heran, damit wir uns nasse Füße ersparen können. Gina und Condor springen wie gespannte Federn aus den Luken, überglücklich, ihr »Gefängnis« verlassen zu können. Wir dagegen steigen zermartert aus den Kajaks, fühlen uns, als hätten wir den Atlantik überquert. Deswegen fällt der Schritt ans Ufer zu klein aus. Wasser und Schlamm reichen uns bis zu den Waden. Trotz der Neoprenschuhe bleiben die Füße nicht trocken. Mit der wenigen Kraft, die uns noch geblieben ist, ziehen wir die Boote an Land.

Plötzlich wird mir schwarz vor Augen. Wie durch Watte höre ich Markus etwas sagen, falle dabei wie betrunken ins Gras. Markus reicht mir eine Trinkflasche. Nach ein paar Schlucken Wasser geht es mir etwas besser. Ich weiß jetzt, Paddeln ist Knochenarbeit und die Lena nicht gerade einfach zu befahren.

Nachdem Ronald getrunken hat, stemmt er sich hoch, schlurft wie ein Greis über die Wiese und sucht nach Brennholz. Auf ein Lagerfeuer freuen wir uns schon den ganzen Tag.

Unterdessen baue ich das Kuppelzelt auf, breite darin die Isoliermatten und Schlafsäcke aus und lege auch zwei mit Wasser gefüllte Trinkflaschen, unsere Tagebücher, meinen Kontaktlinsenbehälter und eine Signalfeuerwaffe für den Notfall hinein.

Schnell wird es finster. Aber die Flammen züngeln bereits, und das Holz fängt an zu glühen. Ich gehe zum Ufer hinunter und fülle Wasser in den Kochtopf. Dann kehre ich zurück, stelle den Topf auf die Feuerstelle und schütte Nudeln hinein. Gestern um diese Zeit war ich noch voller Euphorie, war gespannt auf das, was uns bevorstehen würde. Heute, nach meiner Bekanntschaft mit dem eisigen Lenawasser, ist es anders. Ich habe Angst vor dem nächsten Tag, und mich fröstelt.

Während Markus das Essen zubereitet, spanne ich für die Hunde das Tarp, ein regendichtes Stoffdach, zwischen den Kajaks auf. Danach stelle ich erst Condor, dann Gina eine Schüssel mit Trockenfutter unter die feuchten Schnauzen. Er ist größer, schwerer als Gina und zudem ein Rüde. Also will er sich auch so behandelt wissen. Ich werde mich auf dieser Fahrt vor allem um die Hunde und das Lagerfeuer kümmern. Markus soll ruhig der Koch bleiben, er macht das gut. Und das Lager richtet er auch gemütlich her. So weiß jeder, was er zu tun hat. Das erleichtert vieles. Es bleibt mehr Platz im Kopf für andere Dinge. Heute bin ich dankbar dafür, daß es morgen weitergehen kann. Es hat nicht viel zum Gegenteil gefehlt. Doch das macht mich auch unsicher. Was passiert morgen? War das ein Tag! Obwohl wir mit der Strömung fuhren, mußten wir meist gegen sie ankämpfen, wollten wir nicht in einem Baum oder im Wasser landen. Die Nachmittagssonne trieb uns den Schweiß aus den Poren. Oft schrammten die Boote über Geröll. Manchmal liefen wir auf Grund. Dann mußten wir aussteigen und dabei aufpassen, daß uns die Strömung nicht die Beine wegzog oder das nun leichtere Boot. Nur Condor freute sich über solche Zwischenstopps. Jedesmal sprang er dann aus der Luke und lief um mich und das Boot, so daß keines meiner Hosenbeine trocken blieb. Oft waren die Steine so glitschig, daß Markus und ich bei diesen Aktionen ausrutschten. Hatten wir die Boote endlich freigezogen, folgte der schwierige Einstieg. Bevor wir uns hinsetzen konnten, ging die rasante Fahrt schon wieder los. Über Markus' seltsame Kenterung möchte ich nicht nachdenken, sonst werde ich womöglich wütend auf ihn. Warum aber hatte ich einen Schwächeanfall? Ich kann es mir nicht erklären. Vor uns liegen noch so unendlich viele Kilometer. Vielleicht ist es doch besser, den Gedanken nicht zuviel Platz zu lassen.

Gina und Condor vereint genüßliches Schmatzen. Ihre Körper vibrieren. Die frische Luft macht nicht nur sie hungrig. Auch mein Magen knurrt heftig, und ich werfe Markus einen dankbaren Blick zu, als er den Kochlöffel in die Hand nimmt.

Ronald setzt sich zu mir, als ich das Nudelwasser abgieße. Ich gebe Tomatenketchup und Speck zu dem Essen und rühre das Ganze kräftig um. Danach fülle ich alles in die noch neuen, dunkelblauen Aluminiumschüsseln.

Während wir gierig das Mahl verschlingen, stelle ich fest, daß selbst ein Tag wie dieser etwas Gutes hat. Sei es nur wegen dieser Schüssel voll schleimiger Nudeln und der Wärme des Lagerfeuers. Für einen Moment legt sich ein unsichtbarer Mantel der Geborgenheit über mich. Wenn nur das verdammte Gewitter nicht wäre, könnte der Abend sogar gemütlich werden. Zu dumm, daß es uns schon erreicht hat. Hastig kratzen wir die Essenreste aus den Schalen, stopfen sie uns in den Mund und flüchten noch kauend ins Zelt. Die Hunde wollen mitkommen. Schnell zeigt ihnen Ronald ihren Unterschlupf. Schon klatscht Regen auf die Plane. Blitze erhellen die Dunkelheit. Es donnert wie aus Kanonen. Trotzdem versinke ich schnell in den Schlaf.

Das Aufstehen fällt uns nicht leicht. Knochen und Gelenke schmerzen, als hätte man uns verprügelt. Es ist neun Uhr morgens. Die dunklen Regenwolken haben sich in der Nacht verzogen, und die Sonne steigt über die Baumspitzen. Es ist empfindlich kühl.

Wir haben uns auf unsere Taschen gehockt, essen Brot und Konservenfisch. Hunger haben wir zu dieser Tageszeit noch nicht. Doch wir brauchen Energie.

Nach dem Frühstück verschafft Ronald den Hunden Bewegung. Er wirft einen Stock weit von sich, und Gina und Condor wetteifern darum, ihn zu fassen und zurückzubringen. Inzwischen säubere ich das Geschirr und mache anschließend eine Messung mit meiner GPS-Uhr. Das ist ein phantastisches Gerät. Drücke ich einen bestimmten Knopf, nimmt sie Kontakt zu einem Satelliten auf und zeigt mir mit einer Genauigkeit von bis zu fünfzehn Metern an, wo wir uns gerade befinden. Zusammen mit den Landkarten, die ich zu Hause an meinem Computer ausdruckte, weil wir über die Lena keine besseren Karten auftreiben konnten, kann ich feststellen, wie weit wir gestern gekommen sind. Die Uhr zeigt sechsundzwanzig Komma vier Kilometer an. Das aber ist nur die Luftlinie. Die wahre Strecke, die uns um viele Biegungen und kleine Inseln führte, schätze ich auf ermutigende sechzig Kilometer. Ich rufe Ronald das Ergebnis meiner Berechnung zu, der daraufhin gewichtig mit dem Kopf nickt.

Gegen Mittag versinken wir beim Versuch, unsere Boote in den Fluß zu schieben, abermals knöcheltief im Schlamm. Der nächtliche Gewitterregen hat das Ufer völlig aufgeweicht. Erst fluchen wir darüber, aber dann, als Markus und ich uns gegenüberstehen, schimpfend über solch eine Kleinigkeit, lachen wir laut auf.

Die Kajaks schwimmen zur Hälfte im Wasser. Doch ehe wir einsteigen, müssen die Hunde in die Luken. Da sie keinen Schritt freiwillig in die Boote tun, heben wir sie hinein. Ein kraftraubender Balanceakt bei den glitschigen Steinen. Condor, fast fünfzig Kilogramm schwer, fällt mir zu. Ich muß mich abmühen mit ihm und sehe nach der Schlepperei puterrot aus.

Endlich haben wir es geschafft, und die Tiere sind »verstaut«. Jetzt sind wir an der Reihe. Aber wer glaubt, rein und los, irrt. Wie bei einer Turnübung schnellt ein Bein in die Luke. Während der Kajakbug schon auf dem Wasser schwimmt, scheuert das Heck noch im Schlamm hin und her. Beinahe hätte ich einen Spagat gemacht. Nun bekommt das Paddel seine Aufgabe. Es wird zum Krückstock, bohrt sich in den moddrigen Untergrund. Jetzt das andere Bein, dann wird sich hingehockt. Konzentration, nur nicht zuviel wackeln. Es ist mir ein Rätsel, wie ich meine Beine unter die enge Luke schieben soll. Dann funktioniert es doch irgendwie. Wie das allerdings der lange Markus schafft, bleibt mir ein Rätsel.

Nun legen wir die Spritzdecken, die aussehen wie Küchenschürzen, über die Luke, um »unten herum« trocken zu bleiben, stechen die Paddel in den schlammigen Grund und versuchen, die Boote freizubekommen.

Als uns das endlich gelungen ist, müssen wir verschnaufen.

Wir erreichen Katschug. Hier gabelt sich die Lena. Es gilt zu entscheiden, in welche Richtung es weitergehen soll. Einen Wegweiser sucht man selbstverständlich vergebens. Doch stehen fünf, sechs Leute auf einer Brücke, die von befestigten, schwimmenden Metalltonnen getragen wird. Mehrmals erkundigen wir uns bei den Männern nach dem richtigen Weg, während die Strömung uns weiterträgt. Keine Antwort. Nicht mal ein Schulterzucken. Wie Requisiten stehen die Männer da und starren uns an. Verstehen sie uns nicht, oder fühlen sie sich veralbert, weil es für sie das normalste der Welt ist zu wissen, welcher der beiden Flußarme der richtige ist? Gleich liegt die Flußgabelung hinter uns. Wir verkürzen die Frage auf: »Ust-Kut?« und legen dabei an Stimmgewalt zu. Siehe da, einer der Männer läßt seinen Arm nach Norden schnellen, die Richtung, in die wir bereits treiben. Wir nicken ihm zu, sind froh, keine ruckartigen Wendemanöver veranstalten zu müssen und beeilen uns, die Köpfe einzuziehen, denn wir treiben unter der flachen Brücke hindurch, weiter, aus dem Ort hinaus ...

EINSAM ZU ZWEIT

Für den Rest des Tages verschluckt uns die Taiga, das weltweit größte zusammenhängende Waldgebiet. Um uns herum Lärchen, Tannen und Birken. Von Tieren dagegen kaum eine Spur. Vorhin stieg ein Falke in den Himmel auf. Irgendwie hatte das etwas Befreiendes. Es war wie ein Beweis dafür, daß ich mit Ronald nicht durch eine Kulisse fahre, so wie es mir die meiste Zeit vorkommt. Nun herrscht wieder Stille. Außer unseren Paddeln scheint sich hier nichts zu bewegen. Und weil wir mit den Booten nicht sehr schnell vorwärtskommen, mir ist, als hätte ich mich noch nie in solch langsamem Rhythmus fortbewegt, erweckt das den Eindruck, als wäre die Zeit träge geworden.

Ich schrecke zusammen. Condor ist aufgesprungen, schnappt nach Libellen. Wo kommen die Viecher plötzlich her? Mein Boot schaukelt wie im Sturm. Auf einmal habe ich Angst. Ein Gefühl, das Markus seit gestern besser kennt als ich. Mein Herz schlägt bis zum Hals. »Mach Platz!« fahre ich den Hund an. Der aber wendet sich hin und her.

Widerwillig folgt er meinem Kommando. Wären da nicht meine zwei Taschen, die ich genau wie Markus als Balancestütze rechts und links an die Bootsseiten geschnallt habe, hätte mich der Strom vielleicht geschluckt.

Danach kehrt wieder Ruhe ein.

Irgendwann kommt der Abend. Die Bewegungsabläufe sind schon ein bißchen mechanisch geworden. Wir haben uns von Beginn der Reise an einen Rhythmus zugelegt: eine halbe Stunde paddeln, danach fünf Minuten ausruhen. Das ist wichtig, um die Muskeln zu schonen. Das Besondere hierbei: Wir kommen trotz Pausen voran. Und die Zeit auf dem Fluß wird dadurch meßbarer.

In den erholsamen Minuten treibt jeder für sich dahin. Manchmal merke ich, wie mein Blick Ronald trifft. Drei Jahre zuvor wäre selbst dieser Abstand für mich unerträglich gewesen ...

In jener Nacht steht Ronald plötzlich wie ein Geist vor mir. Wie er in meine Wohnung kam, weiß ich nicht. ›Er soll verschwinden‹, denke ich nur.

»Du hast geschrieen«, sagt er. »Gib mir das Messer.« Ich hieve mich auf die Beine, greife nach einem Küchenstuhl, schmeiße ihn auf Ronald. Er weicht aus. Der Stuhl kracht gegen den Mülleimer.

Die Welt dreht sich um mich. Gleich muß ich mich übergeben. Ich will ins Bad, es abschließen, allein sein. Doch Ronald versperrt mir den Weg. Ich drängle mich an ihm vorbei. Er reißt mir das Messer aus der Hand, rennt zum Fenster, öffnet es, wirft das Messer auf die Straße. Ich wanke zum Besteckkasten, um ein anderes zu holen. Ronald stößt mich weg, zieht den Kasten heraus und schleudert auch den aus dem Fenster.

Ich falle auf die Fliesen im Bad und erwache erst, als die Sonne durch die Lamellen der Jalousien auf mein Gesicht scheint ...

Die Sonne steht noch über den Birken, doch schon färbt sich der Himmel rötlich. Zeit, das Lager aufzuschlagen. Ein dumpfes Grummeln zieht durch meinen Bauch. Auch Markus sitzt vorgebeugt und mit angespanntem Gesicht in seiner Luke. Nichts wie ran ans Ufer!

Während wir uns neben einem Koppelzaun entleeren, sehen wir Holzhäuser, die einen Steinwurf von uns entfernt auf der Wiese stehen. Ich versuche, Stimmen aufzuschnappen. Doch da sind keine. Nur Mückensirren erfüllt die Luft. Und die Häuser? Die Fensterscheiben sind eingeschlagen. Eine Tür, die aussieht, als ob man ihr die Kanten abgekaut hätte, baumelt, nur halb eingehängt, im verbogenen Rahmen. Ein gottverlassenes Dorf!

Ich muß schlucken. Schon das Aufblinken eines Kopftuches hätte mir bewiesen, daß das Leben und damit meine Heimat von mir nicht so weit entfernt sind, wie ich es gerade empfinde. Plötzlich ist mir, als hätte ich Sonja, meine jetzige Freundin, verloren. Wir hatten uns beim Abschied gestritten. Die Erinnerung daran zerfrißt mich nun, und ich wünschte, den Streit ungeschehen machen zu können. Mit Markus darüber reden? Er schnallt das Gepäck von den Booten und schweigt wie schon so oft seit unserer Abfahrt aus Rostock. Wir konnten uns doch, bevor das mit uns so seltsam wurde, immer aussprechen. Ich denke, vielleicht wäre er ja insgeheim froh, mich leidend zu wissen, und deswegen schweige auch ich. Ich glaube, er weiß gar nicht, daß und wie ich damals wegen dieser verrückten Lara gelitten habe. Irgendwann vielleicht werde ich ihm das sagen.

Das Holz, das ich auf der großen Wiese unweit der Häuser zusammengesammelt habe, sieht inmitten der lodernden Flammen aus, als würde ihm jegliche Kraft, alles Leben, ausgesaugt. Die Feuerzungen dagegen flackern, als vollführten sie einen fröhlichen Tanz durch den dunkler werdenden Abend. Ich schaue in die Glut. Markus kaut auf einem Zweig. Das Schlimmste an der Verlassenheit hier draußen ist die Entfernung zwischen uns. Nicht, daß wir uns nicht ein paar Witze zuwerfen, uns zunicken und auch viel plaudern können. Es ist, wie wir uns dabei verhalten. Fremder, distanzierter, als würden wir uns erst ein paar Monate kennen. Wie schön wäre es, würde es wieder so sein wie früher.

Nichts hätte mir ferner erscheinen können, als etwas für Lara zu empfinden. Natürlich, sie hat große, neugierige Augen, ein erfrischendes Lachen und weiße Zähne. Aber sie ist die Freundin von Markus. Selbst, als wir in einer Aprilnacht, Markus war schon nach Hause gegangen, gemeinsam von einer Diskothek in die andere ziehen, fühle ich mich wie von einem weiblichen Kumpel begleitet. Noch. Wir tanzen, und ich freue mich sogar für Markus, daß er solch eine Frau gefunden hat, die ihm nicht egal ist. Der Discjockey legt eine Scheibe von George Michael auf. Wie aber ist Lara drauf? Sie blickt mir in die Augen und sagt: »Was machen wir eigentlich hier?« ›Wir?‹ denke ich bestürzt. Ich habe mächtig viel Wein intus. Dann umfaßt mich Lara und dreht sich langsam mit mir über den Tanzboden. »Laß uns zum Strand fahren«, raunt sie in mein Ohr.

Der Morgen ist schon heraufgezogen, als wir über die Stadtautobahn zur Ostsee brausen. Da sitzen wir nun im weichen Sand, warten auf die Sonne. Es ist kühl, aber ich merke es nicht, starre zum Wasser. Lara schaut mich von der Seite an. »Küß mich«, sagt sie ...

Durch die zersplitterten Fensterscheiben der Häuser sehe ich die Abendsonne untergehen. Auf der Wiese steht eine ausgeschlachtete, froschgrüne Moskwitschkarosserie. Raben haben im Innern ihr Nest errichtet. Ich schaue ihnen zu. So verrückt es klingt, sie machen mir plötzlich Mut, daß auch hier Leben möglich ist.

MICK JAGGER

Tag Nummer drei. Nachdem wir uns aus den Schlafsäcken geschält haben, setze ich mich auf einen Stein und greife mir einen Müsliriegel aus der Verpflegungstasche. Als ich ihn in den Mund führe, durchfährt meine Lippen ein schneidender Schmerz. Markus steht neben mir. Er sieht mich an und beginnt zu lachen. Vorsichtig betaste ich meine Lippen. Die Haut ist so straff, daß ich glaube, sie würde allein durch diese Berührung aufplatzen.

»Gib mir einen Spiegel, schnell«, presse ich hervor und komme mir vor wie ein zahnloser Großvater. Endlich reicht mir Markus einen Taschenspiegel.

Ich bin erschüttert. Die Unterlippe hängt da wie eine vertrocknete Bockwurst. Die Oberlippe wirkt schmaler, ist dafür umso rissiger. Ich muß zugeben, selbst Schuld daran zu sein. Schon unter normalen Umständen brauchen meine Lippen Pflege. Und obwohl die Sonne gestern den ganzen Tag vom Himmel brannte, cremte ich mich leichtsinnigerweise nur zweimal ein.

»Liebe Raben«, verkündet Markus mit Blick zum Nest im Schrottauto, »darf ich vorstellen, Mick Jagger!« Dann weist er auf mich und lacht belustigt über seinen Scherz. Ich mustere ihn, wundere mich über so wenig Mitgefühl. Noch einmal schaue ich in den Spiegel. Auch mir beginnt das Zwerchfell zu jucken. Was ich nun im Spiegel sehe, ist eine klägliche Grimasse, die nicht grinsen will, aber grinsen muß. Von heute an erhebe ich die Lippenpflege zur »Chefsache«!

Die Sonne verschwindet hinter Wolken, und am späten Vormittag beginnt es zu nieseln. Wir haben dank unserer wasserdichten Gore-Tex-Kleidung kein Problem damit. Leider gibt es so etwas nicht für Hunde. Wenn sie herumlaufen, kann es ruhig regnen. Das macht den

Vierbeinern nichts aus. Aber wenn sie in den Luken auf den feuchten Teppichstücken liegen, können sie krank werden. Die Sorge verfliegt, als sich der Nieselregen als Schauer entpuppt, und die Sonne wieder scheint.

Gegen Mittag legen wir an einer Waldlichtung an, damit Gina und Condor sich »die Beine vertreten« können. Uns ist heiß geworden, und wir messen eine Temperatur von einunddreißig Grad Celsius. Aus Nordwesten weht ein leichter Wind, den man kaum spürt. Wir stehen am Ufer. Markus geht zum Wasser, taucht seine Hände hinein, reibt sie übers Gesicht und schaut der Strömung nach. Wir haben uns schon seit langem nicht mehr richtig in die Augen gesehen, und wenn sich unsere Blicke doch zufällig treffen, dann nur kurz. Wir wissen, daß wir uns ausweichen, und dennoch sind wir gemeinsam auf diese Tour gegangen. ›Warum?‹ frage ich mich des öfteren, und mir ist klar: Trotz aller Zerwürfnisse brauchen wir uns, haben wir die gleichen Ideale und Ziele.

Manchmal, wenn Markus es nicht bemerkt, beobachte ich ihn, so wie jetzt. So verrückt das klingen mag: Dann wünsche ich mir, daß er zu mir sehen möge. Ich kann nicht genau erklären, warum. Vielleicht, weil ich in dieser einsamen Gegend einfach nur wahrgenommen werden will. Aus den Augenwinkeln schaue ich wieder zu Markus. Umsonst. Er starrt weiter den Fluß an. Condor läuft auf mich zu. Das ist ein Trost. Wenig später rennt er zu Gina, die im Gras schnuppert. Für die Hunde ist dieser kleine Aufenthalt wie ein Geschenk. Doch ich will nun weiter, etwas tun, die Paddel schwingen, damit ich vielleicht auf andere Gedanken komme.

DER DORFSCHRECK

Unser Brot ist aufgebraucht. Die Uhr zeigt auf vier, als wir in der Ferne Häuser ausmachen. Der erste Ort seit Katschug.

Das Dorf, es heißt laut Karte Kunduy, steht auf einer Anhöhe. Da kaum ein Fluß, so hatte man uns erzählt, solch starke Pegelschwankungen wie die Lena hat, bauen die Menschen ihre Häuser natürlich nicht direkt am Ufer. Im Frühjahr, wenn das Schmelzwasser aus dem Baikalgebirge herabfließt und auf Eisbarrieren trifft, kann die Lena nämlich bis zu zwanzig Meter ansteigen.

Am Ufer sehen wir kleine Motorboote, die sich wegen ihrer grauen Farbe und der flachen Windschutzscheiben allesamt ähneln. Solche Boote sind hier zu dieser Jahreszeit mehr wert als Autos, die nur im

Winter auf dem zugefrorenen Fluß große Strecken zurücklegen können.

Wir gehen an Land und bemerken, wie sich über einem mannshohen, schiefen Holzzaun, der sich oberhalb der Uferböschung entlangzieht, Kinderköpfe abzeichnen. Erfreut winken wir den Kindern zu. Sofort verschwinden die Köpfe. Doch gleich darauf tauchen sie wieder auf. Für uns ein willkommenes Lebenszeichen.

Wir lassen die Boote am Ufer und gehen über eine Wiese, die mit Kuhfladen übersät ist. Ronald will hier mit Gina und Condor auf mich warten. Ich klettere die Böschung zur Dorfstraße hinauf und versuche, schon in der Luft einen Hauch gebackenen Brotes zu erhaschen. Doch hier riecht es nur nach Kühen und Gras.

Auf der Straße angekommen, schlurfe ich durch eine Staubwolke, die ein vorbeifahrender LKW zurückläßt. Alles an ihm klappert, als fiele der Wagen gleich auseinander. Die Sonne, die noch so weit über dem nahen Wald steht, daß der kühle Abend noch einige Stunden auf sich warten lassen wird, wirkt wie ausgeflossen. Der Himmel ist gelb. Kein Lüftchen weht. Hier, zwischen den schiefen Holzhütten mit den mit blaßbunten Blümchen bemalten, aufgeklappten Fensterläden, ist es noch heißer als unten am Ufer. Die Häuschen reihen sich entlang der Straße aneinander, nur durch kleine Gärten voneinander getrennt. Dort wächst Gemüse: Ich kann Tomaten und auch Zwiebeln erkennen. Vor einigen Häusern stehen bunte Blumenstauden. Die niedrigen Gartenzäune sind, ebenso wie die Hütten, ohne Farbanstrich. Sie sehen allesamt dunkelbraun aus. Auf den meisten der Höfe, neben den Gärten, befindet sich auch ein kleiner, fensterloser Schuppen.

Ich putze mit der um die Hüften geschlungenen Spritzdecke den Sand von meiner Sonnenbrille und bemerke ein altes, kleines Mütterchen in Bastschuhen und verwaschenem Kittel, das mir aus der vom LKW aufgewirbelten Staubwolke entgegen kommt.

Als sie mich sieht, erschrickt sie, nimmt die Hand vor die Brust und schaut mich entgeistert an. Ich lächle sie an und erkundige mich nach einem Laden. Doch sie winkt nur ab und macht, daß sie fortkommt. Warum, weiß ich nicht. Ich hätte mich gefreut, ein paar Worte mit ihr zu wechseln.

Auf einem der Höfe stapelt ein kleiner sommersprossiger Junge Holzscheite.

»Weißt du, wo es hier Brot gibt?« frage ich ihn und beuge hinter dem Zaun etwas die Knie, damit der Steppke nicht, wie vielleicht das Großmütterchen auch, vor meiner Länge erschrickt. Der Junge aber läuft wortlos ins Haus. Ich will gerade weitergehen, als er zurückkehrt, drei weitere Jungen im Gefolge. Die vier beäugen mich und kichern. Während ich etwas hilflos über den Lattenzaun schaue und überlege, wie ich die Bürschlein zum Reden bringe, werde ich von einem stämmigen Mittvierziger, der trotz der Hitze nicht auf seine Schiebermütze verzichtete, angesprochen: »Da hättest du zehn Jahre früher kommen sollen«, belehrt er mich, nachdem ich ihm mein Anliegen klargemacht habe. Er lacht schmetternd und spuckt in den Straßenstaub. »Damals gab es hier noch einen Laden.« Dann zieht er seine Mütze zurecht und geht weiter.

»Aber haben sie nicht ...« Ich verstumme, denn der Mann dreht sich nicht mehr um.

Enttäuscht steigen Ronald und ich zurück in die Kajaks. Hungern müssen wir nicht. Wir haben noch Fleischkonserven, Reis und Nudeln im Proviantsack. Aber der Duft eines Brotes hätte uns an zu Hause erinnert.

Kilometer um Kilometer paddeln wir nebeneinander her und weichen ständig flachen Wasserstellen aus. Die kleinen Wellen dort wirken wie wild zappelnde Fische. Wir schwitzen, obwohl der Abend bereits gekommen ist. Sehen wir auf die Uhr, müßten wir heute siebzig Kilometer Taiga hinter uns gelassen haben. Werfen wir jedoch einen Blick auf die Landschaft, könnte es auch nur ein Kilometer sein. Nichts scheint sich verändert zu haben.

Ronald geht mir auf den Geist. Ständig pfeift er ein Lied vor sich hin. Es erinnert mich daran, wie wir vor drei Jahren, es war Anfang Mai, mit dem Auto nach Thüringen zu einem Vortrag über unsere Weltumradelung fuhren ...

Ronald ist Beifahrer und seit einigen Tagen wie ausgewechselt. Schon die ganze Zeit versprüht er gute Laune und hat irgendeine Melodie aus den Charts auf den Lippen. So kenne ich ihn nur, wenn er eine Nacht mit einem Mädchen verbrachte. Ich frage ihn, ob dies so gewesen sei. Doch er reagiert nicht darauf, singt dafür lauter. ›Komisch‹, denke ich, ›sonst erzählen wir uns doch alles.‹ Dafür bin ich heute redseliger und berichte ihm stolz, daß mir Lara gestern eine kleine Palme geschenkt habe. Lara war vor zwei Monaten zu mir gezogen. Ihre Wohnung wird renoviert. Seitdem wir täglich zusammen sind, hat sich einiges geändert. Lara fühlt sich, seitdem sie bei mir wohnt, eingeengt. Sie spricht es nicht aus, aber ich spüre es: Seit einigen Tagen wurde sie schon früh am Abend müde und schlief auf der Couch ein. Selbst wenn ich ihr dann nur übers Haar strich, maulte sie mich an, sie wolle weiterschlafen.

Die Palme aber ist der Beweis, daß es wieder aufwärts mit uns geht. Lara hat mich verliebt angeschaut und gesagt, daß sie sich freue, mit mir zusammenzusein. Letzteres erzähle ich Ronald.

»Tatsächlich?« schnarrt er, beendet sein Pfeifkonzert und schaut abwesend drein. Was ist los mit ihm ...?

Wir haben einen Schlafplatz gefunden, haben zu Abend gegessen und sinken nun müde in die Schlafsäcke. Ich höre Schafe blöken. Jemand ruft etwas. Mir fließen die Gedanken und die Einsamkeit aus dem Kopf. Ein Dorf in unserer Nähe ...

DER STREIT

Der vierte Tag. Mittlerweile sind wir über zweihundert Kilometer stromabwärts gefahren. Wir funktionieren nun wahrhaftig wie Maschinen, tun nichts anderes als zu paddeln oder zu ruhen. Über den Bäumen kreist ein Adler auf der Suche nach Nahrung. Manchmal glauben wir einen Bären zu sehen, doch beim Näherkommen stellen wir fest: Es ist nur ein Baumstumpf.

Ich schaue zu Markus, der das Paddel mal links, mal rechts eintaucht. Sein Gesicht ähnelt einer Maske. Das Wasser ist fast so glatt wie ein Spiegel. Unsere Boote durchschneiden es wie Messer.

Die Vierbeiner haben es sich in ihren Luken bequem gemacht. Nichts ist zu hören, nur das Plätschern des Wassers, das monoton ans Kajak schwappt und von den Paddeln tropft. Es ist still, zu still.

Wir hatten einen Streit. Ich wünschte, es wäre um Lara gegangen. Aber es war etwas anderes. Seitdem wir uns jede halbe Stunde fünf Minuten treiben lassen, geht es mir nicht aus dem Kopf, wie leicht wir noch einige Kilometer mehr pro Tag schaffen könnten. Warum sich nicht in den Nächten zusätzlich von der Strömung tragen lassen? Man könnte die Kajaks mit einem Seil verbinden. Einer schläft, einer hält Wache. Gut, vielleicht geht so etwas nicht jede Nacht. Aber wenn der Mond scheint? Ich bin von meiner Idee begeistert. Doch Markus hat nur dagegen geredet. Wir müßten mit den Kräften haushalten, er habe keine Lust dazu, überall durchzuhetzen. Ausgerechnet er, der vor sechs Jahren mit blutigem Hintern auf die letzten Pausen verzichten und bis zum Gelben Meer durchradeln wollte, der mit einer Bazillenruhr über zweihundert Kilometer auf dem Fahrrad saß ... Was das hier für eine Reise werden solle, hat er mich gefragt. Darauf konnte ich nichts erwidern. Aber er weiß genau wie ich: Drei Monate sind schnell vorbei, und wir wollen nach Tiksi. Bald wird der Fluß breiter und die Strömung geringer werden. Es wird langsamer vorangehen. Mit jedem Tag, den wir unterwegs sind, erscheint mir Tiksi weiter entfernt. Ich will nicht noch einmal versagen. Als wir vor vier Jahren den Sultan von Brunei besuchen wollten, da hatten wir uns verrechnet, ja, mehr Glück als Verstand gehabt. Fast verhungert wären wir, weil wir nicht aufgeben wollten. Und nun? Wir haben erst drei Tage auf dem Fluß hinter uns. Aber schon jetzt fürchte ich mich davor, daß wir das, was ich mir, was wir uns, unseren Eltern und Freunden und auch den Leuten von der Presse gesagt haben, vielleicht nicht einhalten können. Ich weiß, daß Markus auf meinen Vorschlag eingehen würde. Auch wenn ein Keil zwischen uns steht. Ich kenne Markus genau. Er will mit dieser Reise ebenso beweisen, daß die Bruneitour nur ein Ausrutscher war. Aber er hat Angst vor Wasser. Nicht jetzt, nicht, wenn es hell ist. Im Dunkeln aber, das hat er mir mal erzählt, fürchtet er Gewässer wie die Pest. Er brauche die Übersicht, die Kontrolle. Davon wollte er nun nichts hören, meinte, ich sollte einfach die Klappe halten. Irgendwann wurde es zwischen uns lauter, und wir merkten, daß es nicht mehr nur um die Nachtfahrten ging. Abrupt brachen wir das Krakeelen ab. Seitdem schweigen wir.

EINE VERPASSTE CHANCE

Auch an solchen Tagen kommt der Abend und mit ihm ein kleines Städtchen. Vom Wasser aus fragt Ronald einen stämmigen LKW-Fahrer, der neben seinem rostigen Gefährt am Ufer sitzt und gerade eine Flasche Bier mit einem Messer öffnet, wie dieser Ort heiße.

»Schigalowo«, ruft der LKW-Fahrer mit Baßstimme und prostet uns zu. »Dawai!« Er erhebt sich recht flink und winkt uns mit der Bierflasche ans Ufer. Dann nimmt er einen Kanten Brot in die andere Hand und präsentiert uns auch diesen als Anreiz. Gern würden wir bei ihm anlanden, mit ihm essen, erzählen und lachen. Es ist kurz nach acht. Aber noch können wir ein paar Kilometer schaffen. Bei diesem Gedanken schäme ich mich regelrecht.

»Wir wollen nach Tiksi.« Während wir am LKW-Fahrer, der sich gerade ein Stück Brot in den Mund geschoben hat, vorbeitreiben, steht er mit hängenden Armen auf der Wiese, hört auf zu kauen und schaut uns verständnislos an. Offenbar versteht er nicht, warum wir seine Einladung ausschlagen. Und wenn ich ehrlich bin, geht es mir nicht anders.

Knapp eine halbe Stunde später legen wir am Rand des Städtchens an. Ausgelaugt von der Hitze, den vielen Kilometern und dem Zeitdruck, den wir uns aufhalsen. Auf der Uferwiese glimmt der Rest eines Lagerfeuers. Ich stelle mir vor, wie hier vor kurzem ein paar

Leute gesessen und geplaudert haben mochten. Die langsam erkaltende Glut zwischen den verkohlten Holzscheiten wirkt auf mich wie eine verpaßte Chance.

Während wir Konservenfisch verschlingen, beobachten wir ein paar Kinder, die lachend eine Kuh auf den Hof eines kleinen Anwesens treiben. ›Um wie viel schöner muß eine Reise sein, könnte man sich einfach dazwischenmischen‹, denke ich. Eigentlich sind wir wie Marathonläufer, die ihre Strecke abspulen.

FRÜHAUFSTEHER

Lautes Hundegebell reißt mich aus den Träumen. Es ist noch dunkel. Ich fahre hoch, bin hellwach. Während Markus seine Brille sucht, werfe ich meinen Schlafsack beiseite, ertaste die Taschenlampe. Gleichzeitig greife ich nach dem Reißverschluß des Zelteingangs. In Sekundenschnelle bin ich draußen.

Um unser Lager stehen riesige Gestalten. Es müssen an die zwanzig sein. Einen Augenaufschlag später erkenne ich sie. Es sind Kühe. Erschreckt verfolge ich, wie sich die Mutigste von ihnen gegen die pausenlosen Attacken meiner aufgebrachten Hunde wehrt. Sie hat sich von ihren Artgenossen dem Zelt am weitesten genähert. Energisch rufe ich die Hunde zu mir. Die Kühe ziehen ab und muhen den Sichelmond an.

Ich schaue auf die Uhr. Es ist fünf. Ich frage Markus, was er von einer frühzeitigen Paddeltour halten würde. Er hat nichts dagegen. Schließlich gehe ja bald die Sonne auf.

Wir haben uns in die Winterjacken gehüllt und lassen uns treiben. Dünner, kalter Nebel umhüllt uns. Der Wald wirkt wie die Kulisse eines Gruselfilms.

Drei Stunden später, es ist nun hell, hat das Frösteln ein Ende. Die Sonne »heizt« bereits. Aber die fehlende Ration Schlaf und das noch ausstehende Frühstück verwandelt die Paddel in Eisenstangen und das Wasser in dickes Öl. Uns fallen fast die Augen zu. Die Mücken, die uns sonst erst am Abend heimsuchen, saugen schon jetzt an uns. Mittlerweile sind Arme und Fußknöchel blutig gekratzt.

BROT

Zur Mittagszeit desselben Tages wächst hinter der nächsten Kurve wieder ein Dorf aus dem Wald. Es ist kleiner als der Ort zuvor, hat an die zwanzig Häuser. Nach Markus' Koordinatenmessung zu urteilen, heißt es Ust-Ilga.

Hier wollen wir an Land gehen und Lebensmittel einkaufen. Zunächst müssen wir uns aber durch ein riesiges Labyrinth aus dunkelgrünen, fingerdicken Schlingpflanzen hindurchkämpfen. Immerzu verheddern sich die Paddel derart darin, daß wir sie nur äußerst mühsam herausziehen können. Die Boote beginnen gefährlich zu schaukeln. Mir ist unheimlich zumute. Meine Großmutter erzählte vor Jahren von einem Mann, der von solchen Gewächsen in die Tiefe gezogen wurde und ertrank ... Ich behalte meine Bedenken für mich und versuche, eine günstige Variante zu finden, diese Pflanzenbarriere zu überwinden. Schließlich ist sie gefunden: Wir tauchen die Paddel nur ganz flach ins Wasser und kommen voran. Es dauert zwar fast eine Viertelstunde, bis wir das Ufer erreichen, aber was interessiert es uns, die wir froh sind, es überhaupt erreicht zu haben.

Kaum ausgestiegen rennt ein Rudel Dorfhunde, es sind sieben oder acht Tiere, auf uns zu. Wie erstarrt bleiben wir stehen. Zurück zu den Kajaks? Zu spät! Die Meute hat uns fast erreicht. Plötzlich stürzen sich Gina und Condor auf die Angreifer. Ich will sie zurückrufen, doch die Kehle ist mir wie zugeschnürt. Schon sehe ich ein Blutbad vor mir.

Irritiert drosselt das heranfegende Rudel seinen Lauf, bleibt abrupt stehen. Meine Hunde aber beschleunigen ihren Lauf nun erst recht. So selbstbewußt die Dorfköter uns attackieren wollten, so panisch rennen sie nun davon. Und zwei von ihnen sind nicht schnell genug. Gina und Condor »hacken« ihnen, sozusagen als Abschiedsgeschenk, in die Hinterbeine.

Zufrieden streichle ich unsere mutigen Beschützer, und Markus, für den Hunde normalerweise ein rotes Tuch sind, weil er an einer schweren Hundehaarallergie leidet, die ihn in geschlossenen Räumen kaum atmen läßt, gibt mir zu verstehen, daß es eine gute Idee war, die beiden mitzunehmen.

Wieder trabe ich über eine Wiese, während Ronald seine Vierbeiner herumlaufen läßt.

Im Dorf sind vier Männer dabei, das Dach einer Hütte, deren aus Balken zusammengefügten Wände verkohlt wirken, zu reparieren. Jeder der Männer trägt einen Mückenschutz um den Kopf. Ihre Körper stecken in derben Hemden und langen weiten Hosen, die Hände in dicken Handschuhen. An die Mücken gewöhnen sich hier wohl selbst die Einheimischen nicht.

Zwischen den Häusern steht die Luft. Aus einem tritt eine junge Frau mit einem Kind auf dem Arm. Ich gehe ihr entgegen und frage nach einem Lebensmittelgeschäft. Sie fordert mich auf, ihr zu folgen. Das mache ich gern, denn im Gegensatz zu den Dachdeckern, deren monotones Hämmern über den sandigen Weg hallt, hält die junge Frau offenbar nichts von der Mückenschutzmode. Sie trägt ein T-Shirt und eine kurze ausgewaschene Jeans, die ihr nur über die Pobacken reicht. Ihre Füße stecken in staubigen Sandalen, aus denen lange, schlanke Beine in die Höhe zu wachsen scheinen. Ihr Kind jedoch ist in einen dicken Strampelanzug eingehüllt, obwohl die Sonne vom Himmel brennt.

Nachdem wir einige der hölzernen Behausungen hinter uns gelassen haben, biegt die junge Mutter in einen Hof ein, in dem ein rostiger, hellblauer Moskwitsch parkt. Vor über zwanzig Jahren besaß mein Vater das gleiche Modell. Er pflegte den Wagen, als wäre er mein Bruder. Die Frau dreht sich zu mir und sagt, ich solle warten. Dann verschwindet sie im Innern des Hauses.

Es riecht nach Benzin und Mist. Ich werfe einen Blick ins Auto. Rückbank und Beifahrersitz mußten drei großen Holztonnen weichen. Zwei davon sind leer, eine mit Sand gefüllt. Auf ihr steht eine leere Bierkiste.

»Komm«, ruft die junge Frau und lehnt ohne Kind mit dem Rücken am Türpfosten. Ich quetsche mich durch den engen Eingang an der Frau vorbei, wofür sich der Dorfbesuch schon gelohnt hat, und finde mich in einem kleinen Einkaufsladen wieder, durch dessen Fenster spärliches Sonnenlicht fällt.

Ich entdecke Kekse, Fleischkonserven, Schnaps und Zigaretten, Bundfaltenhosen und T-Shirts mit aufgebügelten Filmmotiven. Zur Wahl stehen die untergehende Titanic oder der nachdenkliche Kopf von Leonardo di Caprio. Doch nirgends entdecke ich Brot.

Hinter dem Verkaufstisch steht ein altes Mütterchen, das mit seinem runzeligen Zeigefinger auf dem Tisch herumklopft.

»Du brauchst Brot?« fragt sie mich.

»Ja, drei«, entgegne ich und komme mir gierig vor. Das Mütterchen legt den Kopf schief und lächelt hilflos. Dann zaubert sie ein Brot unter dem Tisch hervor und legt es wie einen Schatz vor mir hin.

»Mehr hab ich leider nicht.« Ich nicke und beginne beim Anblick des kastenförmigen Brotes ebenfalls zu lächeln. Es kostet vier Rubel, also etwa fünfzig Pfennig. Zwar haben wir in den Kajaks keine Extraluke für Rubel, doch weil wir uns schon seit gestern auf solch ein Brot freuen, erscheint mir der Preis viel zu gering. Wenigstens soll das Mütterchen den Zehn-Rubel-Schein, den ich auf den Tisch lege, behalten. Obwohl ich abwinke, kramt sie Wechselgeld aus einer Büchse, die irgendwann mal eine Konservendose war.

»Nimm«, sagt sie. Als ich ihre schwache Hand halte, wünscht sie: »Gott sei mit dir.«

Bei Ronald angekommen stechen wir eine Dose Rindfleisch auf und tauchen Brotstücke hinein. Wir fressen regelrecht und können nicht genug vom frischen Brot bekommen, schließlich liegt nur noch ein kleiner Rest auf dem Kajakrumpf. Zufrieden schauen wir aufs Wasser. Wir sind gesättigt, die Fahrt kann weitergehen. Wir machen uns startklar, packen unsere Utensilien zusammen und finden das Brot in Ginas Maul. Diese Scheinheilige! Noch Sekunden zuvor lag sie im Gras und ließ gelangweilt ihre Blicke kreisen. Verärgert entreiße ich ihr die Beute, werfe ihr den Kanten aber später wieder hin. Er ist für uns ohnehin nicht mehr zu verwerten. Condor, so mein Eindruck, würde so etwas nicht tun. Er ist nicht so futtergierig wie Gina. Stattdessen hat er etwas anderes für sich entdeckt: Er steht am Uferrand und wartet dort auf Steine, die ich, ginge es nach ihm, den ganzen Tag über ins Wasser werfen könnte. Nach diesen stürzt er sich in die Fluten, als ginge es um eine bedeutsame Rettungsaktion. Gina würde das nur machen, schmissen wir das Brot. Haben wir mal keine Lust zum Werfen, hebt Condor minutenlang eine der Vorderpfoten oder kommt mit einem Stein zwischen seinen Zähnen angetrottet. Den läßt er vor unsere Füße fallen und wartet ...

KAMPFMASCHINEN

Es ist noch der vierte Tag und erst fünfzehn Uhr. Ich bin so erschöpft, habe kaum noch Kraft zum Paddeln. Ich beuge mich nach vorn. Mein Boot schwankt. Plötzlich ist Markus neben mir, hält mein Kajak fest.

»Schmerzen?« fragt er.

»Ich bin nur müde«, höre ich mich wie von fern antworten und nehme einen Schluck Lenawasser. Das hilft ein wenig, und es geht weiter.

Auf einmal aber sackt mein Kopf auf die Brust. Ich reiße die Augen auf, kann nicht mehr. Vielleicht noch ein paar Minuten, dann ist für mich Feierabend. Markus aber scheint putzmunter zu sein. Wie das? Dieser Roboter! Wenn jeder normale Mensch todmüde ist, ist Markus es noch lange nicht. So, als wäre ihm Schlaf ein Fremdwort. Vor Jahren ist er mal von Rostock nach Spanien getrampt. Er brauchte dafür drei Tage. Ich wartete schon mit einem anderen Freund im Ferienort. Markus kam an und meinte, er habe auf der gesamten Strecke kein bißchen geschlafen. Ich konnte das kaum glauben, aber warum sollte er mich anlügen? Als wäre er eine Maschine, ging er mit uns nachts auch noch in eine Diskothek ... Nun werde ich ihm beweisen, daß ich aus gleichem Holz geschnitzt bin. In Gedanken male ich mir aus, wie ihn mein Schwächeanfall motivieren könnte. Fast höre ich ihn sagen: ›Wer von uns beiden hat wohl mehr drauf?‹ Sicher ist das Blödsinn. Aber der Gedanke läßt mich nicht los. Und so quäle ich mich Minute um Minute, Stunde um Stunde vorwärts, bis der Abend kommt.

Endlich kühler Wind! Wir konnten das Dorf, das als Konoschanowo in die Karte eingezeichnet ist, nicht finden. Anstelle dessen sitzen wir auf einem verlassenen Inselvorsprung, der die Wasseroberfläche nur wenige Zentimeter überragt. In eine meiner Gamaschen riß beim Aussteigen aus dem Boot ein Loch. Nun habe ich einen nassen, kalten Fuß.

Wir löffeln Nudeln und Fisch aus dem inzwischen verrußten Topf. Gina und Condor kuscheln sich an uns. Ein Ohrenkneifer krabbelt im Licht der Taschenlampe über den leeren Zeltsack. Über uns ziehen dunkle Wolken. Den letzten Rest des Tages verschluckt die anbrechende, sternenlose Nacht mit ihrem schwarzen Rachen.

DER FREILAUF

Daß es im Norden so heiß sein kann! Ich messe eine Temperatur von fünfunddreißig Grad und teile es Markus mit, der sich sein T-Shirt ausgezogen, es in den Fluß getaucht und um den Kopf gebunden hat. Condor stört die Hitze scheinbar nicht. Er liegt in seiner Luke und döst vor sich hin. Gina dagegen scheint mir unruhig zu werden. Ständig steht sie auf, dreht sich, sucht eine bequemere Lage. Markus muß das Boot dann ausbalancieren. Kein Wunder, daß er zu murren anfängt. Als mein Blick zum Ufer schweift, fällt mir die Erlösung für ihn ein, welche natürlich auch den Hunden gut tun wird.

Das Ufer ist sandig, ab und zu steinig, und manchmal wächst dort auch Gras.

»Laß uns mal anlegen«, rufe ich Markus zu, der noch nicht ahnt, was für ein Segen das für ihn bedeuten kann. Wenig später ratschen unter den Booten, im flachen Wasser, die Ufersteine.

»Gina, Condor!« Ich klinge, als hätte ich ein Geschenk vorbereitet. »Hopp!« Im Glauben, die heutige Etappe sei schon jetzt beendet, springen die Hunde aus den Luken.

Als die beiden schnüffelnd wie Spürhunde übers Gras laufen, legen wir ab und paddeln am Ufer entlang. Solange es übersichtlich bleibt und vor allem frei von Siedlungen, ist das eine wunderbare »Gassi-Methode«. Wie leicht doch jetzt die Boote dahingleiten! Markus nickt zufrieden.

Unsere Gefährten folgen uns mit hochaufgestellten Ohren. Bald aber springt Condor ins Wasser, schwimmt zu mir. Ich befehle ihm, an Land zu bleiben, will ihn sozusagen zu seinem Glück zwingen und dränge ihn mit der Hand vom Kajak weg. Das wirkt. Er schwimmt zurück zum Ufer. Ein dickes Lob aus meinem Mund beschleunigt seinen Lauf. Vom Boot aus betrachtet wirkt Condor wie ein hüpfender Bär, und es fehlt ihm nur noch ein Lachs im Maul, um das Bild abzurunden.

Gina, die durch ihre stetige Unruhe Auslöser dieser Aktion war, kommt kaum hinterher. Das heißt, sie könnte. Aber sie hat keine Lust. Ich kenne sie genau. Käme es darauf an, würde sie jeden Sprintweltmeister überholen. Wenn vielleicht Raben auftauchen würden, Ginas Lieblingsopfer, ja, dann könnte sie sich müde laufen und später, wenn sie wieder im Boot säße, ein Nickerchen abhalten. Ihr langsames Dahintrotten wird zusätzlich durch in die Lena mündende Bäche gebremst. Unschlüssig bleibt sie vor solchen stehen und schaut zu mir, als wolle sie sagen: »Was mutest du mir hier zu?« Gina mag im Gegensatz zu Condor Wasser nicht. Doch da wir uns allmählich immer weiter von ihr entfernen, bleibt ihr nichts anderes übrig, als uns zu folgen. Wie eine feine Dame tippelt sie ins flache Bächlein, durch das Condor schon etliche Sekunden zuvor hindurchgesprintet ist, als könnte ihn nichts und niemand aufhalten.

Nach einer halben Stunde steuern wir wieder ans Ufer, nehmen Condor an Bord und warten zwei Minuten auf Gina, die sich Zeit läßt. Wenigstens Condor wirft uns für diesen Extraauslauf dankbare Blicke zu. Gina dagegen schmollt und ärgert Markus bald wieder mit unentschlossenen Sitzhaltungen.

BESUCH

Am Abend des fünften Tages »schenkt« uns die Taiga ein Dorf von der Größe eines Fußballfeldes. Während Ronald Holz sucht und ich die Zeltstangen in die dazugehörigen Tunnel einfädle, nähern sich unserem Lagerplatz drei Personen.

Ich merke, wie mir warm ums Herz wird. Endlich ein paar Worte mit jemand anderem als Ronald wechseln ... Nicht, daß mir die Tage mit ihm eine Last wären, so ist das nicht. Er ist mir sogar wieder etwas vertrauter geworden. Aber hier kommt eine Abwechslung die Uferböschung herunter.

Gina und Condor bellen den Besuch an, daß es vom nahen Wald zurückhallt. Ronald, der auf der Böschung umhergeht und versucht, ein paar trockene Äste und Zweige zu finden, unterbricht sein Tun. Er eilt zu den Hunden zurück, befördert die Krachmacher in eine sichere Entfernung von etwa zehn Metern zum Lager und läßt sie Platz machen. Doch ein leises Knurren kann auch er nicht verhindern.

Die drei Leute sind bei uns angekommen. Einer von ihnen, ein sportlich wirkender, braungebrannter und selbstbewußter Typ Mitte Zwanzig, stellt sich uns als Sergej vor. Seine Hand greift fest in meine. Sergejs Begleiterin ist eine junge Frau, die um den Kopf einen Mückenschutz trägt. Sie nimmt ihn ab, und wir erfahren, daß sie mit Sergej verheiratet sei. Stolz verkündet er uns diese Tatsache und kneift seiner Partnerin, die er Anja nennt, liebevoll in die Wange. Anja sagt nichts, zieht aber ein Gesicht, als wollte sie andeuten: ›Sergej hat doch gesagt, was zu sagen ist.‹ Die Mücken plagen sie nicht weniger als uns. Dennoch behält sie den Mückenschutz in der Hand.

Der dritte im Bunde ist ein pausbackiger Knabe namens Mischa. Er sagt, er sei Sergejs Schwager. Freudig berichtet er, daß er hier bei seinem Großvater die Ferien verbringe. Mischa ist dreizehn Jahre alt, und obwohl er uns nur bis unter die Brust reicht, macht er den Eindruck, schon älter zu sein. Lässig, ja, fast routiniert, vertreibt er ein paar nervende Blutsauger und läßt danach seine Arme gewichtig sinken, als hätte er die Viecher unter Kontrolle. Seine Stimme klingt altklug. Wir erfahren, daß er eigentlich in Ust-Kut wohne, der Stadt, zu der es uns mit jedem Tag mehr zieht. So fragen wir ihn ein bißchen aus, wie Ust-Kut aussieht, und ob es dort auch eine Diskothek gäbe. Er nickt kurz, erzählt dann aber über seine Schule. Besonders über den Schulhof, wo er und seine Klassenkameraden schon oft heimlich geraucht hätten.

»Sind die Ferien schön hier?« fragt Ronald.

»Ich mache doch nicht nur Ferien«, betont Mischa und erzählt uns von der Jagd. Sein Großvater nehme ihn oft mit, und ihm falle dabei eine verantwortungsvolle, nicht ungefährliche Aufgabe zu. Er sorge, so deuten wir seine Worte und Gesten, mit den Hunden als Treiber dafür, daß das Wild in die richtige Richtung flüchte. Mischa wisse, daß der Großvater die Tiere nicht zum Spaß erlege, sondern das Fleisch brauche, um über den Winter zu kommen.

Sergej hat sich wie ein Dichter in Pose gebracht und sich in Zigarettenrauch gehüllt. Ob wir auch vorhätten zu jagen, will er von uns wissen.

»Na ja«, erwidert Ronald, »wir wären schon mit einem Fisch zufrieden.« Unterdrücktes Grinsen ist Sergejs Antwort. Er erzählt, daß er, ebenso wie Mischas Großvater, von Beruf Jäger sei.

»Das ist mein Leben«, sagt er und beschreibt mit Armen und Händen, daß er es fest im Griff hat. Sergej stammt aus dem Nachbarort Potanina. Schon als Kind hätte er zusammen mit dem Vater einen Bären erlegt. Was das für ein Gefühl sei, wollen wir wissen.

»Es macht dich zum Mann«, meint er und schickt eine Rauchwolke der selbstgedrehten Zigarette über unsere Köpfe. Wir erzählen ihm, daß wir noch keinen Bären gesehen haben. Er muß sich wieder das Lächeln verdrücken, hat jedoch genügend Taktgefühl, uns auf die Zukunft zu vertrösten.

Anja stapft von einem Bein aufs andere. Ihr fröstelt. Mischa hat sich auf eines unserer Kajaks gesetzt und rückt nach und nach zu den Hunden auf.

»Ich will sie streicheln«, läßt er uns wissen. Wir verwehren ihm diesen Wunsch. Was bei Gina noch möglich wäre, könnte bei Condor gefährlich werden. Mir fällt ein, daß er mich, wenn ich Ronald in Vorbereitung auf diese Reise in seiner Wohnung besuchte, immer laut anbellte und knurrte, daß ich eine Gänsehaut bekam. So ging das wochenlang. Dann kam der Tag der Abfahrt. In der zweiten Nacht, hinter Warschau, schlief ich vor unserem Kleinbus, da mir meine Allergie zusetzte. Ronald ließ die Schiebetür des Wagens einen kleinen Spalt geöffnet. Und wer lugte dazwischen hervor? Die ganze Nacht wachte Condor über mich wie eine Mutter über ihr Neugeborenes. Kamen Straßenköter angelaufen, war er, aber auch Gina, längst aus dem Wagen gesprungen, bevor ich überhaupt wach war. Am nächsten Tag tauchte sein riesiger Fellkopf im Bus zwischen den Vordersitzen auf und wollte liebkost werden, von Ronald und von mir. Ja, Condor braucht Zeit, um jemanden ins Herz zu schließen. Und da hat Mischa schlechte Karten.

Ich hätte eigentlich noch Lust, mit den Leuten zu plaudern, aber meine, und ich merke, auch Ronalds Augenlider sind bleischwer geworden. Die täglichen Stunden auf dem Wasser schaffen uns mehr als die Fahrradreise sechs Jahre zuvor. Sergej und seine Familie aber machen keine Anstalten zu gehen. Vielmehr behauptet er, daß wir bereits heute nacht einen Bären sehen könnten. Schon zweimal in diesem Jahr sei einer durchs Dorf gestapft. Auf einmal ist unsere Müdigkeit wie weggeblasen. Wir würden gern mal einen Bären in natura sehen wollen. Aber wäre uns dies am Tage und in den Booten, vom Wasser aus, viel lieber.

»Ist denn da was passiert?« fragen wir unsicher.

»Nein«, meldet sich Mischa merkwürdig kleinlaut zu Wort, »aber ich hatte ein bißchen Angst. Ihr doch auch, oder?« Mischa schaut zu Anja und Sergej. Sie nickt, er zuckt mit den Schultern.

Aufbruchsstimmung. Die drei verabschieden sich und werden im Nu von der Dunkelheit verschluckt.

Wir versuchen zu schlafen. Ohne die Bärengeschichte fiele das leichter.

DER FISCH

Gegen Mittag des siebten Tages rast ein Motorboot auf uns zu. Die zwei Insassen ändern nicht ihren Kurs. Das müssen wir tun.

Kurz vor uns dreht das Boot ab und schickt uns eine gefährliche Welle, die wir anschneiden müssen, um nicht umzukippen. Dann stoppen die Männer abrupt ihre Fahrt, kommen näher.

»Wo wollt ihr hin?« fragt einer von ihnen. Das Motorengeräusch geht in ein Gluckern über und verstummt. Uns ist die Lust am Plaudern vergangen. Wenn wir etwas an diesen Sibiriern auszusetzen haben, dann ihr bisweilen eigenartiger Hang zu gefährlichen Aktionen. Haben manche von ihnen Steuer und Gaspedal vor sich, wollen sie scheinbar beweisen, was sie damit anstellen können. An der Hauptstraße Moskau–Irkutsk stehen unzählige Kreuze am Wegesrand. Hier, auf der Lena, können wir sie nur erahnen.

»Hörst du, German?« krakeelt der Schmächtigere der beiden zu seinem Kompagnon und zaubert eine Zigarette aus der Hemdtasche hervor. »Die kommen aus Deutschland.« Er vernahm wohl, wie ich Markus etwas sagte.

»Mein Vater ist auch Deutscher«, läßt German nicht ohne Stolz verlauten. »Von der Wolga, ihr versteht?«

Erst jetzt betrachten wir die beiden näher. German hat blaue Augen. Sein blondes Haar ist so zerwühlt, als hätte er es mit einem Handtuch trockengerieben, und in seinem breiten Mund scheint stets ein Winkel für eine Zigarette frei zu sein. Der andere Bursche, wir wissen nicht, wie er heißt, hat bereits eine Halbglatze und trägt einen kurzgeschorenen Vollbart.

So schnell die beiden in unser Leben getreten sind, so wollen sie auch wieder aus ihm verschwinden. Der Motor wird gestartet. Die Männer verabschieden sich in einer Art, die wir ihnen nicht zugetraut hätten. German angelt einen unterarmgroßen Fisch unter dem Sitz des Motorbootes hervor und reicht uns das Tier.

»Guten Appetit«, verkündet er. Kurz darauf sind die beiden verschwunden. Verdutzt schauen wir ihnen nach, während der Fisch, der einem Zander ähnelt, auf Markus' Kajak liegt.

Der Abend kommt. Bald liegt der Duft von gebratenem Fisch in der Luft. Gina und Condor haben eine rohe, kleingeschnittene Hälfte abbekommen. Gierig verschlingen sie die Stücke.

In der Nacht erwache ich und weiß im ersten Moment nicht, wer das neben mir ist. Ich träumte, meine Freundin Sonja läge auf einer zerwühlten Bettdecke ausgestreckt auf dem Bauch. Als ich mich zu ihr aufs Bett setzte und sie zu mir drehen wollte, sah ich plötzlich in Laras Gesicht. Vor Schreck wachte ich auf, und langsam begreife ich, daß Markus neben mir liegt.

Ich ziehe mir den Schlafsack bis über die Ohren und grüble ...

Es ist ein Morgen im Mai. Lara schläft in meinem Bett. Nachts ist sie mit zu mir gekommen, weil sie, wie sie sagte, keine Lust auf Markus hätte. Er erdrücke sie. Das ist mir zwar nicht aufgefallen, doch ist es mir auch egal geworden. Lara ist hier, und ich bin bereits in sie verliebt.

Die ersten Sonnenstrahlen fallen durchs Fenster, als die Türklingel schrillt. Ich gehe hin, um zu öffnen und werde den Gedanken nicht los, daß es Markus ist. Obwohl der nicht das Geringste ahnen kann. Wenn man sich so lange wie wir kennt, scheint man fast telepathische Kräfte zu entwickeln. Siehe da, ich liege richtig. Aufgebracht schnauzt mich Markus an, was Laras Auto vor der Tür mache, und daß er schon seit einigen Tagen ein komisches Gefühl diesbezüglich habe. Markus fuchtelt mich wie eine lästige Fliege beiseite und schreitet durch die Tür in meine Wohnung. Ich sage nichts. Was soll ich auch sagen? Ich kann mir ausmalen, wie er sich fühlen muß, obwohl ich Ähnliches noch nie erlebt habe. Lara reibt sich die Augen, während sie sich den Vortrag von Markus anhört. Er spricht so sanft zu ihr, als hätte sie bei einer Freundin übernachtet.

Ohne mich zu beachten, rennt Markus aus der Tür. Ich nehme Lara in den Arm, weil sie zu weinen beginnt. Für einen Moment wird mir bewußt, in was für eine beschissene Lage ich hineingeraten bin. Doch ich wische den Gedanken wieder weg, denn es ist zu spät. Ich kann meine Gefühle nicht mehr abstellen, auch nicht Markus zuliebe ...

WODKA

Es ist Sonnabend, der neunte Tag unserer Flußfahrt. Er hat uns so weit an Ust-Kut herangeführt, daß wir gegen Abend in der Ferne die ersten Häuser erkennen können.

Wieder steuert ein Motorboot auf uns zu. Es kommt neben Markus zum Stehen. Hastig greift sich der Steuermann, ein sportlich wirkender Endvierziger, eine Videokamera und filmt uns. Seine mollige Frau möchte unterdessen genauestens über unsere zwei Begleiter informiert werden. Wie alt, wie schwer, wie teuer? Fast kommt es mir vor, als seien nicht die Hunde unsere Begleiter, sondern wir die der Hunde. Die Frau, die sich uns als Nadjeshda Iwanowna vorstellt, ist von den beiden so begeistert, daß sie uns zu einem kleinen Imbiß, der aus aufgeschnittenen Tomaten, geschälten Gurken und Brot besteht, einlädt. Der Steuermann, er heißt Maksim, legt die Videokamera beiseite und kramt eine Flasche Wodka unter der Holzbank hervor. Eigentlich möchte ich nichts trinken. Schließlich wollen wir heute noch paddeln. Also schüttle ich den Kopf. Maksim senkt die Augenbrauen und schaut mich vorwurfsvoll, ja, fast strafend an. Mir fallen unsere bisherigen Erfahrungen in Rußland ein, die uns gelehrt haben, daß den Leuten hierzulande die Gastfreundschaft regelrecht eingeimpft ist. Sie abzulehnen kommt einer Beleidigung gleich. Erst recht ihren geliebten Wodka sollte man nie zurückweisen. So fühlen wir uns den beiden verpflichtet, ergreifen die mit zwei, drei Schlucken gefüllten Plastikbecher und nippen vorsichtig daran wie Kinder an lauwarmer Milch.

»Russischer Wodka gut, gut!« raunt Maksim. Das Zeug brennt wie Säure in der Kehle.

»Ihr müßt den Becher auf einmal austrinken«, erklärt er, und in seinem Gesicht blitzt ein Lächeln auf. »Und vergeßt nicht, Brot zu nehmen. Seht her, so wird es gemacht.« Er kippt sich den Hochprozentigen in den Rachen und bohrt seine Zähne in den Kanten Weißbrot, den er in der linken Hand hält.

»Jetzt noch zweimal.« Ich traue meinen Ohren nicht. »Das ist eine alte Tradition. Drei Gläschen Wodka für den Gast. Dann erst darf er weiter.« Besorgt registriere ich, daß es mir schon jetzt ein wenig schwindelig im Kopf geworden ist. Als ich das den beiden sage, und Markus auch noch zustimmt, lacht Maksim und beugt sich über die Frontscheibe des Motorbootes.

»Seid ihr Männer oder Kinder?« Russen, das erzählte uns vor Jahren einmal ein deutsch sprechendes Großväterchen in einem Dorf vor Omsk, unterscheiden nicht zwischen Nahrungsmitteln und Wodka. Er gehöre, genau wie Brot, Fleisch und Zwiebeln, auf die Speisekarte, ja, er gelte sogar als Medizin. Und schließlich, so jener alte Mann, habe Großfürst Wladimir vor etwa tausend Jahren nicht den Islam, sondern das Christentum angenommen, um nicht auf seinen Wodka verzichten zu müssen.

Nach dem zweiten Becher fragt Markus mit schwerer Zunge, ob die beiden nicht Angst hätten, aus dem Boot zu kippen, wenn sie beim Fahren trinken.

»Nein«, lacht Nadjeshda Iwanowna. »Das bißchen macht uns nichts aus.« Dann wendet sie sich unseren Hunden zu. Eine Waffel mit Kakaoüberzug findet ihren Weg in Condors Maul. Er erhebt sich und verlangt nach mehr. Die Russin hat bereits die zweite Packung Waffeln geöffnet, und auch Gina bekommt viel davon ab. Daraufhin läßt sie sich von der Spenderin streicheln. Condor dagegen knurrt diese trotz der leckeren Mahlzeit an, als ihre Hand sich ihm nähert.

Die Waffeln sind verfüttert. Nadjeshda Iwanowna schickt uns ein freundliches Lächeln und meint: »Maksim ist auch Sportler.« Mit präsentierender Handbewegung weist sie auf ihren Mann und bricht plötzlich in schallendes Gelächter aus. Der so Angesprochene schaut verwundert zu ihr, und als wir ihn fragen, welche Sportart er denn betreibe, winkt er ab und meint, daß das nicht so wichtig sei.

»Nun sag schon«, drängelt seine Frau. Etwas murrend erzählt er es uns. Als wir nicht verstehen, versucht er es uns gestikulierend zu erklären. Er pfeift auf zwei Fingern, reißt den Arm hoch und tut so, als würde er mit dem rechten Fuß gegen etwas treten. Wir raten zweimal falsch und tippen schließlich auf Schiedsrichter. Daraufhin nickt Maksim und läßt einen schallenden Pfiff über die Baumwipfel wandern.

Als die beiden uns verlassen haben, ergreift mich solch eine Sehnsucht nach menschlicher Wärme, wie ich sie nur selten verspürte. Die Einsamkeit, und auch der Wodka, müssen diese Sentimentalität bewirkt haben. Markus sagt, daß es ihm genauso gehe. Maksim und seine Frau waren wie die Vorboten einer Stadt, in der wir wieder auf Menschen treffen würden. Vielleicht erscheint dieser Wunsch eigenartig. Aber für uns ist es wichtiger als je zuvor geworden, Menschen um uns herum zu haben, die uns allein durch ihre Anwesenheit, ihre Worte, ihre Gesten das Gefühl geben: Wir gehören – wenigstens ein klein wenig – zu ihnen.

Wie unter Strom schwingen wir die Paddel und gelangen nach etwa drei Stunden mit beginnender Dunkelheit an einen Waldsaum, der uns für eine Übernachtung geeignet scheint. Nun sind es nur noch wenige Kilometer bis Ust-Kut.

Wir zelten auf einer kleinen Wiese, die etwa zur Hälfte von Wald umgeben ist. Obwohl wir zwei wachsame Hunde und einen Schreckschußrevolver besitzen, beschleicht mich trotz der Wochenendhäuser am gegenüberliegenden Ufer ein merkwürdig unheimliches Gefühl. Um Äste und Zweige fürs Lagerfeuer zu finden, muß ich heute ein größeres Gelände als sonst absuchen. Das Licht der Taschenlampe ist schwach, die Batterien müßten erneuert werden.

Plötzlich – ein Knurren. Erschreckt drehe ich mich um. Gina starrt wie gebannt und mit gespitzten Ohren zum Waldrand. Ich folge ihrem Blick, kann aber nichts Ungewöhnliches entdecken. Wo steckt der Rüde? Ich sehe ihn nicht. Auf einmal sprintet Gina los. Kurz darauf fegt ein großer Schatten an mir vorbei. Condor! Endlich sehe auch ich etwas. Ein Tier flieht, im diffusen Licht kaum zu erkennen, zum Wasser und stürzt sich hinein. Unsere Beschützer folgen ihm bis zum Ufer, bleiben dort aber stehen und schauen dem Flüchtling nach. Was war das? Ein Wolf? Dafür war das Tier zu klein. Für einen Fuchs zu groß. Womöglich ein verwilderter Hund. Ich kann seinen Kopf, welcher sich dem gegenüberliegenden Ufer nähert, erkennen. Irgendwie freue ich mich für das Tier, daß es meinen Hunden entkam.

Später schlafe ich mit dem Gedanken ein, daß wir morgen viele Menschen sehen werden.

UST-KUT

Es ist früher Nachmittag. Noch immer liegen wir in den Schlafsäcken. Faulsein ist für uns Luxus geworden.

Nun aber schiebt Ronald die Zeltplane beiseite, und wir setzen die Füße ins feuchte Gras. Dann essen wir Sardinen aus der Dose und brechen schließlich auf. Morgen habe ich Geburtstag. Den wollen wir nicht nur zusammen mit den Bäumen feiern.

Vier Stunden später sitzen wir erschöpft am sandigen Ufer von Ust-Kut, nahe des Hafens. Etwas weiter weg, das Zentrum der Stadt mit mehreren rotbraunen Hochhäusern. Unser Platz hier ist günstig. Wir fallen nicht auf. Von unserem Basislager aus können wir die Stadt nach unseren Wünschen »erobern«, laufen nicht von vornherein Gefahr, in »falsche Hände« zu geraten. Eine Stadt hat schließlich nicht nur gute Gesichter.

Ronald tätschelt die Hunde, ich verfolge die Strahlen der roten Abendsonne. Ihr Licht fällt in die Fensterscheiben von Holzhütten und Hochhäusern, spiegelt sich in denen der Öltanker und Frachter am Hafen. Ein friedliches Bild.

In der Ferne tutet eine Lokomotive. Ihr Signal bricht sich an einem kleinen bewaldeten Felsen des gegenüberliegenden Ufers und kommt als Echo zurück. Hier entlang verläuft die BAM, die Baikal-Amur-Magistrale. Am Bahnhof könnten wir in den Zug steigen und bis Rostock, bis nach Hause, fahren. Schon der Gedanke daran reicht aus, um die fast neuntausend Kilometer zwischen dort und hier schrumpfen zu lassen. Manche Dinge muß man nicht tun. Es reicht zu wissen, daß man sie tun könnte.

Zehn Tage auf dem Fluß liegen nun hinter uns, und obwohl wir tagtäglich Wasser um uns hatten, liegt unsere letzte Körperwäsche schon fünf Tage zurück. Das ist kein Wunder. Morgens war es jedesmal schweinekalt, und am Abend überfielen uns riesige Mückenschwärme. Bislang hat sich niemand über unsere Ausdünstungen beschwert. Schon gar nicht wir. Die Geruchsnerven haben sich daran gewöhnt. Heute hängen wir noch einen »Stinkertag« dran. Allerdings schlüpfen wir in frische Unterwäsche und streifen uns saubere Pullover über.

Die Hunde werden während unserer Stadterkundung Kajaks und Gepäck bewachen. Zwei etwa fünf Meter lange Leinen, mit denen Ronald die Vierbeiner an den Kajakösen befestigt, geben ihnen genug Freiheit, damit wir unsere genießen können.

Der Weg ins Zentrum führt uns durch einen Stadtpark. Es hat den Anschein, als wäre dieser gleichzeitig eine Müllhalde. Überall Gerümpel. Etwas taumelig laufen wir einer Brücke entgegen, über die ein paar Autos fahren. Wir sind schwach auf den Beinen, denn sie klemmten in den letzten Tagen zu lange in den Bootsluken.

Auf der rissigen Betonbrücke, welche die Kuta, einen Nebenfluß der Lena, überspannt, lehnen einige junge Burschen und Mädchen am rostigen Geländer. Sie haben die Hände in den Hosentaschen vergraben und plaudern miteinander.

»Priwjet«, sagen wir im Vorbeigehen und lächeln. Die jungen Leute erwidern den Gruß.

Auf einer unebenen Asphaltstraße, an der sich kleine, für Sibirien typische Holzhäuschen, wie vor Jahrhunderten aus der Erde gewachsen, aneinanderreihen, fragen wir einen alten Mann nach dem Weg zu einer Bar. »Nicht weit von hier am Hafen«, gibt er uns zu verstehen und beschreibt mit großen Gesten den Weg dorthin. »Trinkt dort nicht soviel«, meint er, aber das überhören wir geflissentlich. Unsere Gedanken sind bereits in der Hafenkneipe angekommen.

Auf dem Weg dorthin entdecken wir einen Kiosk, in dem nichts weiter als Brot verkauft wird. Wie auf Verabredung sehen wir uns an, schmunzeln.

Hinter der nächsten Straßenkreuzung stoßen wir auf eine Baracke, aus der gedämpft Popmusik ertönt. Dies muß die Kneipe sein, jene Pilgerstätte für einsame Seelen wie uns. Einige junge Leute stehen schwatzend vor dem Eingang, und über der Tür führt eine Milchglaslampe einen erbitterten Kampf gegen ihr Erlöschen.

Wir treten ein in eine gesellige Welt auf Zeit. Den Gedanken, daß diese Gemütlichkeit am kommenden Abend für uns schon Geschichte sein soll, schiebe ich weit von mir. Frauen und Männer sitzen an Holztischen, unterhalten sich, prosten einander zu, halten sich im Arm, lachen. Dieses Bild gräbt sich wie eine Momentaufnahme tief in mir ein.

An der gelbgetünchten Wand hängt ein Gemälde, auf der eine Waldlichtung zu sehen ist. Darunter gibt es eine Durchreiche, deren Farbanstrich wie Ausschlag vom Holz blättert. Auf einer kleinen Wandtafel steht mit Kreide in Schönschrift geschrieben, daß es die Flasche Bier und den Teller Soljanka heute zusammen für nur fünfzig Rubel gibt.

Hinter der Durchreiche sehen wir, wie zwei junge Frauen in himmelblauen Blusen an einer breiten Spüle Geschirr abwaschen. Sie stecken dabei die Köpfe zusammen, tuscheln und lachen. Als sie unsere Blicke bemerken, legt die Dickere der beiden den Schwamm neben den Ausguß und tritt kurz darauf zu uns an den Tisch.

»Zweimal das Tagesmenü, bitte«, erwidere ich auf die Frage, was wir gern hätten. Die Kellnerin lächelt wie der runde Mond aus einem meiner Kinderbücher und nickt bei jeder Silbe meiner Worte, während sie die Bestellung mit einem Bleistift auf einen kleinen Notizblock kritzelt.

Wenig später nehmen wir kräftige Züge aus den Bierflaschen. Ich sage zu Ronald, daß es nicht das Schlechteste wäre, wenn wir nicht so allein hier rumsitzen würden, worauf er nickt, als hätte ich eine bedeutende Feststellung gemacht. Aber leider schauen die Leute nur manchmal zu uns herüber. Niemand setzt sich an unseren Tisch. Und selbst zu den Männern und Frauen zu gehen, dafür scheint uns der Mut verlorengegangen zu sein.

Es ist bereits halb zwölf. Wir haben eine köstliche Soljanka verspeist und in einer halben Stunde werde ich wieder ein Jahr älter sein: neunundzwanzig Jahre. Bereits zum zweiten Mal feiere ich meinen Geburtstag in Sibirien. Vor sechs Jahren steuerten wir die Fahrräder über die löchrigen Straßen von Irkutsk. Ziel war der Flughafen, wo wir uns einen Schlafplatz im Wartesaal besorgten. Dann kauften wir uns eine Flasche Sekt und stießen auf meinen Dreiundzwanzigsten an. Schon damals dachte ich, ich wäre ganz schön alt ...

Sicher werde ich auch diesmal mit Ronald anstoßen. Und hätte ich einen Wunsch dabei frei, dann hieße er: heil ans Ziel zu kommen und Ronald nicht mehr so skeptisch anschauen zu müssen. Aber so einfach abstellen kann ich letzteres nicht ...

»Na, mein Schatz?« flüstert Lara und drückt mir einen Kuß auf die Lippen. »Jetzt gehst du auf die Dreißig zu.« Ihre Worte klingen, als würde ich schneller altern als sie, die Achtundzwanzigjährige.

Zwischen uns hat sich seit einiger Zeit alles wieder eingerenkt. Ich wohne auf demselben Flur wie sie, ich sehe sie jeden Tag. Wir sind wieder glücklich. Und ich habe Geburtstag. Den Ausrutscher mit Ronald habe ich ihr verziehen. Mit ihm dagegen spreche ich noch immer kein Wort. Für mich steht fest: Er hat meine Freundin verführt. Daß dazu zwei gehören, schiebe ich beiseite.

»Bin gleich wieder da«, rufe ich ihr zu und greife meine Jacke. Ich will einem Kumpel, der gerade verreist ist, einen Gefallen tun und seinen Hund ausführen. Als ich die Treppen im Hausflur hinunterflitze, male ich mir meine heutige Geburtstagsfeier mit Lara aus. Diesem Gedanken nachhängend, trägt mich mein kleiner Renault fast wie von selbst zu dem Haus des Freundes.

Es ist ein sonniger Tag, und ich lasse Adi, so heißt der Rüde, über die nahegelegene Wiese laufen. Adis Namensvetter ist der »Sportadi« aus der DDR-Kindersendung »Mach mit, mach's nach, mach's besser!« ›Selbst für solche Gedanken ist jetzt wieder Platz in meinem Kopf‹, denke ich und lächle. Dann setze ich mich auf die Bank neben dem stillgelegten Springbrunnen und hole Laras Foto aus meiner Brieftasche.

»Sind Sie der Neue?« ertönt neben mir unverhofft eine Frauenstimme. Ich verstehe nicht, was die Frage soll und schaue verständnislos auf. Aber die Dame – sie setzt sich zu mir – fährt schon fort: »Also, ich bin ja so froh, daß Sie jetzt den Hund ausführen. Der, der das vorher gemacht hat, das war mir ja einer ...« Ich weiß, daß es Ronald war; denn weil auch er, weiß der Geier wohin, verreist ist, fiel es mir jetzt zu, Adi auszuführen.

»Was war mit ihm?« forsche ich.

»Der saß die ganze Zeit unter dem Baum dort«, die Frau zeigt auf eine große Birke mitten auf der Wiese, »und hat sich mit einem Frauenzimmer rumgeknutscht. Die haben sich überhaupt nicht um den ...«

»Wie sah sie aus?« unterbreche ich ihre Rede, denn ich will hören, daß es vielleicht eine Blondine oder eine Schwarzhaarige war, welche meine Banknachbarin meint.

»Na ja. Wie soll ich sie beschreiben?« Plötzlich entdeckt die Frau das Paßbild in meinen Händen und ruft, als hätte sie jemanden auf einem Fahndungsfoto erkannt: »Das war sie. Genau sie ...«

Wie ein Geist steht plötzlich ein mittelgroßer, stämmiger Mann neben unserem Tisch und sagt mit angenehm dunkler Stimme: »Willkommen in meiner Bar!« Dabei stützt er seine riesigen Hände auf die Tischplatte und schaut uns durchdringend an. Er hat eine Halbglatze und mag um die vierzig sein. Ich überlege noch, was er wohl für ein Mensch sei, als er erst mir und dann Ronald seine Pranke entgegenhält und sagt: »Ich bin Wladimir.«

Dann bewegt er seinen Kopf in Richtung einer Tür, die uns bereits auffiel, weil sie keinen Türknauf besaß, und fügt hinzu: »Dawai.« Wir zögern, denn von ihm geht trotz der angenehmen Stimme etwas Bedrohliches aus.

»Seid meine Gäste«, sagt Wladimir mit freundlichem Lächeln. Der Typ scheint unsere Zurückhaltung zu spüren und schiebt nach: »Ihr braucht keine Angst zu haben.« Der hat gut reden ... Aber aus irgendeinem Grund – ist es Neugier? – folgen wir ihm: erst durch die Küche, danach durch einen langen Flur. Wir gehen um zwei Ecken und finden uns schließlich in einem hell erleuchteten Raum mit schwarzen Tapeten wieder. In dessen Mitte steht ein rechteckiger Tisch, gefüllt mit unzähligen Wodka- und Bierflaschen.

EINE GEFÄHRLICHE RUNDE

Um den Tisch herum sitzen fünf junge Männer unter einem altmodischen Kronleuchter und reden wild durcheinander. Augenscheinlich haben sie schon mehr als die üblichen »einhundert Gramm« intus. Sie sprechen laut und mit schweren Zungen. Wohl ist mir in ihrer Gegenwart nicht zumute. Lieber würde ich draußen in der Bar mein Bier trinken.

»Setzt euch«, fordert Wladimir ruhig aber bestimmt und schiebt uns zu zwei noch unbesetzten Polsterstühlen. Irgendwie passen wir nicht hierher. Das merke ich sofort. Sollten wir uns wieder verabschieden? Eine innere Stimme aber sagt mir, das wäre falsch. Die Blicke der hier Versammelten ruhen auf uns.

Wir nehmen Platz. Dann setzt sich auch der Chef des Hauses an den Tisch. Wie auf Kommando eilt die pummelige Kellnerin herbei. Sie serviert eine Flasche Wodka und stellt drei Schnapsgläser dazu. Dann öffnet sie die Flasche, gießt die Gläser randvoll und verschwindet wieder.

Wladimir, dessen Blick auf uns liegt, sitzt uns gegenüber. Er erhebt sein Glas und prostet uns zu. Die anderen Männer schließen sich ihm an. Wir prosten zurück, als wären wir Marionetten, als könnten wir nichts mehr allein entscheiden.

Der Barbesitzer fragt uns, was wir in der Gegend suchen würden und woher wir kämen. Ich erzähle von unserer Tour, zunächst stockend, aber allmählich, nach dem zweiten Wodka, geht es besser. Mir ist warm geworden und ich höre mich sagen, daß wir schon zweimal in Rußland gewesen seien ... Die Männer sind still geworden, hören mir, wie es scheint, zu. Dann stellen sie Fragen an Ronald und mich: Wie uns Sibirien gefalle, wie viele Kilometer wir denn so an einem Tag schaffen und ob unsere Hunde gut hören würden. Ein stoppelhaariger Kerl rückt mit seinem Stuhl dichter an uns heran. Das Gesicht des Mannes ist fast so rund wie ein Ball. Er sagt, er heiße Boris. Oder besser, Borissimo. So habe ihn einst ein italienischer Mafioso genannt, als dieser von ihm einen Revolver an den Kopf gehalten bekommen habe.

»Was?« entfährt es mir.

»Wir hier«, verkündet Boris mit sichtbarem Stolz und läßt dabei seinen Finger wie einen Pistolenlauf von einem zum anderen seiner Kumpane wandern, »gehören zur Mafia.« Seine Worte klingen, als spräche er von Mitarbeitern eines hoch angesehenen Konzerns. Eine Pause tritt ein. Sie kommt mir unendlich lang vor. ›Was jetzt nur noch fehlt, ist das ausschlagende Pendel einer Wanduhr‹, denke ich mit Schrecken. All das unverschämte Glück, das wir bisher auf unseren Reisen hatten, dessen bin ich mir sicher, endet hier an diesem Tisch, unter einem Kronleuchter. Mein Herz schlägt mir bis zum Hals, und ich sehe uns schon gefesselt und geknebelt auf den zwei leeren Stühlen dort in der Ecke sitzen, in der, wie zum Hohn, auch ein Bild von der Taiga hängt. Jetzt würde ich gern dort irgendwo in der Wildnis sein. Gleich wo. Nur nicht hier. Aus dem Augenwinkel sehe ich zu Ronald. ›Wenn wir aus diesem Zimmer nur heil rauskommen‹, denke ich verzweifelt, ›verzeihe ich ihm alles.‹ Auch Ronald hat Angst, das fühle ich. Doch er zeigt sie nicht, sitzt da wie eine Statue. Mein Gesicht wird in einem kleinen Wandspiegel reflektiert. Ich bin überrascht: Auch ich wirke cool. Jetzt nur nicht ungewohnt schnell mit den Augen zucken, jetzt nur den Mund geschlossen halten ...

Eine Ewigkeit scheint vergangen, als uns einer der Kerle, ein rothaariger, langgesichtiger Hüne mit ziemlich weißen Zähnen, anlacht. Zuerst glaube ich, die ganze Mafiageschichte sei ein Scherz, all die Furcht umsonst gewesen. Doch werde ich eines Besseren belehrt, als ebenjener Rotschopf aufspringt, kurz den Raum verläßt und mit zwei Kalaschnikows in den Händen wiederkehrt. Er steht mit den Waffen in der Tür und nickt triumphierend. Der erste Schreck – er hatte sich fast in erleichtertes Aufatmen verwandelt – ist in Entsetzen umgeschlagen.

In ebendiesem Moment knallt mir jemand seine flache Hand auf die Schulter. Ich bin so erschrocken, daß ich beinahe aufschreie. Die Hand gehört Boris, der den groben Schlag wohl durch ein freundliches Lächeln zu einer aufmunternden Geste neutralisieren will.

»Ihr seid hier gut aufgehoben«, sagt er grinsend, als begnadige er uns. »He, wollt ihr mal was sehen?« Ich merke, daß Ronald ebenso wie ich nickt, während ich versuche, das Durcheinander in meinem Kopf zu ordnen. Was ich von alldem hier halten soll, weiß ich noch nicht.

Boris zerrt sich inzwischen sein T-Shirt über den Kopf, wirft es achtlos auf einen leeren Stuhl neben sich und entblößt seinen tätowierten Oberkörper, der nur noch wenige hautfarbene Stellen aufweist. Stahlkettenmuster, ein Totenkopf an der Schulter, eine Schlange, die sich durch den Totenkopf windet und ihre Zunge in der Nähe von Boris' Bauchnabel herausstreckt. Auf der rechten Brust prangt ein großes Hakenkreuz, auf das Boris ständig mit dem Daumen pocht, als befürchte er, wir könnten es übersehen.

»Darauf bin ich sehr stolz«, kräht er und erwartet von uns scheinbar Zustimmung. »Hitler gut!« fügt er an. Dann bemerkt er mein Stirnrunzeln.

»Deutschland nicht gut?« fragt er verwundert, als wäre das eine dasselbe wie das andere.

»Warum Deutschland?« erwidere ich, überrascht von meiner eigenen Courage. Boris antwortet nicht. Stattdessen schaut er mich verunsichert, beinahe trotzig, wie ein kleiner Junge an.

Der Boß mischt sich ins Gespräch. »Hätte ich dir gleich sagen können, daß die Schmiererei sie nicht interessiert«, höre ich aus seinen Worten heraus. Er wirkt wie ein überaus selbstbewußter Amtsrichter. Boris streift sich das T-Shirt wieder über und zündet sich eine Zigarette an.

»Im Knast haben sie es gut gefunden«, so sein Fazit.

»Wie lange warst du drin?« will ich wissen. Die Furcht, die mich gepackt hatte, ist plötzlich, gleichsam mit der Verunsicherung dieses kräftigen Kerls, verschwunden. Auf einmal bin ich mir sicher, daß uns hier tatsächlich nichts Ernsthaftes zustoßen wird. Vielleicht, schwirrt es mir kurz durch den Kopf, ist diese Truppe sogar der beste Schutz, den wir haben können.

»Fünf Jahre in Mariinsk, dann noch mal fünf in Nowokusnjetsk«, antwortet Boris. Das letzte Mal, so läßt er uns wissen, habe er wegen einer Schießerei mit der italienischen Mafia gesessen. ›Also muß er etwa ein Drittel seines Lebens hinter Gittern verbracht haben‹, rechne ich in Gedanken zusammen. Boris starrt sein Wodkaglas an und dreht es auf der Stelle.

»Was sind schon zehn Jahre!« Meint er das ironisch? Keineswegs. »Der da«, er wiegt den Kopf in Richtung Wladimir, «saß schon achtzehn Jahre.« Boris nickt danach so gewichtig, als wäre ein möglichst langes Knastleben die größte Errungenschaft der Menschheit. Wladimirs Antwort ist schweigendes Grinsen und ein genüßliches Nippen am Wodkaglas.

Dafür ergreift der Rothaarige, der uns vorhin ins Gesicht lachte und nun um einiges betrunkener wirkt, das Wort: »Unser Wladimir ist der Stärkste von uns allen. Er ist der Chef des Irkutsker Oblast.« Aljoscha, so heißt der Rothaarige, läßt den letzten Satz wie einen guten Wein auf seiner Zunge zergehen. Immerhin redet er von einem Gebiet, das viel größer ist als Deutschland. Wir erfahren, daß Wladimir auf diesem Areal das gesamte Nachtleben kontrolliere und ihm die meisten Bars gehören. Oft sei der Chef in Irkutsk, wo er auch wohne. Dann bekomme er, Aljoscha Sergejewitsch, dessen Aufgaben übertragen. Während der Rothaarige seinen Redefluß nicht zu stoppen versteht, sendet Wladimir ihm einen kritischen Blick. Das fruchtet, und er wird still.

Ich habe jedes Zeitgefühl verloren. Immer wieder prostet man uns zu. Haben wir angestoßen und die Gläser geleert, werden sie sofort wieder gefüllt. Wir sitzen und hören den Männern zu. Sie erzählen uns zum Beispiel von den Unzulänglichkeiten des Lebens, von ihren Kindern, denen sie Besseres zutrauen als sich selbst ... Einer träumt davon, ein Konzert von Whitney Houston aus der ersten Reihe zu erleben, ein anderer will gern Urlaub in Australien machen. Nicht die Wünsche trennen uns, sondern die Realität.

Punkt zwölf greift Wladimir nach seinem Glas und erhebt sich. Ronald hatte ihm anvertraut, daß mein Geburtstag ansteht.

»Laßt uns auf Markus trinken«, ruft der Mafiaboß in die Runde. Alle erheben sich. »Zum Wohl, mein Freund.« Er streicht mit der Hand über meinen Kopf. In diesem Moment bin ich der Mittelpunkt zwischen den vielleicht meistgesuchten Männern weit und breit und weiß nicht, was ich davon halten soll.

Der Raum beginnt zu schaukeln, als säße ich im Kajak. Zusammen mit den Männern wanke ich aus dem Hinterzimmer in die Bar. Auf einmal finde ich mich im Arm einer blonden, wohlriechenden Frau wieder. Ihre hellblauen Augen funkeln. Ich bemerke, daß wir tanzen, und mir fällt plötzlich ein, wie nachlässig ich mit meiner Körperpflege war.

»Ich rieche nicht so gut«, höre ich mich beichten. Nach dieser Bemerkung und der Hoffnung auf eine eventuelle Dusche bei ihr, hält sie sich plötzlich die Nase zu und ist schneller verschwunden, als ich es begreifen kann.

Wie sind wir in dieses Auto gekommen? Irgendjemand fährt uns durch finstere Straßen, an denen nur selten eine der hohen Laternen glimmt. Dennoch erkenne ich im Dunkel der Nacht den Weg, den wir vor Stunden gingen. Durch einen Fensterspalt kühlt der Wind mein Gesicht. Ronald ist eingeschlafen. Er hat sich ein Kissen von der Hutablage gegriffen und umarmt es, als wolle er es nie wieder hergeben.

Wanja, so der Name unseres Chauffeurs, setzt uns irgendwo am Ufer der Lena ab, bevor er in die Stadt zurückfährt. Wir torkeln die Böschung hinab und haben keinen Schimmer, wo wir uns befinden. Wo zum Teufel sind Gina und Condor? Wo ist unser Zelt? Neben uns plätschert das Wasser des Flusses, und der Mond hat es schwer, sein Licht durch finstere Wolken zur Erde zu senden.

Ronald wird von Panik gepackt. Verzweifelt brüllt er die Namen der Hunde in die Nacht. Ich versuche ihn zu beruhigen, werde jedoch von ihm weggestoßen und in den Ufersand geschleudert. Obwohl maßlos betrunken und kaum fähig zu gehen, sinne ich für einen Moment auf Rache. Eine ähnliche Situation drängt sich mir auf. Damals aber schlug ich zu, nachdem ich gesehen hatte, wie er sich mit Lara herumknutschte. Ronald wehrte sich nicht. Das werde ich jetzt auch nicht tun. Ich weiß, was Gina und Condor ihm bedeuten.

»Bleib ruhig«, versuche ich seine Urlaute zu durchbrechen, »wir finden sie.« Doch bin auch ich mir nicht sicher, ob dies keine Falle ist, die Hunde in Käfigen stecken, unsere Habseligkeiten geklaut wurden.

Da erkenne ich ein Boot im Ufersand. Irgendwie kommt es mir bekannt vor. Ich wanke hin, finde die Orientierung wieder. In der Ferne sehe ich die Umrisse einer kleinen, dunklen Kuppel. War das eben ein Bellen?

»Komm her!« rufe ich, laufe Ronald entgegen und zerre ihn mit mir. Wie in einem Slapstickfilm kämpfen wir uns voran.

Wir sind angekommen: Betrunken und müde, aber glücklich, knuddeln wir unsere »Plüschtiere«, als hätten wir sie Monate nicht gesehen.

UNTERWEGS MIT WLADIMIR

Ich erwache mit einem gewaltigen Brummschädel. Markus liegt mit offenen Augen neben mir und scheint über irgendetwas nachzudenken. Ich brauche eine Weile, bis ich begreife, daß die gestrige Nacht kein Traum war.

»Alles Gute zum Geburtstag«, sage ich dann mit Reibeisenstimme und reiche ihm die Hand. Das letzte Mal tat ich das vor vier Jahren.

Plötzlich ertönt eine Hupe. Laut und unangenehm, als würde jemand das Ding genau neben meinem Ohr betätigen.

»He, ihr!« schallt es aus derselben Richtung. Ich kenne die Stimme. Es fällt mir im nüchternen Zustand schwer, die Situation zu akzeptieren, dem Irkutsker Mafiaboß »Guten Morgen« zu sagen. Bei dessen Rufen und dem Gebell unserer Hunde drängt sich mir der Vergleich auf, es würde eine gesprungene Schallplatte abgespielt. Wir schälen uns mühsam aus dem Zelt und müssen ziemlich zerknautscht aussehen, denn Wladimir und sein Fahrer Wanja lachen, als sie uns so sehen.

»Kommt her!« ruft ersterer uns zu und zeigt dabei auf die Hunde. ›Aha‹, denke ich belustigt, ›selbst ein Mafiakönig hat mal Angst.‹

Die Böschung hinaufzuklettern, kommt der Besteigung eines Gletschers gleich. Irgendwann stehen Markus und ich lehmbeschmiert vor den Männern. Was heißt stehen! Wie zwei alte Glöckner halten wir uns auf den Beinen, während uns Wladimir ein schlechtes Zeugnis deutscher Trinkfestigkeit ausstellt. Es rutscht wahrscheinlich noch um eine Note tiefer, als er Markus am Böschungsrand beim Entleeren seines Magens beobachten kann.

»Habt ihr eure Videokamera dabei?« werden wir gefragt. Gestern hatten wir ihm auch vom Kentern des Kajaks berichtet, und Wladimir versprach, uns beim Finden einer Werkstatt zu helfen. Er hatte es also nicht vergessen.

»Aber erst werdet ihr frühstücken«, verkündet er, als er das Rumoren in meinem Magen hört.

Im Lada schaukeln wir über die Wiese zur Straße, dann zu der uns wohlbekannten Bar. Dort bekommen wir heiße Soljanka und frisches Brot vorgesetzt. Wir sollen alles aufessen, vorher würden wir nicht weiterfahren, meint unser Gönner und verschwindet in der Küche. An unserem Tisch sitzt nur Wanja, der Chauffeur. Irgendwie paßt der nicht ins Milieu. Er redet nicht wie seine Kollegen. Wenn er spricht, dann ruhig und zurückhaltend. Seine großen, braunen Rehaugen und der gerade gezogene Seitenscheitel lassen ihn eher aussehen wie jemanden, der keiner Fliege etwas zuleide tun könnte. Als ich frage, ob er schon lange dabei sei und ob er noch nie daran gedacht habe, etwas anderes zu machen, lächelt er gezwungen, schaut zur Küche und schweigt. Wladimir flirtet gerade mit den Küchenfrauen, haut einer von ihnen auf den Hintern. Wanja beugt sich zu uns.

»Hier ist das nun mal so«, beantwortet er jetzt meine Frage und zuckt gleich darauf zurück, denn sein Chef naht.

»Na, aufgegessen?« erkundigt der sich. Er schaut uns väterlich an, aber plötzlich verkrampft sich sein Lächeln, und er faßt sich an den Oberbauch.

»Der Magen?« fragt Markus. Wladimir nickt ...

Um zur Werkstatt zu gelangen, müssen einige Kilometer zurückgelegt und an vier Straßenecken ebensoviele Leute, es scheinen

Bekannte von Wladimir zu sein, in den Lada hineingezwängt werden. Insgesamt transportiert das Auto nun sieben Personen. In Rußland sei dies normal, hören wir, und noch immer nicht das Maximum. Wladimir hat gut reden. Er sitzt ja neben Wanja auf dem Beifahrersitz. Markus und ich hatten auf der Rückbank Platz genommen, bevor es immer enger wurde. Jetzt klebe ich mit Nase und Schulter förmlich an der Fensterscheibe. Dann steigt noch jemand zu: eine püppchenhaft wirkende junge Frau mit kurzem Seidenrock und heller Windjacke, unter der sie ein T-Shirt mit weitem Ausschnitt trägt. Das Mädchen kann höchstens zwanzig Jahre alt sein. Es setzt sich selbstbewußt auf Wladimirs Schoß und ordnet sich das braune, offene Haar.

»Das ist meine Freundin Tanja«, erklärt der Mafioso und blickt durch den Rückspiegel zu uns.

»Schön«, erwidere ich, und Markus nickt bestätigend. Das vielsagende Lächeln des Mannes spricht Bände. Er nimmt seinen Blick aber noch immer nicht von uns.

»Ich habe noch ein Geschenk für dich, Markus.« Wladimirs Mund wird immer breiter. Schließlich höre ich sein lautes Lachen. Ich glaube, ein großes Fragezeichen im Gesicht von Markus zu sehen. Die anderen Fahrgäste äußern sich nicht. Wie sollten sie auch, ist doch jede Bewegung eine Zumutung. Selbst ein tiefes Durchatmen scheint unmöglich zu sein.

Ust-Kut ist eine Stadt, über die wir vorher nichts weiter wußten, als daß sie auf der Landkarte verzeichnet ist. In ihr leben etwa sechzigtausend Menschen, die allesamt, wären wir jetzt nicht hier, nur eine Zahl für uns geblieben wären. Gesichtslos, farblos, körperlos. Seit gestern ist das anders.

»Wir werden uns nach einem neuen Fotoapparat für euch umsehen«, höre ich das Mafiaoberhaupt sagen. Ich frage mich, ob er seinem Magen zuliebe so ruhig redet, oder ob er als Kopf der Bande so ist wie seine »Kollegen« aus mir bekannten Kriminalfilmen: besonnen, jederzeit Herr der Lage, wissend, wer er ist.

Wir stehen in einem überdachten Einkaufszentrum. Es duftet köstlich nach Orangen, nach Weichspüler und wer weiß wonach noch ... Scheinbar achtlos laufen die Leute durch diese herrliche Duftwolke, nehmen sie offenbar gar nicht wahr. Ich genieße diese Mixtur verschiedenster Gerüche und bemerke plötzlich, daß ich der Kerl bin, der mich da aus dem langen Spiegel ansieht. Ich muß zweimal hineinschauen, um zu begreifen, daß ich das bin. Braun und schmalgesichtig bin ich geworden. Meine Lippen sind zwar nicht mehr so schlimm geschwollen wie noch vor ein paar Tagen, dennoch werde ich mit ihnen keinen Schönheitspreis gewinnen. Markus zupft an seinem Bart herum. Der ist lang geworden und ist von der Sonne ausgeblichen. Mein Kompagnon sieht ein bißchen aus wie ein Uhu. Ich habe das schon vor einigen Abenden festgestellt. Er trug im Gegensatz zu mir tagsüber stets seine Sonnenbrille, welche ihm dieses vogelhafte Antlitz bescherte. Als Markus sich im Spiegel sieht, ist er schockiert. Nun haben wir beide unsere Markenzeichen: ich ein Fischmaul, er die Augen eines Uhus.

An einem der Kioske verkauft man Fotoapparate. Nicht nur russische, sondern auch japanische und koreanische.

»Nehmt so einen wie ich ihn habe«, empfiehlt Wladimir wie unser persönlicher Manager, zieht seinen Apparat aus der Jackentasche und macht eine Aufnahme von uns. Als er die Kamera wieder senkt, lächelt er wie nach einem gelungenen Streich. Er wechselt ein paar Worte mit der Kassiererin, fordert dreihundert Rubel von uns und bekommt, nachdem er bezahlt hat, von der Verkäuferin eine »Konica« ausgehändigt. Schließlich, er fummelt noch prüfend an ihr herum, als hinge seine Zukunft davon ab, reicht er uns die neue »Zwillingsschwester« seiner Kamera und auch das Wechselgeld.

Wieder quetschen wir uns in den PKW zu den übrigen Insassen. Einige hundert Meter weiter, in einem Neubaublock, der aussieht, als lauere um die Ecke schon die Abrißbirne, soll eine Werkstatt ihren Sitz haben, die auf kleine technische Geräte spezialisiert sei, so Wladimir. Wir drei steigen aus dem Auto.

Er geht voran und öffnet die Tür zum Arbeitsraum, der sich im Souterrain befindet. Die Scharniere quietschen laut. Scheinbar ein guter Ersatz für die fehlende Türglocke, denn nachdem das Geräusch verklungen ist, eilt hinter einem hohen Regal mit allerlei Ersatzteilen ein schmächtiger, glatzköpfiger Mann im dunkelblauen Arbeitsanzug herbei. Wladimir wechselt mit ihm ein paar Worte und präsentiert ihm anschließend unsere defekte Videokamera. Der Mechaniker schüttelt daraufhin skeptisch den Kopf. Als der Mafiaboß ihm jedoch noch einige uns unverständliche Worte zuflüstert, wird aus dem Kopfschütteln ein Schulterzucken.

»Morgen kommen wir wieder«, hören wir Wladimir sagen, als wäre die Sache geritzt. Der kleine Mann steht, während wir die Werkstatt verlassen, scheinbar hilflos neben dem Regal.

Gleich, nachdem wir aus der Stadt zurückgekommen waren, wuschen wir unsere Klamotten, dann uns selbst. Nicht noch einmal wollten wir Markus' gestrige Erfahrung wiederholen. Außerdem hatte uns Wladimir wieder in seine Bar eingeladen. Besser gesagt: Er bestand darauf, den Geburtstag von Markus auszurichten. Wir hatten nichts dagegen und verschoben unsere für heute vorgesehene Weiterfahrt einfach um einen Tag. Seltsam, wie schnell wir hier Fuß gefaßt haben. Selbst morgen weiterzufahren, wird uns nicht leicht fallen. Andererseits ist uns auch bewußt, was für eine Bekanntschaft dort hinter der Böschung auf uns wartet. Mafia! Das klingt wie ein schlechter Film. Und wir mittendrin. Ich muß zugeben, mir solche Leute ganz anders vorgestellt zu haben. Sicher nicht mit Augenklappe und Gewehr im Anschlag. Doch auch nicht so verletzlich und um Anerkennung ringend. Weshalb tun diese Typen so viel für uns, frage ich mich. Sie haben doch nichts davon. Ob sie es gut finden, daß wir von so weit herkommen und uns auf eine so abenteuerliche Weise in ihrem Land fortbewegen? Kann es das sein, oder ist es nur der Abwechslung wegen?

Zuweilen kommt der freundliche Russe in ihnen durch. Etwa, wenn uns einer aus der Runde auf die Schultern klopft, wenn man uns die Gläser nachfüllt, besorgt ist, wir könnten noch immer hungrig sein, auch wenn wir schon reichlich gegessen haben, oder wenn die Männer lächeln. In diesem Moment wird uns klarer denn je, daß es keine scharf geschnittene Grenze zwischen guten und bösen Menschen gibt, sondern eine Grauzone, in der man sich schneller wiederfinden kann als einem lieb ist.

Obwohl wir unsere Wäsche schon vor einigen Stunden zum Trocknen aufs Zelt legten, ist sie noch immer feucht. Wohl oder übel streifen wir die Sachen über. Ich friere jämmerlich. Die Sonne hat jetzt gegen Abend ihre Kraft verloren, und die Temperaturen sind im Vergleich zur Mittagszeit um zwanzig bis dreißig Grad abgefallen. Das ist kein Wunder, denn in diesen Breiten herrscht extremes Kontinentalklima. Ich schaue auf die Temperaturanzeige meiner Uhr: Neun Grad Celsius! Soll ich das glauben? Mir ist, als stände ein Minuszeichen vor der Zahl. Ich boxe in die Luft und hüpfe, um etwas gegen die Kälte zu tun, habe jedoch nur mäßigen Erfolg damit.

DAS GESCHENK

Ronald öffnet die Tür zur Bar. Wir stellen fest: Auch in einem Mafiaschuppen ist montags kaum etwas los. Doch dann hören wir Stimmen aus dem Hinterzimmer.

Wladimir hat dort reichlich auftischen lassen: tellerweise Weißbrotscheibchen, belegt mit Kaviar, Salami, Eiern und Fisch. Als vitaminreiche Ergänzung warten Tomaten, Kohlrabi und Gurken darauf, von den Anwesenden verzehrt zu werden. Dazu gibt es Bier, Cognac und genug Wodka, um ein dreitägiges Besäufnis zu veranstalten.

Als hätten Wladimirs Männer den Raum nicht verlassen, sitzen sie wie gestern um den rechteckigen Tisch unter dem Kronleuchter. Nur der rothaarige Aljoscha fehlt heute. Er habe etwas Geschäftliches zu erledigen, erfahren wir, fragen aber bewußt nicht, was. Auch die beiden Kellnerinnen haben sich, da es für sie im Augenblick nichts zu tun gibt, mit an den Geburtstagstisch gesetzt. Ihr Boss hatte es ihnen mit jovialem Lächeln erlaubt.

Der, auf dessen Schoß die junge Tanja wie eine Trophäe sitzt, erkundigt sich ganz unvermittelt bei mir, ob auf mich zu Hause eine Freundin warte, und was für Frauen mir gefielen. Ich denke zwar, was interessiert denn den das, beantworte jedoch seine Frage.

Vom Nachbartisch gesellt sich ein schwarzhaariger Typ zu uns. Der Mann scheint um die dreißig Jahre alt zu sein. Er setzt sich neben mich, betrachtet erst Ronald, dann mich ziemlich ungeniert.

»Und?« fragt er, die knochigen Ellenbogen auf den Tisch gestützt. »Wie gefällt euch unser Rußland?«

»Na ja«, erwidert Ronald. »Wir sind zum dritten Mal hier. Es ist interessant in eurem Land.«

»Ich bin Sergej«, stellt er sich vor. »Ich war schon mal in München. Hat mir gut gefallen. Ihr Deutschen seid in Ordnung.«

»Hast du dort Urlaub gemacht?« erkundige ich mich.

»Nein, ich habe was hingefahren«, antwortet er und schaut mich länger als normal an. Vielleicht liest er in meinen Augen, daß ich seine Reise bereits in die Illegalität verbannt habe.

»Nicht, was du denkst«, ergänzt er dann auch. »Ich habe meinem Freund, der nach München ging, einige Möbel hingebracht. Sie sind ihm sehr wichtig.« Obwohl ich weiß, daß dies meinen Tischnachbarn nicht besser und nicht schlechter macht, tut es mir leid, ihm etwas unterstellt zu haben.

Derweil ist Wladimir verschwunden.

»Wo ist er hin?« frage ich Sergej.

»Er holt dein Geschenk«, erwidert der mit spitzbübischem Grinsen.

Eine Stunde später ist Wladimir wieder da. Doch nicht allein. Fünf junge Frauen, die einem Modekatalog entsprungen sein könnten, folgen ihm. Ich betrachte sie, als wäre ich ein Inuit, der über den ersten Sonnenaufgang nach dem Winter staunt. Mit vielem hatte ich gerechnet. Aber nicht damit. Ich merke, daß ich zu schwitzen beginne und mir ein Lächeln aufsetze. Irgendwie werde ich das Gefühl nicht los, daß mich alle Männer in der Runde beobachten, darauf warten, wie ich mich verhalten werde, sehen wollen, wie ich die Situation meistere. Vielleicht bilde ich mir das nur ein, aber es macht mich unheimlich nervös. Kann sein, daß das mit dem Geschenk ganz anders gemeint ist, möglicherweise soll nur eine abwechslungsreiche Plauderrunde entstehen. Aber glaube ich das allen Ernstes? Ich zünde mir eine Zigarette an, um die innerliche Anspannung ein wenig abzubauen.

Eine der Frauen, eine Blondine mit stechend grauen Augen und breitem Mund, lächelt mir vielsagend zu. Sie ist älter als die anderen vier und macht einen selbstbewußten Eindruck. Ihre Gefährtinnen scheinen darum bemüht, möglichst keinen Blickkontakt mit den hier anwesenden Männern zu bekommen. Die Blondine jedoch fixiert mich jetzt regelrecht und kommt auf mich zu. Sie wirft ihr schulterlanges Haar zurück und wünscht mir mit rauher Stimme, auch im Namen ihrer Begleiterinnen, alles Gute zum Geburtstag. Dann küßt sie mich auf die Wange.

»Ich bin Natascha«, raunt sie mir ins Ohr. Ich habe das Gefühl, knallrot zu werden, merke, wie mir die Hitze in den Kopf steigt ...

Die blonde Frau schnappt sich einen Stuhl und setzt sich zwischen Markus und mich. Auch die anderen Mädchen nehmen am Tisch Platz. Die wirken jedoch wie Schaufensterpuppen: kaum ein Zeichen einer Regung, geschweige denn ein Lächeln im Gesicht, sitzen sie da.

Die blonde Natascha allerdings gießt sich, nachdem sie Markus zum Geburtstag gratulierte, Wodka ins Glas, trinkt es in einem Zug aus und wendet sich mir zu. Sie beginnt zu reden, spricht über alles Mögliche: über ihre Wohnung, in die sie viele große Palmen stellen möchte, darüber, wie kompliziert das sei ... Als sie bemerkt, daß ich nicht alles verstehe, unterstreicht sie ihre Ausführungen mit ausladenden Gesten. Sie trinkt, redet, trinkt. Auf einmal schweigt sie und blickt provozierend in die Männerrunde. Urplötzlich verwandelt sich ihr Gesicht, und ich muß unwillkürlich an eine aufziehende Schlechtwetterfront denken.

»Was mache ich nur hier?« fragt sie und hält beide Hände vors Gesicht. Dann zündet sie sich eine Zigarette an und saugt mit geschlossenen Augen den Rauch ein. Sie erzählt mir von ihrem Mann Gennadi, der schon seit vier Jahren im Knast sitze. Leise fügt sie hinzu, daß auch Wladimir, zu dem sie prüfend hinüberschaut, schuld daran sei. Er und ihr Mann seien damals Freunde gewesen und hätten gemeinsame Sache gemacht.

»Gennadi wurde bestraft«, sagt sie wütend. »Er nicht.« Ein zorniger Blick folgt. Dann schießen ihr Tränen in die Augen.

»Manchmal denke ich«, bringt sie angestrengt hervor und schnäuzt sich laut in ihr Taschentuch, »ich bin hier drin tot.« Sie legt die Hand auf ihre Brust. Danach stützt sie sich auf meine Oberschenkel und starrt mit leerem Blick zur gegenüberliegenden Wand. Mit einem derben Fluch und dem Satz: »Mein Leben ist vorbei«, fährt sie fort. Mir ist nicht wohl in meiner Haut, ich weiß nicht, wie ich reagieren soll.

In diesem Moment erhebt sich Wladimir, beugt sich zu Natascha und redet in scharfem Ton auf sie ein. Dann wendet er sich wieder uns zu und sagt gebieterisch: »Feiert lieber!«

Ich hörte, worüber Natascha mit Ronald sprach, obwohl ich zur selben Zeit einige Sätze mit ihren Begleiterinnen wechselte. Eigentlich leere Worthülsen. Dabei registrierte ich, wie Natascha mit drei in schnellen Zügen geleerten Gläschen Wodka versuchte, ihre Fassung wiederzuerlangen. Wladimir, als wäre nichts geschehen, war zu seinem Platz zurückgekehrt und strich seiner Tanja über die Brüste. ›Ob es ratsam ist, sein Geschenk abzulehnen?‹ schießt es mir durch den Kopf. Irgendwie ist mir durch den Vorfall gerade bewußt geworden, daß die Beziehung, die wir im Augenblick zu ihm haben, sich von einer Minute zur anderen ändern könnte. Natascha verkörperte jetzt das, was man vor der Mafia haben sollte: Angst! Und wir täten gut daran, uns so schnell wie möglich aus dem Staub zu machen ...

Irgendwann im Laufe des Abends schleicht der Mafiaboß geschmeidig wie eine Katze an mich heran und tippt mir auf die Schulter.

»Komm mit«, flüstert er und sieht mir bedeutungsvoll in die Augen. Ich folge ihm durch drei halbdunkle Flure, bis wir vor einer niedrigen Tür stehen. Während er sie öffnet und einen dunklen Raum preisgibt, raunt er: »Hier.« Er dreht an einer Glühlampe, und es wird hell. Im quadratischen Zimmer steht eine flache Liege mit braungelbem Karomuster und ein kleiner, verstaubter Nachtschrank. Mehr nicht. Wladimir drückt mich an den Schultern auf die Liege.

»Viel Spaß«, trällert er, reibt sich die Hände und tänzelt aus dem zellenartigen Raum, als wäre nicht ich, sondern er das Geburtstagskind.

Ich fühle mich wie im Knast. Als etwas später die vier jungen Damen – Natascha ist nicht dabei – vor mir stehen, merke ich, wie sich meine Anspannung löst. Keine beobachtenden Blicke aus der Männerrunde, nur ich und mein Geschenk. Ich höre auf zu grübeln und lasse einfach geschehen, was geschehen soll ...

Am nächsten Nachmittag sitzen Ronald und ich unweit vom Flußufer auf den Treppenstufen zu einem kleinen Laden und lecken Eis am Stiel. Der Mechaniker, bei dem wir gestern mit Wladimir waren, konnte nichts für unsere Videokamera tun. Wir schauten gerade noch einmal zusammen mit unseren Mafiabekannten bei ihm vorbei. Die Sonne wärmt mein Gesicht. Ich bin müde, meine Gedanken schweifen ab. Noch immer nehme ich den Parfümduft auf meinen Armen wahr. In diesem Moment hätte ich nichts dagegen, wenn es einen lauten Knall gäbe, und heute wieder gestern wäre. Nicht, daß ich mich in eines der Mädchen verguckt hätte, doch fällt es mir schwer, von der letzten Nacht auf unsere Weiterfahrt umzuschalten. Allein die Vorstellung daran widert mich an.

Ja, wir haben Proviant für die nächsten Tage gekauft: sechs Tüten mit Lebkuchen, siebzehn Fleisch- und Fischdosen, drei Kilogramm Reis und vier Brote. Ich habe alles mehrmals gezählt, um mich abzulenken. Eine große Hilfe ist das nicht, da ich im Grunde weiß, daß wir uns eine Aufgabe gestellt haben, die es zu erfüllen gilt, wir uns ein Ziel steckten, nach Tiksi wollen. Mehr und mehr sehe ich darin auch eine Chance. Auf Erfolg? Sie scheint mir mehr zu sein. Ich denke darüber nach, besinne mich auf unser Vorhaben, und der bittere Geschmack im Mund, den fast jeder Abschied erzeugt, wird schwächer.

DER TRAUM

Am Morgen der Abfahrt erwache ich schweißgebadet. Ich träumte, Sonja sei gestorben. Ihr Leichnam lag vor ihrer Haustür. Ich starre auf etwas Dunkelgrünes, und es dauert eine Weile, bis ich begreife, daß dies das Zelt ist und ich noch in Ust-Kut bin. Obendrein jaulen draußen meine Hunde. Ich bin beruhigt. Aber warum jaulen sie? Hastig stemme ich mich hoch, springe aus dem Zelt.

Unsere Kajaks treiben im Wasser! Ihr einziger Halt – die Hunde! Ich hatte sie abends an die Boote gebunden. Jetzt stehen sie im Wasser, kämpfen gegen die Strömung. Ich rufe nach Markus, stürze mich in die Fluten, spüre keine Kälte. Wild zerre ich an einem der Kajaks, das immer weiter vom Ufer wegtreibt. Gina, schon brusttief im Wasser, jault kläglich.

Endlich ist Markus zur Stelle. Er greift die Riemen des anderen Kajaks, zieht es ans Ufer. Jetzt noch das Boot, das ich krampfhaft festhalte. Dann ist es geschafft. Außer Puste plumpsen wir in den weichen Ufersand. Gina und Condor wedeln mit den Schwänzen, lecken uns über die Wangen.

Wie nur konnten die Boote vom Ufer in den Fluß gelangen? Sehr bald können wir es uns zusammenreimen, denn gerade legt im Hafen, flußabwärts, ein Tragflächenboot an. Diese Dinger entwickeln eine ordentliche Geschwindigkeit. In Rostock waren solche Schiffe vor Jahren für Hafenrundfahrten eingesetzt worden. Ich erinnere mich der großen Wellen, die sie verursachten. Wir sollten daraus lernen ...

Den Schreck noch in den Gliedern, holt mich mein Traum wieder ein. Plötzlich befällt mich Angst davor, daß es nicht nur ein Traum war. Ich sollte Sonja anrufen, mich erkundigen, ob es ihr gutgeht. Aber zu Hause ist es jetzt Mitternacht. Sicher würde sie zu dieser Stunde schlafen und das Telefon nicht hören. Und wenn sie es hören würde, aber den Hörer nicht abnimmt ...? Ein kalter Schauer läuft mir über den Rücken. Ich fühle mich hilflos und allein.

Nach etwa einer Stunde sitzen wir in den Booten, kommen gut voran. Vor mir taucht eine der roten Bojen auf, die mit einem Anker am Grund der Lena befestigt wurden. Längst ist Markus in gehörigem Abstand am Schiffswegweiser vorbeigepaddelt. Dabei war er äußerst vorsichtig. Kein Wunder, solch einen Unfall, wie er ihn schon am ersten Tag auf dem Fluß erlebte, vergißt man nicht so schnell. Auch ich nähere mich der Boje. Derweil sind meine Gedanken noch beim morgendlichen Geschehen. Zu spät bemerke ich den Sog, der mich wie ein Magnet zur Boje zieht. Mit aller Kraft versuche ich dem Hindernis auszuweichen. Vergebens. Ich pralle wie das Pendel einer Glocke an das Signalzeichen. Condor schreckt hoch. ›Mein Kajak kippt‹, denke ich, und ›du mußt dich abstoßen und Condor zum Hinsetzen bewegen.‹ Ich bin überfordert. Schon sehe ich ihn und mich im Wasser, Boot und Gepäck an mir vorbeitreiben. Es sind Zehntelsekunden, die wie Minuten vergehen. Endlich. Geschafft! Ich konnte mich mit dem Paddel von der Boje wegdrücken. Nun atme ich meine ganze Furcht aus und bemühe mich, Markus einzuholen. Was für ein verrückter Vormittag!

DIE TAIGA RUFT

Ich paddle schwerfällig. Ronald neben mir scheint auch nicht gut drauf zu sein. Er schippert, als wäre er nur körperlich anwesend, dahin. Nach zwei Urlaubstagen, sozusagen, fällt es uns besonders schwer, wieder in Gang zu kommen.

Wir passieren den Hafen von Ust-Kut, an dem heute morgen das Tragflächenboot festmachte. Es ist augenscheinlich, daß der seine besten Tage schon lange hinter sich hat. Alte, rostige Kräne ragen in den sommerlichen Himmel. Schiffe werden beladen, andere legen ab, lassen ihre Sirenen ertönen. Automatisch weichen wir aus, wenn uns die großen Pötte entgegenkommen.

Die Stadt Ust-Kut zieht sich mit unzähligen kleinen Holzhäusern etwa vierzig Kilometer an der Lena entlang. Das matte Grün der meisten Häuser scheint mit den angrenzenden Wiesen zu verschmelzen. Zwei Brücken, es sind die letzten, die wir auf dieser Reise stromabwärts zu Gesicht bekommen werden, überspannen den Fluß. Die eine ächzt unter der Last eines schier endlosen Güterzuges, der wie eine stählerne Raupe über sie hinwegkriecht, von der anderen erreicht uns das monotone Surren von Autoreifen.

Irgendwann haben wir die Stadt hinter uns gelassen. Die Taiga hat uns wieder. Sie scheint mir vertraut und gespenstisch zugleich. Als wollten ihre Bäume sagen: »Habt ihr vergessen, daß ihr uns sehen wolltet?« Ich habe noch den Geschmack des letzten Erdbeerbonbons, von denen uns Wladimir zum Abschied eine Handvoll schenkte, auf der Zunge. Es ist das einzige noch wahrnehmbare Andenken an die Stadt, die hinter uns immer kleiner wird.

Am Abend haben wir wieder Land unter den Füßen. Also hinein in die selbstgewählte Verbannung fern von Stimmen, Musik, Gesichtern! Doch auch hier haben wir in gewisser Weise Gesellschaft: Mücken, die uns in großen Wolken umschwirren. Ein wenig ermutigender und zudem schmerzhafter Trost.

Wind rauscht in den Baumwipfeln, als wir vorm Lagerfeuer sitzen. In der Ferne tauchen bunte Lichter auf, die näherzuschweben scheinen. Ein Schiff! Insgeheim wünsche ich mir, es möge auf Grund laufen und Menschen ausspucken.

Unaufhaltsam nähert sich uns der stählerne Koloß. Dann dringt ein Rasseln zu uns. Das Schiff wirft den Anker! Hat die Besatzung unser Lagerfeuer bemerkt und deswegen in unserer Nähe angelegt? Morgen werden wir ein noch größeres Feuer zum Lodern bringen.

QUÄLENDE GEDANKEN

Wir haben zu unserer alten Form zurückgefunden. Sie besteht darin, die Boote gleichmäßig übers Wasser gleiten zu lassen und trotz der Hitze des Tages der monotonen Szenerie rechts und links des Flusses etwas Abwechslung abzuringen. Das kann ein umgestürzter Baum sein, der am Ufer liegt, oder ein Baumstumpf, der aus der Ferne einem Bären ähnelt, eine kleine Windbrise. Aber auch die quälenden Gedanken gehören dazu. Nach meinem gestrigen Traum ist mir mehr denn je bewußt, man stirbt auf vielerlei Weise. Bis vor einigen Stunden dachte ich nur an Sonja, wie es ihr gehen mochte, ob sie an mich denken würde. Aber in dieser gottverlassenen Gegend, allein mit Markus, hieven sich noch andere Gedanken in mein Hirn ...

Lara und ich wandern durchs sogenannte Fischerdorf. Ich war bei meinen Eltern zu Besuch, und sie kam überraschend vorbei. Nun zeige ich ihr Plätze meiner Kindheit. Wir reden nicht viel, atmen die warme Mailuft ein. Manchmal schauen wir uns auch an. Ich frage sie nicht, was mit ihr los ist. Soviel habe ich in den Wochen, die wir schon, man könnte fast sagen, zusammen sind, gelernt: Lara braucht Spannung, keinen zahmen Kater. Sie sagt, sie wolle nach Hause fahren. Ich bringe sie zum Auto. »Ist was?« lasse ich versehentlich meine Anspannung durchklingen. »Ich muß dir was sagen«, fängt sie an. »Ich war gestern nacht mit Markus zusammen.« Mir werden die Knie weich. »Und was habt ihr gemacht?« forsche ich wie jemand, der immer noch an den Klapperstorch glaubt. »Na, Sex«, erwidert sie in einer Art, als wäre es das Normalste der Welt, ihn mit mir und mit Markus zu haben. Mir ist, als würde ich zu Stein, mein Mund ist ausgetrocknet. Ich kriege keinen Ton heraus. Bisher nahm ich an, Markus und sie würden nur nebeneinander wohnen, ein wenig plaudern und auch mal ins Grüne fahren. Als Laras kleines »Hilfsprogramm« für meinen Freund, damit der sich nicht so einsam fühlt. Mehr konnte da doch unmöglich laufen!

Nachdem ich nicht weiter auf das Gehörte eingehe, steigt Lara in ihren Wagen, schaut mich noch einmal an und fährt weg. Ich bin mit mir allein. Nur Hündin Gina, die uns durchs Fischerdorf begleitete und nun neben mir sitzt, spendet schwachen Trost. Weiß diese Frau eigentlich, was sie will? Minuten vergehen. Ich nehme Gina und laufe los, irre durch die Stadt. Kilometerweit. Die halbe Nacht hindurch ...

Damals hatte ich das Empfinden, innerlich abzusterben. Wie erst mußte sich Markus gefühlt haben, als Lara und ich ihm solch eine Situation »live« boten? Ich war nie wirklich wütend auf ihn gewesen. Selbst als wir immer öfter aneinandergerieten, Markus Streit suchte, mich sogar ohrfeigte. Er tat mir leid: verfangen in seiner Scheinwelt, fern jeder Realität. Ich sagte mir, wenn Lara Markus nicht mehr will, aber mich, soll ich sie dann laufenlassen? Sie, bei der mein Herz schneller schlug, wenn ich sie sah? Andererseits, was wußte ich über sie? Wir trafen uns zwei-, dreimal die Woche. Was aber machte sie in der Zwischenzeit? Ich gebe zu, auch nicht gerade der Wahrheit ins

Auge geblickt zu haben. Eigentlich war ich genauso blauäugig wie Markus, der sich die Realität schönredete.

KLARER, SCHMUTZIGER FLUSS

Ich habe Durst. Zum Glück befindet sich in den Trinkflaschen frisches Quellwasser. Ronald hat es uns aus einem kleinen, wilden Bach geholt. Die Lena sieht zwar so klar wie eh und je aus, doch ragten am Stadtausgang von Ust-Kut rostige Rohre in den Fluß, die ein dunkles Gebräu »hineinspuckten«. Seitdem sind wir vorsichtig, halten Ausschau nach einmündenden Bächen. Wenn wir die Flaschen in die Lena tauchen, dann desinfizieren wir das Wasser mit einem Zeug, das sich »Micropur« nennt. Schon ein Tropfen davon in jede Flasche getan genügt, und die Bakterien verabschieden sich.

Was verunreinigtes Wasser mit einem anstellen kann, wissen wir beide nur zu gut. Vor sechs Jahren kotzte ich mir auf einem Feld, etwa zweihundert Kilometer vor Moskau, fast die Seele aus dem Leib, konnte nur noch kriechen und entdeckte sogar Blut im Stuhl. Ronald kippte vor vier Jahren auf einer Zugfahrt von Karatschi nach Islamabad wie ein Sack um. Er hatte an einer Haltestelle Brunnenwasser getrunken. Die Lena, so sagt man, sei der sauberste der großen Flüsse der Welt. Statistik aber hilft uns hier nicht weiter.

MEUTEREI IM KAJAK

Wir sind nun zwei Wochen unterwegs und haben über eintausend Kilometer zurückgelegt. Der Fluß ist mittlerweile etwa vierhundert Meter breit und schlängelt sich noch immer im Slalom durch die Taiga. Um die Strecke ein wenig zu verkürzen, schneiden wir jede Kurve und sind dadurch oft auf der Flußmitte unterwegs. Auch diese Biegung können wir nicht einsehen. Da wälzt sich ein Öltanker auf uns zu. Nichts wie zum Ufer! Hier, in der Nähe der Tannen und Birken, fühlen wir uns sicher, können den lauten Klang des Schiffshorns und die erstaunten Blicke der Leute von der Reling wie einen Applaus entgegennehmen. Für die Besatzung sind wir, so wie sie für uns, wahrscheinlich eine willkommene Abwechslung.

Lange winken aber können wir nicht. Hohe Wellen nahen. Wir schneiden sie an. Eigentlich kein Problem, hieße meine Bootspartnerin nicht Gina. Wo andere Hunde sich verkriechen würden, wenn es gefährlich zu schaukeln beginnt, steht sie lässig auf, wirft einen

Blick auf die Wellen und beißt in sie hinein, als schwämmen Würstchen darin. Jedes Mal scheitere ich bei dem Versuch, sie wieder zum Sitzen zu bewegen. Während das Kajak bedrohlich über die Wellen tanzt, hallen meine Befehle übers Wasser zum Wald und kommen als Echo zurück. In Ginas Ohren aber scheinen sie zu verpuffen. Unschuldig äugt die Hündin zu Ronald, ihrem eigentlichen Herrn. Nach einigen solcher Manöver mache ich eine entscheidende Entdeckung: Je lauter ich Gina zur Ordnung rufe, desto mehr Unfug treibt sie, steht auf, streckt sich in gefährlichen Momenten, als wisse sie, daß der Schwerpunkt dadurch ungünstiger kaum sein könnte, als wolle sie mich ärgern. Meuterei im Kajak! Wäre Ronald nicht, der ihr aus einigen Metern Entfernung den Sitzbefehl gibt, ich weiß nicht, wie manche dieser Situationen ausgegangen wären.

Schon einmal, an einem Novembermorgen vor über zweieinhalb Jahren, war ich wütend auf Gina gewesen. Dabei traf sie die wenigste Schuld ...

Lara und ich haben uns ausgesprochen. Es konnte nicht so weitergehen wie bisher. Sie sagte zu mir, sie brauche nur mich, und Ronald, der könne sich von ihr aus zum Teufel scheren. So fand ich auch nichts bedenklich daran, daß sie noch am selben Abend mit einer Freundin ausgehen wollte.

Der Morgen ist sonnig. Ich liege noch im Bett. ›Erstmal schön gemeinsam frühstücken‹, male ich mir aus, erhebe mich aus den Federn und nehme das Messer aus der Küchenschublade, welches mir seit einiger Zeit als Öffner zu ihrer Wohnung dient. Lara hat ihren Zweitschlüssel verbummelt. Ich »schließe« ihre Tür auf. Plötzlich kommt mir Gina entgegengesprungen. Mir wird schwindelig. Gina will gestreichelt werden, ich schubse sie zur Seite, könnte ihr in den Hintern treten, weil ich ahne, was sie hier verloren hat. Sie hat noch einen »Gefährten« dabei. Kodi, Ronalds zweiten Hund. Noch blutjung und eigentlich sehr niedlich. Für mich aber sind er und Gina jetzt nichts als Schreckgespenster. Wie durch einen Schleier taste ich mich zum Wohnzimmer, wanke in den Schlafraum. Ich sehe das Bett, zwei Köpfe, einen braunhaarigen, einen blonden. Wie im Traum steuere ich darauf zu, ziehe die Decke weg.

»Ist das deine Liebe zu mir?« höre ich mich mit ruhiger Stimme zu Lara sagen, die mich entgeistert anstarrt und den Kopf schüttelt. Da werfe ich die Bettdecke auf die nackten Körper und verlasse den Raum. Ich bin wie besoffen. In meiner Verzweiflung bemerke ich jedoch, wie sich Welpe Kodi über den Wohnzimmerteppich hockt und einen scharfen Strahl abläßt. Ich lache wie irre, schwanke über den Flur zu meiner Wohnung. ›Nur weg hier‹, denke ich.

Wenig später rase ich im Auto zur Ostsee. Am Strand sitzend besaufe ich mich. Immer wieder sehe ich in Gedanken, wie mir Gina und der kleine Kodi entgegenhopsen. Auch Ronalds Gesicht taucht als teuflische Fratze auf. Wie sehr ich ihn hasse! Jeder Schluck aus der Flasche verwischt die Bilder mehr. Schließlich werden sie zu einer nebligen Wand, vor der ich in den Sand kippe und einschlafe ...

Tag fünfzehn. Am Horizont kann ich nichts weiter als eine hohe, sandfarbene Wand erkennen. Als würde der Fluß dort enden. Auch Markus findet dafür keine Erklärung. Paddeln wir etwa in einen Stausee? Links von uns erhebt sich ein steiler, etwa zwanzig Meter hoher Felsen. Ganz oben, direkt am Abgrund, stehen Hütten. Ich denke daran, was ich über den Pegelstand der Lena gelesen habe und versuche mir vorzustellen, daß die Bewohner dieser Häuschen im Frühling das Wasser direkt vor der Haustür haben. Ich blicke wieder nach vorn. Die riesige Wand ist nicht verschwunden. Aber zwei Gestänge scheinen sich zwischen einem Hügel und ihr zu bewegen. Erstaunt verfolge ich deren Weg und erkenne nach Minuten, daß sie zu einem Holzfrachter gehören. Der Fluß zwängt sich durch die Felsen. Er wird zu einem schmalen Schlauch, kaum achtzig Meter breit. Würde dem Frachter ein Schiff entgegenkommen, wäre Seemannskunst gefragt. Das passiert bei dem geringen Verkehr sicher selten. Heute aber, ausgerechnet als wir hier entlangfahren, geschieht es. Hinter uns tuckert ein langer Schlepper, der Traktoren geladen hat. In dieser Enge müssen wir uns ganz nah am Ufer bewegen, um nicht zerquetscht zu werden. Vielleicht zehn Meter trennen uns von der Bordwand des Schleppers. Als der am Holztransporter vorbeifährt, sieht es aus, als verschlinge das eine das andere Schiff mit dem Bug. Fünfzehn Minuten später ist es, als hätte es die Frachter nie gegeben.

Daß das Leben so eintönig sein kann! Selbst als wir vor sechs Jahren Sibirien auf dem Rad durchquerten, wir von morgens bis abends in die Pedale traten, war es abwechslungsreicher. Mal fuhren wir über einen Hügel, mal durch ein Tal. Babuschkas saßen vor ihren Hütten, winkten uns zu. Oft konnten wir bis zum Horizont schauen. Und schneller als jetzt waren wir auch.

Wenn ich nicht mehr weiß, was ich Ronald sagen soll, sucht mein Kopf nach Abwechslung. Was er in der gleichförmigen Umgebung nicht findet, besorgt er sich woanders. Er rechnet beispielsweise die Kilometer der letzten Tage zusammen und setzt diese ins Verhältnis von verbleibender Zeit und noch zu paddelnden Kilometern. Schnell sind die Gedanken in der nächsten Stadt angekommen. Ich sehe unbekannte Straßen und Menschen mit schemenhaften Gesichtern. Und erst wenn das Schreien eines Adlers oder eine Bewegung von Gina mich aus meinen Tagträumen reißt, weiß ich wieder, wo ich wirklich bin. Dabei kenne ich die Einsamkeit. Jahrelang habe ich allein gelebt. Mir macht das normalerweise nichts aus. Ich kann gut und gern zwei Wochen verbringen, ohne einen anderen Menschen auch nur zu sehen. Das aber gilt für zu Hause. Ich glaube, es ist auch das Wissen darum, einfach vor die Tür gehen zu können und dort gewiß jemanden zu treffen. Hier müssen wir uns dafür bis zum nächsten Ort vorankämpfen. Alleinsein auf Zeit, oftmals begleitet von der Sehnsucht, ihm wie ein Vogel schneller entfliehen zu können ...

Es dunkelt bereits. Ich stehe am Küchenfenster und schaue auf die Straße, warte, daß Laras Auto endlich auftaucht. Die Laternen schalten sich ein, irgendwo ruft jemand seine Katze.

Ich habe Eisbergsalat mit Gurken, Tomaten und Hähnchenbrust auf dem Tisch zu stehen. Seit drei Stunden. Das Fleisch ist längst erkaltet, der Salat unansehnlich geworden. Lara und ich wollten gemeinsam zu Abend essen und danach in die Eishalle gehen, zum Schlittschuhlaufen.

Wie erbärmlich ich mir vorkomme! Stehe da und warte auf eine Frau, die an Unzuverlässigkeit nicht zu überbieten ist. Wut schleicht sich ein. Sie aber verpufft gegenüber der plötzlichen Befürchtung, ihr könnte etwas zugestoßen sein. So naiv vermag nur derjenige zu denken, der nicht einsehen will, daß die Beziehung längst zerbrach. Ist es vielleicht nur noch mein verzweifeltes Ringen, nicht verlieren zu können, gegen Ronald, der, da wir uns schon so lange kennen, beinahe ein Teil von mir war, es vielleicht noch immer ist, dem ich beweisen muß, daß nicht er, sondern ich gewinnen werde?

Ich warte, sehe, wie sich der Sekundenzeiger der Wanduhr unaufhörlich weiterbewegt. Jedes Auto, das seine Scheinwerfer in die Straße bohrt, bedeutet Hoffnung. Worauf? Es ist kurz vor Mitternacht.

Ich bin auf dem Küchenstuhl eingeschlafen, werde wach, als ich Geräusche hinter der Wand höre. Ich eile über den kurzen Flur zu Laras Wohnungstür, klingle. Lara öffnet. »Ein Glück,« sage ich, »es ist nichts passiert.« Langes, genervtes Stöhnen ist die Antwort, und: »Mußt du wieder alles kaputtmachen? Du mit deinen Sorgen!« Sie sagt es, geht zurück ins Wohnzimmer und schaltet den Fernseher ein. Ich stehe an der offengelassenen Tür und kann nicht begreifen, warum ich nicht einfach abhaue, und zwar für immer, fort aus diesem Haus. Um mir noch den Hauch von Selbstbewußtsein zu bewahren, trotte ich zurück in meine Wohnung.

Bald klopft es. Lara reißt ihre sowieso schon großen Augen auf, guckt mich an, als wäre sie die Wiedergeburt der Jungfrau Maria und fragt mich, ob ich böse werde, wenn sie mir sagen würde, daß sie mit Ronald in der Eishalle war. Sie nimmt meine Hand.

»Ich will herausfinden, wer Ronald ist«, erklärt sie. »Bestimmt passen er und ich nicht zusammen. Ich muß es aber wissen, damit ich bald ganz dein sein kann. Wenn du mich dann nicht mehr willst, werde ich dich mit allen Mitteln, zu denen eine Frau fähig ist, zurückerobern. Ich liebe dich doch.« Wie ich dieser verrückten Erklärung sogar noch Verständnis abgewinne, ist mir ein Rätsel. Wahrscheinlich, weil der »wahre« Schuldige für mich so leicht zu finden ist ...

MICHAILS ZWEIFEL

Am sechzehnten Tag unserer Reise machen Markus und ich eine seltsame Erfahrung. Wir paddeln mit großer Kraftanstrengung und kommen, obwohl kein Lüftchen sich bewegt, dennoch kaum von der Stelle. Als hätte sich das Wasser in Honig verwandelt. Wir quälen uns durchs »zähe Naß« und verzweifeln fast dabei. Unendlich langsam kommen wir voran.

Irgendwann, nach etwa einer Stunde, ist der Spuk plötzlich vorbei. Ich schaue zufällig auf den Höhenmesser meiner Uhr und kann es nicht glauben: Wir haben fünfundzwanzig Meter an Höhe gewonnen. Diese Tatsache will Markus und mir nicht in den Kopf.

Heute kommt die Dunkelheit schneller als gewohnt. Sie bricht über uns mit mächtigen Wolken, Blitzen und Donner herein. Das Wasser unter uns bäumt sich auf, aus den Wolken strömt Regen. Schweiß vermischt sich mit dem Himmelsnaß und fließt von der Stirn. Meine Augen tränen und brennen. Ich schließe sie kurz, es wird nicht besser. Da ich kaum noch etwas sehen kann, komme ich vom Kurs ab, erkenne wie im Nebel das Ufer. Überall Schilf, steinige Hänge. Durchnäßt und voller Angst, von einem Blitz getroffen zu werden, schwingen wir die Paddel. Endlich. Eine flache Stelle, ohne Schilf.

Schneller kann ein Lager nicht errichtet werden. Auch das für die Hunde steht im Nu. Wir mußten sie anleinen, weil ein Pferd am nahen Waldrand weidet. Hinter den Bäumen müßte es also ein Dorf geben.

Ab ins Zelt! Wir sind durchnäßt, als wären wir in den Fluß gefallen. Während der Regen auf die Zeltplane trommelt, kramen wir ein Brot aus der Verpflegungstasche und öffnen eine Fischdose. Der Geruch feuchter, ungewaschener Füße kriecht uns in die Nasen. Wir essen ohne Appetit.

Es ist schon dunkel. Von draußen hören wir jemanden etwas in den leiser werdenden Donner rufen. Ich öffne den Zelteingang. In etwa achtzig Metern Entfernung steht breitbeinig ein Mann neben einem

Lagerfeuer. Was er hier verloren hat, beschäftigt uns weniger als die Frage, wie er bei diesem Wetter ein Lagerfeuer entfachen konnte. Sibirien erstaunt nur noch insofern, daß wir darin vorkommen. Wieder vernehmen wir die Männerstimme: »Wer seid ihr?« soll es wohl heißen. Es hat aufgehört zu donnern. Im Licht des Feuers fällt der Regen wie ein Glitzervorhang zwischen uns und den Fremden. Er winkt uns zu sich. Wir, die wir froh sind, endlich im Trockenen zu sitzen, schreien ihm aus dem Zelt entgegen: »Morgen früh, ja?« Der Fremde aber will weitere Informationen. Woher wir kommen, zum Beispiel. Noch bevor wir antworten können, ist der Mann verschwunden. Ich schließe den Eingang.

In der Nacht träume ich von schwimmenden Pferden, die lautes Hundegebell vorwärtstreibt. Ich erwache, und das Gebell ist Wirklichkeit. Leise brubbelt Markus etwas im Halbschlaf vor sich hin. Ich öffne das Zelt einen Spalt breit. Es ist Gina, die das Pferd ankläfft. Keiner meiner Befehle fruchtet, auch nicht das müde »Halt die Schnauze!« von Markus. Irgendwann wird das Bellen zur Gewohnheit, und ich gleite zurück in den Schlaf.

Noch einmal werde ich wach. Mein Arm liegt in einer Pfütze. Die Beine jucken von den Mückenstichen. Als ich an ihnen kratze, sammeln sich Hautfetzen unter den Fingernägeln. Schlaftrunken verfluche ich, daß wir beim Zelt an der falschen Stelle gespart haben. Unter dem schwachen Licht der Taschenlampe ertaste ich den Zeltboden. Das Loch werde ich sicher nicht finden. Doch ich kann die Pfütze schrumpfen lassen. Mein Pullover saugt eine Menge von ihr in sich auf. Vor dem Zelt wringe ich ihn aus. Draußen ist es unheimlich dunkel. Ich kann noch nicht einmal die Hunde, die nur zwei Meter von uns entfernt liegen müßten, erkennen. ›Sind sie überhaupt noch da‹, durchfährt es mich? Ich mache mich ganz lang und taste nach ihnen. Meine Hand faßt auf feuchtes Fell. Beruhigt lege ich mich wieder hin.

Morgendämmerung. Es regnet noch immer wie aus Gießkannen. Ich fühle mich wie ausgetrocknet. Meine Zunge scheint am Gaumen festgeklebt zu sein. Auch Markus lechzt nach Trinkbarem. Doch wir sind nicht fähig, aus den warmen Schlafsäcken in den kalten, feuchten Morgen hinauszukriechen und Wasser zu holen. Da kommt mir eine Idee, wie sie nur jemandem kommen kann, der einen Schlafsack als ein Himmelbett ansieht. Ich stelle unseren verschmorten Kochtopf nach draußen, um Regenwasser aufzufangen.

Bald kann ich es nicht mehr abwarten und lange nach dem Gefäß.

Gierig schlürfe ich die Flüssigkeit in mich hinein, reiche den Topf dann weiter zu Markus. Das Wasser schmeckte widerlich, nach Speck, Reis und anderen Essenresten. Ich kämpfe gegen den Brechreiz und auch Markus verzieht sein Gesicht.

Durch den dünnen Stoff der Zeltwand dringt Hundegejaule. Als ich nach den Vierbeinern sehe, bin ich verwundert. Beide Tiere stehen im Regen statt unter dem Tarp zu liegen. Ansonsten scheint alles in Ordnung zu sein. Offenbar wollen sie mir zeigen, daß sie hier wegwollen.

Nebel hängt über dem Fluß. Selbst bei diesem Regenwetter fliegen ein paar Mücken durch den Zeltspalt zu uns. Heute will die Motivation nicht erwachen. Ronald und ich überlegen: Bis Lensk sind es noch fast tausend Kilometer. Am liebsten würden wir einfach liegenbleiben. Doch auch morgen wird es nicht anders sein, und so steigen wir aus dem Zelt.

Einen Steinwurf von uns entfernt erblicken wir den Lagerfeuerexperten von gestern Abend. Auch heute züngeln neben ihm kleine Flammen. Diesmal gibt sich der Fremde mit einem Winken nicht zufrieden. Zielgerichtet schreitet er auf uns zu. Ronald läßt die Hunde neben dem Zelt Platz machen. Dann beeilen wir uns, dem Mann entgegenzugehen, denn offensichtlich hat er keine Ahnung, was Gina und Condor mit ihm anstellen könnten. Doch der stämmige, knapp vierzigjährige Typ hat selbst drei Hunde, die neben ihm herlaufen. Dem Aussehen nach müßten es Laikas sein.

»Habt ihr gut geschlafen?« fragt der Fremde, als wir zusammentreffen, mit belegter Stimme, und ein Lächeln kämpft sich durch sein vom Wetter gegerbtes Gesicht.

»Hätte besser sein können«, antwortet Ronald ihm und schüttelt kurz den Kopf. »Dein Pferd?« Er zeigt zum Waldessaum.

»Ja.« Der Mann mustert uns und hält uns seine Hand entgegen. »Ich bin Michail.« Mir fällt auf – und das nicht zum ersten Mal – daß die Menschen hierzulande zugänglicher sind als in Deutschland. So auch er. Allein sein Händedruck hat etwas derart Vertrautes an sich, daß ich mich in seiner Nähe gut fühle.

»Ich fische hier«, fährt der Mann fort, während er einen seiner Hunde streichelt. »Und was macht ihr?« Unser Vorhaben findet nicht viel Anerkennung. »Ihr Europäer müßt verrückt sein.« Michails Augen ruhen auf uns, als wolle er prüfen, ob wir noch Herr unseres Verstandes seien. Dann schaut er stromabwärts und schüttelt den Kopf. »Die Lena ist eine Schlange.« Da wir das letzte Wort nicht verstehen, ahmt er ein Zischen nach und fährt die Zunge aus. Danach schweift sein Blick zum Fluß, auf das friedlich dahinfließende Wasser. Nach einer Weile wendet er sich uns wieder zu. Er schlägt vor, wir sollten an sein Lagerfeuer kommen, uns aufwärmen.

»Am schlimmsten ist es im Frühjahr«, erfahren wir von unserem neuen Bekannten, während wir mit ihm gehen. »Ein Freund von mir hat vorletztes Jahr nicht weit von hier seinen Sohn verloren. Der kleine Pjotr wurde einfach so ...« Das fehlende Wort ergänzt er, indem er seinen Arm stromabwärts schnellen läßt. Wir schlucken, denn obwohl wir diesen Pjotr nicht kannten, laufen lebhafte Bilder in uns ab.

»Hast du Kinder?« fragen wir den nachdenklich gewordenen Mann, der nun ein paar Holzscheite vom Boden aufhebt und sie ins Feuer wirft, an dem wir mittlerweile angekommen sind.

»Drei Söhne und eine Tochter. Sie ist die Älteste und studiert bald Jura in Nowosibirsk. Ich bin sehr stolz auf sie.« Dem Mann entweicht das bisher längste Lächeln. Er hockt sich vor die Glut. »Habt ihr auch Kinder?« Wir verneinen, sagen, daß dies in unserem Alter in Deutschland normal sei.

»Normal?« Verständnislos blickt er uns an. »Hier bist du schon alt, wenn du erst mit dreiundzwanzig Vater wirst.«

»Na ja«, beruhigen wir ihn. »Wir kommen aus Rostock, aus der ehemaligen DDR. Damals war das bei uns auch so.«

»Warum ist es nicht mehr so?« erkundigt er sich neugierig und schaut uns an, als kämen wir aus dem Land der Rabenväter.

»Vielleicht, weil es so viele Möglichkeiten gibt?«

»Nun, die hatte ich nicht.« Michail ist aufgestanden und kratzt sich am Kopf. »Ich wurde Kraftfahrer, wie mein Vater. Hätte auch Jäger oder Fischer werden können. Aber dann hätte ich trotzdem meine Frau geheiratet. Viele sind wir nicht im Dorf. Vielleicht haben wir ja deswegen so früh Kinder.«

Am späten Vormittag verabschieden wir uns und befestigen unser Gepäck an den Kajaks. Die Hunde springen mittlerweile von selbst in ihre Luken. Kurz darauf treiben wir an dem sympathischen Mann vorbei, der seine rechte Hand langsam hebt, uns zuwinkt. Mit zunehmendem Abstand verschwinden die Umrisse seiner Gestalt im Nebel.

C.C. CATCH

Die Abendsonne schimmert rot auf dem Wasser, als Markus und ich an diesem Sonntag, unserem siebzehnten Tag auf der Lena, uns Kirensk, einer Stadt mit mehreren tausend Einwohnern, nähern.

Am Ufer sitzen einige Familien mit ihren Sprößlingen. Die Kinder haben einen alten Traktorreifen angezündet. Laut kreischend hüpfen sie um die Flammen, aus denen sich schwarze Rauchwolken wälzen.

Zwei der Männer erheben sich, nähern sich uns so weit wie möglich. Sie halten sich zum Schutz vor der tiefstehenden Sonne die Hände über die Augen, rufen etwas, was wir nicht verstehen und winken uns zu. Wir erwidern ihren Gruß und paddeln an ihnen langsam vorbei.

Einige hundert Meter weiter – ein anderes Lagerfeuer. Jugendliche lassen aus dem Autoradio ihres großen Toyotajeeps Musik von C.C. Catch erklingen. Laut schallen die Discoklänge über den Fluß.

Die vier Mädchen und zwei Burschen zeigen auf unsere Hunde und verdeutlichen uns, wie gern sie sie streicheln würden. Einer der Jungs, ein schmächtiger Typ mit Baseballkappe, schüttelt eine Bierflasche und läßt deren Inhalt in einer hellen Schaumfontäne in Richtung der Mädchen herausspritzen. Diese kreischen laut auf und springen zur Seite. Warum sich nicht zu ihnen setzen, gemeinsam über den Baseballkappenträger lachen, der jetzt wie ein indianischer Krieger um das Lagerfeuer tänzelt, wieso nicht die Nacht über neben diesen jungen Leuten im Sand liegen? Es klingt verrückt, aber ich fürchte mich vor dem nächsten Tag, an dem wir uns wieder von ihnen verabschieden müßten. Müßten? Niemand zwingt uns dazu, außer wir selbst. Doch dann sollten wir uns auch Tiksi aus dem Kopf schlagen. Dazu aber haben wir nicht den Mut.

Traurig über unsere Zwiespältigkeit treiben wir weiter, während C.C. Catch immer leiser wird und sich das Geräusch eines aufheulenden Motors mit der Musik vermischt.

In der Ferne zeichnen sich die Häuser der Stadt Kirensk vorm abendlichen Himmel ab. Wir wollen hier Halt machen. Ächzend ziehen wir die Boote über loses Gestein einen kleinen Hügel hinauf.

Die Sonne ist untergegangen, das Lagerfeuer brennt. Schweigend sitzen wir davor, kauen lustlos halbgaren Reis und wiedermal Fisch aus der Dose. ›Dies kann doch nicht der Sinn des Reisens sein‹, denke ich. Wenigstens sollten Markus und ich endlich den Mut aufbringen, auszusprechen, was uns bedrückt. Wir können noch so viel über alles Mögliche plaudern: über weihnachtliche Karpfenbrutzeleien zum Beispiel oder die Frühlingsluft von Rostock ... Solche Gespräche werden die Unnahbarkeit zwischen uns nicht verschwinden lassen. Was, wenn wir in zwei Monaten heimkommen? Werden sich unsere Wege dann wieder trennen? Meine Gedanken wandern zurück zu einem Sommertag vor drei Jahren ...

Wieder ist Freitag, unser Nachmittag. Lara holt mich nach der Arbeit von zu Hause ab, wir fahren zum Ostseestrand, an eine Stelle, wo sich kaum jemand hinverirrt. Hier kann ich auch die Hunde frei herumtollen lassen. Lara und ich halten uns im Arm. ›Könnte es doch länger als nur diese paar Stunden so sein‹, denke ich.

Als der Zeiger ihrer Armbanduhr auf sechs rückt, wird Lara plötzlich hektisch. Sie schmeißt ihr Handtuch in die Tasche und sagt: »Ich muß zu Markus.«

Wir kehren zurück in die Stadt ...

Warum frage ich Markus jetzt nicht, wie wir wieder zueinander finden können? Die Worte liegen mir auf der Zunge, über meine Lippen aber kommen sie nicht.

DER LADEN

In der Nacht hat es geregnet. Heute ist Montag, der siebente August. Proviant muß her. Unsere Vorräte, die wir uns vor fünf Tagen in Ust-Kut besorgten, sind aufgebraucht. Ich bin der Lebensmittelbeschaffer und gehe den schlammigen Verbindungsweg in den dörflichen Vorort von Kirensk, über dem ein grauer Himmel hängt. Ronald bleibt wie immer bei den Hunden. Teilt man sich die Aufgaben von vornherein, erspart man sich viele Diskussionen und alberne Auslosespiele.

Vor mir wachsen Holzhütten wie eckige Pilze aus der nassen Erde. Von einer »Nebenstraße« her tuckert ein hellblauer Traktor, made in GDR, auf mich zu. Als er an mir vorbeifahren will, halte ich den Arm hoch. Der Fahrer, den ich wegen der dreckverkrusteten Scheiben nicht genau erkenne, wird mir bestimmt einen Laden nennen können.

Das Gefährt bewegt sich auf mich zu und hält endlich an. Knarrend öffnet sich die Tür, und ein griesgrämig dreinschauender Mann kommt mit seinem kantigen Oberkörper zum Vorschein.

»Wie?« fragt er, was eher einer genervten Andeutung auf ein für ihn überflüssiges Gespräch gleichkommt, welches er schnell beendet wissen will, als daß es auf seine Hilfsbereitschaft schließen läßt. Den Motor stellt er erst gar nicht ab.

»Ein Magasin!« rufe ich ihm durch das Dröhnen der Maschine zu. Doch anstelle einer Antwort winkt der Griesgram heftig ab und verdreht die Augen, als hätte ich mich nach einem Opernhaus erkundigt.

Geräuschvoll fällt die Tür ins Schloß, und der Traktor pflügt sich aufheulend und mit durchdrehenden Reifen weiter durch den Schlamm.

Mit meinen Paddelschuhen schliddere ich förmlich ins Dorf. Links und rechts vor den Häuschen – niedrige Holzzäune ohne Farbanstrich.

Nach einer knappen halben Stunde stehe ich wieder da, wo ich in die Siedlung kam, will die Suche nach einem Laden schon abblasen. Da entdecke ich eine Frau, die im Garten Unkraut jätet.

»Wo kaufen Sie ihr Brot?« rufe ich ihr über den Zaun zu. Die Frau richtet sich auf und dreht sich mir zu. Unzählige Lachfalten und Sommersprossen durchziehen ihr Gesicht. Sie mustert mich neugierig und sagt dann: »Eigentlich mache ich es selbst.« Scheinbar schmerzt ihr Rücken, denn sie stützt die linke Faust ins Kreuz, während sie fortfährt: »Aber du suchst ein Geschäft, nicht wahr?« Dabei zeigt die Frau mit der rechten Hand zur Uferstraße hin und wischt sich anschließend über die Stirn.

»Dort, etwa ... Ach, warte, ich zeig es dir.« Sie beäugt ihr bisheriges Montagsmorgenwerk – einen großen Haufen Unkraut – und scheint sich für einen Moment nicht mehr ganz sicher, ob sie ihn allein lassen sollte.

Dann aber marschieren wir zügigen Schrittes zu den Häusern am Ufer. Unterwegs gesellen sich wie selbstverständlich noch zwei andere Frauen zu uns. Die eine scheint etwas jünger als die Unkrautbekämpferin zu sein und bindet sich, während sie geht, ihr Kopftuch neu. Die andere ist älter, nicht mehr so flink auf den Füßen, dafür aber mit dem Mundwerk. Seit sie aufgetaucht ist, redet sie unaufhörlich von ihrem Mann, der nicht der Fleißigste sei.

An einem Haus, das sich von den anderen Holzhütten nur durch den ausgetreteneren Eingangspfad unterscheidet, bleiben die Frauen abrupt stehen. Der Redeschwall der Alten verstummt.

»Hier«, verkündet die Unkrautzupferin, von der ich mittlerweile weiß, daß sie Galina Petrowna heißt, »hier ist dein Geschäft.« Sie weist auf das windschiefe Haus, als präsentiere sie den Stolz Rußlands.

»Da steht ja nichts dran«, wundere ich mich und beschreibe mit den Händen ein unsichtbares Schild, was den Frauen ein leises Kichern entlockt.

»Kindchen«, sagt Galina. »Wozu?«

»Das wäre ja«, meldet sich die geschwätzige Alte zu Wort, »als würde ich an meine Haustür schreiben: Hier wohne ich, Irina Sergejewna.« Sie grinst und zeigt mir ihre wenigen Zähne. Auch die anderen kichern wieder.

»Hier kennt jeder jeden und weiß, wo was zu besorgen ist«, faßt Galina zusammen.

»Ist denn geöffnet?« erkundige ich mich und ernte diesmal schallendes Gelächter. Was daran so witzig sein soll, kann ich nicht verstehen.

»Vielleicht.« Die rundliche Galina hat die Fäuste in die Hüften gestemmt. »Klopfen wir einfach. Ist jemand da, kannst du einkaufen.«

Mit langen Schritten durchmesse ich den kurzen Weg des mit Unkraut bewachsenen Vorgartens, begleitet von den Frauen und ihrem Getuschel. Galina nimmt eine Faust aus der Hüfte und trommelt zwei, drei Mal gegen den Hauseingang. Erst höre ich ein Schlurfen, dann ein Husten.

Die Birkentür wird geöffnet und zwischen den morschen Pfosten wälzt sich der Geruch alter Kartoffeln auf uns. Eine winzige Person mit kurzem, grauem Schnauzbart – ich muß zweimal hinsehen, um zu erkennen, daß es sich um eine Frau handelt – schaut mit müden Augen zunächst an mir empor, dann zu den ihr bekannten Gesichtern. Sie fragt nichts und läßt uns ein. Dabei ordnet sie sich ihr Haar mittels eines großen Kammes.

Fetzen von Tageslicht mühen sich durch ein kleines Fenster an der Seite des Zimmers. Ich erkenne zwei Regale mit Büchsenfleisch, Gefäßen mit Reis, Zucker, Gebäck und Konfekt sowie Schachteln mit Zigaretten der Marken »Marlboro« und »Pjotr I.«, die wie in einer Wurfbude auf dem Rummelplatz zu Pyramiden aufgestapelt sind.

Da mein mitgebrachter Plastikbeutel für die vier Kilogramm Gebäck, die zehn Fleischdosen und den großen Beutel Reis nicht ausreicht, schiebt mir die gebrechliche, alte Verkäuferin eine kleine Holzkiste zu, in der zwei Salatgurken umherrollen.

»Die sind für dich, Jungchen«, sagt sie liebevoll. »Brauchst Vitamine. Siehst dünn aus.« Dabei schaut sie mich besorgt an und legt ihre geschwollene, kleine Hand auf meine.

Draußen auf der Straße läßt Galina mich wissen, daß sie mir noch Brot aus ihrer Küche holen wolle. So schnell wie es der schlammige Weg zuläßt, läuft sie davon. Die anderen Frauen wünschen mir: »Alles Gute« und verstreuen sich. Fünf Minuten später ist Galina wieder bei mir, mit zwei Broten.

»Ooh«, rufe ich begeistert. »Großartig!« Fragend schaut mir Galina in die Augen. Sie muß es nicht verstehen. Stattdessen nehme ich sie in den Arm und drücke sie an mich.

»Viel Glück«, ruft sie mir nach, während ich mit der Kiste im Arm zurück zu den Booten gehe und grüble, wie es kommt, daß viele Menschen hier so uneigennützig einem Fremden weiterhelfen. Ganz sicher werde ich die Frauen nie wiedersehen. Aber sie sind wie Teile in einem Puzzle, das am Ende meine Liebe zu diesem Land ergibt.

Ich muß die Hunde mit Gebäck füttern. Die zwanzig Kilogramm Trockenfutter aus Rostock sind nach knapp vier Wochen bis zum letzten Brocken aufgebraucht. Natürlich konnte ich nicht von Markus erwarten, hier etwas Vergleichbares aufzutreiben.

Die runden, handtellergroßen Lebkuchen werden genau abgezählt. Condor bekommt zwölf, Gina zehn. Bei der Fütterung sitzen beide wie Seehunde im Zirkus vor mir und warten mit aufgestellten Ohren auf die nächste Köstlichkeit.

Die Sonne hat die graue Wolkenwand durchbrochen und setzt den Wellen glitzernde Lichtpunkte auf, so daß sie aussehen wie mit Diamanten geschmückt. Heute haben wir Rückenwind. Er schiebt uns förmlich an Kirensk und den steilen dunkelbraunen Felsen, die sich nordöstlich der Stadt anschließen, vorbei. An eine dieser gewaltigen Felswände hat jemand mit weißer Kreide in hohen, kantigen Buchstaben »Sowjetski Sojus« geschrieben.

Wir werden von einem Öltanker überholt. Uns zum Gruß ertönt die Schiffssirene. Männer in Overalls stehen an der Reling und winken uns zu. Solche Gesten machen uns hier draußen sehr glücklich, geben uns das Gefühl, wahrgenommen zu werden, willkommen zu sein. Ich denke daran, daß Markus mir vor einigen Tagen erzählte, er würde sich in dieser alles überwältigenden Natur, in dieser Stille, die manchmal beinahe schmerzt, wie ein Phantom fühlen, seiner menschlichen Existenz beraubt.

Wir beobachten das riesige Tankschiff und glauben einfach nicht, was nun passiert: Das Schiffsruder wird herumgerissen, der Koloß wendet um einhundertachtzig Grad und steuert auf uns zu. Neben uns kommt er zum Stehen. Man lädt uns zum Tee ein. Völlig erstaunt darüber, daß, wie es aussieht, nur wegen dieser Aufforderung umgekehrt wurde, bekomme ich kein Wort heraus. Markus bedankt sich mehrmals bei den Männern und versucht zu erklären, daß es eine zu schwierige Sache sei, auf dem Fluß aus dem Kajak zu steigen, wir uns aber sehr über die Einladung freuen. Allein die Möglichkeit, sie annehmen zu können, ist wie Balsam für die Seele auf unserem Weg nach Norden.

Ronald und ich steuern nun auf eine Reihe langgezogener Inseln zu. Auf manchen wachsen kleine Bäume, auf den meisten aber entdecken wir nur Gestrüpp. Naht eine solche Insel, suchen wir bereits in der Ferne die nächste Boje zur Orientierung. Wir folgen dem Schifffahrtszeichen, so, wie die Schiffe es auch tun. In einen falschen Flußarm hineinzupaddeln, hätte unangenehme Folgen.

Im Frühling, so hörten wir, gibt es hier fast keine Inseln. Da sind diese überflutet, und riesige Eisbrocken wälzen sich darüber hinweg. Jetzt, im August, scheint das beinahe unvorstellbar.

Gegen zweiundzwanzig Uhr, als die Sonne längst verschwunden ist und nur noch einen rötlichen Streif über dem Wald zurückgelassen hat, errichten wir auf einer dieser Inseln unser Nachtlager. Die Sterne beginnen zu funkeln, der Sichelmond steht dazwischen wie ein Hirte. Ronald sucht nach Holz. Die Hunde hat er mitgenommen.

Ich sitze auf dem Bootsrand. Neben mir plätschert die Lena wie ein Bächlein. Ich schaue zum Himmel und fühle mich frei. Frei von Sorgen. Ronald? In den letzten Wochen sind wir mehr zusammengewachsen, als ich es für möglich gehalten hätte. Zu Freunden? Dazu fehlt etwas. Es ist vielleicht nicht viel, aber entscheidend. Zum Beispiel würde ich gern wissen, warum sich Ronald damals so egoistisch verhielt. Das ist meine Sicht der Dinge. Wie ist seine? Wieso haben wir unsere Freundschaft wegen einer Frau verloren?

Das Lagerfeuer brennt. Im Schein des zuckenden Lichts beobachte ich meinen Reisegefährten. Bis Mitternacht sitzen wir vor dem Zelteingang, legen dann ordentlich Holz nach und verschwinden in den Schlafsäcken, ohne das Zelt zu schließen. Außer den Hunden ist auch das Feuer wie ein Beschützer. Rasselt auch heute nacht eine Ankerkette ...?

Mitte Oktober. Ich biege in die Waldemarstraße ein. Sie ist mir eine vertraute und bedrückende Straße zugleich geworden. Hier wohne ich, hier wohnt Lara. Es ist kurz nach Mitternacht. Ich komme aus Hannover von einem Lehrgang. Neben meinem Studium, auf das ich mich seit dem Hin und Her mit ihr kaum noch konzentrieren kann, jobbe ich als Promoter in verschiedenen Supermärkten. Es ist nicht das, was ich mir vom Leben erhoffe ...

Wenigstens aber hoffe ich, Laras eingeschaltete Leselampe im Fenster zu erspähen. Doch da ist kein Licht. Vielleicht schläft sie schon. Leise öffne ich ihre Wohnung. Von Lara keine Spur. Mit klopfendem Herzen beschließe ich, sie zu suchen. ›Vielleicht ist sie bei einer Bekannten‹, sage ich mir. Trotzdem fahre ich mit dem Auto durch verlassene Straßen, gewahr, Ronald und meine Freundin knutschend auf dem Bürgersteig zu ertappen. Würde ich beide finden, würde es etwas ändern? Nein, aber ich brauche Gewißheit. Dieses ständige Rätselraten frißt mich auf.

Ich fahre an einer Baustelle vorbei, an deren Ende ein Polizeiwagen wartet und ein Ordnungshüter seine Kelle schwenkt. Er meint mich. Wütend halte ich an.

»Wachtmeister Katschinski«, schnorchelt er durch mein geöffnetes Fenster. »Die Fahrzeugpapiere bitte!« Auch das noch! »Steigen Sie mal aus. Haben Sie getrunken?« setzt er nach.

»Was?« Ich habe keinen Tropfen angerührt. Trotzdem soll ich ihm in den Streifenwagen folgen.

»Ich bin total besoffen«, höre ich mich krakeelen. Angesichts dieses Umstandes, der mein nächtliches Herumirren für kurze Zeit unterbricht, muß ich meinen Frust herauslassen.

»Das werden wir herausfinden«, brubbelt der Uniformierte in seinen Schnauzer, der wie ein Imitat wirkt und den ich ihm am liebsten abreißen möchte. Erstaunt nimmt der Polizist zur Kenntnis, daß sein Blasröhrchen tatsächlich keinen Alkoholkonsum bei mir anzeigt.

»Fahren Sie weiter«, ranzt er mich an und reicht mir die Papiere zurück. Schnell bin ich verschwunden. Nach zwei Stunden kehre ich erfolglos und zermürbt dorthin zurück, wo meine Suche begann. Laras Leselampe aber brennt jetzt. Schneller als ich kann man die Treppen wohl nicht hochjagen.

»Warst du bei einer Freundin?« Ich hoffe auf Bestätigung, sitze auf ihrer Bettkante. Noch immer habe ich den Glauben an unsere Liebe nicht verloren. Doch sie schüttelt den Kopf, bricht in Tränen aus. Ich muß nichts weiter wissen.

»Dann ist jetzt endgültig Schluß«, sage ich ganz ruhig und bin stolz wegen meiner Konsequenz. Fast schon bin ich an der Wohnungstür angekommen, da springt Lara aus ihrem Bett, schreit: »Nein!« und versperrt mir den Weg.

»Laß mich durch!« fordere ich.

»Ich brauche dich«, heult sie und reißt ihre Augen auf. Man mag mich verstehen oder sagen, der Kerl ist bekloppt. Wie auch immer, in diesem Moment gab ich ihr eine weitere Chance und teilte die Schuld erneut Ronald zu …

Am zwanzigsten Abend erleben wir das bislang heftigste Gewitter der Reise. Plötzlich aufkommender Sturm peitscht das Wasser, schmeißt uns in unseren »Nußschalen« gegen das flache Ufer. Wir haben Mühe, uns auf den Beinen zu halten und die Behausungen für die Hunde und uns aufzubauen. Nach einer halben Stunde etwa sitzen wir völlig durchnäßt und durchfroren im Zelt. Ich weiß nicht, wie oft die Blitze gespenstisch aufleuchteten und wieviel gewaltige Donnerschläge folgten. Irgendwann in der Nacht wurde es wieder still um uns. Das Gewitter war nach Norden abgezogen, und wir schliefen beruhigt ein.

INTERESSANTE DINGE

Zwei Tage sind vergangen, ohne daß etwas Erwähnenswertes passierte. Wir sind seit drei Wochen auf der Lena unterwegs. Mittlerweile ist es wieder Freitag, was in dieser Gegend überhaupt keinen Unterschied zu einem anderen Wochentag macht; es sei denn, wir erreichen ein Dorf, so wie heute. An einem Freitag sind die Bewohner in der Regel länger wach, da am Sonnabend nicht gearbeitet wird. Dieser Ort heißt Tschuja. Er sieht aus wie jeder andere am Fluß.

Wir haben gerade am Ufer festgemacht, da naht eine Gruppe junger Leute. Sie kommen durchs hohe Gras geradewegs auf uns zu und haben eine Menge Fragen mitgebracht: »Woher kommt ihr?«, »Wie teuer waren die Kajaks?«, »Habt ihr Zigaretten ...?«

Menschen um uns zu haben ist eine Sache, von ihnen aber nur mit Fragen bombardiert und wie Automaten behandelt zu werden eine andere. Markus antwortet kurz angebunden und baut nebenbei das Lager auf, während ich mich im nahen Umkreis nach Holz umsehe. Dabei beobachte ich die neugierigen Fragesteller aus dem Augenwinkel. Allesamt tragen sie blaue Arbeitshosen und graue Jacken, an denen Reste von Heu hängen. Wahrscheinlich kommen die Jugendlichen, zu denen auch ein Mädchen gehört, direkt aus dem Stall.

Da wir uns wortkarg geben, verlieren sie die Lust am Smalltalk und ziehen wieder ab. Bis auf einen. Seine hellblonden, struppigen Haare stehen ihm wie elektrisiert vom Kopf. Der Junge ist sonnengebräunt und hat buschige Augenbrauen. Er bleibt einfach bei uns stehen und verfolgt wortlos jeden unserer Handgriffe.

»Zeigt mir interessante Dinge!« fordert er uns plötzlich auf, als hätten wir ein Bewerbungsgespräch bei einem Zirkusdirektor. Sicher ist in einem Dorf wie diesem nicht viel los. Sollen wir deswegen aber Purzelbäume schlagen oder auf den Hunden reiten? Der Struwwelkopf meint etwas anderes.

»Ich heiße Igor«, sagt er und kommt näher. »Habt ihr etwas, was ihr nicht mehr braucht? Eine Zeitschrift vielleicht?« Wie oft wurden wir in Sibirien beschenkt, ohne daß wir etwas gaben. Nun sind wir gefragt. Ich grüble.

»Einen Moment«, rufe ich ihm zu und krame nach einer »Super Illu« in meinem Gepäck. Ich weiß noch, wie meine Mutter mir die

Illustrierte bei unserer Abfahrt in die Hand drückte und sagte: »Nimm auch was zu lesen mit, Bengel!« Nun soll Igor das Blatt haben: bunte Bilder aus einer für ihn fernen Welt. Ob er uns glauben würde, daß sie uns zur Zeit fast ebenso fern wie ihm erscheint? Ich reiche ihm das Magazin.

»Danke«, flötet der junge Mann und blättert in dem zerknitterten Heft.

»Verona Feldbusch«, entziffert er langsam. »Die ist hübsch.« Sein Blick klebt auf dem Foto. Wie verliebt streicht er mit dem Zeigefinger darüber. Mir wird trotz des kühlen Abendwindes warm ums Herz. Ich merke, daß ich lächle. In der Ferne blöken Schafe.

»Habt nochmals vielen Dank«, sagt Igor feierlich. Dann entfernt er sich, die Augen in der Zeitschrift verfangen, ohne auf die Unebenheiten der Wiese zu achten. ›Wie einfach es ist, jemanden glücklich zu machen‹, denke ich.

Wieder ist ein Tag vergangen. Wir trotzen der Dunkelheit mit unserem Lagerfeuer.

Nach dem Essen, wir sitzen noch vor dem Zelt und schauen verträumt in die Flammen, höre ich, wie etwas über die Steine im Uferbereich schleift. Gina und Condor schlagen an. Mich durchfährt ein Schreck: ›Da will jemand mit seinem Boot anlegen!‹ schlußfolgere ich. Doch unsere Hunde laufen frei herum!

»Vorsicht!« rufe ich den Ankommenden zu. »Wartet!« Schnell erhebe ich mich, führe die Hunde wie immer, wenn sich jemand dem Lager nähert, in eine sichere Entfernung. Dort machen sie Platz und rühren sich nicht von der Stelle. Dann gebe ich den Unbekannten ein Zeichen, daß die Gefahr vorbei sei. In der Dunkelheit erkenne ich schemenhaft, wie einer von ihnen das lange Holzboot mit einer Stange ans Ufer stemmt. Ein großer Vierbeiner, der mich an einen Karelischen Bärenhund erinnert, springt ans Ufer. Solch einen, von denen es in Deutschland nur etwa fünfzehn Exemplare gibt, hatte ich mal. Ich kaufte ihn in Dänemark, doch konnte mir niemand sagen, ob sich das Tier bei entsprechendem Auslauf auch in einer normalen Wohnung halten ließe. Nach einigen Tagen lehrte mich die Anwesenheit des Hundes die Frage zu beantworten. Er schien seine Nahrung mit meiner Couch, den Blumentöpfen, dem Telefon, der Flurgarderobe zu verwechseln. Auch der Teppich und der Mülleimer mußten dran glauben. Ging ich aus dem Haus, sah meine Wohnung danach aus wie nach einer Explosion. Ein Maulkorb und den Tyrannen anzuleinen konnte auf Dauer nicht die Lösung sein. Also verkaufte ich ihn an eine Familie, die über ein großes Anwesen verfügt, wo Kodi, so nannte ich den Hund, der selbst einen Bären stellen kann, nun so viel herumtollen mag, wie er will.

»Ich hätte auch gern Ferien«, holt mich einer der Bootsfahrer aus meinen Erinnerungen und hockt sich schwerfällig ans Feuer. Müde Augen schauen mich an: das Gesicht eines Siebzigjährigen. Die kurze Jeansjacke mit den großen Brusttaschen will nicht so recht zu ihm passen. Der Alte schiebt sich die Mütze aus der Stirn.

Währenddessen kniet sich der andere Mann, er sieht jünger aus, könnte der Sohn des Alten sein, neben Markus hin. Er trägt eine fesche braune Kunstlederjacke, darunter ein weißes Hemd. Auf dem Kopf sitzt ihm ein viel zu großes blauweißes Basecap, welches einen Schatten auf die Augen des Mannes wirft.

»Was fischt ihr hier?« frage ich und erinnere mich unseres Fangergebnisses, das mit einem Blinker am Kajakheck so manches Abendbrot sichern sollte, uns aber bisher nichts einbrachte. Der Alte streicht sich über seinen weißen Bart: »Da müßt ihr meinen Vater fragen.« Zuerst glaube ich, er macht einen Scherz. Doch weit gefehlt. Er zeigt auf seinen Nebenmann, den wir für seinen Sohn hielten. Markus und ich lachen fast gleichzeitig auf, und damit die beiden verstehen warum, nennen wir ihnen den Grund. Der juvenile Vater ist darüber nicht unglücklich. »Ich fühle mich auch jung«, sagt er und läßt zwei Goldzähne aufblitzen.

»Kinder!« beschwert sich sein Sohn, »ich bin erst zweiundfünfzig!«

»Aleksej Aleksejewitsch«, stellt er sich vor und reicht uns die Hand. »Mein Vater ist schon zweiundsiebzig und heißt auch Aleksej. Er kann als einziger den deutschen LKW im Dorf reparieren. Einen Robur.«

»Hab' bei Stalin deutsche Kriegsgefangene kennengelernt. Nicht weit von hier gab's ein Zwangsarbeitslager. Die Deutschen hatten zwei rechte Hände, wenn's um Technik ging. Einige der Männer mußten die LKW in der Dorfkolchose reparieren. Dort arbeitete ich und konnte mir einiges abgucken. Getriebe auseinandernehmen und so was.« Wir reimen uns das Gesagte aus des Seniors Gesten und Worten zusammen, denn alles verstehen wir nicht. Russen, so unsere Erfahrung, plaudern munter drauflos, haben sie bemerkt, daß ihr Gegenüber der russischen Sprache ansatzweise mächtig ist.

»Ich bin auch Schlosser«, sage ich. Eine kleine Brücke zu bauen, kann nicht schaden. In den Augen des Vaters meine ich Zufriedenheit über den Gleichklang unserer Herzen zu erkennen.

»Ich war Mechaniker.« Er schüttelt den Kopf. »Davon kann man hier jetzt nicht mehr leben.«

»Nun sind wir Jäger und Fischer«, fügt Aleksej junior hinzu. Wir bieten den beiden Tee an, denn etwas zu essen haben wir außer zwei kleinen Kartoffeln nicht mehr. Als hätten die Männer Röntgenaugen, mit denen sie unsere Lebensmitteltasche durchleuchten können, schlagen sie vor, morgen Fisch und Brot vorbeizubringen.

Wir freuen uns. »Und wir besorgen Konserven.«

»Woher denn?«

»Aus dem Dorfladen.«

»Den gibt es schon lange nicht mehr.« Aleksej junior weist mit zu den dunklen Holzhütten und läßt die Geste in einem Abwinken enden. »Seht nur, wir haben noch nicht einmal Strom!«

»Früher«, fährt er fort und sucht bei seinem Vater Bestätigung, »hatten wir da nicht alles, was wir brauchten? Wir hatten sogar ein Telefon. Ja, damals war alles besser.« Der Senior nickt, und gähnt dann, als langweile ihn der Philosophieausbruch seines Sohnes.

BESCHERUNG

Es ist halb zehn Uhr morgens. Riesige, dunkle Wolkenberge schleppen sich über uns hinweg, und es hat den Anschein, als wären sie zu schwer, um zu schweben, als würden sie gleich auf die nahegelegenen Bäume fallen. Ronald und ich haben unsere Taschen gepackt, wollen gerade unsere heutige Tagestour starten, als Aleksej junior und senior in ihrem Boot nahen. Der an Jahren jüngere sitzt vorn und winkt mit einem Brot. Sein Vater steuert den Kahn geschickt ans Ufer. Er bleibt darin sitzen, grüßt von dort, während der Sohn aussteigt, zu uns kommt und uns das Brot und einen Eimer mit vielen kleinen, noch lebenden Fischen überreicht. Eine Spezialität, wie er sagt. Dann führt er uns vor, wie man sie ißt. Er greift sich einen der Winzlinge, welcher wild in seiner Hand zappelt und steckt ihn sich in den Mund. Währenddessen betrachtet der alte Aleksej den Himmel.

Der Fisch ist hinuntergeschluckt und unser Gegenüber nickt uns ermutigend zu, es ihm gleichzutun. Doch wir lehnen ab, möchten die Tiere später lieber braten ...

Aleksej junior hat noch weitere Geschenke für uns: Ein Beutel mit Tomaten, Gurken und Zwiebeln findet seinen Platz in meiner Hand. Und einen kleinen Holztrog bekommen wir auch noch dazu.

»Den hab ich selbst gemacht«, sagt der Graubart, während seine Augen leuchten. Stolz verrät er uns, daß an ihm ein Tischler verlorengegangen sei.

Wir bedanken uns, wollen wenigstens für die Lebensmittel etwas bezahlen, der Russe aber wehrt ab. Stilles Grübeln überschattet mein Lächeln. Dann fällt mir etwas ein: Ich suche aus dem Geschenkbeutel, den uns der Rostocker Oberbürgermeister bei unserem Aufbruch vor zwei Monaten in die Hände drückte, eine kleine Tischdecke heraus und überreiche sie dem freundlichen Mann. Er entfaltet das Deckchen und ruft sichtlich erfreut seinem Vater zu: »Die paßt auf den Küchentisch, Papa.«

Ich hole die Gore-Tex-Kleidung aus den Taschen, denn der Himmel verdunkelt sich zusehends.

»Heute wird es nicht regnen«, meldet sich Aleksej senior so selbstsicher zu Wort, als könnte er die Zukunft vorhersagen. Trotzdem streifen wir die wasserdichte Kleidung über. Kein Himmel kann mehr nach Regen aussehen als dieser.

Vater und Sohn verabschieden sich von uns. Der eine von fern, aus dem Boot, der andere drückt unsere Hände so kraftvoll, als wolle er beweisen, daß wir uns in seiner Fitneß getäuscht hätten. Dann begibt er sich zu seinem Vater. Die beiden legen ab, während wir am Ufer stehen und ihnen noch eine Weile hinterherwinken.

ANGST

Im Grau des Nachmittags paddeln Markus und ich an der Kleinstadt Witim vorbei. In ihr mögen mehrere tausend Einwohner leben. Ich schließe das aus den vielen mehrgeschossigen Häusern, den zahlreichen Antennen auf den Dächern und weil es einen kleinen Hafen gibt.

Dieser Ort zählt demnach zu den größeren an der Lena. Der Fluß ist hier ungefähr einen Kilometer breit. Kein Fels, kein Steilufer engt ihn ein. Wir kommen uns ziemlich verloren vor auf dieser riesigen Wasserfläche. Der alte Aleksej hatte übrigens recht mit seiner Wettervorhersage. Es regnete heute nicht, und deshalb fällt uns das Paddeln nicht schwer. Wir legen noch ein wenig an Tempo zu, wollen möglichst viele Kilometer auf unserer Tour gen Norden schaffen.

Hinter der Stadt wird die Lena wieder um vieles schmaler, die Strömung aber nimmt zu, da sich die Wassermassen durch felsige Uferbegrenzungen wälzen. Dann, in der Mitte des Flusses, eine Insel, so daß er uns plötzlich so wie noch weit vor Ust-Kut erscheint. Da uns in den letzten Tagen nur wenige Schiffe begegneten, rechnen wir auch jetzt nicht damit, daß eines hinter der nächsten Biegung auftauchen könnte. So schneiden wir sie an, um Weg und Kraft zu sparen. Diesmal haben wir uns verschätzt, denn unvorhergesehen naht ein Tanker. ›Wir müssen zum Ufer, so schnell wie möglich!‹ denke ich in Panik. Das Schiff aber steuert geradewegs auf uns zu. Sieht der Kapitän uns nicht? Verzweifelt hebe ich mein Paddel als Signal. Mein Puls hämmert. Vor mir Markus. Er ist aber schon aus der Gefahrenzone, hat das Ufer fast erreicht. Das Dröhnen der Motoren wird immer lauter. Ich schaue zu Condor, er verhält sich zum Glück still, dann zur Seite. Mir stockt der Atem. Gleich wird der Tanker mich rammen! Sind es noch zehn Meter ...? Ich paddle um mein Leben. Als das Signalhorn ertönt, schreie ich auf.

Eine Ewigkeit scheint vergangen, als mein Boot gegen das von Markus prallt. Ich drehe mich um. Der Tanker zieht mit lautem Getöse an uns vorbei. An der Reling stehen Männer. Sie winken. War ich eine Spaßeinlage? Ich sehe die Boje neben uns, die zweite in größerer Entfernung. Zwischen ihnen bewegt sich das Schiff, um nicht auf Grund zu laufen.

Sekunden später schlägt seine Bugwelle über unsere Kajaks. Als auch das überstanden ist, greife ich meine Trinkflasche. Ich habe Probleme, sie ruhig an den Mund zu führen.

SCHRÄGLAGE

Das Feuer, an dem wir am Abend sitzen, ist groß und bringt viel Licht in die Dunkelheit, die durch die schweren und tiefhängenden Wolken früh einsetzte. Wir wissen: je größer das Lagerfeuer, desto besser unsere Stimmung. Heute trifft das jedoch nicht zu. Unsere Zähne schlagen unentwegt aufeinander. Nicht wegen der Kälte, sondern weil wir so erschöpft sind. Die letzten Stunden waren ein regelrechter Kampf gegen den Fluß, die Wellen, was all unsere Kräfte nahm.

Erst jetzt, da die Fische in der Pfanne brutzeln und ein köstlicher Duft unsere Nasen kitzelt, kehren die Lebensgeister langsam in uns zurück.

Der Felsvorsprung, auf dem wir übernachten werden, ist schräg und glitschig. Über uns, ganz dicht am steilen Hang, rauschen Kiefern im Wind, der noch stürmischer geworden ist. Manche der Bäume zeigen einen Teil ihrer Wurzeln. Sie scheinen uns warnen zu wollen: Dies ist kein guter Lagerplatz! Aber wir suchten ihn uns nicht aus, mußten hier anlanden, da der Nordwind den Fluß derart aufpeitschte, daß es gefährlich für uns wurde, weiterzufahren. Wir wollten unser bisheriges Glück nicht herausfordern. Also ans Ufer und raus aus den Kajaks! So einfach ging selbst das nicht. Die Wellen, sie konnten hier nicht wie bei einem sandigen, flachen Ufer auslaufen, klatschten mit aller Gewalt an die steinige Wand. Mit ausgestrecktem Arm versuchte ich, mich an ihr festzuhalten, um aussteigen zu können. Doch das gelang mir nicht. Immer wieder wurde mein Kajak von den wild tanzenden Wogen an den Felsvorsprung geschleudert. Wasser strömte in Ginas Luke. Unruhig geworden stand sie auf, blickte hilfesuchend zu Ronald. Der hatte meine vergeblichen Versuche anzulanden natürlich wahrgenommen und fuhr dicht neben mein Boot. Dann stach er sein Paddel auf den Grund. So preßte er mein Kajak an den Felsvorsprung, daß Gina und ich ans Ufer kamen. Von dort aus konnte ich nun sein Boot festhalten, bis auch er und Condor rauszuklettern vermochten.

Als wir im Zelt liegen – wobei hier auf dem steinigen Untergrund von Liegen nicht die Rede sein kann – will der Schlaf nicht kommen. Obwohl ich todmüde bin, lausche ich in die Nacht, achte auf jedes Geräusch. Wir fühlen uns dem Fluß ausgeliefert, müssen auf unser Glück vertrauen. Obendrein habe ich einen dicken Kloß im Hals. Alte Erinnerungen drängen sich mir auf. Da war ein Abend vor drei Jahren, von dem ich wünschte, ich könnte ihn ungeschehen machen ...

Die Diskothek ist zum Bersten gefüllt. Auch Lara ist gekommen, was ich freudig registriere. Wir haben uns nicht verabredet. Ich weiß, daß sie es so »spannender« findet. Meine Freundin steht mit einem älteren Mann, einem Glatzkopf, am Tresen, rührt mit dem Strohhalm in einem Caipirinha und läßt sich mit Komplimenten überschütten. Ich höre es im Vorbeigehen und tue so, als wäre es mir nur ein Kopfnicken wert, sie hier zu sehen. Ich weiß, das ist albern, lagen wir doch gerade vor zwei Stunden gemeinsam im Bett. Aber Lara braucht Coolness. Also bitte! Hier ist sie. Ich zünde mir eine Zigarette an. Dann zwänge ich mich weiter voran, um zu sehen, ob Bekannte hier sind. Ich hatte damit gerechnet: Auch Ronald ist anwesend. Er trägt eine schwarze Ledermütze, weil er, wie ich erfuhr, sich die Haare abrasiert hat. Meist gehen wir uns aus dem Weg, aber jetzt kommt er direkt auf mich zu. Ich hoffe, dieses Treffen normal zu überstehen. Normal heißt bei uns mittlerweile, daß wir uns ankeifen, wobei das in der Regel von mir ausgeht. Ronald wird aufgehalten, und ich verliere ihn aus den Augen.

Eine halbe Stunde später kann ich auch Lara nicht mehr finden. ›Sie können nicht weit sein‹, denke ich, renne aus der Disko und steige in ein Taxi. Da, da ist Lara! Ronald hält sie von hinten umfaßt.

»Halt!« rufe ich dem Taxifahrer zu. Der bremst, ich springe aus dem Wagen, stürze mich auf Ronald und reiße ihn von Lara weg. Er torkelt und ich merke, er hat zuviel getrunken. Es ist nicht schwer, ihn zu schnappen und ins hohe Gebüsch zu schleudern. Äste knacken. Der Liebhaber meiner Freundin

kommt wieder hervor und will zu ihr. Erneut packe ich ihn und werfe ihn in die Sträucher. Dann will ich Lara greifen, um sie mit nach Hause zu nehmen. Doch die sitzt auf der Bordsteinkante und heult.

»Verschwindet!« kreischt sie, als ich mich ihr nähere, »alle beide!« Ronald hat sich wieder aufgerappelt. Er sieht mich traurig an, dreht sich um und geht wie benommen davon ...

Ich habe die Situation noch genau vor Augen und denke: ›Wie nur konnte ich Ronald, mit dem ich fast mein ganzes Leben verbrachte, so behandeln? Was er auch getan haben mag. Heute, und nicht nur heute, war er für mich da.‹

Ich bin hellwach, und es ist nicht an Einschlafen zu denken. Ronald geht es wohl ähnlich. Fast gleichzeitig schauen wir auf unsere Uhren, als es irgendwann aufs Zeltdach tröpfelt. Unglaublich! Es ist fünf Minuten nach Mitternacht ...

SCHIFFEN

Heute, am Sonntag, bläst der Wind fast genauso kräftig wie am Vorabend.

Wir haben das Gefühl, mit unseren Köpfen an die dunkelgrauen Wolkenberge zu stoßen. Sie lassen die Welt um uns herum sehr klein wirken. Zu klein, um sich gut zu fühlen. Auch die Wälder beidseits der Lena schnüren uns ein. Nur am nördlichen Horizont schimmert ein heller Streif. Doch der scheint sich immer weiter von uns zu entfernen.

Meine linke Schulter schmerzt, als wäre sie ausgekugelt. Ronald hat das mitbekommen. Unaufgefordert hat er die Führung übernommen, paddelt seit Stunden schon voran, um mir den Gegenwind vom Leib zu halten. Würde er, dem es etwas besser geht, das nicht für mich tun, wäre es mit unserem Vorwärtskommen noch schwieriger.

An anderen Tagen war die kleine Pause nach jeder halben Stunde ein Genuß für uns. Heute nicht. Sobald die Paddel ruhen, werden wir vom Wind zur Flußmitte getrieben, wo die Wellen knapp einen Meter hochschlagen und unsere Boote bedrohlich schaukeln lassen. Deswegen pausieren wir seltener, nur, wenn die Blase drückt. Dafür steht uns eine Plastikflasche zur Verfügung, der wir schon am ersten Tag der Flußfahrt den Hals abgeschnitten haben. Während der, der mit der Flasche hantiert und das Ziel zu treffen versucht, wie führerlos in seinem Boot auf den Wellen schaukelt, darf sich der andere auch nicht zu weit wegtreiben lassen, denn seltsamerweise verlangt es ihn meist zur gleichen Zeit nach Entleerung. Tatsächlich geht uns der Gedanke nicht aus dem Kopf, daß es weniger kompliziert wäre, in die Hosen zu machen ...

EIN GRAUSAMER FUND

Die Wellen sind zum Abend hin auch in Ufernähe fast einen Meter hoch. Wir ziehen es vor, für heute an Land zu gehen. Hier haben wir es wenigstens beim Aussteigen leichter als gestern, da die Felsen im Laufe des Nachmittags einer flachen Landschaft mit Nadeldickicht gewichen sind.

Mich fröstelt, ich fühle mich innerlich leer und sehne mich nach Abwechslung. Am liebsten wäre mir ein Gespräch mit Dorfbewohnern. Aber es gibt nichts, was auf Menschen schließen ließe.

Während Markus mit dem Zeltaufbau beschäftigt ist, sammle ich wieder Holz fürs Lagerfeuer. Darüber freuen sich besonders die Hunde. Herumtollen, fremden Gerüchen nachschnuppern, ihr neues Revier markieren, das ist ihre Welt und tut ihnen gut nach dem stundenlangen Sitzen im Boot. Nebenbei beobachte ich Gina, die sich an einer Stelle ungewohnt lange zu schaffen macht. Die Hündin steckt ihre Schnauze gern in alles Mögliche. Ich rufe sie zu mir, während ich mich nach einem knorrigen Ast bücke. Keine Reaktion. Gina ist zu beschäftigt, hebt nicht einmal ihren Kopf. Sie scheint irgendetwas gefunden zu haben, das ihr wichtiger ist, als meiner Aufforderung nachzukommen. Es sieht aus, als würde sie etwas fressen.

Als die Hündin auch beim zweiten, schärferen Kommando nicht hört, werde ich ungeduldig, eile mit lautem »Pfui!« zu ihr. Ich glaube, daß sie einen Tierkadaver entdeckt hat. Erst als ich fast bei ihr bin, hält sie inne. Wie erstarrt bleibe ich stehen. Mir ist, als ziehe mir jemand die Beine weg, ich kann nicht begreifen, was ich sehe. Halbverwest liegen vor mir die Überreste eines Menschen. Ich will Markus rufen, kriege aber keinen Laut heraus, da mein Mund wie ausgetrocknet ist. Noch nie habe ich einen Toten gesehen. Ich bin etwa fünfzig Meter von Markus entfernt und winke ihn, als er in meine Richtung schaut, zu mir. Er kommt, bemerkt mein blasses Gesicht und fragt, ob es mir gutgehe. Dann sieht auch er, was ich sehe.

Nachdem der heftigste Schreck vorüber ist, schauen wir uns den Fund genauer an. Der Leichnam liegt auf dem Bauch, was mir vielleicht einen weiteren Schock erspart. Die Gliedmaßen sind ausgestreckt und sehen aus, als wären sie von Tieren angefressen worden. Auf dem Skelett, das nur noch an Rücken und Gesäß Fleischreste aufweist, liegen ein paar Zweige. Am meisten verwirrt mich ein großes Loch im Schädel, der seitlich verdreht ist. Ein Mord? Wie lange liegt der Tote schon hier? Wurde er vom Fluß angespült? Ist es ein Mann, eine Frau? Oder ein Kind? Nein, für ein Kind scheint der Körper zu groß. Wer vermißt diesen Menschen? Warum trägt er keine Kleidung? Wir erinnern uns auch des kleinen Pjotr, der beim Spielen ins Wasser gefallen war, wie uns vor einer Woche der Fernfahrer Michail am Lagerfeuer erzählte. Wo wird der Junge angespült worden sein? Fragen über Fragen, die uns keiner beantwortet. Ich beuge mich hinab, um das Loch im Schädel näher zu betrachten. Im Innern erkenne ich ein weißgraues, dickflüssiges Zeug. Ein penetrant süßsäuerlicher Geruch kriecht mir in die Nase. Ich zucke zurück.

Furcht steigt in mir auf. Die Angst davor, wir könnten auch bald so daliegen, läßt mir einen kalten Schauer über den Rücken laufen.

Sollen wir im nächsten Ort den Fund melden? Was würde das nützen? Wem?

Wieder beim Zelt versuche ich mit brummendem Schädel das Brennholz zu entzünden. Es gelingt mir nicht. Die Luft ist zu feucht. Doch ich will ein Feuer, um jeden Preis. Die Dunkelheit, die sich schon ankündigt, frißt mich sonst auf. Ich erinnere mich, wie ich einmal einen Einheimischen beim Entzünden eines Lagerfeuers beobachtete. Damals herrschte ähnliches Wetter. Meine Hand tastet zum Dolch am Gürtel. Ich nehme das Messer, entferne vorsichtig die Rinde von den Zweigen und reibe sie danach mit einem Handtuch trocken. Wieder versuche ich, sie anzuzünden. Siehe da! Es funktioniert. Markus nutzt die Flammen, um den Rest der kleinen Fische zu braten. Nur wollen sie mir heute nicht schmecken. Auch Markus kaut lustlos. Gina und Condor haben, egal was passiert, immer Appetit. Gierig fressen sie ihre Ration auf.

Bevor wir ins Zelt kriechen, verzurre ich beide Hunde mit den Riemen fest an den Kajaks. Ich kann mir gut vorstellen, wohin es Gina heute nacht ziehen würde.

Lange wälzen wir uns hin und her, und obwohl ich mich wie zerschlagen fühle, bin ich hellwach. Selbst Markus, der sonst in den unmöglichsten Situationen einschlafen konnte, findet keine Ruhe. Jedes Geräusch läßt uns aufhorchen. In diesen Momenten geistert mir Sonja durch den Kopf. Ich habe das Gefühl, ihr sei etwas zugestoßen und sehe sie vor mir, wie sie hilflos vor ihrem Hauseingang liegt, und dann sehe ich auch Markus: Blut tropft von seinem Unterarm. Was mag das für ein Gefühl für ihn gewesen sein? Ob er sich wohl jetzt noch etwas antun könnte? Ich traue mich nicht zu fragen. In Gedanken stelle ich mir vor, der Tote wäre Markus. Mir wird schwindelig. Plötzlich fühle ich mich verantwortlich für das, was ich ihm angetan habe. Ich möchte diese Last abschütteln. Doch es geht nicht ...

Nachdem ich seinen Schrei hörte, eile ich zu Markus in die Nachbarwohnung. Sie ist nicht abgeschlossen. Ich kann sie so öffnen, wie er es sonst mit Laras Tür macht. Ich trete in die Küche. Da liegt er, in der Hand ein Messer. Blut tropft auf die Fliesen. Als er mich sieht, zieht er sich am Küchentisch hoch. Ich muß umschalten: von Lara auf meinen Widersacher. Der wirft unvermittelt einen Stuhl nach mir, dem ich ausweiche. Der große Kerl ist völlig fertig, er sieht irgendwie hilflos aus und will sich an mir vorbeidrängeln. Ich entreiße ihm sein Messer. Er sagt nichts, läßt es geschehen, öffnet dann eine Schublade, um sich ein anderes zu nehmen, ich aber bin schneller, packe alle Messer, die dort liegen und werfe sie aus dem Fenster. Dabei brülle ich ihn an, ob er verrückt sei. Markus erwidert nichts, wankt ins Bad. Minutenlang stehe ich ratlos in der Küche. Dann folge ich ihm und setze mich zu ihm auf den Boden. Er tut mir leid. Meine Gedanken aber wandern in die Wohnung nach nebenan. Dorthin will ich. Als Markus eingeschlafen ist, lasse ich ihn allein ...

Gina bellt. Schweißgebadet schrecke ich aus dem Schlaf. Ich schaue aus dem Zelt, sehe, sie kläfft in Richtung der Leiche. Normalerweise bin ich kein ängstlicher Typ. In dieser Situation aber würde ich alles dafür geben, wenn schon jetzt die Sonne aufginge.

DER TAG DANACH

Der Morgen kommt, und mit ihm die Zuversicht, heute schon Lensk zu erreichen. Nichts wie raus aus den Schlafsäcken!

Der Sturm hat nachgelassen, die Lena fließt wieder ruhig dahin. Ronald sagt, er möchte diesen Ort so schnell wie möglich verlassen. Ich habe nichts dagegen und denke nicht einen Moment daran, den Toten zu begraben.

Erst als wir die Paddel wieder in den Händen halten, fühle ich mich ein wenig befreiter.

Die Gegend um uns herum wirkt wie ausgestorben. Nicht das kleinste Anzeichen von Leben, gleich welcher Art. Links neben uns liegt ein etwa dreißig Meter langer, verrosteter Schiffsrumpf am Ufer.

Ich schaue auf die Landkarte. Der Fluß beschreibt einen weiten Bogen, an dessen Ende die nächste Stadt, Lensk, liegt. Zu Hause habe ich auf die Karte an jedem zu erreichenden Zwischenziel ein rotes Fähnchen aufgedruckt. Als hätte ich geahnt, wie sehr wir uns nach dem gestrigen Fund nach Menschen, einer Stadt, sehnen würden, prangt auf dem Namen »Lensk« das größte Fähnchen.

In der nächsten Pause messe ich unsere Koordinaten. Enttäuschung stellt sich ein: Frühestens morgen abend können wir dies Ziel erreichen. Vor uns liegen noch über einhundert Kilometer und eine weitere Nacht in der Taiga. Wie zum Hohn schlägt mir Gischt ins Gesicht. Auch der Wind frischt wieder auf, als wolle er uns von der Stadt fernhalten.

»Markus«, schallt es ungewohnt für meine Ohren über den Fluß. Sonst nennt mich Ronald immer »Miller«. Das stamme, wie er mal meinte, aus »Macbeth«.

»Gut, daß du lebst.« Ist also die Zeit gekommen, die Stunde der Wahrheit? Doch unser Schweigen nach diesem Satz dauert zu lange. Als hätte jemand den durchsichtigen Vorhang zwischen uns für einen Moment weggezogen, um ihn wieder zurückfallen zu lassen.

Wellen überspülen unsere Boote. Es regnet. Die Hunde haben sich so klein wie möglich gemacht, sich in ihre Luken gezwängt. Wir sind eingehüllt in wetterfeste Jacken und haben die Kapuzen hochgeschlagen. So sind wir relativ gut geschützt, unser Blickwinkel aber ist eingeschränkt. Einen Teil des Ufers kann ich dennoch sehen. Ich muß zweimal hinschauen, um zu begreifen, daß inmitten dieser Einöde Pferde weiden. Ich teile meine Entdeckung Ronald mit und nehme die Kapuze ab. Wie friedlich die Tiere dort stehen. Mir ist, als wären wir von einem fremden Planeten auf die Erde zurückgekehrt. Ronald winkt den Pferden zu, als wären es Menschen.

Gegen siebzehn Uhr taucht in einer riesigen Waldschneise Chamra auf, und die Tatsache, daß dieses Dorf nicht menschenleer wie eines jener vor Ust-Kut ist, hellt unsere Laune merklich auf. Etwa einhundert Meter von uns entfernt sehen wir eine Frau, die mit einem Eimer Wasser aus dem Fluß schöpft.

Ich gehe über eine Rinderkoppel und finde kurz darauf in einer der Häuserzeilen einen Laden. Der Verkäufer, welcher Herbert Grönemeyer ähnelt, und sein halbwüchsiger Sohn schauen mich fragend an, denn ich sage nichts, gucke den beiden nur tief in die Augen, als müßte ich feststellen, ob diese Leute tatsächlich Leben in sich haben.

Ich kaufe Lebkuchen, Reis und Rindfleisch in Aspik. Während der Ladeninhaber die Sachen in einem Pappkarton verstaut, erkundige ich mich, ob das Wetter hier im Sommer immer so schlecht sei.

»Sommer?« erwidert der Mann verwundert. »Wir haben Herbst!«

Dann greift er sich einen roten Apfel aus dem Regal und beißt krachend hinein.

Heute ist der vierzehnte August. Seit unserem Start in Birjulka sind fünfundzwanzig Tage vergangen, und schon ist der Sommer vorbei.

Am Abend schleppen sich Nebelfetzen, die aussehen wie Gespenster, über den Fluß. Wir sitzen im Gras und ertappen uns dabei, wie wir nach Norden schauen, vergeblich darauf hoffend, am fernen, dunklen Himmel die Lichter von Lensk zu sehen.

»Ich fühle mich sehr einsam«, beichtet mir Ronald in ungewohnt ruhiger Tonlage und wirft einen Zweig ins Feuer. »Obwohl du da bist, ist mir, als wäre ich allein. Geht's dir auch so?«

»Ja«, raune ich und ahne, was mein Gefährte sagen will. Und ich weiß, daß das Wichtigste daran nicht sein wird, was wir erzählen, sondern daß wir es tun. Ich höre, wie er von Lara spricht, daß er glaubte, sie wäre der wichtigste Teil seines Lebens, den es auszufüllen galt, daß er diese Gelegenheit beim Schopfe packen wollte, weil er dachte, so eine Chance bekomme er nie wieder, daß er blind gewesen sei, denn, nachdem ich ihm erzähle, welche Versprechungen Lara mir gemacht hatte, schüttelt er nur mit dem Kopf und erwidert, daß er das nicht wußte. Lara hatte ihm gesagt, was sie mir nie sagte, und es verstanden, uns beiden Hoffnung zu machen. Keiner von uns bestreitet, was der andere ausspricht. Wir wundern uns nur, wie dumm wir waren, tatsächlich glaubten, Lara meine es ernst mit einem von uns. War es der Tote von gestern, oder war die Zeit einfach reif, den Mund aufzumachen? Egal. Wir spüren, wie eine Last von uns fällt. So einfach kann es also sein.

Wir reden bis weit nach Mitternacht, bis das Lagerfeuer verglimmt. Dann legen wir uns ins Zelt, und zum ersten Mal auf der Reise finde ich es nicht schlimm, ohne das Licht des Feuers einzuschlafen. Bevor ich in den Schlaf gleite, sagt Ronald zu mir: »Weißt du, manchmal glaube ich, daß ich für den ganzen Mist bestraft werde. Irgendwie habe ich Angst, Sonja zu verlieren, das gleiche durchzumachen wie du.«

LENSK

An diesem Morgen, einem Dienstag, scheint nach fünf Tagen endlich wieder die Sonne. Mir ist warm, und ich habe überhaupt nicht das Gefühl, daß es bereits Herbst sein soll. Es ist, als hätte jemand einen riesigen Deckel über uns weggenommen. Nicht nur deswegen geht es mir besser. Natürlich spielt dabei auch das gestrige Gespräch mit

Ronald eine Rolle. Es war jedoch nur ein Wegweiser. Den Weg beschreiten müssen wir erst, aber das wird nun einfacher sein.

Während wir stundenlang über die glitzernden Wellen gleiten und gemeinsam darüber rätseln, wer wohl in der Bundesliga in dieser Saison das erste Tor geschossen haben könnte, erkennen wir nach einer Kurve am fernen Horizont vier Hochhäuser. Endlich! Lensk! Ausnahmsweise zeigen die Ufer neben uns nicht nur Wiese und Wald, sondern auch große, zerklüftete Felsbrocken. Ein wunderbarer Anblick, hat man Augen dafür. Wir aber achten nur auf die Gebäude, in deren Fenster sich das Licht der Sonne bricht.

Vom linken Ufer aus ruft uns jemand etwas zu. Wir haben nicht bemerkt, daß da Leute sind und sehen erst jetzt zwei Armeejeeps und einen amerikanischen »Cherokee«. Daneben stehen fünf Männer mit langen Flinten in den Händen: Vor sich haben sie, allesamt in Gummistiefeln und Tarnkleidung, in einiger Entfernung Bierflaschen auf einem Stein positioniert. Wohl nicht zum Austrinken. Die Männer winken mit den Waffen, wir mit den Paddeln.

Die hellen Häuser, welche aus der Ferne recht nobel wirkten, sehen beim Näherkommen grau, fast slumartig aus. Da für uns, besonders nach dem grausigen Fund am Sonntag, selbst eine schiefe Anglerhütte ein Mekka der Geselligkeit wäre, sehen wir die Hochhäuser freilich mit ganz anderen Augen. Neben uns entdecken wir einen flachen, fast ausgetrockneten See. Später werden wir erfahren, daß dies ein Auffangbecken für das alljährliche Hochwasser ist, welches jedoch nicht tief genug ausgebaggert wurde.

Wir sind angekommen. Kaum jemand mag sich vorstellen können, wie wir diesen Moment herbeisehnten. Man muß uns für verrückt halten, so wie wir den hellbraunen Ufersand in die Hände nehmen und ihn, konfettigleich, in die Luft werfen. Nicht weit von uns entfernt hören wir Reifen über Asphalt surren, irgendwo wird eine Tür zugeschlagen, ein Frachter gibt einen dumpfen Signalton ab. Die Stadt atmet.

Wir campen in der Nähe eines Schiffes, das vor Anker liegt. Vielleicht, so hoffen wir, wirft die Besatzung einen Blick auf unser Lager, wenn wir unterwegs sind. In Städten gilt für Reisende wie uns ein ungeschriebenes Gesetz: entweder versteckt zelten oder dort, wo sich viele Menschen aufhalten.

Wir haben uns noch nicht hingesetzt, als ein schwarzgekleideter Mann wie eine Spinne von der Böschung hinabkriecht und schnurstracks auf uns zuhält.

»Wo kommt ihr her?« fragt er, schlägt sich den Sand von der Hose und möchte eine Zigarette von mir spendiert haben. Ich halte ihm die geöffnete Schachtel entgegen. Dann stehen wir schweigend voreinander. Nachdem der wortkarge Schnorrer uns ausgiebig gemustert und die Zigarette aufgeraucht hat, verschwindet er, wie er gekommen ist.

Auf der Böschung haben sich Schaulustige eingefunden. Wir sehen, wie sie miteinander tuscheln und uns beobachten. Wegen Gina und Condor traut sich, außer dem Waghalsigen von vorhin, scheinbar niemand zu uns herunter.

Immer wieder ist das Wort »Nemzy« zu hören. Ich habe mal gelesen, daß man diese Bezeichnung für uns Deutsche auch mit »Nie zu verstehen« übersetzen kann. Schon im Mittelalter sollen die slawischen Völker die Germanen so genannt haben. Sicher fragen sich die Leute dort oben, was wir Deutschen ausgerechnet bei ihnen mit Kajaks und Schäferhunden wollen.

Unter Aufsicht neugieriger Augen waschen und rasieren wir uns, ziehen uns um und leinen die Hunde an die Boote. Wir wissen, daß wir, hätten wir die Vierbeiner nicht auf diese Reise mitgenommen, das Lager nur einzeln verlassen könnten.

Die Tiere liegen im Sand und schauen uns hinterher, als wir denselben Weg wie der »Spinnenmann« nehmen. Die Einheimischen haben sich inzwischen verstreut, denn es dämmert bereits. Straßenlaternen schalten sich ein. In den Fenstern schimmert schwaches, gelbliches Licht.

Wir fragen einen Mann nach einem Laden. Nicht weit von hier sei noch einer geöffnet. Während er sich die Jacke zuknöpft, beschreibt er uns den Weg zum Geschäft.

Wir haben zwei Brote, fünf Dosen Fleisch, vier Schokoladenriegel und zwei Flaschen Bier eingekauft. Das reicht für ein kleines Festmahl für uns und die Hunde.

Während wir am Liegeplatz unserer Boote schmausen und ein paar Schlucke Bier dazu trinken, schauen wir manchmal zum Hafen, der etwa einen halben Kilometer von uns entfernt liegt. Dort ankern Schiffe, die mit bunten Lämpchen geschmückt sind. Mir ist feierlich zumute. Ich beginne, einen Shanty zu summen und proste Ronald zu.

Eine Diskothek, das wäre etwas. Wir schlendern die Promenade entlang. Ein Pärchen kommt uns eng umschlungen entgegen, grüßt und geht weiter.

Im Restaurant »Lena«, ein Betongebäude ohne Farbanstrich, brennt noch Licht. Wir öffnen die Eingangstür und stehen am Rande einer zu Ende gehenden Familienfeier. Man bemerkt uns nicht. Direkt neben uns die Reste eines riesigen Büffets.

»Na?« werden wir plötzlich von hinten angesprochen. Ich wende mich der Stimme zu und sehe in die dunklen Augen eines kleinwüchsigen Burschen, der dem Aussehen nach aus dem Süden, vielleicht aus dem Kaukasus, stammen könnte.

»Wir suchen eine Diskothek«, höre ich mich sagen, aber der junge Mann ignoriert den Satz und erkundigt sich nach unserer Lust auf einen kleinen Umtrunk. Ohne unsere Antwort abzuwarten, sagt er: »Kommt! Ich bin Kolja.« Wir folgen ihm durch eine große Küche zu einem Raum, in dem der Geruch gebratenen Fisches schwebt und viele metallene Schränke stehen. In der Mitte – ein viereckiger Tisch. Darauf, neben einer halbvollen Wodkaflasche, der geschorene Kopf eines jungen Mannes. Der Bursche schläft und »begrüßt« uns mit leisem Schnarchen.

Unser Begleiter holt mit der flachen Hand aus, versetzt dem Schlafenden einen heftigen Klaps auf den Hinterkopf und brüllt: »Wasja, wach auf!« Sofort greift der so Geweckte nach der Flasche und hält sie Kolja entgegen. Erst danach hebt sich sein Kopf und ein verquollenes Gesicht schaut uns mit verständnislosem Grinsen an. Kolja, der drei kleine Schnapsgläser auf den Tisch gestellt hat, will dem unsanft aus dem Schlaf geholten Wasja die Flasche wegnehmen, der aber läßt sie nicht los.

»Gib her«, schreit Kolja, als hätte seine Stimme einen langen Weg bis zu Wasjas Gehirn vor sich. Endlich läßt der los.

Die Gläser sind bis zum Rand gefüllt, und Kolja bringt einen Trinkspruch aus, in dem er uns wünscht, nicht so zu werden wie Wasja. Flüsternd vertraut er uns dann an, daß er eines Tages mit seinem Vater dies Restaurant übernehmen wolle. Beide wären vor einigen Jahren aus Armenien in den Norden gezogen, weil es in Jakutien Gold und Diamanten gebe.

»Hier läßt sich mal gut Geld verdienen«, schwärmt Kolja und ergänzt diesen Satz mit einer ausladenden Armbewegung. Er beugt sich noch näher zu uns und erklärt, daß er von vielen Japanern gehört habe, die in dieser Region den Rohstoffabbau übernehmen wöllten. Er wird noch eine Spur leiser, als wären hinter den Aluminiumschränken Wanzen angebracht, und fügt hinzu, daß er und sein Vater aus dem Haus ein Fischrestaurant machen möchten, da die Japaner fast nur Fisch essen würden und er den Neuankömmlingen somit etwas bieten könne.

»Ein guter Plan, nicht wahr?« meint der junge Armenier und lehnt sich so zufrieden zurück, als klopfe bereits der japanische Kaiser an die Eingangstür seines Restaurants.

Wir verabschieden uns nach dem zweiten Wodka und nachdem Kolja uns erklärte, wir würden die Diskothek hinter dem Stadtpark finden.

Die Uhr geht auf Mitternacht. Auf den Straßen ist es ruhig. Kaum ein Fahrzeug ist zu dieser Zeit unterwegs, geschweige denn Leute.

Nach etwa einer Stunde vergeblichen Suchens kommt uns ein grauhaariger Mann entgegen. Wo es hier eine Diskothek gebe, das könne er uns nicht sagen. Aber nicht weit von hier befände sich das Polizeigebäude. Dort wisse sicher jemand Rat. Der Grauhaarige verschwindet im Park, durch den sich Nebelstreifen ziehen.

DAS POLIZEIREVIER

Markus öffnet die Tür der Polizeistation. Wir betreten einen düsteren Vorraum, von dem aus mehrere Zimmer abgehen. Da die Tür hörbar ins Schloß fällt, machen wir sofort auf uns aufmerksam. Es dauert nur wenige Sekunden, bis aus einem der Nebenräume ein Blauuniformierter tritt und uns im barschen Ton fragt, was wir hier zu suchen hätten. Ein zweiter und dritter Polizist folgen ihm.

Als sie bemerken, wir sind Ausländer, springen zwei von ihnen geschwind auf uns zu, tasten uns grob ab, durchsuchen unsere Kleidung. Der mit dem barschen Ton zieht mir mein Messer aus dem Gürtel und schüttelt mit belehrender Geste den Kopf. Wir sind irritiert und wollen uns erklären. Aber die Ordnungshüter wehren ab. Mit stoischer Ruhe blättern sie unsere Pässe wie Bilderbücher durch. Niemand redet mit uns.

»Wartet!« befiehlt dann der dritte der Polizisten bestimmt, aber ruhig. Er hat dünnes, gelocktes Haar und trägt einen fransigen Schnurrbart. Gutmütig dreinschauende Augen ruhen auf uns, was mich die Überrumpelung durch seine Kollegen verdauen läßt. Der Beamte sagt, er müsse in Moskau anrufen, um unsere Identität zu prüfen. Dort seien unsere Visa registriert. Er geht in das Zimmer, das zum Vorraum hin ein Auskunftsfenster besitzt. Wir können deshalb sehen, wie der Mann den Hörer abnimmt, eine lange Nummer wählt und kurz darauf unsere Namen und Ausweisnummern von unseren Pässen abliest. Nach Beendigung des Telefonats kommt er kurz zu uns zurück und sagt, wir müßten uns einen Augenblick gedulden, bis die Kollegen in der Hauptstadt die Papiere gefunden hätten. Man würde zurückrufen.

Der versprochene Augenblick entpuppt sich als einstündiges Warten. Derweil spielen die beiden Polizisten, die mit uns im Vorraum blieben, mit ihren Gummiknüppeln oder lüften ihre Uniformjacken, so daß man ihre Pistolen in den Halftern erkennen kann. Ich habe den Eindruck: Ob Mafia oder Polizei, stolz auf ihre Waffen sind sie wohl alle.

Mittlerweile sind wir hundemüde, haben jegliches Interesse an einer Diskothek verloren und wollen nur noch in die Schlafsäcke.

Irgendwann schrillt dann doch das Telefon. Der gutmütig wirkende Polizist nimmt den Hörer ab, bejaht mehrmals und nickt fortwährend. Schließlich reicht er uns die Pässe zurück und weist wie zum Geleit mit der Hand zur Ausgangstür.

»Boris!« ruft er dem Kollegen zu. »Fahr du sie!«

Die Rückbank des Polizeijeeps ist hart und unbequem. Der, welcher mir vorhin das Messer entriß, ist nun allein mit uns und hat dabei die Funktion seiner Zunge entdeckt. Nun redet er in einer Tour.

»Es gibt nichts Besseres, als bei der Polizei arbeiten zu dürfen«, schwärmt er und untermalt seine Worte mit ausgestrecktem Zeigefinger und aufgestelltem Daumen. »Wo genau wohnt ihr?« fragt er dann.

Kurz darauf erreichen wir unsere Lagerstatt. Da der Ordnungshüter die Scheibe des Jeeps heruntergekurbelt hat, hört er, wie unsere Hunde zu bellen beginnen. Sofort springt er aus dem Fahrzeug und leuchtet mit einer Taschenlampe unseren Schlafplatz von der Böschung aus ab.

»Ah! Deutsche Schäferhunde!« entfährt es ihm. In der Stimme des Polizisten schwingt Anerkennung. »Holt euch das Messer morgen ab.« Er wendet das Auto und ist bald im Dunkel der Nacht verschwunden.

ANUSCHKAS CAFÉ

Gegen Mittag erwache ich mit knurrendem Magen. Ich stelle mir vor, wie toll es wäre, eine heiße Nudelsuppe zu essen. Markus schwärmt von einer Soljanka. Eilig erklimmen wir den Uferhang und machen uns auf die Suche nach einem Lokal. Es dauert nicht lange, bis wir fündig werden.

Wir betreten ein kleines Café, setzen uns auf weiße Plastikstühle und sehen uns um. Hinter dem Tresen werden Lebensmittel aller Art angeboten. Doch scheint hier auch derjenige willkommen, der nur eine Tasse Kaffee trinken oder eine Kleinigkeit essen möchte. Dafür sind vier quadratische Tische vorgesehen. Zwei davon sind leer. An einem sitzen wir, am anderen zwei dunkelhaarige kräftige Männer. Sie tragen weit geöffnete Hemden, unterhalten sich beiläufig mit der Serviererin und pusten in ihre Kaffeetassen. Aus ihrer Unterhaltung hören wir heraus, daß die Bedienung Anuschka heißt und ihr der Laden gehört. Wir schätzen die kleine, quirlige Dame auf Mitte vierzig, obwohl sie mit ihrem blondgefärbten Haar und den überbetont geschminkten Augen den Eindruck macht, gern noch einmal fünfunddreißig sein zu wollen.

Endlich kommt sie an unseren Tisch. Mit ernster Miene nimmt sie unsere Bestellung: zwei Suppen, Kaffee und Tee entgegen und verschwindet daraufhin wortlos in einem Raum hinter der Theke. Von dort ist das Gluckern von Wasser zu hören. Die beiden vom Nachbartisch indes schlürfen mit spitzen Lippen ihren Kaffee.

Die blonde Kellnerin serviert uns als erstes die Getränke, wobei es ihr nichts auszumachen scheint, daß etwas vom Kaffee auf den Tisch schwappt.

»Seid ihr die Finnen?« fragen uns die Männer.

»Aus Deutschland?« Sie sind erstaunt. »Dann arbeitet ihr für die Finnen?«

»Nein«, entgegnen wir. »Was für Finnen?«

»Die im Norden Öl suchen. Oder Gold?« Der Ältere der beiden schaut fragend seinen Tischnachbarn an.

»Öl, Mischa«, antwortet der mit Reibeisenstimme.

»Mein' ich doch. Die wollen hier viel machen, haben sie gesagt.« Der jüngere Mann, dessen Namen wir nicht kennen, hat sein Haar mit Gel in Form gebracht. Er sieht uns an, als könne er als Arbeitsplatzvermittler auftreten. Dann aber, als er erfährt, was wir hier treiben, stößt er seinem Kumpel in die Rippen.

»Mischa, hast du das gehört?«

Die Kellnerin ist wieder aufgetaucht. Mit einem Lächeln im Gesicht trägt sie unsere bestellten Suppen vor sich her.

»Damit ihr wieder auf die Beine kommt«, sagt sie fast liebevoll und stellt die Teller sorgsam auf den Tisch. »Auf Kosten des Hauses.« Dabei streicht sie mit ihren schlanken Fingern über unser zerzaustes Haar. Ich schaue zu Markus und er zu mir. ›Was wird wohl der Grund für ihre Wandlung sein?‹ überlege ich.

ANDREJ, DER UNGEDULDIGE

Am späten Nachmittag verließen wir das Café und gingen zurück zum Fluß. Dort setzten wir uns und überdachten unsere bisherige Tour.

Auf solchen Reisen ist es uns wichtig, auch mal zurückzuschauen und nicht nur den Weg nach vorn im Sinn zu haben. Wir wissen, daß uns noch eine gehörige Strecke bevorsteht, aber es macht uns doch ruhiger und auch ein wenig stolz, daß wir die Kilometer von Birjulka bis Lensk schon »in der Tasche« haben.

Am Abend sind Markus und ich dabei, im Fluß den Schweiß aus unseren Klamotten zu schrubben, als ein Pfiff von der Böschung her ertönt. Er gilt uns. Ein sportlich wirkender Mann in unserem Alter steigt den Abhang herab. Die Hunde scheinen ihn wenig zu beeindrucken. Für alle Fälle rufe ich Gina und Condor zu mir und führe sie weg vom Lager.

Der Ankömmling reicht uns nacheinander die Hand, als würden wir uns kennen. Sein derber Griff läßt vermuten, daß er nicht zimperlich ist oder wirken will. Andrej, so stellt er sich vor, hat stechend blaue Augen und viele Sommersprossen im Gesicht.

»Rostock?« fragt er. »Ist das weit von Gifhorn?«

»Von wo?«

»Gifhorn. Bei Hannover. Meine Großmutter lebt dort.«

»Von Rostock aus etwa vier Stunden mit dem Auto«, antworte ich ihm, und er erwidert: »Das ist ja nah!« Da haben wir wieder einmal den Beweis dafür, daß Entfernungen in diesem Land eine gänzlich andere Rolle spielen als bei uns.

»Ich fliege im Herbst zu meiner Großmutter. Sie will mir ein Auto schenken.« Bei diesen Worten wandert ein Lächeln über sein Gesicht.

»Und wie bringst du das dann nach Lensk?« will Markus wissen. »Es gibt hier doch keine Straße!«

»Stimmt. Aber das macht nichts.« Diese Worte klingen so selbstverständlich, als wolle ihm seine Oma keinen PKW, sondern einen Panzer schenken. Andrej bemerkt unseren ungläubigen Blick.

»Ich fliege im November zu ihr«, erklärt er. »Dann ist die Lena vereist und die breiteste Straße der Welt.« Die Russen scheinen wirklich für fast alles eine Lösung zu haben.

Der muskulöse, sportliche Andrej teilt uns mit, er sei von Beruf Kapitän, habe aber zur Zeit Urlaub. Er dreht sich zur Seite und deutet mit dem Daumen zu einem etwa zwanzig Meter langen Schiff, das unweit von uns im Ufersand liegt.

»Das ist meins.« Während der Mann das sagt, streicht er sich übers rotblonde Haar. Ein Auge wegen der tiefen Abendsonne zugekniffen, berichtet er, daß der Kutter repariert werden müsse, und erst im Frühling, mit Einsetzen des Hochwassers, würde man ihn wieder ins Wasser bekommen.

»Was transportiert man mit so einem kleinen Schiff?«

»Alles«, lautet die Antwort: »Holz, Maschinen, Baumaterial. Manchmal fahre ich auch Leute zur Jagd oder in die nächste Stadt.« Er fügt erklärend hinzu, daß man in Jakutien nur überleben könne, wenn man sich ganz und gar auf dieses Land einstelle. Während Andrej erzählt, blickt er stolz zu seinem Kutter.

»Im Sommer«, informiert er uns, »ist der Landweg so.« Er beschreibt mit den Armen riesige Wellen. »Dann kann man nur ein Schiff oder Flugzeug benutzen. Ihr könnt mir glauben, ich kenne die Lena. Bin sie auf und ab gefahren. Wohin wollt ihr eigentlich?«

Als ich sage, daß unser Ziel Tiksi sei, beugt sich der junge Kapitän erstaunt nach vorn und läßt den Namen der Stadt wie ein Echo zu mir zurückschallen. Seine Stirn legt sich in Falten.

»Es ist Herbst«, ergänzt er mit solchem Nachdruck, daß es wie eine Warnung klingt. »Bald kommt das Eis. Und Stürme!« Schweigend hören wir ihm zu. So, als hätten wir nicht verstanden, greift sich unser neuer Bekannter eine leere Zigarettenschachtel aus dem Sand und zerdrückt sie mit der rechten Hand. »Das wird euch passieren.« Achtlos läßt er die zerknüllte Schachtel fallen. Ich denke an unsere Reise nach Brunei, spüre förmlich den Hunger, den wir damals litten, höre Schüsse, fühle die Ungewißheit. Was wird es diesmal sein ...?

Schließlich, auch um mir Mut zu machen, sage ich, wir wollen abwarten, was uns die nächsten Wochen bringen. Schließlich sei nicht jedes Jahr gleich.

»Ihr müßt wissen, was ihr tut«, erwidert der Ortskundige und schweigt einen Moment. Sein Blick fällt auf mein Handgelenk. Er greift danach und schaut auf meine Uhr, die kurz vor halb acht anzeigt.

«Schönes Ding. Aber sie geht eine Stunde nach«, bemerkt er und läßt uns wissen, daß hier bereits eine neue Zeitzone begonnen habe. Danach verabschiedet er sich. Seine Freunde würden dort in der Bar auf ihn warten. Bei diesem Satz weist er auf ein Haus, dessen Dach wir von unserem Standort aus sehen können.

»Kommt doch mit«, schlägt er vor und möchte auf einmal, daß wir alles stehen und liegen lassen, um ihn zu begleiten. Aber wir wollen erst etwas essen und die nasse Wäsche aufhängen.

»Geh nur vor«, antwortet Markus. »Wir kommen nach.« Andrej guckt skeptisch, scheint sich nicht sicher zu sein, ob wir es ernst meinen oder ihn nur loswerden wollen.

»Ich warte dort auf euch«, sagt er dann, umschließt kneifzangenartig erst meine, dann Markus' Hand und macht sich auf den Weg.

Nach etwa einer halben Stunde, wir suchen gerade einen Trockenplatz für unsere T-Shirts, ertönt abermals ein greller Pfiff. Verwundert blicken wir in die Richtung, aus der er kam und sehen den jungen Schiffseigner. Ungeduldig fuchtelt er von der Böschung her mit den Armen und zeigt auf seine Uhr.

»Wie lange dauert das noch?« brüllt er. »Wir warten!« Denkt der, wir machen uns heimlich aus dem Staub? Markus ruft zurück, daß wir gleich fertig seien und dann kämen. Obwohl ich glaube, daß wir uns verständlich ausgedrückt haben, weicht der Mann nicht von der Böschung und behält uns, wie mir scheint, im Auge.

VATERSTOLZ UND WODKASORGEN

Andrej begrüßt uns zum zweiten Mal mit Handschlag, meint, daß auch Frauen in der Bar seien. Erklärt das seine Drängelei?

Gerade will Ronald die Fahrbahn überqueren, als unser Begleiter ihn am Arm packt und zurückzieht. Ein Wolga braust in rasantem Tempo an uns vorbei.

»Was machst du da?« zischelt der Russe zu Ronald. »Auf unseren Straßen siegt immer der Stärkere. Wußtest du das nicht?«

»Wie auf dem Wasser, nicht wahr?« entgegnet Ronald hintersinnig. So vorsichtig, als wäre bereits das nächste Fahrzeug in Sicht, geleitet uns Andrej über den Asphalt.

Wir betreten einen Raum mit dem Charme eines DDR-Kultursaals. Nur ein paar Schritte von der Eingangstür entfernt befindet sich die Bar. Dahinter, eingehüllt in eine Wolke melancholischer Akkordeonmusik, steht wie ein Denkmal eine etwa fünfzigjährige Frau mit hoch auftoupierter Haarpracht. Sie mustert uns, verzieht keine Miene. Ronald und ich versuchen herauszufinden, welche Getränke sie im Angebot hat, während unser neuer Kumpel uns im Weitergehen zu verstehen gibt, an welchem Tisch er sitzen wird.

Auf meine Frage, ob sie auch Bier habe, verdreht die Barfrau die Augen.

»Natürlich!« fährt sie mich an.

»Drei Flaschen bitte«, sage ich, zwar irritiert, aber höflich.

»Und welche Marke wollen die Herren?« fragt sie mit Ironie in der Stimme. Da ich langsam sauer werde, entgegne ich nur: »Egal.« Die Bardame öffnet einen Unterschrank, klimpert mit Flaschen, entnimmt drei Bier und knallt die Schranktür wieder zu. Sie stellt die Baltic-Pils auf den Tresen.

»Aus dem Mutterland«, belfert sie, als gäbe es einen Grund, uns anzumeckern. Auf einmal muß sie über ihre eigene Bemerkung lachen und prustet los. Doch schon in der nächsten Sekunde erstirbt dieser Heiterkeitsanfall. Ich verkneife mir die Frage, ob sie Probleme habe und bezahle.

»Das gute Baltic!« empfängt uns Andrej und hält einen Daumen nach oben. Dann kramt er in seiner Hosentasche nach Geld, um sein Bier zu bezahlen. Wir schlagen das aus und lassen ihn wissen, er sei unser Gast.

Am Tisch sitzen außer ihm zwei weitere Personen. Wir setzen uns dazu und bekommen sie vorgestellt.

»Das ist Enders.« Andrej nimmt die Bierflasche in die Hand und richtet sie auf seinen Tischnachbarn. Dieser, er hat ein jungenhaftes Gesicht und mittelblondes Haar, das sich in sämtliche Himmelsrichtungen kräuselt, lächelt uns bei der Begrüßung an und präsentiert dabei seine tadellos weißen Zähne.

»Er war schon zweimal in Deutschland«, vervollständigt Kapitän Andrej die Vorstellung. Enders, dies soll wohl sein Nachname sein, fühlt sich sichtbar geschmeichelt und schaut zufrieden drein.

»Hab mir diese Jacke aus Stuttgart mitgebracht«, läßt er uns wissen und streicht liebevoll über das braune Leder, welches ihm wie angegossen am Körper sitzt. Obwohl es im Saal warm ist, zieht der Lockenkopf die Jacke nicht aus.

»Ich liebe Deutschland«, schwärmt er weiter. Wenn er spricht, dann ruhig, fast etwas zu leise. »Ein schönes Land«, fährt er fort, während wir uns ein Stückchen weiter über den Tisch beugen, um ihn zu verstehen. »Mein Vater ist Deutscher. Deswegen heißt mein Sohn German. Er ist noch klein, erst zwei Wochen alt. Ich habe gesehen, wie er geboren wurde. Ja, Vater werden ist etwas sehr, sehr Schönes ...«

»Enders!« mahnt Andrej, der anscheinend nichts von solch »unmännlichen« Schwärmereien hält, und wendet sich wieder zu uns. Schon vorhin fiel mir auf, daß er Unruhe ausstrahlt und durch seine ganze Art den Eindruck vermittelt, alles müsse schnell und zackig abgehandelt werden, so, als könnten er, aber auch seine Bekannten und wir, etwas an diesem Abend verpassen. So gesehen scheint er mir das genaue Gegenteil von Enders zu sein. Der Satz: »Das ist Aleksej«, holt mich aus meinen Vermutungen zurück. Die Bierflasche in Andrejs Hand wandert dabei durch die rauchige Luft in Richtung eines Mannes mit glasigen Augen und aufgedunsenem Gesicht. Seine Haut sieht aus, als hätte er sie mit rotbrauner Schuhcreme eingerieben. Er nickt kurz und fährt fort, am Etikett seiner Bierflasche zu kratzen.

»He«, schallt es plötzlich aus Andrejs Mund zu uns, »ihr müßt russische Mädchen kennenlernen. Wartet, ich hole welche.« Er sagt das so, als wolle er neues Bier heranschaffen, springt auf und schlendert über die noch leere Tanzfläche zu einem Tisch, an dem zwei brünette, junge Frauen sitzen und gelangweilt vor sich hinschauen. Ihr Blick wird nicht freudiger, als Andrej sie zum Tanzen auffordert. Beide begleiten ihn schließlich aufs Parkett. Während sie unsicher ihre Füße bewegen, wiegt er sich wie ein Entertainer nach der schwermütigen Melodie des Akkordeonspielers. Ein Wink von ihm zeigt an, wir sollten doch mitmachen. Ronald geht auf die Tanzfläche. Ich aber bleibe am Tisch und plaudere mit Enders, dem stolzen Vater. Von ihm erfahre ich, daß er Polizist sei.

»Bin seit zwei Wochen Major. Das war an dem Tag, als mein Baby geboren wurde. Laß uns anstoßen, mein Freund.« Unsere Bierflaschen treffen sich in der Luft und Enders nickt mir zu: »Auf das Leben.« Ich erwidere und proste auch dem schweigsamen Aleksej zu. Auf einmal strahlen mich seine glasigen Augen an, er setzt die Flasche an die Lippen und trinkt das Gebräu in einem Zug aus. Es ist, wie Enders mir zuflüstert, sein fünftes Bier. Schwerfällig erhebt sich der Angetrunkene und geht nach draußen.

»Will er nach Hause?« frage ich.

»Nein, nein«, antwortet mein Gesprächspartner und bestellt bei der Barfrau Wodka. Als die Flasche an den Tisch gebracht wird, kehrt auch Aleksej zurück.

Zwei Stunden später: Die Akkordeonmusik ist verklungen und ein Keyboardspieler mit Sonnenbrille präsentiert auf der Bühne seine Kunst. Aleksej hat sich kräftig vom Hochprozentigen bedient. Schweißperlen stehen ihm auf der Stirn. Er aber lächelt glückselig vor sich hin. Major Enders hat sich zurückgelehnt, die Arme hinter dem Kopf verschränkt. Aufmerksam lauscht er der Darbietung und nickt zum Takt der Musik. Ich habe den Eindruck, als könne ihn nichts und niemand aus der Ruhe bringen. Der sportliche Andrej dagegen blickt ständig zur Tanzfläche. Den Oberkörper nach vorn gebeugt, sitzt er auf der Stuhlkante, als wolle er jeden Moment aufspringen. Dennoch hat er wohl nur zwei- oder dreimal eine Frau zum Tanz aufgefordert.

Der Mann am Keyboard kündigt an, daß der Abend hier nun gleich zu Ende gehe. Als wären erst jetzt alle Gäste erwacht, füllt sich die Tanzfläche. Die Menge der Tanzlustigen, und mit ihnen Andrej, bewegt ihre Körper zu einer Instrumentalversion von »Cheri Cheri Lady«. Selbst die unfreundliche Bardame wiegt sich sanft lächelnd im Arm eines älteren Mannes.

Mit Andrej, Major Enders und dem trunkenen Aleksej verlassen wir gegen Mitternacht die Bar, in der die Musik verklungen ist und Scheinwerfer nun grelles Licht von der Decke werfen. Wir haben denselben Weg wie der Major und begleiten ihn zusammen mit Andrej und Aleksej durch schmale, dunkle Straßen nach Hause. Er wolle uns zeigen, wie er wohne, meint er zu Ronald und mir. Sein Anwesen ist schnell erreicht. Vor seinem Haus steht das windschiefe Schild einer Bushaltestelle, daneben - riesige alte Pappeln. Ein Hund bellt. Er gehört Enders. Der Vierbeiner ist an eine Hütte geleint. Der junge Familienvater bittet uns, leise zu sein und führt uns durch eine schmale Pforte auf sein Grundstück. Im Hof, auf dem in dieser sternenlosen Nacht nur dunkle Schatten zu erkennen sind, bleiben wir stehen. Der Major geht weiter, knipst eine Lampe am Schuppen an, und wir können ein solide gezimmertes Holzhaus ausmachen. An der Eingangstür hängt eine Papierkette mit einem Willkommensgruß für den neugeborenen Sohn German. Vor dem Schuppen erkenne ich einen weißen Moskwitsch, neuestes Modell.

»Na, was sagt ihr?« fragt uns der Hauseigentümer und weist auf das Gebäude.

»Hast du das alles selbst gemacht?«

»Zusammen mit meinen Freunden. Kollegen haben auch mitgeholfen.« Ronald und ich sind beeindruckt von der Sachlichkeit und Schönheit des selbstgebauten Wohnhauses.

Der betrunkene Aleksej steht noch immer vor der Eingangspforte, sich offenbar bewußt, daß er in seinem Zustand Schwierigkeiten haben könnte, am Wachhund vorbeizukommen. Selbst Andrejs Ermutigungen bleiben wirkungslos.

»Und das hier«, sagt Enders, öffnet die Schuppentür, schaltet drinnen eine Glühbirne ein und präsentiert uns in derem gelblichen Licht eine Sauna, »ist unsere Banja.« Wir treten ein und der Baumeister schaut sich im kleinen Raum mit den zwei Holzbänken und dem Ofen um, als müßte er irgendwo eine Stelle finden, die es auszubessern gilt.

»Wenn ihr wollt?« Er greift nach einem Aluminiumeimer. »Ich besorge Holz.« Obwohl uns fröstelt, lehnen wir ab: »Ein anderes Mal gern.«

Der scheinbar nimmermüde Andrej hat es sich auf einem Baumstumpf bequem gemacht, raucht eine Zigarette und schaut zufrieden vor sich hin. Das erste Mal, seit unserer Bekanntschaft, strahlt er Ruhe aus.

Enders bringt uns zur Gartenpforte, verabschiedet sich von uns. Auch Aleksej wünscht uns eine Gute Nacht und schwankt danach von dannen. Wir begleiten Andrej in Richtung seines Hauses. Am liebsten würde er mit uns noch etwas unternehmen, aber wir sind zu müde und wollen schlafen gehen. So verabreden wir uns für den kommenden Tag.

DIE SCHLÄGEREI

Donnerstagnachmittag. Andrej wollte vorbeikommen. Stattdessen klettert Aleksej die Böschung zu uns herunter. Er schwankt, und als er Ronald und mir nah genug ist, umweht uns seine Alkoholfahne. Mit gläsernen Augen blickt uns der noch immer Berauschte an. Bedenkt man, daß jeder Russe etwa einhundertachtzig Flaschen Wodka im Jahr verbraucht, dann ist Aleksej vielleicht einer von jenen, die den Durchschnitt, welcher durch Babys und Nichttrinker gesenkt wird, anheben. Dennoch haben wir selten Menschen in Rußland gesehen, die schon tagsüber betrunken waren. »Als richtiger Alkoholiker hast du hier keine Chance«, hat uns mal ein Fernfahrer aus Jakutsk anvertraut. »Wenn du dann fünfundvierzig wirst, kannst du froh sein.« Aleksej ist neunundzwanzig Jahre alt und sieht aus wie Ende Dreißig.

»Es gibt Probleme«, murmelt er. »Andrej mußte zur Polizei.«

»Was ist passiert?«

»Keine Ahnung«, entgegnet der Mann, und gleich darauf:. »Habt ihr noch was hier?« Er führt vor, wie er einen imaginären Becher in den Mund kippt. Wir halten ihm eine unserer Trinkflaschen entgegen.

»Kein Wodka?« Aleksej wird leiser. »Bier vielleicht?« Wir verneinen. Er schaut nachdenklich drein. Seine Augen wandern unruhig übers Wasser, als gäbe es eine Chance, es in Alkohol zu verwandeln. Dann zieht er, ohne ein Wort zu sagen, ab.

Am Nachmittag versuche ich, von Anuschkas Bar aus Sonja per Telefon auf ihrer Arbeitsstelle zu erreichen. Markus trinkt derweil einen Kaffee.

Ich bin furchtbar aufgeregt und hoffe, daß meine Freundin im Dienst ist. Das Rufzeichen ertönt einmal, zweimal, dreimal ... Zu Hause ist Vormittag. ›Sie müßte doch arbeiten‹, denke ich, als endlich der Hörer abgenommen wird. Eine Männerstimme, ich glaube, sie gehört einem Mitarbeiter von Sonja, läßt mich wissen, daß sie in der Klinik liege. Keine weitere Erklärung folgt, und Sonjas Kollege sagt das ohne eine Gefühlsregung, wie mir scheint. Er vertröstet mich auf morgen und legt auf.

«Es wird schon nichts Schlimmes passiert sein«, versucht Markus mich zu beruhigen. Er hat leicht reden. Doch ich weiß durch ihn und unser unlängst geführtes Gespräch, daß es manchmal gar nicht einer solch großen Entfernung bedarf, um im Ungewissen zu sein.

Als der Abend mit seiner Dunkelheit hereinbricht, sitzen Ronald und ich neben den Hunden vorm Zelt und verfolgen, wie der helle Streif am Horizont der Nacht weicht. Ich fühle mich einsam, obwohl die Häuser der Stadt nur einen Steinwurf von uns entfernt sind. Habe ich Menschen um mich herum, erscheint mir die Welt mit weniger Hindernissen, weniger Sorgen und mit mehr Hoffnung ausgestattet. Natürlich, ich habe es mir selbst ausgesucht, hier in Sibirien unterwegs zu sein. Doch wäre ich zu Hause geblieben, gäbe es eine andere Sehnsucht in mir, eine, die mich an Orte wie diesen ziehen würde. Und hier, in Rußland, spüre ich meine rastlose und manchmal auch traurige Seele, die auf den nächsten, vielleicht besseren Tag hofft.

Ronald denkt da nicht anders, auch er macht sich Gedanken und Sorgen. Ebenso wie bei mir drehen sich seine Gedanken seit dem Hinweis von Andrej, daß der Sommer vorbei sei, um unsere Weiterfahrt. Damit diese Grübeleien enden, gehen wir in Anuschkas Café. Die resolute Chefin freut sich, als sie uns sieht. Daß wir vorerst nichts bestellen, stört sie nicht.

Der Fernsehapparat spuckt mit wackelnden Bildern und schnarrendem Ton eine russische Quizshow aus. Der Showmaster hüpft durch eine bunte Kulisse, als würde man ihn bedrohen.

Anuschka hat uns die Hand gereicht und gesagt, wir sollen sie ruhig duzen. Für diesen Abend sind wir ihre einzigen Gäste.

Es ist kurz vor Mitternacht, als wir uns noch einmal auf die Suche nach einer Diskothek machen. Auch Musik ist für uns wie Medizin geworden.

Zwei Plattenbauten liegen hinter uns, als aus der Ferne Töne, eine Melodie, unser Ohr erreichen. Bald hören wir auch Stimmen.

Unter riesigen Sonnenschirmen mit Marlboro-Schriftzügen stehen junge Leute, die ihre Köpfe zusammenstecken, und durch die offene Eingangstür der großen Bar schallt uns ein Lied von, wie könnte es anders sein, Modern Talking entgegen. Die Musik dieser Band scheint hier als Importartikel Nummer eins zu gelten. Wir kämpfen uns durch eine tanzende Menge, die bei Ronald den Vergleich mit auf dem Trockenen zappelnden Fischen heraufbeschwört, und setzen uns dann an den einzigen noch freien Tisch.

Nach einigen Minuten ist auch Ronald Teil dieser ausgelassenen Schar junger Leute.

Daß man uns oft beobachtet, manchmal sogar regelrecht anstarrt, ist mir nicht neu. Man sieht uns an, daß wir keine Einheimischen sind. Die Blicke der jungen Frau mit dem dichten schwarzen Haar drei Tische weiter irritieren mich jedoch. Plötzlich finde ich mich neben ihr wieder, denn sie hat mich zu sich gewunken. Neben ihr sitzen noch zwei Frauen, die viel Make-up aufgetragen haben, ein junger Bursche, etwa zwanzig Jahre alt, mit verträumten Augen, sowie ein dicker Mann um die fünfzig Jahre, mit Wangen, die, wie bei einer Bulldogge, herabhängen. Der Hautfarbe nach zu urteilen, und auch wegen der buschigen, schwarzen Augenbrauen, vermute ich, er stammt aus einer der südlichen, ehemaligen Sowjetrepubliken. Der Dicke schaut mich an, als wäre ich ein Insekt, das es zu zertreten gilt.

»Trink mit mir aus einem Glas«, sagt die Schwarzhaarige wie selbstverständlich. »Ich bin Katarina. Und du?« Ihre blauen Augen blitzen.

»Markus!« flüstert sie, nachdem ich mich vorgestellt habe. Während sie mir einen angedeuteten Kuß »zuwirft«, verfinstert sich der Blick des Südländers. Dann prostet er mir in einer Art zu, die meinen könnte: ›Ich hab' noch eine Überraschung für dich, Freundchen!‹

»Wollen wir gehen?« erstaunt mich Katarina und streicht mir übers Haar. ›Vielleicht denkt sie ja‹, überlege ich, ›meine Brieftasche ist dicker als die des Südländers.‹ Der trägt ein Goldkettchen um den Hals, eine schwere Uhr ums Handgelenk und einen Edelsteinring am Finger. Unsere mitteleuropäische Herkunft, so meine Erfahrung, wird hierzulande oft mit Wohlstand gleichgesetzt. Was diese Katarina auch glauben mag, ich begleite sie. Während sie, am Straßenrand stehend, ihr Haar richtet, hält sie Ausschau nach einem Taxi. Ich warte neben ihr und merke, wie mich plötzlich jemand von hinten packt, zurückzerrt. Ich stürze, erkenne den Dicken. Er fletscht die Zähne. Wie von einer Hornisse gestochen schnelle ich hoch, verpasse ihm einen Schlag gegen die Brust. Er atmet schwer. Katarina drängt sich zwischen uns, der Angreifer reißt sie weg, spuckt ihr ins Gesicht, stößt dann ein paar Worte aus, die ich nicht verstehe. Wie aus dem Nichts tauchen daraufhin fünf, sechs kahlgeschorene Gestalten auf, prügeln auf mich ein, zerren mich in eine dunkle Ecke. Ich nehme schützend die Arme vors Gesicht ...

Ich bin an die frische Luft gegangen. Nachdem ich sah, daß Markus mit der schwarzhaarigen Schönheit den Saal verließ, wollte ich rausbekommen, was er vorhatte. Da bot es sich an, mir von der Imbißbude Schaschlik zu kaufen. Ich stehe in der Warteschlange und sehe plötzlich, wie auf Markus eingedroschen wird. Mein überaus gesprächiger Vordermann, der gerade von seinem großen Traum schwärmte, einmal ins Tausende Kilometer entfernte Ausland zu reisen, ist mir da egal. Ich lasse ihn stehen und spurte zu Markus, will, muß ihm helfen. Entschlossen ergreife ich einen der Schläger an der Schulter, zerre ihn zurück. Doch ehe ich mich versehe, werde ich vom Helfer zum Opfer. Jene Typen haben es nun auf mich abgesehen. Ich taumle, werde zu Boden geworfen. Faustschläge, Fußtritte folgen. Wo ist oben, wo unten? Ich merke, wie mir Blut übers Auge rinnt ...

Die Tritte werden weniger. Irgendwie rapple ich mich auf. Da erkenne ich meinen Vordermann vom Imbißstand, der einen der Prügler am Kragen gepackt hat und ihn wie einen Müllsack wegwirft. Danach nimmt er sich den nächsten Angreifer vor, der wenige Sekunden später von dannen schwankt. Weitere Helfer tauchen auf, »entsorgen« den Schlägertrupp. Jemand reicht mir ein Papiertaschentuch. Dann kommt Markus auf mich zu. In seinen Augen erkenne ich Dankbarkeit. Wie gut mir dieser Blick tut.

Unsere Beschützer laden uns zum Essen ein: Es gibt Schaschlik, frisches Brot und Cola. Gemeinsam schauen wir in die Sterne und stellen fest, daß man dieselben auch in Deutschland sieht. Das ist banal, doch wunderbar zusammenführend.

Obwohl die Leute uns guttun, zieht es uns zu unserem Lager zurück. Wir sind müde, vom Erzählen, und besonders von der handgreiflichen Auseinandersetzung.

Im Halbdunkel, am Rande der Imbißbude, beobachte ich die tanzenden Leute zwischen den aufgespannten Sonnenschirmen und warte auf Markus, der sich von der dunkelhaarigen Frau verabschiedet. Gleichzeitig nehme ich wahr, wie ein untersetzter junger Mann um die Ecke der Bar kommt und dann geradewegs auf mich zusteuert. Er hat dunkles schulterlanges Haar, das im schwachen Schein des Lichts glänzt. Sein elegantes Jackett und die zwei Goldketten, die der asiatisch aussehende Bursche um den Hals trägt, verstärken bei mir den Eindruck, ich bekomme es mit einem Zuhälter zu tun. Freundlich spricht der mich an und fragt, ob ich ihm D-Mark gegen Rubel einwechseln würde. Ich verneine. Zwar habe ich einen Fünfzigmarkschein bei mir, doch will ich den als »eiserne Reserve« behalten. Der Mann stellt sich direkt vor mich, schaut kurz nach links, nach rechts und wiederholt seine Frage, als hätte ich ihn nicht verstanden. Ich gebe die gleiche Antwort und meine, damit alles gesagt zu haben. Ehe ich mich versehe, verpaßt der Kerl mir einen gehörigen Kopfstoß. War das eben real? Der Schreck läßt mich den Schmerz kaum spüren. Durch das Erlebnis von vorhin bleibe ich erstaunlich ruhig, verdränge, will nicht wieder in ein Handgemenge geraten. Mein Gegenüber schaut mich mit kalten Augen an.

In diesem Augenblick naht eine große Gestalt. Es ist Markus. Der mein Geld Fordernde bekommt mit, wir gehören zusammen. Ganz schnell, als hätte er mich nie gesehen, verkrümelt er sich. Auch wir machen, daß wir fortkommen.

An unserem Lagerplatz am Fluß angekommen ist mir, als wäre eine Odyssee überstanden. Während wir Gina und Condor im Mondschein herumlaufen lassen, fühle ich mich wieder sicher. Ihr Schutz fehlte uns in dieser Stadt.

DIE ZWANGSEINLADUNG

Am nächsten Nachmittag, es ist abermals ein Freitag, und wir sind seit vier Wochen »Lenamänner«, löffeln Markus und ich wieder eine heiße Suppe in Anuschkas Bar. Immerzu ist diese Frau in Bewegung, sie packt Kisten aus, stapelt deren Inhalt in die Regale oder zeichnet die Produkte mit Preisen aus. Anuschka sagt, sie seien für die Stadtbewohner zu hoch. Ihre Haupteinnahmequelle wären die Leute von den Schiffen. »Die sehen nicht auf jeden Rubel«, betont sie. Warum sie die Preise nicht auch für die Städter erträglich mache und somit vielleicht mehr Gewinn verzeichnen könnte, beantwortet sie mit einem Abwinken.

Im Nebenraum sprudelt ein Wasserkocher. Der Fernseher ist stummgeschaltet und zeigt die Wetterkarte von Europa. Regenwolken sind darauf eingezeichnet, dort, wo unser zu Hause ist. Wir fühlen uns gut hier und finden es sehr erholsam in diesem kleinen Café. Bis zu dem Zeitpunkt, als die Eingangstür aufgerissen wird und durch den Holzkettenvorhang, der deswegen wild in alle Richtungen tanzt, drei Männer den Raum betreten. Sie produzieren allein durch ihr Auftreten, ebenso wie ich es aus amerikanischen Cowboyfilmen kenne, Unwohlsein bei den Anwesenden und angespannte Stille. Wir haben Zeit, die Ankömmlinge ausgiebig zu mustern, denn sie stehen eine ganze Weile neben der Theke. Der eine, ein schmächtiger Typ, mit dunkler Sonnenbrille auf der Nase, zieht seine graue Anzugsjacke aus und wirft sie lässig über die Schulter. Der neben ihm wirkt sportlich, muskulös, hat kurzgeschorenes Haar und eine schiefe Nase. Seine Bundfaltenhose wird von breiten Hosenträgern gehalten, die sich über ein frisch gebügeltes, elegantes Hemd spannen. Der dritte im Bunde hat das Antlitz eines Eisenbiegers. Sein braungebranntes, eckiges Gesicht ist faltendurchzogen. Er und der Stoppelhaarige tragen Goldkettchen um den Hals.

Die Männer schauen sich um, setzen sich dann an unseren Nebentisch. Ohne Notiz von uns beiden zu nehmen, unterhalten sie sich laut und lachen noch lauter. Anuschka serviert ihnen gebratene Hähnchen und Brot. Dazu eine Flasche Wodka. Leute vom Schiff? Sicher nicht, denn die Caféhausbesitzerin wirkt ganz und gar nicht mehr selbstbewußt. Sichtlich nervös zieht sie sich ständig die Schürze zurecht und scheint darauf bedacht, nur nichts falsch zu machen.

»He, woher kommt ihr?« meldet sich der mit der Sportlerfigur und dem Stoppelhaarschnitt nach einer Weile. Seine Augen hat er dabei direkt auf mich gerichtet.

Es dauert nicht lange, bis die Kerle ihren Tisch polternd an unseren heranrücken. Ungeduldig rufen sie Anuschka heran, zeigen ihr die halbleere Flasche und machen deutlich, daß schleunigst Nachschub gefragt sei. Die Männer haben uns so zwischen Wand und Tischplatte plaziert, daß ich mir ziemlich eingequetscht dahinter vorkomme. Diese Leute sind bestimmt keine Schiffspassagiere. Sie wirken wie Raubkatzen und haben zudem Wodka intus, was gefährlich werden kann. In Rußland, das haben wir schon oft erlebt, vermag er Stimmungen abrupt ins Gegenteil zu kippen. Oft genügt der kleinste Anlaß. Wir wollen keinen geben. Deshalb beginne ich von unseren Schäferhunden zu erzählen, sozusagen als vorbeugende Maßnahme, sollte die Runde noch Weiteres im Schilde führen. Der Stoppelhaarige horcht auf. Er habe zu Hause einen Bullterrier, läßt er mich wissen. Der Mann will, da ich seine weiteren Bemerkungen nicht verstehe, mit zackigen Handbewegungen, Knurrgeräuschen und entblößten Zähnen andeuten, daß es sich bei seinem Hund um ein sehr aggressives Exemplar handelt.

»Trinkt mit uns!« krakeelt er und nickt mir zu, als wäre ich in Sachen Hundeerziehung aus seinem Holz geschnitzt. Sein Gegenüber, der braungebrannte Eisenbiegertyp, nickt mir mit vorgeschobener Unterlippe zu. Ich erwidere nichts. Fragend schaue ich zu Markus. Wir stimmen der Einladung zu, obwohl uns ganz und gar nicht danach ist. Nicht zu dieser Tageszeit, und erst recht nicht mit diesen Leuten. Aber wieder eine Rangelei?

»Noch drei Gläser!« brüllt der, den ich in Gedanken Eisenbieger nenne, in Anuschkas Richtung.

Der Hundebesitzer hat wieder das Wort. Überaus stolz berichtet er, daß er viele Frauen habe. Und wenn wir trinkfest genug seien, würde er uns einige davon zur Verfügung stellen.

»Ich besitze auch eine Banja«, prahlt er weiter und fährt die Arme aus. »Viel größer als dieser Schuppen hier.« Wir hören, daß der Eisenbieger mit dem braunen Faltengesicht zu dem Schmächtigen so etwas wie »viel Geld« sagt. Der scheint ein Kriecher zu sein. Lachen seine Freunde, lacht auch er, schweigen sie, hält auch er den Mund.

»Was ist, kommt ihr mit?« raunt der Stoppelkopf, der in dem Trio scheinbar das Sagen hat, uns zu. Wir zögern, erwidern, daß wir es uns überlegen werden. Ich bin mir aber schon jetzt sicher, daß wir uns diesen Zuhältertypen, die aller Wahrscheinlichkeit der Mafia angehören, auf keinen Fall anvertrauen werden.

»Ihr habt nicht verstanden«, meldet sich das Faltengesicht zu Wort. «Wir meinen sofort!« Schlagartig wird mir bewußt: Hier kommen wir so einfach nicht heraus. Ob sie Wladimir aus Ust-Kut kennen? Der Mafiaboß, was für ein brutaler Kerl er auch sein mag, uns wollte er nichts Böses. Diese Männer aber sind anders. Ich spüre das. Sie könnten eine Gefahr für uns sein.

»Wir kennen keinen Wladimir«, entgegnet der Eisenbieger. Verunsichert trinken wir unseren Wodka, wissen nicht, wie wir uns verhalten sollen. Zustimmen? Ablehnen? Anuschka ist sehr beschäftigt. Zwar äugt sie hin und wieder, möglichst unauffällig, zu uns, doch was könnte sie schon ausrichten? Sicher kennt sie die Kerle, weiß, was sie von uns wollen.

Mit einem kurzen Blick signalisiere ich Markus, daß wir uns jetzt einfach erheben und nach draußen gehen werden. Meine Konsequenz überrascht mich. Besser, als sich besoffen machen zu lassen, ist das allemal. Kaum habe ich meinen Oberkörper nach vorn gebeugt und die Hände auf den Rand des Tisches gestützt, packt der bullige Eisenbieger meinen Unterarm und fragt höhnisch: «Wohin?« Er scheint der Kompromißloseste des Trios zu sein. Dieser Handgriff sagt mehr als jedes Wort. Langsam gleite ich auf meinen Stuhl zurück. Beide sitzen wir apathisch da, Markus genauso wie ich, nehmen die Gläser, die man uns reicht und kippen den Inhalt in den Rachen. Die Kerle sehen uns an, als wollen sie genau beobachten, wie unsere Blicke glasiger werden, wir zu schwanken beginnen. Dann werden wir leichte Beute sein. Aus dem Augenwinkel sehe ich Markus, wie er auf seiner Unterlippe kaut.

Die Eingangstür quietscht und drei weitere Männer betreten das Café. Gutgelaunt, mit einem Lächeln auf den Lippen, schlendern sie herein wie Boten aus einem für uns nun weit entfernten Leben. Die drei setzen sich an einen der zwei noch freien Tische. Einer der Männer, er hat auffallend kantige Gesichtszüge, bestellt schmunzelnd drei Gläser Bier. Verwundert registriere ich, wie abrupt die Stimmung unserer bisher so unbeschwerten Drangsalierer gesunken ist. Als hätten ihnen die Neuankömmlinge die Sprache verschlagen. Wir scheinen nicht mehr interessant zu sein.

»Laßt uns gehen«, fordert auf einmal der schmächtige Brillenträger. Dann erheben sich alle drei. Bevor sie das Feld räumen, zischelt der Hundebesitzer mir noch ins Ohr: »In zwei Stunden am Ufer, klar?« Es folgt ein Blick, der mir eine Gänsehaut beschert. Ohne zu bezahlen verdrücken sich die Typen, die Tür knallt ins Schloß, und wir wissen nicht, ob wir uns darüber freuen sollen. Wenigstens haben wir Zeit gewonnen. Dieser Gedanke läßt uns durchatmen.

Anuschka bringt uns zwei Bier an den Tisch. Überrascht winken wir ab, denn wir haben nichts bestellt. Sie, die nun wieder gelöster wirkt, teilt uns mit: «Ist von den Milizionären dort.« Sie nickt zu den Leuten am Nebentisch und schaut uns wie eine Mutter an. Dann verschwindet sie hinter der Theke. Die Männer, offenbar zivile Ordnungskräfte, lächeln zu uns herüber, heben ihre Biergläser und prosten uns zu. Dankbar erwidern wir den Gruß und nehmen einen tiefen Zug.

Bevor die Polizisten das Café verlassen, reichen sie uns ungewohnterweise die Hände. Einer von ihnen legt uns etwas auf den Tisch. Es ist eine Marke mit der Aufschrift »Miliz Lensk«.

»Behaltet sie und seid vorsichtig«, mahnt er. »Hier laufen viele Banditen herum.« Wir nicken, und in seinen Augen kann ich lesen, daß er weiß, daß auch wir das wissen.

Anstatt zu den Hunden zu flüchten, machen wir uns auf den Weg in die City. Wir müssen unter Menschen. Dort wird uns weniger passieren als am einsamen Ufer, hoffen wir. Gina und Condor sind zwar scharfe Hunde, aber was, wenn der Besuch Waffen trägt?

Sehen wir Menschen zusammenstehen, stellen wir uns direkt neben sie. Löst sich die Gruppe auf, suchen wir nach der nächsten. Ja, wir haben Angst. Zum ersten Mal auf unseren Reisen fühlen wir uns von Menschen bedroht. Sofort die Stadt verlassen? Die Männer besitzen vielleicht Motorboote. Allen Ernstes überlegen wir sogar, auf ihr Angebot einzugehen. Womöglich aber werden sie uns nicht glauben, daß wir nur einige hundert Mark bei uns tragen.

Bei all diesen Grübeleien registriere ich wie nebenbei in einem Geschäft Trockennahrung für Hunde. Ich ertappe mich beim Umrechnen des Preises und gebe mich völlig dem Gedanken hin, eine solche Tüte für meine Lieblinge zu kaufen. Markus läßt sich nicht davon überzeugen, daß der durchaus hohe Preis gerechtfertigt sei. Gutes Futter, so meine Argumentation, bedeutet mehr Kraft für die Hunde. All das Gerede aber ist nichts anderes als eine verzweifelte Ablenkung von der Realität.

Ich bin regelrecht darin aufgegangen. Schwenke vom letztlich doch zu teuren Trockenfutter auf kalorienreichen Speck um. Aber nirgends gibt es welchen. Im letzten Geschäft, das wir aufsuchen, kaufe ich eine lange, fette Wurst.

Markus hat plötzlich eine Idee, und ich frage mich, warum wir nicht schon früher darauf gekommen sind. Wladimir, der Mafiaboß aus Ust-Kut, gab uns zum Abschied eine Telefonnummer. Von einem Freund, wie er sagte, der uns in Lensk weiterhelfen könne. Was das für ein Freund ist, können wir uns natürlich vorstellen. In diesem Fall aber – ein wahrer Segen. Vielleicht kennt er die Männer ja. Ich halte die Adresse wie einen Lottoschein in den Händen. Wir haben nun einen Plan. Mit riesigen Schritten durchmessen wir die Stadt, als wäre sie ein Dorf, erreichen das Postamt, stürzen hinein. Stickige Luft umhüllt uns. Wo ist ein Telefon? An den Wänden hängen gleich vier. Doch alle sind besetzt.

Um überhaupt anrufen zu können, müssen wir Rubel in spezielle Münzen tauschen. Die Kassiererin, die gerade die Sportseite in der Tageszeitung aufgeschlagen hat, soll uns nicht nur diese Münzen für unser Geld geben, sondern uns auch den genauen Namen auf dem zerknitterten Zettel vorlesen. Wladimirs Schrift kann, wenn überhaupt, nur ein Muttersprachler entschlüsseln. Sorgsam legt die Frau die Zeitung beiseite und entfaltet unseren Zettel.

»Markwart«, liest sie langsam vor und bestätigt es noch einmal. »Nikolai Markwart.«

Endlich ist ein Telefon frei. Der Hörer ist schweißnaß. Kein Wunder: Hier drin ist es heiß wie in der Sauna. Das stört mich weniger. Aber seltsam fühlen wir uns schon dabei, daß wir, um der vermeintlichen Mafia zu entkommen, einen Mafioso um Hilfe rufen. Beide lauschen wir in den kleinen grauen Hörer.

»Markwart«, meldet sich eine jugendliche Stimme am anderen Ende der Leitung.

»Hallo«, ruft Markus in die Muschel. »Hol mal bitte deinen Vater an den Apparat!«

»Der ist fischen gefahren. Wer ist denn da?«

»Wir sind es«, antwortet Markus und schiebt unsere Namen nach.

»Ruft später noch mal an«, vertröstet uns der Junge. Wie abwesend legt Markus den Hörer auf. Was soll nun werden?

Noch eine Stunde bis zum Showdown. Schnurstracks gehen wir zum Lager. Vielleicht, so orakeln wir, schüchtern Gina und Condor die Typen doch ein. Freudig begrüßen uns die Hunde. Wir nehmen sie in die Arme.

Es ist kurz vor sechs. Die Sonne strahlt, es ist noch warm. ›Vom Herbst keine Spur‹, denke ich kurz. Ich habe die Signalfeuerwaffe geladen und griffbereit auf eine der Taschen gelegt. Jeder Kopf, der an der Böschung auftaucht, erschreckt uns. Es sind Spaziergänger. Wir hören sie plaudern und lachen.

Ein Schiff mit gewaltiger Bretterladung hat nur etwa fünfzig Meter von unserem Platz entfernt Anker geworfen. Ständig blicken wir auf die Uhr. Jede verstrichene Minute macht uns nervöser.

Ausgehungert wie Wölfe zur Winterszeit schnappen sich die Hunde die Wursthappen, die ich ihnen wie nebenbei zuwerfe. Markus hat sich eine Zigarette angesteckt, raucht sie in schnellen Zügen.

An der Reling des Schiffes werden Stimmen laut. Die Besatzung läßt ein Ruderboot zu Wasser. Man steuert es auf uns zu.

»Guten Abend«, grüßt einer der beiden Insassen in lautstarkem Ton. Sein wuchtiger Oberkörper ist unbekleidet und präsentiert einen passablen Bauch. Der Mann und sein Begleiter, ein muskulöser Typ in Badehose, steigen aus, nähern sich uns. Ich glaube zu träumen. Der in der Badehose ist Andrej, unser Bekannter, der eine Großmutter in Gifhorn hat! Auch Markus erkennt den Ankommenden. Beide laufen wir ihm entgegen, umarmen ihn. Andrej wundert sich der stürmischen Begrüßung wegen, fragt, was los sei, warum ich eine lädierte Nase habe. Ich winke ab, lächle unentwegt, schaue zu Markus, der auch übers ganze Gesicht strahlt. In diesen Augenblicken fühlen wir uns bei den beiden so sicher, als wären sie ein Sondereinsatzkommando, extra für uns abkommandiert.

»Seid meine Gäste!« verkündet der Mann mit dem großen Bauch lauthals. Andrej stellt ihn als Wassili, Kapitän des Holzfrachters, vor.

»Kommt«, sagt der, rüttelt unsere Hände durch, daß unsere Körper schaukeln und schaut dabei lächelnd drein. »Ich habe frischen Fisch.« Obwohl sie uns auf der Zunge brennt, schweigen wir über unsere Angst, die uns noch vor ein paar Minuten auffressen wollte, fragen Andrej auch nicht nach seinem Aufenthalt bei der Polizei. Wir möchten nur eines: auf die schwimmende Festung. Dort werden wir sicher sein.

WASSILIS REICH

Um zu den Kajüten des Schiffes zu gelangen, müssen wir über einen hohen und langen Stapel Holz, der auf dem Schlepper vertäut ist, klettern. Da ist Geschick erforderlich, um nicht zwischen die zusammengeschnürten Bretter zu rutschen. Hier ein Sprung, da ein Klettereinsatz.

Die Leute, die wir bisher in Sibirien trafen, kommen uns so vor, als ob solch kleine Unbequemlichkeiten für sie normal seien. Offenbar ist das Leben hier hart genug, und es gibt wichtigere Dinge als eine Gangway.

Andrej nahm mit uns die kurze Strecke bis zum Schiff zu Fuß. Sein Kapitänskollege Wassili steuerte das Boot zurück, stieg dann über eine mehr als wacklige Leiter auf seinen Lastkahn und verschwand sofort hinter einer Tür. Kurz darauf, scheinbar zu unserer Begrüßung, ertönt eine russische Melodie aus den Bordlautsprechern. Eine tiefe, rauchige Männerstimme bringt die Melancholie russischer Seelen zum Ausdruck.

Die Kajüte, wie auf jedem Dampfer der Mannschaftstreffpunkt, ist ein quadratischer, enger Raum mit kleinen, eckigen Fenstern und schwarzrot gepunkteten Vorhängen. Hier gibt es zwei gepolsterte Bänke und ein kleines weißes Holztischchen mit dunkelbrauner Rahmung. An der Wand – ein Regal mit einem Kassettenrecorder und mehreren Schwarz-Weiß-Fotos, die verschiedene Schiffe auf hoher See zeigen. Wir setzen uns zu drei Arbeitern in Overalls. Die Männer, es scheinen Jakuten zu sein, diskutieren über irgendein Problem. Auch ein blonder, junger Mann, wahrscheinlich ist er noch in der Ausbildung, lauscht den Diskutierenden.

Von Wassili, der plötzlich wie aus dem Nichts aufgetaucht ist, erfahren wir, daß der junge Bursche sein Sohn sei. Mit gewaltigem Stimmvolumen verkündet uns der Kapitän, daß sein Sprößling Juri heiße und Sambo trainiere.

»Er ist zweiter Meister von Witim«, posaunt er. Diesen Teil der Information verstehen wir zunächst nicht, da das massige Schiffsoberhaupt sehr undeutlich spricht. Wir fragen noch einmal nach, aber auch das bringt uns nicht weiter. Je lauter der Kapitän wird, umso schlechter ist er zu verstehen. Schließlich hilft uns Andrej, tritt als Erklärer auf.

Nachdem der korpulente Wassili sich einen Happen von der Knoblauchwurst, die auf dem Tisch liegt, mit einem Messer abgeschnitten und in den Mund geschoben hat, bietet er an, uns sein Schiff zu zeigen. Ein kurzer Blick aus dem Fenster bringt Gewißheit: keine Spur von den Ganoven. Dankbar lassen wir alles mit uns geschehen, was uns vorgeschlagen wird, nur, um auf dem Schiff zu bleiben. Wir bekommen den Maschinenraum gezeigt, die Kojen, die Brücke.

Dort stellt sich der Kapitän ans Steuer und betätigt ein paar Schalter. Plötzlich vibriert das Schiff. Die Dieselmotoren beginnen zu arbeiten. Etwas rasselt. Wahrscheinlich die Ankerkette, die hochgezogen wird. Der Holztransporter legt ab, dreht nach backbord, nimmt Kurs aufs gegenüberliegende Ufer. Verwundert schauen wir zu unserem Lagerplatz, von dem aus Gina und Condor mit gespitzten Ohren dem Schiff hinterherschauen. Unser beleibter Gastgeber steht vor uns, in einer Hand das Steuer, in der anderen ein Glas Wodka. Vermutlich trinkt heute so mancher etwas mehr, weil Freitag ist und damit das Wochenende beginnt.

Wassili läßt das Steuer los, schiebt mich an seine Stelle, legt meine Hände ums glatte Holz. Ich solle das Ufer im Auge behalten. Er steht wie ein Fels neben mir und gibt Anweisungen. Diesmal ist seine Donnerstimme hilfreich. Bei normaler Lautstärke wäre er nicht zu verstehen, denn aus einem Kassettenrecorder ertönt wieder das Lied von vorhin. Der Knopf für die Lautstärke scheint bis zum Anschlag aufgedreht. Obendrein ist der Recorder mit den Lautsprechern des Schiffes verbunden. So schippern wir über die an dieser Stelle etwa einen Kilometer breite Lena, begleitet von diesem Lied, in dem der Sänger behauptet, Lensk sei viel schöner als New York. Wir nähern uns der bewaldeten Uferseite. Zum ersten Mal seit Wochen finde ich das dichte Grün wunderschön.

Etwa zwei Meter vor dem Ufer kommt das Schiff zum Stehen. Die verbleibende Entfernung bis dorthin wird mit Hilfe einer Metalleiter überbrückt.

Bevor wir jedoch an Land gehen, will uns Wassili noch etwas zeigen. Er quält sich durch eine schmale Tür ins Innere seines Kahns, und als er wenig später dort wieder auftaucht, schiebt er einen ausgestopften, etwa anderthalb Meter großen Braunbären durch die Türöffnung.

»Diesen Burschen«, betont er, »habe ich hier am Ufer mit meinem Sohn geschossen.« Seine Hand streicht dabei über das Fell. ›So ein Tier würde ich gern einmal in freier Wildbahn sehen‹, denke ich. Bisher war uns dies leider nicht vergönnt. Wassili, der den Petz in den Armen hält, unterbricht meinen Gedankengang und balanciert so vor der Mannschaft und uns über die Leiter zum Ufer.

Wir stehen in hohem Gras, das ausgestopfte Raubtier einige Schritte von uns entfernt. Als uns einer der Jakuten eine Flinte reicht und meint, wir sollten auf den Bären zielen und in dieser Pose verharren, verstehe ich endlich. Nun schießt unser Gastgeber eine Reihe Fotos von uns.

»Wer an der Lena war«, posaunt er und zwinkert uns zu, »muß auch einen Bären geschossen haben.«

Nach dieser Fotosession sitzen wir im Gras und lauschen den Gesprächen der Männer. Am anderen Ufer erkenne ich unsere Hunde als winzige Punkte.

Es ist Abend geworden, und die untergehende Sonne taucht die

Häuser auf der anderen Flußseite in ein Meer ihrer roten Himmelsglut. Ruhe breitet sich in mir aus. Die Stadt hat ihren Schrecken verloren.

Das Schiff liegt wieder neben unserem Zeltlager. Ronald hat die Hunde bereits »Gassi« geführt, sie mit einer doppelten Ration Büchsenfleisch gefüttert und ihnen das Tarp aufgebaut. Wir sitzen in der Kajüte. Über uns brennt eine milchige Glühbirne.

Kapitän Wassili liegt wie ein Walroß auf einer der beiden Polsterbänke, schnarcht laut und gleichmäßig. Auf der anderen sitzen Andrej und wir.

»Ich war Matrose in Murmansk«, beginnt der zu erzählen, nachdem wir ihn zu seinem Seefahrerleben befragten. Nachdenklich schaut der Mann aus dem Fenster. »Ich hatte da einen guten Freund. Er verlor ganz plötzlich seinen Vater. Der war sein Leben lang Kapitän, schien in seinem Beruf aufzugehen, bis er sich, unvorhergesehen für alle, nachts ins Meer stürzte. Keiner verstand das, und für meinen Freund brach eine Welt zusammen. Der Vater war ihm, seit er denken konnte, Vorbild gewesen. Nun hatte sich alles verändert.« Andrej schweigt. Noch immer ruhen seine Augen auf dem Wasser. Wie schwarzes Öl strömt es am Schiff vorbei. Eine kleine Lampe an der Reling wirft schwaches Licht auf den Fluß. Ich denke über das Erzählte nach. War es Andrej selbst, der auf diese Weise den Vater verlor?

EINE LANGE NACHT

Kurz vor Mitternacht schlägt Andrej vor, die Kajüte gegen eine Bar einzutauschen. Ronald und ich haben nichts dagegen, denn in Begleitung von ihm fühlen wir uns sicher. Es ist wahrscheinlich das Wissen darum, daß er die Stadt kennt und bestimmt eine Lösung wüßte, würden wir in Gefahr geraten. Also schnell etwas frisch gemacht, noch ein Blick in den Kajütenspiegel und los geht's.

Der Weg führt an dunklen Häusern entlang, vor denen nur einzelne Laternen die Straße in schummriges Licht tauchen. Die Bar befindet sich hinter dem Stadtpark in einer Baracke. Sie ähnelt der, in welcher ich in der DDR mein Schulessen bekam. Wir treten ein, und ich entdecke inmitten der Leute zwei der Typen vom Nachmittag. Hinter dem Tresen steht der Eisenbieger, und an einem Tisch in der Ecke sitzt der Kerl, der von den drei Ganoven das Sagen hatte. ›Nichts wie raus hier!‹ denke ich und drehe mich abrupt zur Tür.

»Was hast du denn?« fragt Andrej fast vorwurfsvoll und hält mich zurück. »Kommt mit.« Er geht, als sollte es nicht anders sein, zu dem Mann, der uns zusammen mit seinen Kumpanen in Angst und Schrecken versetzt hatte. Nur sehr zögernd folgen wir ihm.

Als der Stoppelhaarige bemerkt, daß Ronald und ich zu Andrej gehören, strahlt er uns an und streckt uns die Arme entgegen.

»Das ist Pjotr«, stellt Andrej uns ihn mit einem Lächeln vor. Wir verstehen nicht, warum unser Begleiter, wie es aussieht, mit solchen Leuten befreundet ist. Und schon gar nicht verstehen wir, daß dieser Pjotr zu uns sagt: »Entschuldigung, daß ich nicht kommen konnte. Ich hatte zu tun.« Ziemlich verwirrt lassen wir uns von Andrej auf die freien Stühle schieben. Der Eisenbieger ordnet währenddessen Bierdosen ins Regal hinter dem Tresen: Er hat uns noch nicht bemerkt. Pjotrs Stuhlnachbar scheint vor sich hinzuträumen. Von Andrej erfahren wir, daß er der Bruder von Enders, dem Major, sei. Er habe Probleme, weil ihm gerade sein Weib davongelaufen sei.

Am Tisch sitzen auch zwei Frauen: die eine blond, etwa dreißig Jahre alt, wird von Pjotr Nina gerufen. Sie scheint seelenvoll, strahlt etwas Mütterliches aus. Die andere dagegen wirkt keck, hat Feuer in den dunklen Augen. Sie gefällt mir auf Anhieb mit ihrem schulterlangen Haar und der braunen Haut. Sie heißt Ljuda. Zwei von Pjotrs Frauen?

Plötzlich sieht der mich mit großen Augen an und bemerkt lauthals: »Du siehst aus wie Dieter Bohlen!«

»Sagt man mir jedes Mal«, versuche ich scherzhaft zu erwidern. »Und Ronald ist Thomas Anders?« füge ich an, um noch einen draufzusetzen.

»Du hast recht«, staunt Pjotr und verzieht dabei keinen Mundwinkel. Auch Andrej und die zwei Frauen nicken. Bald aber klärt sich der Irrtum auf, als uns der stoppelhaarige Pjotr, der uns jetzt fast kumpelhaft behandelt, eine Musikkassettenhülle von Modern Talking zeigt, auf der die Namen der beiden Musiker vertauscht wurden. Als wir allesamt darüber lachen, fällt endlich der Druck von mir ab.

»Schnaps drink?« fragt uns der Eisenbieger, der plötzlich am Tisch steht, im Deutsch-Englisch-Mix. Während er auf Antwort wartet, schnipst er mit dem Zeigefinger an seine Halsschlagader. Ein Zeichen, das hierzulande so verbreitet ist, wie bei uns der simuliert in den Rachen geschüttete Inhalt eines Bechers.

»Wir haben noch«, sage ich und halte ihm dabei mein halbvolles Glas entgegen.

»Bring noch eine Flasche«, bestellt Pjotr. Um nicht nur Alkohol trinken zu müssen, gebe ich dem Barmann noch sechs Apfelsäfte in Auftrag. Als ich diese bezahlen will, packt mich Pjotr derb am Arm.

Erinnerungen an den Nachmittag werden wach, durchzucken mich wie Blitze.

»Nein«, mahnt er. »Ich mache das.«

Der Zeiger der Wanduhr rückt auf Zwei, und da hier gleich Feierabend wäre, so Pjotr, würde man in der Diskothek nebenan weiterfeiern. Der faltengesichtige Riese, dem, wie wir erfuhren, die Bar gehört, schmeißt das Handtuch auf den Tresen und schaltet nacheinander die Neonlampen aus. Wir verlassen zusammen mit ihm, den beiden Frauen, Andrej und dessen Bekannte als letzte das Lokal.

Vor dem Eingang des Tanzschuppens haben sich zwei Einlasser in weiten, schwarzen Ledermänteln postiert. »Einhundert Rubel«, fordern sie von Ronald und mir. »Jeder!« Doch Pjotr klopft uns auf die Schultern und signalisiert, wir gehören zu ihm. Die beiden lächeln gespielt und machen Platz, ohne eine Kopeke von unserer ganzen Truppe zu bekommen.

»Wie hast du das gemacht?« will Ronald, während wir an rötlich gestrichenen Wänden vorbeigehen und dann einige Stufen hinaufsteigen, von Pjotr wissen.

»Warum fragst du? Du weißt es doch, oder?«

Im Tanzsaal, in dem gerade ein Lied von Britney Spears aus den Lautsprechern dröhnt, hängen silbrig glänzende Metallkugeln von der Decke. Hier gibt es bunte Scheinwerfer und Projektoren, die verschiedene Musikvideos auf eine riesige Leinwand werfen. In den Glasschränken hinter der Bar stehen Flaschen mit edlem Whisky und Rum, Liköre und Weine. Das Publikum sieht nicht aus, als arbeite es in der Kolchose. Die jungen Männer tragen überwiegend dunkle Anzüge und weiße Hemden. Sie erinnern mich an Bankangestellte bei uns daheim. Die Frauen hingegen sind auffallend farbenfroh gekleidet. Vorbei die Zeiten der zumeist altmodischen Kleider und grellgeschminkten Gesichter, wie wir das noch während unserer Fahrradtour vor sechs Jahren in Nowosibirsker und Irkutsker Bars antrafen. Wir zwei scheinen in unserem Aufzug mit den ausgeblichenen T-Shirts und den schmutzigen Hosen nicht unbedingt hierher zu passen.

Pjotr und Andrej haben einen freien Tisch gefunden, an dem wir Platz nehmen. Da ein Stuhl fehlt, setzt sich die blonde Nina kurzerhand auf Ronalds Schoß.

Mir fällt der skeptische Blick von Pjotr auf. Über seiner Stirn hat sich eine tiefe Falte gebildet. Ich sehe, wie er Nina und mich argwöhnisch belauert. Womöglich hätte er die Frau lieber auf seinem Schoß gewußt. Für einen Moment sehe ich seine kalten Augen von heute nachmittag vor mir. Ich möchte ihn nicht provozieren und frage Nina, ob sie sich nicht lieber zu ihm setzen möchte. Wild schüttelt die den Kopf. Da ich nicht weiß, wie ich sonst aus der für mich ungemütlichen Situation herauskommen kann, täusche ich vor, ich müßte zur Toilette.

Anschließend gehe ich zur Bar, um nicht gleich wieder an den Tisch zurückkehren zu müssen. Vor mir am Tresen steht eine zierliche Blondine, kaum zwanzig Jahre alt. Das Mädchen scheint betrunken zu sein. Es fängt ein Gespräch mit mir an. Nicht lange, und sie umarmt mich. Ihr Körper ist schweißnaß. Plötzlich zieht sie mich vom Tresen weg, hin zu den Toiletten. Aus ihren Worten und Gesten entnehme ich, daß sie mehr von mir will als mich nur umarmen. Sie kommt jedoch nicht dazu, mich mit sich zu nehmen, da ich von hinten derb am Arm gepackt werde. Es ist Andrej, der energisch den Kopf schüttelt und mir ins Ohr zischelt, das betrunkene Mädchen habe Aids. Er reißt mich weg von der jungen Frau, die in ihrer Trunkenheit dasteht, nicht begreift und schließlich in der Menge verschwindet. Aids. Hier, in einem der entlegensten Winkel der Erde?

Mit einem weißen Lada, der einem Bekannten von Andrej gehört, machen wir uns auf den Weg. Es ist vier Uhr morgens geworden. Ljuda schlägt vor, gemeinsam ihren Bruder zu besuchen. »Um diese Zeit?« fragt Ronald. Doch der Rest der Truppe und ich sind diesem Vorschlag zugetan. Daß der Eisenbieger uns nicht begleitet, merke ich erst später. Wir haben uns zu siebt in das Auto gequetscht, und die schöne Ljuda, neben der ich sitze, legt auf einmal ihre Lippen auf meine ...

Als wir auf einem Hinterhof mit dunklen Neubaublöcken ankommen und aus dem Wagen steigen, merke ich, daß mich dieser Kuß mehr verwirrt als mir lieb ist. Doch was hat es für einen Sinn, eine Liebelei anzufangen, wenn ich sowieso bald weiterfahren und diese Ljuda wahrscheinlich nie wiedersehen werde?

Lauthin hörbar fallen die Autotüren ins Schloß, und die morgendliche Stille, so scheint mir, wird gleich zweimal gestört, da das Geräusch als Echo von den Häuserwänden zurückschallt. Der Fahrer hat den Motor nicht abgestellt. Er und Pjotr, der sich angeblich zu betrunken fühlt, sind im Fahrzeug sitzengeblieben. Sie wollen nach Hause und lassen unsere Gruppe auf fünf Leute schrumpfen.

Ljuda geht die wenigen Schritte zum Mietshaus, dessen Haustür weit offensteht, voran. Hinter dem Eingang macht sich Finsternis breit. Vergebens suche ich einen Lichtschalter. Auf die Frage nach Beleuchtung ernte ich Gelächter. Das Geländer zu benutzen scheint gefährlich, denn es wackelt bedrohlich. Wir tasten uns also an den Wänden entlang, von denen der Putz spürbar abbröckelt. Die Stufen sind ungleichmäßig, mal zu flach, mal zu hoch, und durch eine zersplitterte Fensterscheibe dringt die kalte Morgenluft.

Ljudas Bruder wohnt im zweiten Stock. Dort angekommen, schlägt seine Schwester mit der Faust an den Türrahmen. Dabei ruft sie mehrmals mit lauter Stimme: »Michail, öffne!« Ich fühle mich unwohl dabei, empfinde das als Ruhestörung. In einer Vision sehe ich den Nachbarn mit dem Teppichklopfer auf uns zustürmen. ›Vielleicht aber ist das, was Ljuda gerade veranstaltet, hier ein Stück Alltag‹, geht es mir durch den Kopf.

Dann sind Schritte zu hören, ein Schloß wird entriegelt und die gepolsterte Tür geöffnet. Im gleißenden Licht, das aus dem Korridor in den Hausflur fällt, steht ein bärtiger Mann, etwas älter als wir, im Nachtgewand. Er sieht verschlafen aus und blickt uns verständnislos an. Dann dreht er sich wortlos um und trottet zurück ins Wohnzimmer. Forschen Schrittes wird von unseren Begleitern die Wohnung erobert.

Ljuda nimmt Gläser aus dem schmalen Anbauschrank, über dem sich vergilbte Tapetenenden von der Wand gelöst haben. Sie steigt über den Teppich, der ein Stück zurückgeschlagen wurde, offenbar, um Platz für die Reparatur des Fahrrads zu haben, das mit gelöster Kette dort steht, und verteilt die Gläser auf dem Stubentisch, während es sich Nina und Andrej bereits am Tisch gemütlich gemacht haben. Danach holt sie aus der Küche Limonade, Wodka und Bier und fordert Ronald und mich auf, doch auch endlich Platz zu nehmen.

Ihr Bruder Michail sitzt währenddessen mit halbgeschlossenen Augen unter einem Wandteppich auf seiner Schlafliege. Er tut mir leid, und ich habe plötzlich das Bedürfnis, gehen zu müssen. Auch Ronald ist meiner Meinung. Wir erheben uns, um uns zu verabschieden. Dabei haben wir jedoch nicht mit den beiden Frauen gerechnet, die nicht wollen, daß wir die Runde verlassen. Energisch drücken Nina und Ljuda uns auf die Polsterstühle zurück.

»Michail, hast du noch was von den Pilzen?« fragt letztere ihren Bruder, der müde nickt.

»Kannst du, wenn wir gegangen sind, noch ausschlafen?« erkundige ich mich bei ihm.

»Muß gleich zur Baustelle.« Er dreht den Kopf zur Wanduhr. »In zwei Stunden.«

Die sauer eingelegten Pilze schmecken köstlich. Doch sehe ich zu Michail, fühle ich mich schlecht. Die Frauen und Andrej scheint nicht zu stören, daß wir jemanden seines Schlafs berauben. Um nicht nur stumm dazusitzen, versuche ich mit Michail ins Gespräch zu kommen, frage, wie alt er sei.

»Neununddreißig«, ist die Antwort. »Fast vierzig.« Er runzelt die Stirn und schaut an sich hinunter, schaut auf seine dünnen Beine, auf denen der Schlafanzugstoff Falten schlägt. Seine Schwester, so er, sei fünf Jahre jünger. Nun weiß ich Ljudas wahres Alter, welches man ihr ganz und gar nicht ansieht. Mit dieser Information ist für Michail das Gespräch beendet, und ich konzentriere mich wieder auf das Essen.

Als die Pilze und die Getränke alle sind, dämmert bereits der Morgen. Endlich brechen wir auf. Und während wir die Stufen, die man nun sehen kann, hinuntersteigen, denke ich darüber nach, wie es wäre, wenn ich daheim schlaftrunken die Wohnungstür öffnen würde und meine Bekannten ständen mit ausländischen Gästen davor ...

Andrej, Ljuda und Nina begleiten uns zum Ufer. Als wir an der Böschung angekommen sind, schiebt sich die Sonne bereits durch den Nebel. Wir bedanken uns für den Abend und verabschieden uns von den Frauen. Ljuda nehme ich in die Arme. Und als sie danach mit Nina fortgeht und die beiden sich immer weiter entfernen, breitet sich eine eigenartige Leere in mir aus. Eine Leere, die mich inmitten von Freunden zum einsamsten Menschen macht, der nichts weiter will, als den Moment der Nähe noch einmal zu erleben, ihn einzufrieren und für immer mit sich herumzutragen. Ich schaue auf die Lena und weiß, daß sie mich heute wiederhaben wird. Ein schlechter Tausch.

Von der Uferböschung, die wir vor nicht allzuvielen Stunden noch angstvoll beobachteten, steigen wir mit Andrej hinab zum Schiff, klettern über die Holzladung, stehen in der Kajüte. Wassili schläft nicht mehr auf dem Sofa, sondern hat sich in seine Koje vorgekämpft. Die Tür dorthin ist einen Spalt breit geöffnet.

Wir klauben unsere Sachen zusammen, die wir am Nachmittag hier ließen. Es ist Zeit, Lebewohl zu sagen. Aber Andrej will, daß wir an Bord bleiben. Wir könnten in zwei der unbesetzten Kojen schlafen. Doch möchte vor allem Ronald zu Gina und Condor zurück, die schon lange genug allein bleiben mußten. Auf einmal steht Ljuda in der Tür.

Andrej schiebt Ronald aus der Kajüte und zwinkert mir zum Abschied zu. Ljuda und ich bleiben zurück ...

Es ist elf Uhr vormittags. Ljuda liegt neben mir. Sie schläft noch, und ich habe Zeit, über vieles nachzudenken: über mein Leben, meine Beziehung zu Ronald und unsere gemeinsame Tour, bei der wir uns wiederfanden. Ich denke auch an den Toten, die menschenleeren Ufer, das gleichförmige Plätschern des Wassers. Hier, bei dieser Frau, fand ich Nähe, und in diesem Moment hätte ich viel dafür gegeben, sie für immer festzuhalten.

Als ich mich von Ljuda verabschiedet habe und am Lager bei Ronald ankomme, ist mir kalt. Ich fühle mich elend, bekomme Schüttelfrost. Das Fieberthermometer zeigt neununddreißig Grad. Wir werden die Abfahrt um einen Tag verschieben. Dennoch scheint morgen schon heute zu sein.

Ronald schlägt vor, die Zeit zu nutzen, um Aufzeichnungen zu machen. Doch mir will kein einzig brauchbarer Satz aus dem Kugelschreiber rutschen. So krieche ich ins Zelt und gebe mich der Ruhe und meinen Gedanken hin.

EINE RADIOMELDUNG

Am Abend finden Markus und ich uns noch einmal auf Wassilis Holzschlepper ein. Auch Andrej ist gekommen. Er sitzt ungewöhnlich krumm auf der Polsterbank vor einem Glas Tee. Seine Augen sind von der gestrigen Nachtschwärmerei klein und rot, als wäre er gerade erst aufgestanden. Er dreht einen Löffel in der Hand und hat einen Miene aufgesetzt, die zum Ausdruck bringt: »Nie wieder Alkohol.« Der Kapitän dagegen ist betrunken. Durch das Fenster neben uns sehe ich, wie die Sonne untergeht.

Das alte Radio, das auf dem Regal an der Wand steht und dem die Gehäuseklappe fehlt, schnarrt manchmal laut auf und übertönt jedes Wort. Ich kann mich heute sowieso nicht richtig konzentrieren. Auch auf Wodka und Kekse habe ich keine rechte Lust. In Gedanken sehe ich, wie sich Tiksi immer weiter von mir entfernt. Bis gestern nacht dachte ich noch: Die vier Tage, die wir hier verbrachten, waren schön und auch wichtig fürs Gemüt. Doch dieser zusätzliche Aufenthaltstag macht mich nervös. Wir können ihn uns nicht leisten. Auch wenn Markus eine Art Kurzkrankheit hatte, er ist übrigens wieder gesund, glaube ich doch, daß er zur Zeit nicht so sehr darauf brennt, von hier loszukommen. Ich kann ihn zwar verstehen, doch schwirrt mir immerzu Andrej mit der Zigarettenschachtel durch den Kopf, welche er zerdrückt in den Sand fallen ließ. ›Das wird mit euch passieren‹, mahnte er. Der betrunkene Wassili fängt an, ein russisches Volkslied zu brüllen. Das lenkt mich etwas ab. Ich betrachte den Kapitän, wie er versucht, mit den Armen zu dirigieren. Er kommt mir vor, als gäbe es für ihn keine Welt außerhalb dieses Schiffes.

Als das Volkslied verklungen ist, frage ich ihn, wo er eigentlich wirklich wohne. Er fuchtelt mit den Armen umher, beschreibt dann einen Kreis in der Luft und meint schließlich trocken: «Das hier ist mein Zuhause.« Ich habe wohl sein Lieblingsthema getroffen, denn Wassili holt aus seinen Stimmbändern heraus, was er herauszuholen imstande ist. Sein Schiff, das sei sein Leben. Jede Woche pendle er mit ihm zwischen Witim und Lensk. Er liebe die Lena wie kein zweiter. Bei diesen Worten greift der trunkene Kapitän ungewöhnlich zielsicher die braune Teekanne, die mit einem blauen Blumenmuster verziert ist, und schenkt sich in den leeren Becher ein. Er sagt, dies sei sein erster alkoholfreier Schluck heute.

»Was sagt deine Frau dazu, daß du fast nie bei ihr bist?« will ich wissen.

»Was soll sie sagen?« entgegnet er. Manchmal, da besuche er sie in Witim. Aber nicht zu oft. Schließlich seien die beiden ja geschieden. Sein Schiff brauche ihn mehr als sie. Er erzählt, daß er vor Jahren in einer Ölraffinerie gearbeitet und dort mehr Geld verdient habe als jetzt. Auf meine Frage, was er als Kapitän gezahlt bekäme, sagt er wie selbstverständlich: »Vierhundert Rubel.« ›Das sind nicht einmal vierzig Mark‹, überschlage ich in Gedanken. Seit über zwanzig Jahren fahre er einen Moskwitsch, immer dasselbe Ding. Doch das mache ihm nichts aus.

»Seid still!« zischt Andrej plötzlich und dreht aufgeregt am abgenutzten Lautstärkeregler. Es ist kaum zu verstehen, was der Nachrichtensprecher berichtet. Ich höre nur »Kursk« und »Barentssee«. Der junge Kapitän starrt apathisch auf die Tischplatte und schüttelt langsam den Kopf. Irgendetwas Schreckliches muß passiert sein. Es wird Gewißheit für uns, als Trauermusik erklingt. Nachdenklich dreht Andrej den Ton weg. In der Kajüte ist es mucksmäuschenstill. Ich höre nur die Wellen, die ans Schiff schlagen. Nach Sekunden des Schweigens, die kein Ende nehmen wollen, erklärt er uns, daß ein russisches U-Boot namens «Kursk« in der Barentssee gesunken sei und einhundertachtundsechzig Besatzungsmitglieder dort den Tod gefunden haben sollen. Der sonst so stark wirkende Bursche schluckt und ist den Tränen nahe. Er kennt das Gewässer von seiner Zeit als Matrose, so sagt er. Wassili, der lautstarke Schiffsführer, spricht plötzlich ganz leise. Beide Männer sind sichtlich betroffen. So sehr ich in mich hineinhorche, einen derartigen Schmerz kann ich nicht empfinden, obwohl ich selbst einmal bei der Marine war. Natürlich bin ich bestürzt. Doch wenn ich ehrlich sein soll, ist dies eine Meldung, wie ich ähnliche schon vorher hörte: Ein Erdbeben hat Tausende Menschenleben gefordert, oder: Ein Taifun hat ganze Städte ausgelöscht. Meldungen, die für mich nicht viel mehr als Mitteilungen waren, geschah das Ungeheuerliche doch weit von mir entfernt.

Während ich darüber nachdenke, fällt mir auf, daß der Nachrichtensprecher gesagt hat, daß das U-Boot bereits vor einer Woche gesunken sei. Und erst heute wird die Meldung gesendet? (Wieder zu Hause werde ich erfahren, daß ein Torpedo das Boot zerschmettert hat. Davon war hier keine Rede ...)

Andrej erhebt sich, nachdem er Wodka in unsere Trinkbecher füllte. Schweigend steht auch Wassili auf. Wir tun es ihnen gleich.

»Auf unsere toten Kameraden«, raunt der jüngere von beiden. Diesmal stoßen wir nicht wie sonst an. Wir gießen wortlos den Inhalt der Becher in unsere Kehlen und verharren anschließend eine Weile in stillem Gedenken. Ich registriere dabei, wie sich Andrej wegdreht und kurz über die Augen wischt.

Inzwischen ist es fast Mitternacht. Unsere Unterhaltung war nach dieser schrecklichen Mitteilung nur sehr zögerlich in Gang gekommen, und mit der Zeit verwischten andere Gesprächsthemen die Radiomeldung. Andrej sprach über sein Heimatdorf Soldikel. Wir müßten es unbedingt besuchen, denn es liege auf unserem Weg und sei nur dreißig Kilometer von hier entfernt. Dort würden fast ausschließlich Wolgadeutsche wohnen. Er gibt uns die Adresse seines Cousins Wladimir und fügt hinzu: »Er wird euch Essen geben.« Ich glaube in Andrejs Augen Besorgnis zu sehen, daß auch wir bald eine schlimme Meldung aus dem Radio sein könnten. Wir versprechen ihm, sein Dorf anzusteuern und erfahren abschließend, daß auch seine Großeltern, die jetzt in Gifhorn wohnen, Deutsche von der Wolga seien. Hier waren sie die ungeliebten »Nemzy«. Sie zogen vor etwa zehn Jahren nach Deutschland, um ein besseres Leben anzufangen. Doch dort sind sie nun die Russen, das Russenpack.

»Auf unsere Freundschaft!« sagt er, setzt einen väterlichen Gesichtsausdruck auf und prostet uns zu. Der Abschied fällt dadurch nicht leichter.

AUFBRUCH

Ein neuer Tag bricht an. Es ist Sonntag, der zwanzigste August. Ich schaue aus dem Kajütenfenster. Ronald scheint noch zu schlafen, ist noch nicht aus dem Zelt gekrochen. Ich blieb die Nacht über auf dem Schiff, in der Hoffnung auf Ljuda. Aber sie kam nicht. Vermutlich bin ich für sie doch nur ein Intermezzo gewesen, da jemand aus einer fernen Welt vielleicht auf sie anziehender wirkt als ein Bursche aus Lensk.

Als ich den Weg über den Bretterstapel zum Zelt nehme, fühle ich mit der Sonne im Gesicht neue Energie. Zwar wird nun anstelle einer warmen Wange das Glasfiberpaddel in meinen Händen liegen und mein Kopf des nachts nicht auf einer weichen Brust, sondern auf einem verschwitzten Pullover ruhen, aber, verdammt noch mal, wir sind nicht in Sachen Liebe unterwegs! Schließlich ist unser Ziel Tiksi.

Ich baue das Lager ab, Ronald macht einen Spaziergang mit Gina und Condor, bevor es wieder in die Luken gehen soll. Plötzlich schlägt meine Aufbruchsstimmung um. Ljuda sitzt auf der Böschung ...

Als Ronald zurückkehrt, sieht er, wie ich mit ihr zurück aufs Schiff steige. Schnell folgt er uns und steht kurz darauf mit einer Sorgenfalte auf der Stirn neben uns an der Reling.

»Wir wollen uns nur verabschieden, dann geht's los«, beruhige ich ihn, hoffe aber, daß ein höllisches Unwetter käme und wir hierbleiben müßten.

Inzwischen ist auch Andrej, der die Nacht ebenfalls auf dem Schiff verbrachte, aufs Deck getreten. Ebenso Wassili. Ja, sogar Aleksej, der Alkoholiker, kam wie aus dem Nichts über die Bretter gestiegen, als hätte es eine Durchsage zum kollektiven Abschiednehmen gegeben.

Nacheinander schütteln wir Hände. Aleksej lächelt, als wir seine Hand nehmen.

»Seid vorsichtig, ja?« Andrej schaut skeptisch. Ohne weiter darüber nachzudenken, umarme ich ihn. Danach tut Ronald es mir gleich. Wir haben diese Leute im Grunde nur ansatzweise kennengelernt, waren mit ihnen in Bars, einer Diskothek und auf diesem Schiff. Trotzdem sind uns die Menschen ans Herz gewachsen, als hätten wir Wochen hier verbracht. Vielleicht liegt es daran, daß sie uns so selbstverständlich aufgenommen haben.

»Ronald! Markus!« Wassili klingt wie ein Opernsänger. Dann greift er unsere Hände und legt einen dicken, rissigen Atlas hinein. »Ihr werdet ihn brauchen.« Bald, so meint er, werden die Inseln so groß sein, daß wir uns ohne dieses Kartenmaterial nicht mehr orientieren könnten. Wir legen das Geschenk beiseite und drücken auch den dicken Wassili an uns. Jemand schrieb einmal: ›Sibirien haßt du oder liebst du. Loslassen aber wird es dich nie mehr.‹

Ljuda steckt mir etwas in die Jackentasche. Ich greife hinein und halte ein Foto von ihr in den Händen: Die Schöne sitzt vor einem Tannenbaum und lächelt.

»Vergiß mich nicht!« flüstert sie. Ich sehe Ronald mit den anderen an der Reling stehen. Mein Kopf sagt mir, wir müssen weiterfahren.

Gegen fünfzehn Uhr ist alles verstaut. Gina und Condor springen in ihre Luken, wir lassen die Kajaks zu Wasser. Die Wellen sind heute über einen halben Meter hoch, als hätten sie auf uns gewartet. Während der letzten fünf Tage war der Fluß so ruhig, als würde er schlafen, heute aber begrüßt er uns mit Vehemenz.

Die Boote schaukeln wie Nußschalen auf den Wellen. Andrej winkt uns zu, deutet an, wir sollten lieber das gegenüberliegende Ufer ansteuern. Warum, bleibt uns schleierhaft. Aber wir tun, wie uns geheißen.

Ob das ein guter Rat war? Zur Flußmitte hin werden die Wellen doppelt so hoch. Starker Wind bläst uns ins Gesicht. Zeit für Gina aufzustehen. Ich nehme das alles wie nebenbei wahr. Wassili hat seinen Schlepper flott gemacht und steuert ihn hinter uns her. Aus den Lautsprechern schnarrt das Lied von Lensk.

Ich versuche zurückzuschauen, sehe den Kapitän winkend auf der Brücke stehen. Danach hören wir eine Stimme, die wohl Aleksej gehört.

»Girls, Girls, Girls«, ruft er. Ein schriller Ton, wie durch Rückkopplung verursacht, folgt. Unser Abschied aus Lensk. Inmitten der Wellen können wir noch nicht einmal zurückwinken.

Der Schlepper überholt uns. Wir hören auf zu paddeln, das Schiff treibt an uns vorbei, und die Luft riecht nach verbranntem Diesel. Unsere Freunde haben sich am Heck versammelt, schauen auf uns herunter. Dann wendet das Schiff und kehrt zur Anlegestelle zurück. Es wird immer kleiner, die Musik leiser. Abschied ist ein wenig wie sterben ...

IN SOLDIKEL

Als der Himmel sich gegen Abend rötlich färbt, läßt der Wind nach. In der Ferne sehen Ronald und ich ein Dorf, das in Wassilis Karte als Soldikel eingezeichnet ist. Wir sehen die dunkelbraunen Dächer der Häuser, wie sie hinter der sandigen Böschung aus der grünen Wiese ragen. In der Luft liegt der Duft von Heu. Ganz schwach nur, aber wir nehmen ihn wahr. Irgendwo bellt ein Hund. Morgen früh können wir unser Versprechen, Andrejs Cousin Wladimir zu besuchen, einlösen. Ich freue mich darauf. Mir ist, als würde durch ihn dieses Dorf zu einem Teil von Lensk.

Als wir das Zelt aufgebaut haben, ist die Sonne untergegangen. Schnell wird es kalt. Gelbliches Laub liegt neben dem Zelteingang, als wolle es uns verdeutlichen, wie schnell ein Sommer vergeht.

Am Morgen weckt uns das Blöken von Schafen.

Bevor wir ins Dorf aufbrechen, waschen wir uns am Flußrand die

Müdigkeit aus den Gesichtern und steigen dann die etwa fünf Meter hohe Böschung hinauf.

Oben angekommen tut sich uns ein Weg auf, der direkt auf die Häuser zuführt. Die warmen Strahlen der Sonne lassen uns die Kälte des gestrigen Abends vergessen. Heute scheint ein schöner Altweibersommertag zu werden. Auf dem Gras, am Wegrand, glänzt noch Tau. Wieder liegt der Duft von Heu in der Luft, die Vögel zwitschern, und aus der Ferne ist das Tuckern eines Motors zu hören.

Schon im Dorf angekommen, fährt ein Kleinbus an uns vorbei und hüllt uns in eine Staubwolke.

Die Straße, die uns Andrej nannte, und auch das Haus sind schnell gefunden. In der Nummer drei soll sein Cousin Wladimir wohnen. Wir öffnen die Gartenpforte, gehen durch den Vorgarten und klopfen an die Haustür. Ein Mann mit lichtem Haar und Kinnbart öffnet uns, schaut uns freundlich an. Als er erfährt, daß uns sein Verwandter hergeschickt hat, will er als erstes wissen, wie es seinem Cousin Andrej gehe.

Er bittet uns ins Haus und heißt uns mit kräftigem Handschlag herzlich willkommen. Im Korridor riecht es nach frischgebackenem Kuchen. Auch Wladimirs Frau, die größer und wohl auch jünger ist als er, begrüßt uns warmherzig. Als Wladimir ihr freudig mitteilt, daß wir von Andrej kämen und es ihm gutgehe, strahlen ihre Augen. Die Hausherrin heißt Tanja.

Sie bittet uns ins Wohnzimmer und darum, am Eßtisch Platz zu nehmen. Ronald will wissen, warum Wladimir so besorgt um seinen Cousin sei. Daraufhin meint der, Andrej wäre nicht gesund. Er zeigt auf seine Nieren. Dann schweigt er. Ich kann mir den kräftigen jungen Kapitän nicht krank vorstellen und versuche den Gedanken wegzuwischen.

»Ihr müßt Hunger haben«, stellt Wladimir plötzlich fest und ruft: »Tanja?«

»Gleich«, antwortet seine Frau aus der Küche.

Ich schaue mich im Wohnzimmer um. Neben der Tür – eine Anbauwand mit Büchern und kleinen Porzellanfiguren, und über der Couch – Bilder: Portraits der Ahnen, wie wir später erfahren. Auch einen Fernseher gibt es und einen Eßtisch. Darauf steht eine Vase mit bunten Sommerblumen. Die Couch mit der Kuscheldecke erinnert mich an einen sorglosen Nachmittag, an dem es nur mich und ein gutes Buch geben könnte. Eine kleine gemütliche Welt im großen Armenhaus Sibirien.

»Oft haben wir keinen Strom«, wirft Wladimir ein. Ihm gefalle es hier aber trotzdem besser als in Lensk. Und er wünsche sich, daß

Andrej bald zu ihm ziehen möge. Hier, im Dorf, meint der Mann, könnte sein Cousin sich viel besser von seiner Krankheit erholen. So wie er darüber spricht, kann es sich nicht nur um ein Wehwehchen handeln. Doch wirkte Andrej in der Zeit, die wir mit ihm verbrachten, ganz und gar nicht krank.

Unsere Gastgeberin kommt mit Tellern und Besteck aus der Küche. Dann bringt sie eine große Schale mit Obst, Rühreier mit Zwiebeln, schwarzen Tee, der in kleinen gelben Täßchen serviert wird, und noch dampfenden Kuchen. Im Herbst und erst recht im Winter, so erfahren wir, tue man gut daran, mehrmals am Tag etwas Warmes zu sich zu nehmen, um der Kälte vorzubeugen.

Nach diesem schmackhaften Frühstück erkundigen wir uns bei dem Ehepaar, ob der Dorfkonsum geöffnet habe.

»Wir können ja mal gucken fahren«, schlägt Wladimir vor. Ronald und ich steigen, noch trainiert von den Kletterpartien über Wassilis Bretterladung, auf die hohe Ladefläche des grauen Kleintransporters, während unsere Gastgeber im Führerhaus Platz nehmen. Wladimir gibt kräftig Gas, was mir im Widerspruch zu seinen vernünftigen Worten zu stehen scheint. Krampfhaft halten wir beide uns an den Ladeklappen fest. Während das Fahrzeug über die staubigen Wege rast, fällt uns auf, daß die Häuser und Zäune in diesem Dorf anders aussehen als in den Ortschaften, die wir bislang kennenlernten. Es scheint, als hätte hier jemand besonders auf Maße und Winkel geachtet. In den meisten Gärten entdecken wir außerdem mit dicker, durchsichtiger Folie überdachte Gewächshäuser. Sogar ein Mahnmal für Kriegsopfer gibt es hier.

Vor einem grauen Steinbau bremst Wladimir. Wie uns das metallene Eingangsschild verrät, ist dies das Geschäft, zu dem wir wollen. Aber da ist ein Eisengitter vor einer grünen Tür. Noch bevor wir überlegen können, was zu tun sei, kommt eine Frau im hellblauen Verkäuferkittel um die Hausecke und winkt uns mit einem Schlüsselbund.

Im Innern des Ladens, durch dessen Fenster nur wenig Sonnenlicht fällt, ist es angenehm kühl. Auf dem langen Ladentisch, unter einer Glasplatte, entdecken wir diverse Seifen, Handtücher und Zahnbürsten. In den hohen Regalen stehen Dosen mit verschiedenen Sorten Fleisch und Fisch sowie Fertiggerichte mit koreanischer Aufschrift. Auch gibt es ein breites Fach für Brot. Auf der anderen Seite des Geschäftes kann man zwischen Küchenschürzen, Arbeitsstiefeln, bunten Röcken und anderen Bekleidungsstücken wählen.

»Haben Sie Speck?« Wir wollen ihn für die Hunde kaufen.

»Nein«, antwortet die Verkäuferin. Aber eine Pferdewurst könne sie uns anbieten. Für zwanzig Rubel wäre sie unsere. Wir greifen zu und nehmen auch noch Lebkuchen mit Orangengeschmack, Zwiebeln und die fast schon zur Gewohnheit gewordene Ladung Konserven. Dazu Reis und Nudeln. Die Verkäuferin hat mächtige Oberarme. Es verwundert daher nicht, als sie unseren gesamten Proviant auf dem Fußboden in einen Pappkarton packt und diesen mir nichts, dir nichts auf den Einkaufstisch hebt. Wir geben der »Kraftfrau« zweihundertdreiundachtzig Rubel und haben für eine Woche Wegzehrung.

Wieder bei Tanja und Wladimir, schenken die uns aus ihrem Garten Kartoffeln, Gurken, Tomaten und einen großen Weißkohl. Sie sagen, im Gewächshaus gedeihe so viel, daß es auch für uns reichen würde. Wir erfahren, daß das Ehepaar zwei Kinder hat. Die seien gerade in der Schule. Außerdem, so meinen sie, sei es doch selbstverständlich, uns etwas davon abzugeben. Tanja legt sogar noch zwei selbstgebackene Brote zu ihren Gaben.

Die Herzlichkeit dieser Leute macht uns immer wieder sprachlos, und vor allem, daß sie von dem wenigen, das sie besitzen, ohne lange zu überlegen abgeben.

Den Nachbarn, ein junges Paar mit vier Kindern, ist unser Besuch nicht entgangen. Wladimir erzählt ihnen kurz, wie wir hierhergekommen sind und läßt auch die Hunde nicht unerwähnt. Und als wir wieder auf seinen Transporter steigen, kommt die Familie einfach mit. Sie wollen unsere Boote und Hunde sehen.

Am Ufer wünscht man uns viel Glück und, daß die Stürme nicht zu heftig werden. Der Nachbar von Wladimir meint zum Abschied, daß es wohl nicht das Schlechteste gewesen wäre, wenn wir uns zwei kleine Motoren für die Boote mitgenommen hätten. Dann steigt er mit seiner Frau und den Kindern zurück auf den Transporter, und Wladimir chauffiert die winkenden Leute wieder nach Hause.

Gerade, als Markus und ich die Kajaks besteigen wollen, entdecke ich in der Ferne einen schwarzen Punkt, der sich relativ schnell am Ufer auf uns zubewegt. Hat sich unsere Anwesenheit so schnell im Dorf herumgesprochen? Wir halten kurz inne, stoßen uns dann aber mit den Paddeln vom Ufer ab.

Der Mann, als der sich dieser Punkt entpuppte, ruft uns, nachdem er in hörbare Nähe gekommen ist zu, daß wir warten sollten. Es ist ein kleiner Mann mit kantigem Kopf und kurzem, grauem Haar, etwa sechzig Jahre alt. Wir treiben bereits auf dem Fluß, als er uns erreicht hat.

»Wartet!« wiederholt der Alte, läuft neben uns her und fügt in gebrochenem Deutsch hinzu: »Ich muß mit euch reden. Bleibt bitte! Ich geb' euch alles, wenn ihr bleibt. Braucht ihr Geld? Tausend, zweitausend Mark? Kein Problem.« Noch einmal bittet er uns zu bleiben, während wir langsam weitertreiben. Ich frage mich, warum er uns solch ein Angebot macht und dabei so aufgeregt, ja, fast verzweifelt wirkt. Also verständige ich mich mit Markus, und wir paddeln zurück zum Ufer.

»Wir wollen kein Geld«, sage ich ihm, als wir uns aus den Booten hieven. »Aber was ist los?« Ein komisches Gefühl, wieder deutsch mit jemand anderem als mit Markus zu sprechen. Es stellt sich heraus, daß der Mann Viktor heißt und der Bürgermeister des Ortes ist. Er drückt uns an den Schultern auf die Boote und hockt sich neben uns in den feinen hellbraunen Ufersand.

»Hört zu!« bittet er und zündet sich eine Zigarette an. »Meine Eltern, sie sind alt und krank. Sie wohnen bei euch, in Deutschland. Ich schreibe viel meinem Vater. Meine Mutter kann nicht. Sie sieht nicht gut. Der Vater schickt mir immer viel Pakete und schreibt, ›Jungchen, laß die Sorgen. Uns geht es gut.‹ Aber das ist mein Problem. Geht es Vater und Mutter wirklich gut oder sagt er nur so? Ich weiß nicht. Nun kommt ihr in mein Dorf. Das erste Mal, daß ich Deutsche treffe. Hier wohnen zwar viele von ihnen. Aber sie kennen nicht Deutschland. Sie kamen aus Wolgaland vor langer Zeit hierher. Bitte, sagt mir, wie man bei euch wohnt, wenn man aus Rußland kommt.« Viktor hält die Hand von Markus.

Ich male mir aus, daß der Vater des Bürgermeisters ihm aus solch einer Entfernung bestimmt kein Problem mit der Post schicken würde. Warum aber fährt der Mann nicht selbst hin und besucht die Eltern? Geld scheint er doch zu haben.

»Das ist ja meine, wie sagt man, Zwickmühle.« Der Grauschopf schaut zu den Häusern hinauf. »Hier ist mein Dorf. Es ist wie mein Kind. Laß ich es allein, es wird ihm schlecht gehen. Ich habe viel in Soldikel getan.« Er blickt gen Westen. »Dort, ganz weit, sind meine Eltern. Ich habe Angst, sie nicht mehr zu sehen. Soll ich fahren? Soll ich bleiben? Alle sagen ›Fahr nur!‹ Aber sie können nicht wissen, wie sehr mir auch mein Dorf hier drin ist.« Der kleine Mann legt die Hand auf seine Brust.

»Aber zwei, drei Wochen«, sage ich, »da wird schon nichts passieren.«

»Doch«, erwidert der Gemeindevorsteher, »alles wird nicht mehr so sein. Kommt! Laßt uns Tee bei mir trinken.« Er steht auf und legt den Kopf schräg. Anscheinend hat er nicht viel Vertrauen in die

Leute aus dem Ort. Dabei kommt er mir vor, als wolle er von uns ein entscheidendes Argument hören, das ihn letztlich doch dazu bewegen würde, seine Eltern zu besuchen. Will er vielleicht Hilfe von uns? Sollen wir uns mit seinen Eltern treffen und ihm darüber schreiben? Fragen, die offen bleiben, während wir ihm folgen.

Auf dem Weg zu Viktors Haus, der ihn, Ronald und mich an einer Wiese und einem zweiten kleinen Laden vorbeiführt, treffen wir einen buckligen alten Mann mit schlohweißem Haar und aufgedunsenem Gesicht, der sich auf einen Stock stützt und mühsam ein Bein vors andere setzt. Er trägt eine alte Windjacke und weite Trainingshosen.

»Heinrich!« spricht ihn unser Begleiter an. Der Alte macht eine langsame Drehung zu uns. »Sie kommen aus Deutschland. Wollen, daß ich Vater und Mutter besuche.«

»Hähä«, macht der Angesprochene, streicht sich eine Haarsträhne aus dem Gesicht und fährt fort: »Verrückter Kerl! Warum besucht er sie denn nicht?« Auch er spricht deutsch mit Akzent.

»Komm mit, Heinrich«, fordert der Bürgermeister. Ohne eine Antwort abzuwarten, hakt er ihn unter und führt ihn langsam mit sich. Nach ein paar Minuten erreichen wir Viktors Haus. Beim Gehen erfahren wir von ihm, daß Heinrich ebenfalls ein Wolgadeutscher und bereits dreiundachtzig Jahre alt sei. Seit beinahe sechzig Jahren wohne er in Soldikel. Der so Vorgestellte, der dazu nichts sagt, nickt nur hin und wieder.

Die Frau des Dorfoberhauptes ist schlank. Sie steht in der Tür und scheint nicht begeistert über die Gefolgschaft ihres Mannes. Hörbar atmet sie aus, zieht die Mundwinkel nach unten, sagt aber nichts. Als sie uns Platz macht, mustert sie Ronald und mich abschätzig.

»Schuhe aus!« ruft sie uns nach. Vielleicht, so überlege ich, ist sie so abweisend zu uns, weil ihr Ehemann uns ohne Voranmeldung mitbrachte und womöglich öfter Gäste zu sich nach Hause einlädt. Erst streifen wir unsere Kajakschuhe ab, dann helfen wir Heinrich beim Ablegen seiner Mokassins.

»Wenn die Füße nicht mehr tragen«, philosophiert der währenddessen, »ist der Sensenmann nicht mehr weit, hähä.« Schaue ich diesen Greis an, erkenne ich einen gezeichneten Mann. Aber da ist etwas in seiner Art, das mich aufmerken läßt. So wie der Alte guckt und vor allem wie er spricht ... Nicht sein Dialekt, sondern vor allem die Art und Weise, wie er etwas sagt, unterscheiden ihn von den anderen alten Leuten, die wir bisher kennenlernten. Trotz seiner Gebrechlichkeit hat dieser alte Mann einen wachen Geist. Es scheint ihm Spaß zu machen, spitzfindige Bemerkungen abzugeben.

Zu uns gewandt stellt er fest: »Ihr kommt also von dem Adenauer.« Er sagt es, als wäre die Zeit seit einem halben Jahrhundert stehengeblieben. Dabei setzt er sich in einen Sessel, in den er, obwohl der Dreiundachtzigjährige wahrlich kein Schwergewicht zu sein scheint, so tief einsinkt, daß ich glaube, er würde dort nie wieder herauskommen. Viktor schiebt währenddessen in der Küche eine Pfanne auf die Herdplatte, gibt Fett hinein und schlägt Eier drauf.

»Ich bin auch deutsch«, fährt Heinrich fort, nachdem er sich in eine angenehme Position gerückt und einen Krümel von der Armlehne geschnipst hat, als wäre er hier zu Hause. Er beginnt vom Krieg zu erzählen, beschreibt, wie er und seine Mutter in einen Eisenbahnwaggon gesteckt wurden und ihr Dorf Anisowka an der Wolga nie wiedersahen. Ich weiß nicht, warum er uns das erzählt, aber es scheint ihm gutzutun, denn sein Blick wird munterer, und seine Stimme überschlägt sich fast beim Reden. So wenig wir einander auch kennen, wir sind seine Landsleute, und er fühlt sich seiner Heimat durch uns vermutlich ein Stückchen näher.

»Kam als junger Kerl hierher. Stalins Zwangsumsiedlung. Kaum Kleider am Leib, mußten wir arbeiten, nichts als arbeiten. Im Sommer fraßen uns Sonne und Mücken auf, im Winter die Kälte. Erlaubte sich jemand, die Hände zum Wärmen in die Taschen zu stecken, wurde er mit dem Stock bearbeitet. Bäume fällen, zersägen, zum Schiff schleppen, wieder Bäume fällen. Alle zwei Wochen einen Tag frei. Und irgendwann war ich alt.« Heinrich verstummt, reibt sich die Knie und schaut mal zu mir, mal zu Ronald. Ich versuche mir vorzustellen, was er uns gerade erzählte. Dabei denke ich auch an meinen Großvater, wie er mir vom Krieg berichtete, er in Griechenland neben einem Lazarett die Gräber für die Verstorbenen ausheben mußte. Doch das alles ist fern meiner Vorstellungskraft, ist für mich wie ein dunkles Chaos. Ich bin froh, daß ich in einer anderen Zeit groß wurde und spüre Erleichterung in mir aufsteigen, daß Ronald und ich nur das Problem haben, miteinander klarzukommen.

»Essen ist fertig«, ruft Viktor und winkt uns zu sich. Wir helfen Heinrich, aus dem Sessel aufzustehen, führen ihn in die Küche. Dort beobachtet, von einem Stuhl aus, der neben dem Herd steht, die Hausherrin das Geschehen. Sie sitzt mit verschränkten Armen da und verzieht keine Miene. Auf dem Tisch hat offenbar der gesamte Inhalt des Kühlschranks Platz gefunden: Schinken, Käse, Milch und Butter, Marmelade, frischer Kaviar, Fleischsalat, Würstchen und Apfelstücke. Am meisten freue ich mich auf die gebratenen Eier. Der Bürgermeister läßt uns wissen, er habe dafür ein spezielles Rezept entwickelt. Das Geheimnis dabei sei, vertraut er uns an, während er einen Kanten Brot abschneidet, eine Prise Zucker in die brutzelnden Eier zu geben.

»Zucker?« fragt Heinrich verständnislos seinen Nachbarn und ergänzt: »Ein Verrückter ...« Dann bleiben seine Augen an mir hängen. »Was hast du da nur auf der Nase, Großer?« Er schaut mich angestrengt an.

»Eine Brille«, antworte ich.

»Ach, meine verfluchten Augen taugen auch nichts mehr«, brubbelt der Alte und greift nach der Gabel.

»Jetzt eßt!« ermuntert uns Viktor. Er setzt sich uns gegenüber und schickt seiner Frau, die von ihrem Beobachtungsplatz am Herd nicht aufgestanden ist, ein Lächeln hinüber. Es wird nicht erwidert.

»Nehmt euch Marmelade zum Tee«, schlägt er vor und will wissen: »Sind die Eier gut?« Unser freundlicher Gastgeber zieht, während wir probieren, erwartungsvoll seine buschigen Augenbrauen nach oben, und wir sagen ihm, daß es uns phantastisch schmeckt. Er lächelt.

»Was hast du da nur für einen Mist reingetan?« läßt Heinrich sich hören, ißt aber weiter.

Wir genießen den Festtagsschmaus. Irgendwann erhebt sich unser Gönner und geht ins Wohnzimmer. Als er zurückkehrt, hat er ein Foto in der Hand. Er beugt sich zu uns und zeigt uns die Aufnahme. Auf dem Bild ist ein junges Mädchen zu erkennen, das kerzengerade vor einem großen, braunen Haus steht.

»Unsere Tochter«, erklärt Viktor. »Ein kluges Kind. Studiert in Nowosibirsk Ökonomie.«

Nachdem die Tafel aufgehoben ist, fragt er noch einmal: »Soll ich wirklich nach Deutschland fliegen?«

»Natürlich«, bestärken wir ihn. Seine Augen beginnen zu strahlen, und irgendwie scheint der Mann sich mit dem Gedanken anzufreunden.

Auf dem Weg zu seinem Haus hatte der Bürgermeister Markus und mir einen Anruf in die Heimat angeboten. Besonders ich freute mich darüber und nahm dankend an.

Jetzt ist es soweit. Ich werde ins Wohnzimmer zu einem orangefarbenen Telefon geführt.

»Hier, setz dich!« fordert Viktor mich auf und zeigt auf den Sessel neben dem Apparat. Er nimmt den Hörer für mich ab und fragt nach der Telefonnummer. Ich bin schrecklich aufgeregt, glaube, mein Herz würde zerspringen. Aber dann weicht das Gefühl einem anderen: Ich verspüre Angst davor, Sonja anzurufen. Stotternd nenne ich die Ziffernfolge. Mir ist klar, daß es daheim erst sechs Uhr morgens ist. Ob

Sonja zu so früher Stunde schon aufgestanden ist? Ob sie das Läuten überhaupt hört? Mit Schrecken nehme ich wahr, wie Viktor etwas ins Telefon brüllt. Dann tritt eine Pause ein. Er legt seine Hand auf die Sprechmuschel und erklärt: »Für Deutschland muß man Vermittlung fragen. Ich muß schreien. Sonst kann sie mich nicht hören. Die Leitungen sind alt und ...« Er spricht den Satz nicht zu Ende und wendet sich wieder dem Telefon zu.

Heute ist das bereits der vierte Versuch, meine Freundin zu erreichen. Doch außer dem schnarrenden Rufton in der Leitung passiert nichts. Auch meine Eltern erreiche ich nicht. Beim letzten Anlauf bekomme ich eine gute Bekannte an den Apparat. Ist es die frühe Morgenstunde, die sie wortkarg macht? Besonders, als ich Sonja ins Gespräch bringe, habe ich das Gefühl. Ich werde den Gedanken nicht los, daß mir etwas verheimlicht wird. Traurig lege ich wieder auf.

Ronald und ich verabschieden uns. Wir wollen uns auf den Weg machen. Viktor bedankt sich für unseren Besuch und meint, daß es ihm sehr wichtig war, uns kennengelernt zu haben. »Vielleicht sehen wir uns in Deutschland?«

»Ich glaub auch so«, antwortet er, nickt und zieht seine Frau am Arm heran. Auch sie verabschiedet sich von uns. Der Bürgermeister von Soldikel nimmt noch einmal meine Hand und legt einen Zettel mit seiner Adresse und Telefonnummer hinein.

»Meldet euch nach eurer Ankunft in Deutschland, unbedingt!« sagt er. Auch Geld hat er dazugetan. Er besteht darauf, daß wir es nehmen.

»Ihr werdet es brauchen für Essen«, gibt er zu bedenken und fährt fort. »Ich kann dann nachts schlafen. Nehmt! Oder soll ich nicht schlafen können?« Wir schließen ihn in die Arme.

Heinrich stemmt sich unterdessen aus seinem Stuhl. »Los geht's, ja? Hähä.« Er tritt so dicht an uns heran, daß ich seinen säuerlich riechenden Atem spüre. »Ihr seid genauso verrückt wie der hier.« Mit diesen Worten verläßt er uns und tippelt über die Straße auf sein kleines Anwesen zu.

Da angekommen müht er sich die wenigen Stufen zu seinem Hauseingang hinauf, hält sich dabei am dort installierten Geländer fest. Der Greis dreht sich noch einmal schwerfällig zu uns um und ruft: »Nirgends ist der Himmel schöner als hier im Norden. Merkt euch das!«

Wieder sitzen wir in den Booten, haben uns vom Ufer abgestoßen. Viktor begleitete uns bis zum Fluß, nahm Ronald und mich zum Abschied nochmals in die Arme und sagte: »Ich werde es mir überlegen mit der Fahrt nach Deutschland.« Auch wir gaben ihm unsere

Adressen und Telefonnummern und bedankten uns für seine Gastfreundschaft. Lange noch sehen wir ihn am Ufer stehen, winkend, und bald ist er wieder zum kleinen schwarzen Punkt geworden, so, wie vor Stunden, als er uns entgegeneilte.

EIN GESPRÄCH

Am folgenden Abend, es ist der dreiunddreißigste der Reise, ist die Lena sehr ruhig. Wir sitzen in den Luken, die Sonne sendet ihr mildes Licht über die Bäume zu uns, und ich fühle mich fit, könnte ohne Unterbrechung stundenlang, tagelang so weiterpaddeln. Meine gute Laune möchte ich mit Markus teilen und mache ein paar Scherze. Er lacht. Auch ihm scheint es heute bestens zu gehen.

Ehrlich gesagt, habe ich keine Ahnung, wie ich plötzlich auf meine Trennung von Lara zu sprechen komme. Trotzdem, auch, weil ich ahne, daß diese Frau zwischen Markus und mir nichts mehr zerstören kann, erzähle ich ihm davon. Die Worte fallen mir auf einmal so leicht, als wäre es eine Geschichte, die nicht ich erlebt habe. Ich erzähle, daß Lara mir über einen Freund ausrichten ließ, zwischen uns sei Schluß. Ich war gerade aus dem Silvesterurlaub zurückgekommen, zu dem sie nicht mitfahren konnte, wie sie meinte. Ich hätte sie gern bei mir gehabt und dachte, sie hätte genau solche Sehnsucht nach mir, wie ich nach ihr.

»Aber weshalb war sie eigentlich nicht mit mir in den Urlaub gefahren?« beende ich meine Gedanken.

»Das kann ich dir sagen«, wirft mein Kamerad schmunzelnd ein. »Weihnachten und Silvester war ich doch bei ihr, und wir haben nicht nur den Tannenbaum geschmückt ...«

»Das ist ja nicht zu fassen!« entfährt es mir. »Zu mir hat sie immer gesagt, sie gibt sich nur noch aus Mitleid mit dir ab.«

»Mitleid?« Markus zieht die Augenbrauen hoch. »Sie wollte mich heiraten.«

Wir schweigen. Unsere Boote ziehen über die tänzelnden Wellen, und ich schüttle den Kopf, mir bewußt darüber, wie schrecklich gutgläubig und dumm wir doch beide waren. Hätten wir nur früher darüber geredet. So ein Gespräch hätte natürlich verletzt, keine Frage. Aber uns wären eher die Augen geöffnet worden. Seltsam, wie nah und fern zugleich mir das Ganze erscheint. Ich schaue zu Markus hinüber und habe das Gefühl, daß er ähnlich denkt.

Als ich dann über jene Nacht spreche, in der ich ihn in der Küche vorfand, taucht mein Paddel automatisch langsamer ins Wasser.

»Tut mir leid, was damals ...«

»Vergiß es«, fällt mir mein langjähriger Freund ins Wort. »Das ist vorbei. Ich war ein Blödmann.« Er schaut über den Fluß, als rede er mit ihm und nicht mit mir. Dann aber sieht mich Markus an, und ich lese in seinen Augen, daß er mir nicht mehr böse ist.

»Weißt du eigentlich,« fahre ich fort, »daß ich ihr einen Brief schrieb? Mit all meiner Enttäuschung und Wut. Ich wollte sie nicht zurückhaben, aber ich wollte ihr zeigen, wie ich denke. Wie ich später von einer Freundin hörte, hat sie wegen dieser Zeilen geheult. Ich hing ihr dennoch nach, fast ein ganzes Jahr lang. Sie ahnte nichts davon. Jedesmal, wenn sie mir über den Weg lief, schlug mir mein Herz bis zum Hals.« Ich verstumme, denn plötzlich tut es mir um die zwei sinnlos verstrichenen Jahre leid, in denen ich so manche Frau ziehen ließ, noch bevor ich sie kennenlernen konnte. Doch nun ist da ja Sonja. Und dieser Gedanke treibt mir den Trübsinn aus dem Kopf. In diesem Augenblick bin ich mir sogar sicher, daß mit ihr alles in bester Ordnung ist. Wenn ich zu ihr zurückkehre, wird es wunderbar werden. Unvermittelt lache ich auf.

Häuserdächer schälen sich aus dem Dickicht der Taiga und verkünden, daß wir eine Nacht mit Ziegen, Dorfhunden und Kühen vor uns haben werden.

Kurz bevor wir anlanden, entstehen neben mir wie aus dem Nichts zwei große Strudel. Plötzlich sind sie da. Breit und tief. Doch sie verfehlen mich und mein Boot. Wie oft kann man solch ein Glück haben? Wie Trichter ragten die Wasserwirbel in die Tiefe. Die Lena läßt ihre Muskeln spielen ...

DAS GOLDGRÄBERDORF

Was Ronald und ich in Lensk nicht fertigbrachten, einige Berichte von der Reise an die heimische Zeitung zu schicken, wollen wir nun endlich hier, in diesem Dorf, nachholen. Immerhin sind wir schon fast fünf Wochen auf der Lena unterwegs.

Diese Siedlung, Matscha, soll, so hat uns Wassili vor Tagen erzählt, ein Goldgräberort sein. Irgendwo in der Ferne blubbert ein Motor. Sonst ist es still. Hier also soll es Sibiriens Hoffnung auf ein besseres Leben geben.

Nachdem die Hunde das stumpfe Reiben von Uferboden und Kajaks spürten, schnellten sie aufgeregt empor, als hätte sich in der Nähe ein Schuß gelöst. Die Vorfreude auf Bewegung läßt sie aus ihren

Luken springen. Doch dann halten sie inne, stehen bauchtief im Morast. Ich schrecke zusammen. Mir kommt es vor, als würden die Vierbeiner tiefer und tiefer sinken. Mühevoll wühlen sie sich durch den Schlamm. Ein Lauf wie in Zeitlupe. Bange Sekunden vergehen. Werden die Tiere da rauskommen? Dann aber haben sie es geschafft. Verdutzt blicken sie zu uns, schütteln sich, so daß der Modder von einem zum anderen überspritzt.

Im ausgebaggerten Flußbecken, in dem wir anlandeten, liegt ein kleiner Schlepper vor Anker. Seine Ladefläche ist leer, und an den Bordwänden nagt der Rost. Den langen Schiffsmast ziert eine russische Flagge. Nicht weit davon, am Ufer, hockt ein kleiner Junge, der ein Spielzeugboot aufs Wasser schiebt. Er beäugt uns, als wir aussteigen. In seiner Nähe grasen Kühe. Ein Grund mehr, die Leinen aus dem Gepäck zu holen und die Hunde damit an den Kajaks festzubinden.

Das Ufer ist nicht, wie wir zunächst glaubten, mit Morast, sondern vor allem mit Kuhdung »gepflastert«. Wir gehen einen steil ansteigenden, ausgetretenen Pfad, über einen Wiesenhang zum Dorf hinauf, haben bald den ersten Hof erreicht. Die sandigen Wege zwischen den Hütten sind wie leergefegt. Mittagszeit.

Ein Traktor rattert heran. Sein überladener Anhänger, auf welchem sich Heu stapelt, hat den Anschein, als wolle der Fahrer damit einen Rekord im Transportieren brechen. Uns gelingt es noch nicht einmal die Farbe des Hängers zu erkennen. Als uns die zuckelnde »Feldscheune« erreicht hat, sehen wir, daß selbst die Seitenfenster des Treckers mit herunterhängendem Grün verdeckt sind. Kein Wunder, daß dessen Führer auf unser Winken nicht reagiert und weiterfährt.

Minuten später begegnet uns ein Mann.

»Können Sie uns sagen, wo sich das Postamt befindet?« fragen wir ihn. Er schaut uns von oben bis unten an und läßt dann seinen Blick wie ein Seefahrer in die Ferne schweifen, welche allerdings schon einhundert Meter weiter hinter einer großen, ausgebaggerten Grube an einem bewaldeten Berg endet.

»Natürlich«, erwidert er schließlich, schiebt seine Mütze zurecht und zeigt auf das Haus neben uns, zu welchem ein paar Treppenstufen hinaufführen. Dann geht er weiter.

Das Postamt, das, wegen der Klettergerüste davor, auch ein Kindergarten sein könnte, hat geschlossen. Ratlos stehen wir da. Kein Schild, kein Zettel mit Öffnungszeiten sind zu entdecken. Sollten wir warten? Es sind nicht nur die Berichte für die Zeitung, es sind auch ein paar private Karten, die wir gern westwärts schicken würden.

Wir stehen vor dem Postgebäude, überlegen noch, als eine dicke Frau mit Kopftuch auf uns zusteuert.

»Na?« grüßt sie und hebt flüchtig die Hand. »Wollt ihr zu mir?« Während sie die Tür aufschließt, murmelt sie etwas von Kühen, nach denen sie gesehen habe, und daß sie auch sonst viel zu viel zu tun hätte. Sie sagt es eher zu sich als zu uns. Dann bittet sie uns in einen Raum, in dem es scheinbar nur einen Tisch mit einer riesigen Paketwaage und einem Stempelkissen gibt. Es riecht nach altem Holz.

»Das Postschiff war gerade da«, sagt sie, bindet sich die Schürze ab und hängt sie an einen Haken neben dem Paketannahmetisch. »Das nächste kommt in ein paar Wochen.« Weil wir auch unsere Filme mitschicken wollen, fragen wir die Frau, ob das ratsam sei.

»Kinder, was soll ich sagen?« erwidert sie, sichtlich überfordert. »Entweder es klappt, oder es klappt nicht. Garantieren kann ich das nicht.« Wir entscheiden uns, die Karten und Briefe erst in Jakutsk abzugeben. Viel länger als mit dem nächsten Postschiff von hier kann dies auch nicht dauern. Die Angestellte begleitet uns nach draußen, wünscht uns einen schönen Tag und schließt die Tür von innen.

Wieder vor dem Postgebäude schauen wir zum Himmel, an dem es heute kein Wölkchen gibt. Für einen Moment genieße ich die Ruhe, die sich hier nicht mit dem Plätschern des Wassers vermischen kann. Danach gehen Ronald und ich die wenigen Treppenstufen, auf denen eine kleine Pfütze der Sonne trotzt, hinunter zur Straße. Das Wasser muß noch aus der vergangenen Nacht stammen, in der es kurz regnete.

Jemand tippt mir auf die Schulter. Ich drehe mich um und schaue in ein Männergesicht, das den Staub der Straße in den Poren trägt. Die Lippen zu einem Kreis geformt, steht ein junger Mann vor mir, schaut mich, ohne etwas zu sagen, an. Dann aber sagt er doch etwas: Er fragt, wo wir herkämen.

»Von so weit her, daß unsere Briefe hier wohl Monate bis dorthin brauchen werden«, antworte ich. Er blickt so, als wolle er mehr wissen.

»Ahhh«, staunt er, als er den Namen unserer Heimat vernommen hat. »Das liegt doch ... Wartet! Hinter Moskau, nicht wahr? Ich kann es nicht glauben.« Er stottert etwas, aber seine Augen strahlen uns an. Wie ein Kind klatscht der Bursche in die Hände, dann greift er kurz nach unseren. Wieder und wieder streicht er sich durch sein braunes, staubiges Haar, faßt dann Ronald an die Schulter und meint: »Ich habe noch niemals Ausländer gesehen.« Er nimmt seine Hand zurück, geht im Kreis um uns herum und betrachtet uns dabei so, als kämen wir von einem anderen Planeten. »Das ist ein großer Tag für mich. Oh, entschuldigt!« Er greift wieder nach unseren Händen. »Ich heiße Juri. Juri Jurijewitsch. Seid meine Gäste.« Unvermittelt faßt er sich an die Nase, denn ein heftiges Niesen durchfährt ihn. So drollig und liebenswert uns der junge Mann auch erscheint, müssen wir, wollen wir jemals Tiksi auch nur von weitem sehen, uns zusammenreißen und ihm zu verstehen geben, daß der Fluß ruft. Sozusagen als Entschädigung schlagen wir ihm ein Foto von uns dreien vor, das wir ihm nach unserer Heimkehr zuschicken würden, wenn er es wolle.

»Ein schönes Geschenk«, schwärmt er und schaut uns bewundernd an. Doch der Fotoapparat hat keinen Selbstauslöser. Einmal mit Ronald und einmal mit mir fotografiert zu werden, scheint Juri kein guter Vorschlag zu sein. Wie gerufen knattert ein Moped mit einem Mann und zwei Jugendlichen darauf heran. Die Plauderrunde wächst auf sechs Leute an, und nach geraumer Zeit hat sich auch die Staubwolke, die das Moped beim Bremsen verursachte, verzogen.

Der etwa dreißigjährige Fahrer erzählt uns, daß für ihn das Gold der einzige Grund sei, hier zu leben. Gesehen hätte er davon schon viel, bekommen umso weniger. Es werde scharf bewacht. Und die Winter mache das Gold auch nicht wärmer. Kohle zu fördern wäre da besser. Aber ein Sibirier klage nicht, und deswegen sei nun auch Schluß mit der Jammerei. Hier in Matscha brauche man gutes Vieh, den Hof voller Holz, sowie ein Weib, das es mit einem aushalte. Vielleicht sei nicht so wichtig, was man haben könne, sondern was man habe, philosophiert neunmalklug einer der beiden Soziusfahrer.

Da wir nun unbedingt das Foto zu sechst aufnehmen sollen, fehlt uns erneut jemand, der den Auslöser drückt. Da kehrt der Mann, der uns das Postamt zeigte, zurück, als, so hoffen wir, Retter des Fotos. Doch weit gefehlt! Auch er will sich auf dem Bild verewigt wissen. Was nun?

Ich sehe, daß die Postfrau aus der Amtsstube getreten ist und sich müht abzuschließen. Wir rufen nach ihr. Fragenden Blickes und forsch die flachen Stufen nehmend naht sie und erkundigt sich, was los sei.

»Könnten sie bitte ...« Ich drücke ihr die Kamera in die Hand und bin erleichtert, daß nicht auch sie mit aufs Foto möchte. Nachdem die Frau mehrmals ihren Standort wechselte, um uns alle gut ins Bild zu rücken, drückt sie ab. Zum Dank knipse ich sie auch, zusammen mit Ronald.

Sekunden später knattert das Moped davon. Die Postfrau klopft sich den Staub, den die Maschine darauf zurückließ, von der Schürze, verabschiedet sich von uns und geht von dannen. Auch der Mann setzt seinen Weg fort. Nur Juri bleibt bei uns. Scheinbar geistesabwesend steht er da und versucht, ohne zu stottern »Dankeschön« zu sagen. Dann begleitet er uns zum Ufer. Ab und zu läuft er dabei vor uns her, wird dann wieder langsamer, läßt sich zurückfallen und wiederholt das Ganze. Er hat etwas von einem Kind an sich. Doch das macht ihn mir sympathisch. Unterwegs schüttelt er uns sieben-, achtmal die Hände. Einen Menschen, der sich so freuen kann, haben wir selten erlebt. Dafür schließen wir Juri ins Herz.

»Ich werde euch ein Denkmal errichten«, ruft er uns zu, als wir in den Kajaks an ihm vorbeitreiben. Vor Rührung bekomme ich eine Gänsehaut, und ich frage mich, ob wir nicht doch mehr Zeit mit ihm, der ein einsamer Mensch zu sein scheint, hätten verbringen sollen. Ich stelle mir vor, wie er ein Denkmal von uns bauen würde und sehe zwei in Stein gemeißelte Männer neben dem Postamt stehen, die mit den Zeigefingern auf ihre Uhren pochen. Welch absurder Gedanke.

Juri steht noch lange am Ufer. Während wir sein Winken erwidern, nimmt uns der Fluß mit sich fort.

DIE NACHT AM FELSEN

Am kommenden Abend, es ist Freitag, und Woche sechs bricht an, durchpaddeln Markus und ich eine friedvolle Landschaft, die wir bisher an der Lena nur an wenigen Tagen genießen konnten. Außerdem fällt heute das Licht der Sonne auf kahle Felsen, und es scheint, als würden diese rotbraun erstrahlen. Ihr Abbild spiegelt sich im Fluß, und wir genießen diesen himmlischen Anblick. Leider ist an den schroffen Kolossen kein Platz für ein Lager. Vielleicht am gegenüberliegenden Ufer? Doch der Strom ist mittlerweile etwa zwei Kilometer breit, und erscheint das andere Ufer auch nah, so ist es das noch lange nicht, denn auf dem Wasser lassen sich Entfernungen nur schwer einschätzen. Hinzu kommt die Furcht, eines der rasant fahrenden Tragflächenboote könnte plötzlich auftauchen. Das passiert zwar sehr selten, aber wer weiß. Vielleicht ist gerade dann eins zur Stelle, wenn wir es ganz und gar nicht gebrauchen können.

Doch ringsum ist alles still, und wir paddeln zur anderen Seite des Flusses, dem schützenden Uferbereich entgegen. Nun haben wir die schroffen Felsen als abendliches »Kinoprogramm« vor uns. Ein Naturwunder aus Stein.

Kurz bevor wir das Ufer erreichen, senkt sich plötzlich der Bug meines Kajaks ab. Das Boot beginnt sich zu drehen. Neben mir wirbelt das Wasser. Ich paddle verzweifelt und schaffe es nach Sekunden, die mir wie Minuten vorkommen, dem Sog zu entfliehen. Entgeistert schaue ich mich um. Wieder einer dieser Strudel!

Ich las, daß die Lena unberechenbar sein soll. Wahrhaftig, sie ist es, und sie ist mir unheimlicher denn je.

Seit wir Lensk verließen, sind die Insekten, besonders die Mücken, merklich weniger geworden, bis auf die Stechfliegen, die sogar in Augen, Ohren und Nasenflügel kriechen. Die drangsalieren uns auch jetzt noch zuhauf. Selbst Mückenspray hilft da nicht. Mit Einbruch der Dunkelheit wird es schnell kalt. Erst dann verschwinden die Blutsauger.

Inzwischen züngeln, wie fast jeden Abend, die ersten Flammen um die Zweige. Rauch schwebt durch die Luft. Ein behagliches Gefühl, welches sich vom Geruch des verbrannten Holzes nährt, weckt die Erinnerung an Grillabende daheim. Wir hocken neben der Feuerstelle und beobachten die Flammen. Ich habe gelernt, geduldig aufs Holznachlegen zu warten. Gerade wenn die Zweige oder Äste, so wie jetzt auch, ein wenig feucht waren, sind die Flammen durch mein eiliges Tun schon einige Male verloschen.

Heute haben wir zum ersten Mal zwei Feuerstellen errichtet. So wird, während wir unseren Nudel- und Fleisch-aus-der-Büchse-Mix zubereiten, gleichzeitig auch der Reis für die Hunde gar. Das spart Zeit, denn wir sind müde. Nach einer halben Stunde ist der Reis so aufgequollen, daß er über den Rand des Topfes läuft. Ein seltsames Hundefutter. Doch wir haben nichts Besseres. Immerhin ist es so kalorienreich wie die längst aufgebrauchte Trockennahrung. Während die Hundemahlzeit abkühlt, werfe ich hin und wieder einen Stein in die Lena und beobachte Condor, wie er, meinen Würfen folgend, ins flache Wasser sprintet. Dünn ist er geworden. Besorgt sehe ich, wie er neben einem Gebüsch in die Hocke geht und sich entleert. Schon seit zwei Tagen plagt ihn Durchfall. Oft mußten wir deshalb anlanden. Ich vermute, es ist die Nahrungsumstellung. Die Vierbeiner müssen seit einiger Zeit das fressen, was auch wir zu uns nehmen. Nudeln, Reis, Brot mit Wurst und Fisch, den uns ab und zu Bootsleute schenkten. Aber auch kleingeschnittene Gurken, Tomaten und Möhren kamen den beiden schon zwischen die Zähne. Solche Vitaminnahrung gab ich ihnen oft vor der eigentlichen Mahlzeit, um die Tiere an alles zu gewöhnen, was eßbar ist. Zur Zeit helfen Condor aber nicht einmal die Durchfalltabletten, die speziell auf die Verdauung von Hunden ausgerichtet sein sollen. Was bleibt, ist die Hoffnung auf Besserung. In diesem Land scheint dies ja zum Alltag zu gehören, und im Augenblick geht es mir wie den Menschen hier.

Die Nacht legt sich über uns wie ein schwarzes Tuch mit glitzernden Punkten. Uns fröstelt, und wir rücken näher ans Feuer. Seit einigen Minuten ist mir mulmig zumute. Warum, weiß ich nicht genau. Vielleicht, weil der Felsen gegenüber nicht mehr schön, sondern bedrohlich wirkt. Die Dunkelheit läßt ihn größer und unheimlicher erscheinen. Als würde er näherrücken und uns verschlingen wollen.

Irgendwann in der Nacht bellen die Hunde. So laut und aggressiv, wie ich es selten erlebte. Ich schnelle hoch, ziehe den Reißverschluß auf und blicke aus dem Zelt. Als das Bellen kurz verstummt, höre ich es: Am Fluß bewegen sich Steine! Wie ein Blitz jage ich nach draußen. Gina und Condor, durch meine plötzliche Anwesenheit ermutigt, folgen mir in die Richtung, aus der die Geräusche kommen. Mit der Taschenlampe in der Hand versuche ich Licht ins Dunkel zu bringen. Doch der schwache Lichtkegel endet schon nach wenigen Metern.

Da! Wieder dieses Geräusch.

«Gina! Condor! Bleibt!« befehle ich den Hunden, laufe zurück zum Zelt und verschwinde kurz darin. Auch Markus ist wach, sucht seine Brille.

»Was ist da los?« fragt er mit unsicherer Stimme.

»Hoffentlich nichts.« Ich bin schon wieder draußen, in der Hand die Signalfeuerwaffe. Geduckt verharre ich vor dem Zelteingang. Beklemmende Stille um mich. Dann wieder höre ich das Knurren der Hunde und überlege, was ich tun könnte. Abwarten? Aus dem Zelt höre ich, wie Markus flucht. Anscheinend hat er ohne Taschenlampe noch immer nicht seine Brille gefunden. Und ohne sie ist er fast blind.

Erneut ratschen die Steine aneinander. Lauter noch als zuvor. Wieder bellen die Hunde. Habe ich mir das nur eingebildet, oder kam das Geräusch jetzt näher? Markus pellt sich aus dem Zelt. Ich leuchte ihn an. Auf der Nase trägt er seine völlig verbogene Brille. Bin ich oder ist er draufgetreten? Er will etwas sagen.

»Pssst!« zischle ich ihm zu, obwohl die Hunde noch immer bellen. In diesem Augenblick preschen sie nach vorn, stehen aber nach wenigen Metern wie angewurzelt da. Ein tiefes, lang anhaltendes Brummen ertönt. Dann folgt lautes Schnaufen.

«Ein Bär!« höre ich mich flüstern, erstarre vor den eigenen Worten, fühle mein Herz rasen. Bei etwa fünftausend Braunbären an den Ufern der Lena ist die Situation vielleicht normal. Doch im wahren Leben verblaßt jeder Zahlenwert. Markus kriecht zu mir und den Hunden. Klar hat er Angst, zumal er nicht richtig sehen kann. In dieser Finsternis sehe ich allerdings auch kaum etwas. Nur schemenhaft erkenne ich Umrisse, es muß ein Bär sein. Angelockt von den Resten des Abendbrots, die wir besser in den Wald hätten bringen sollen. Noch niemals Bärenkontakt und Hunde dabei, das macht auf Dauer leichtsinnig. Zu leichtsinnig. Wieder brummt es. Kein anderes Tier hört sich so an. Die neuerliche Erkenntnis läßt mich zittern.

Das Geräusch rollender Steine dringt näher. Ich kann nicht mehr warten. Mein Zeigefinger wird nervöser, umfaßt den Abzug der Waffe, drückt ab. Der Schuß kracht durch die Nacht. Rote Leuchtmunition

Mafiaboß Wladimir aus Ust-Kut inmitten der »Geburtstagsgeschenke« für Markus.

Die Taiga hat uns wieder. Beim Paddeln haben wir viel Zeit zum Nachdenken.

Rüde Condor mit anderthalb Jahren. Er war außergewöhnlich groß, wog achtundvierzig Kilogramm und verstarb im November 2002 in Rostock an den Folgen eines Autounfalls.

Die fünfjährige Gina sorgt im Boot von Markus für Turbulenzen.

Verlassen wir das Lager gemeinsam, übernehmen die Vierbeiner die Wache. Dieses Tarp dient den Hunden als Regenschutz.

Prijon-Kajaks sind aus Hochleistungsthermoplast gefertigt und gelten als unverwüstlich.

Im Sommer ist die Lena sehr flach. Wir laufen häufig auf Grund.

Abends fühlen wir uns wie gerädert und sehnen uns nach Menschen.

Kein seltener Anblick an der Lena. Auch auf dem Grund des Flusses liegen viele Wracks.

Die beiden gastfreundlichen Fischer Aleksej junior und Aleksej senior. Sie wünschen sich den Sozialismus zurück.

Die Lena ist unberechenbar. Innerhalb weniger Minuten kann sie vom ruhigen Fluß zum tobenden Strom werden.

Landschaftliche Abwechslung kurz vor Lensk.

Andrej (r.), Wassili (2. v. r.) und Ljuda (l.) aus Lensk. Bei ihnen erleben wir eine Herzlichkeit, die unvergessen bleibt.

Der Schlepper von Kapitän Wassili ist Arbeitsstätte und Wohnung zugleich.

Bürgermeister Viktor aus Soldikel ist Wolgadeutscher. Von uns will er mehr über Deutschland, das Land, in das seine Eltern auswanderten, erfahren.

Juris (2. v. l.) erste Begegnung mit Ausländern.

Für die Menschen hier ist das Ufer im Sommer die Straße. Eine andere gibt es nicht.

Die Lenafelsen sind für die Jakuten eine heilige Stätte.

Angekommen in Jakutsk. Hier verschmelzen Vergangenheit ...

... und Moderne. Im Hintergrund das Sacha-Theater. Die Stadt ist das Zentrum des hiesigen Diamantenhandels.

In Jakutsk leben doppelt soviele Russen wie Jakuten.

Wieder in Lensk. Der obdachlose Sänger Nikolai findet bei uns im Zelt für eine Nacht Quartier.

Weiter geht es stromaufwärts in Richtung Heimat.

Der dritte Kapitän Aljoscha ist auf unser Abenteurerleben nicht sonderlich gut zu sprechen.

Dorfbewohner, die ihre Kartoffelernte verkaufen. Mit Pferdekarren werden die Säcke herangeschafft.

Jewgeni weiß, wie man sparen kann. Hier füllt unser Chauffeur preisgünstigen Diesel in seinen LKW.

Gina und Condor werden für eine einhundert Kilometer lange Fahrt auf Wolodjas LKW angeleint. Das sieht gefährlicher aus als es ist.

Diese Burjatenfamilie lud uns zu sich ein.

Wir besuchen die ARD in Moskau und lernen Thomas Roth kennen.

Wieder zu Hause.

fegt übers Wasser, begleitet vom Bellen der Hunde. Ein lautes Aufklatschen ist zu hören. Flieht das Tier? Es scheint so. Gina und Condor jagen hinterher, betrachten den Angreifer jetzt als Beute. Damit sie nicht selbst eine werden, rufe ich die Hunde so energisch zurück, daß sich meine Stimme überschlägt. Markus sieht mich an, als wäre ich der Held des Tages. Das aber sind unsere treuen Begleiter. Wir liebkosen sie, und ihre noch immer gespitzten Ohren wollen sich nicht entspannen. Sollen sie auch nicht. Sie sind hier draußen unsere Überlebensgarantie.

Anstatt jetzt das übriggebliebene Essen, das fürs Frühstück gedacht war, an einen sicheren Ort zu bringen, verfüttern wir es an unsere Beschützer. Sie haben es verdient.

»Wo hast du überhaupt hingezielt?« will Markus, kurz bevor wir ins Zelt kriechen, wissen. «In die Luft«, antworte ich. »Ich wollte ihn nicht verletzen. Schließlich lebt der Bär hier, und nicht wir.«

Vor dem Einschlafen mache ich mich etwas über Markus und seine Brille lustig.

»Blödmann«, schnarrt er. »Sei froh, daß du gut sehen kannst.«

HOLZDÄCHER

Ein neuer Tag. Seine Stunden verschmelzen zu einer fortwährenden Eintönigkeit, in der wir an einer riesigen Insel vorbeipaddeln. Sie scheint überhaupt kein Ende zu nehmen. Auf ihr können wir ein Dorf ausmachen. Vom Kajak aus kann ich nur die dunkelbraunen Holzdächer der Häuser sehen und den Rauch, der aus den Schornsteinen quillt. Leider ist das Steilufer der Insel zu hoch, um mehr wahrnehmen zu können. Wir können niemanden sehen, uns kann niemand sehen. So kommen wir uns vor wie ausgesperrt. Und doch ist da etwas, das uns den Kloß aus dem Hals nimmt. Wir reden miteinander, Ronald und ich, und ganz gleich worüber, es klingt anders als noch vor zwei Wochen. Wärme ist in unsere Stimmen zurückgekehrt, die nur derjenige wahrnimmt, der sie zu vermissen gelernt hat.

DIE JAKUTENFAMILIE

Es wird Abend, Sonnabend, und wir erreichen Daban, eines der Dörfer, von denen es in Rußland ... zig Tausende gibt. Nichts besonderes also. Und doch werden wir dieses Dorf nicht vergessen.

Während ich auf Feuerholzsuche bin, entdecke ich hinter der Uferböschung eine Pferdekoppel. Davor führt ein Weg, aus dem Wald kommend, in die gut einen Kilometer entfernte Siedlung. Die Pferde in der Koppel, die in der Dämmerung wie Schatten wirken, wiehern und laufen unruhig hin und her. Neugierig schleichen die Hunde an der Absperrung entlang. Ich darf die beiden nicht aus dem Blick verlieren und rufe sie sicherheitshalber wieder zurück.

Eine Viertelstunde später brennen unsere Lagerfeuer. Jetzt kann die Dunkelheit kommen.

Während ich Nudeln und Reis ins brodelnde Wasser schütte, blättert Ronald in Wassilis Flußkarte. »Bestimmt erreichen wir morgen Oljokminsk«, hofft er. »Was meinst du?« Ich weiß, Ronald ist bei der Einschätzung von Entfernungen immer viel zu optimistisch. Er möchte Tiksi auf Teufel komm raus erreichen. Auch ich will dahin. Doch mehr als paddeln können wir nicht. Und ich weiß auch, bis Oljokminsk sind es noch etwa einhundert Kilometer. Morgen also werden wir es bestimmt nicht bis dorthin schaffen. Ronald ist betrübt. Sein Wunschdenken hat wieder einmal die Distanzen auf der Karte schrumpfen lassen.

Aus dem dunklen Wald heraus bewegen sich Scheinwerfer auf uns zu. Das Fahrzeug, von dem sie stammen, ist schnell an der Böschung angekommen, und seine Lichtstrahlen fallen nun auf den Ufersand und den Fluß. Dann wird auf Standlicht geschaltet. Wir erkennen die Umrisse eines Lada Niva, sehen, wie sich die Türen des Wagens öffnen und die Insassen aussteigen.

»Habt ihr zu essen?« vernehmen wir eine Männerstimme. Ich glaube, mich verhört zu haben. Die Leute klettern jetzt die Böschung zu uns herab, halten aber auf halber Höhe inne. Sie wissen wohl, daß fremde Hunde gefährlich sein können, denn sie haben selbst einen dabei. Ich erkenne vier Personen.

»Braucht ihr Brot, Fleisch und Fisch?« wiederholt der Mann die Frage. Seine Stimme klingt seltsam hoch, fast so, als würde er einen Schamanengesang anstimmen. Ich kann nicht fassen, daß uns wildfremde Menschen so etwas noch vor der Begrüßung fragen. Das haben wir noch nie erlebt. Wir gehen den Leuten, die anscheinend Jakuten sind, entgegen. Im Dämmerlicht erkenne ich eine ältere Frau mit einem Kind auf dem Arm, eine schmächtige männliche Person mit weißer Mütze und zwei junge Mädchen. Der Hund ist ein Husky.

Die Leute wollen wissen, ob wir aus Litauen kämen. Wir verneinen. »Aus Deutschland!« erklingt es im Chor. »Ooohh.« Ein Staunen, anders als das der Russen, die wir kennenlernten. Zurückhaltender, und dennoch intensiver, so, als würden die Leute sich den Gedanken an die weite Reise, die uns ausgerechnet zu ihnen führte, auf der Zunge zergehen lassen.

Ronald strauchelt beim Klettern über einen Ast. Leises, mädchenhaftes Kichern ertönt.

»Seid willkommen«, läßt der Mann sich erneut vernehmen. Er reicht erst Ronald, dann mir die Hand, verwendet ansonsten nicht viel Zeit für Förmlichkeiten.

Von den umstehenden weiblichen Personen wird er Semjon genannt. »Das hier«, erklärt ebendieser stolz, »ist meine Frau Anegina.« Er weist auf die recht kleine, aber robust wirkende Person im roten Mantel mit dem Baby im Arm. Neben dem Ehepaar stehen zwei Teenager, die ihre Hände in die Hosentaschen bohren. Semjon sagt, es seien seine und Aneginas Töchter Elena und Dailana. Die beiden tuscheln miteinander und beobachten uns. Mir fällt auf, daß diese Leute, räumlich gesehen, einen größeren Abstand zu uns halten als es die Russen taten. Eine gewisse Distanz scheint ihnen wichtig zu sein. Sie sind überaus höflich, aber es spricht nur der Mann.

Der will wissen, wie es unsere Hunde den ganzen Tag in den Luken der Boote aushalten, und ob nicht schon mal einer von dort aus ins Wasser gesprungen sei. Wieder Gekicher. Nur Semjons Frau verzieht keine Miene. Erst als dieser auf den Husky deutet und uns erklärt, daß der es keine Sekunde dort aushalten würde und man ihn ständig aus dem Fluß fischen müßte, huscht ein kurzes Schmunzeln über ihr Gesicht.

Wir erfahren, daß das Baby auf dem Arm seiner Angetrauten der Sohn ihrer ältesten Tochter Albina sei. Sie studiere Medizin in Nowosibirsk, sei aber schon im letzten Semester. Ihr Kind kam früher auf die Welt als erwartet, und auch Anastas, der Vater des Jungen, ein Russe, sei noch nicht von der Armee aus Tschita zurück.

»Ja, ja, die Russen ...« Das klingt fast vorwurfsvoll. Es scheint, als wolle unser Gesprächspartner noch etwas dazu sagen, aber er winkt ab und ergänzt, daß er und seine Ehefrau durch die Abwesenheit von Tochter und Schwiegersohn die Chance hätten, noch einmal Eltern »spielen« zu dürfen.

»Das ist wunderbar«, schwärmt der etwa Fünfzigjährige und guckt sein Weib an, als wachse in ihm der Wunsch, dies demnächst nicht mehr nur spielen zu wollen. Sie knufft ihm in die Seite und rückt ihre eckigen Brillengläser zurecht. Der kleine Junge, er mag etwa drei Monate alt sein, wird unruhig. Der Husky merkt es und springt am Bein der Großmutter auf und ab. Fast scheint es, als wolle er den Kleinen trösten.

Uns interessiert, wie die Jakuten hier leben. Semjon, der Wortführer, erzählt, daß seine Landsleute große Familien haben, wobei sechs oder sieben Kinder keine Seltenheit seien. Man halte zusammen. Er kommt auf die Russen zurück und sagt, daß die nicht gerade seine Freunde seien, denn die hatten den Menschen hier das Leben lange schwer gemacht, wollten ihnen sogar die eigene Sprache verbieten. Semjon sagt, daß er sich noch dunkel an diese Zeit, er war damals noch ein Schulkind, erinnere. Doch trotz allem hätten die Russen es nicht geschafft, ihre Pläne bei der jakutischen Minderheit durchzusetzen. So heiße Jakutien seit einigen Jahren wieder offiziell »Sacha«. Das, so Semjon, sei der ursprüngliche Name für dieses Land, und er bedeute übersetzt »Mensch«.

»Wißt ihr eigentlich«, fragt er uns, »daß auch der Begriff ›Taiga‹ aus dem Jakutischen stammt?« Diese Sprache, schwärmt er weiter, wäre wunderschön und vielfältig. Allein für das Wort Schnee gebe es mehr als zwanzig Begriffe.

»Und der kommt bald«, fügt der Einheimische warnend hinzu. Dann geht er zum Praktischen über: »Deswegen müßt ihr gut essen!« Der hagere Mann besteht darauf, uns etwas zu holen. Er, seine Frau samt Baby und Hund steigen wieder ins Auto und fahren in Richtung Dorf.

Währenddessen unterhalten wir uns mit den Töchtern des Ehepaars. Beide gehen noch zur Schule. Elena hat einen Ponyhaarschnitt und läßt ab und zu ein unsicher wirkendes Lächeln auffunkeln. Sie sagt, daß sie dieses Dorf bald verlassen werde. Dailana – in ihrer ausgewaschenen Jeansjacke, den schwarzen Lederhosen und den Schnürstiefeln wirkt sie wie ein kleiner Rebell – verdreht vergnügt die Augen und meint, ihre Schwester solle sich dies noch einmal überlegen. Für sie, die Ältere, steht fest, sie wird im Dorf bleiben.

Bald ist uns auch der Grund dafür klar. Ein Moped knattert heran und stoppt neben uns. Aus der Staubwolke, die aufsteigt und den dunkelrot gefärbten Horizont neblig erscheinen läßt, löst sich der Fahrer. Er springt von der Maschine und schließt Dailana, die ihm entgegengelaufen ist, in die Arme, so als hätten sich die beiden seit Wochen nicht gesehen.

»Das ist Taras«, läßt das Mädchen uns mit strahlendem Gesicht wissen, als sie sich mit ihm wieder zu uns gesellt. »Wir werden bald heiraten.« Taras lächelt. Vom Dorf her ist ein Motorgeräusch zu vernehmen.

Es ist der Lada von Semjon, der zurückkehrt. Mit zwei gefüllten Plastiktüten steigt der Jakute aus dem Wagen und überreicht mir mit zufrieden wirkender Miene und dem Wort »Vitamine« eine der Tüten. Sie enthält Tomaten, Gurken, Zwiebeln, Porree und einen großen Weißkohl. Semjon scheint meine Verlegenheit zu spüren. Er rückt seine Mütze zurecht, nickt kurz und hält uns den zweiten Beutel entgegen.

«Das ist für eure Hunde.« Wir können es nicht fassen und fragen ihn, woher er diese Köstlichkeiten habe, aber der Mann lächelt uns nur vielsagend an. Gina und Condor interessiert das nicht. Genüßlich nagen sie an gekochten Hühnerbeinen und Schweineklauen, deren Knorpel hörbar zwischen ihren Zähnen knacken.

Wir wollen für die Lebensmittel bezahlen, aber deren Überbringer lehnt strikt ab. Was tun? Ich laufe hinunter zum Zelt und stöbere im Gepäck nach etwas Brauchbarem. Im schwachen Licht der Taschenlampe finde ich Ansichtskarten von unserer Heimatstadt, einen Kugelschreiber und Münzen aus Rostocker Prägung. Als ich das Semjon überreiche und sage, daß diese kleinen Dinge nur eine Aufmerksamkeit seien, zur Erinnerung sozusagen, umarmt er mich und Ronald. Auch seine Tochter Elena reicht uns zum Abschied die Hand.

Bevor Taras und Dailana das Moped besteigen und den Weg zurück ins Dorf fahren, sagen sie uns ebenfalls »Auf Wiedersehen«. Sie brausen davon. Zurück bleibt eine Staubwolke und der Lada, der nicht anspringen will. Semjon steigt aus, öffnet den Kofferraum und zeigt uns schmunzelnd eine Kurbel. Er steckt sie unterhalb des Kühlergrills in eine Öffnung und läßt die Drehvorrichtung kräftig rotieren. Dann zieht er sie wieder heraus. Der Motor arbeitet jetzt, und somit entfällt unser Angebot, den Wagen anzuschieben.

»Zwanzig Jahre alt«, ruft Semjon durchs heruntergekurbelte Fenster und klopft dreimal mit der flachen Hand, so wie ein Reiter sein Pferd tätschelt, gegen die Wagentür. Dann fährt auch der Lada ab.

DAS HORRORBOOT

Am nächsten Morgen, Tag achtunddreißig, schieben Markus und ich, nachdem es die ganze Nacht hindurch geregnet hat, unsere Kajaks bei strahlendem Sonnenschein in den Fluß. Nach und nach steigt das Barometer. Gute Aussichten also. Wir können uns nicht beklagen. Abgesehen von den stürmischen Tagen vor Lensk, meinte es das Wetter bis jetzt recht gut mit uns. Am Tage regnete es kaum. Dafür meistens nachts, was dem Zeltleben sogar Gemütlichkeit verlieh.

Mittlerweile ist der Fluß auf etwa vier Kilometer Breite angewachsen, und mit jedem zurückgelegten Kilometer erkennen wir seine wahre Dimension klarer. Uns ist, als würden wir dabei gleichzeitig immer kleiner werden. Erinnern wir uns zurück an die ersten Tage auf der Lena, dann ist es, als wäre sie damals noch ein Kind gewesen.

Es ist warm, und die Insekten sind wieder da. Libellen, Hornissen, Wespen und Fliegen benutzen unsere Boote als Lande- und Startplatz. Besonders die vorderen Luken scheinen den »Fliegern« dafür geeignet zu sein. Ständig werden die Hunde durch sie beim Dösen gestört. Natürlich schnappen die beiden nach den Insekten oder schütteln sich. Und wir müssen wieder aufpassen, nicht aus den schwankenden Kajaks zu fallen. Aber auch das ist für uns inzwischen fast zum Alltag geworden. Wir haben uns daran gewöhnt, achtsam zu sein.

Die Hitze drückt. Das Thermometer meiner Uhr, die ich für eine Messung im Schatten einer Tasche ans Boot gehängt habe, ist auf über dreiunddreißig Grad Celsius geklettert. Schweiß perlt uns von der Stirn, rinnt über Nacken und Rücken. Wie im Herbst jedenfalls fühle ich mich nicht. Ich ertappe mich dabei, daß ich mir die kühlen, windigen Tage zurückwünsche und vergesse in diesem Augenblick natürlich die damals so gefährlichen, kraftraubenden Wellen und die schmerzenden Handgelenke und Schultern.

Vor uns, in der Ferne, taucht ein weißer daumennagelgroßer Punkt auf. Schnell wird er größer. Ein Tragflächenboot! Wohin sollen wir jetzt? Das Ufer ist zu weit weg. Wo sind die Bojen? An ihnen könnten wir ablesen, wo entlang das Schiff, das sich bedrohlich schnell nähert und genau auf uns zuhält, fahren wird. Auf einmal muß ich an den trunkenen Wassili denken, der während seiner Schlängelfahrten mit dem Schlepper diesen manchmal über den Grund der Lena schrammte.

Das Tragflächenboot weicht nicht aus. Wir paddeln so schnell wir können in Richtung Ufer. Der Kapitän kann uns doch unmöglich übersehen! Doch das Schiff bleibt auf seinem Kurs.

Ich gebe den Sprint auf. Entweder, es zieht jetzt an uns vorbei, oder aber ... In den Fluß springen? Dazu bereit, stütze ich meine Hände auf den Lukenrand, winkle meine Beine an. Motorenlärm, aufgewirbeltes Wassers. Das Ungetüm schießt an mir vorbei, in nur zehn bis fünfzehn Metern Entfernung, mit etwa siebzig Sachen. Ich kann die Gesichter der Menschen hinter den Fenstern erkennen. Wie festgewachsen verharre ich in der Sprungposition, spüre, wie meine Arme zittern. Durchatmen? Dafür ist keine Zeit. Aufgetürmt von den Antriebsschrauben nahen die Wellen. Ich reiße das Kajak herum, um über deren Kämme zu gleiten. Zu spät. Schon hat mich die erste Welle erreicht. Wuchtig klatscht sie gegen mein Boot, das nun bedrohlich schräg liegt. Ich habe keine Zeit, auf Markus zu achten, mühe mich, das Kajak in Balance zu halten und nicht zu kentern. Die zweite Welle. Sie schwappt übers Boot. Wasser fließt in die Luke. Ein kurzer Blick zu Markus. Auch er kämpft wie ich mit dem kalten Naß. Condor richtet sich auf, schüttelt sich. ›Wir müssen zum Ufer‹, denke ich, ›irgendwie.‹

Diese Tragflächenschiffe sind wahre Horrorboote. Nicht zum ersten Mal jagte eines von ihnen uns einen gehörigen Schreck ein, wenn es hinter einer Kurve oder, so wie gerade, aus der Ferne mit Affenzahn nahte. Jedesmal stellte ich mir dann vor, daß sich unser Glück, welches uns unzweifelhaft auf all unseren bisherigen Touren begleitet hatte, in solch einem Moment von uns verabschieden würde. Ich spürte, wie sich Panik in mir ausbreitete, die Paddelschläge ungelenk wurden und ich nicht mehr klar denken konnte. Mein Schicksal lag in den Händen eines Kapitäns. Kein vertrauenerweckender Gedanke.

Wir haben das Ufer erreicht und schöpfen mit Tassen das Wasser aus den Luken, während der Fluß sich langsam wieder glättet.

DAS LICHTERMEER

Großflächige, langgezogene Inseln breiten sich inmitten des fast spiegelglatten Wassers aus. Nähme man sie heraus, wären es von einem zum anderen Ufer sechs, vielleicht sieben Kilometer. Vor Monaten, als wir uns auf diese Tour vorbereiteten, hatte ich etwas über den Sowjetstaat und die Stalinzeit gelesen. In jenem Buch stand auch geschrieben, daß der damalige Herrscher vorhatte, den gesamten Lauf der Lena nach Zentralasien umzuleiten, um dort der Dürre entgegenzuwirken. Ich kann mir dies unglaubliche Vorhaben beim besten Willen nicht vorstellen, denn schon hier würden Donau, Rhein und Elbe gemeinsam in die Lena passen. Sibirien – eine Welt für sich.

Wolken sind aufgezogen. Wegen der dicht bewachsenen Landzungen, die sich links von uns in dunklem Grün präsentieren, kommt es mir vor, als durchfahren wir eine Dschungellandschaft. Stille um uns. Ja, es ist so still, daß wir uns ohne Anstrengung unterhalten können, obwohl zwischen den Kajaks mehr als einhundert Meter liegen. Ein eigenartiges Gefühl ist das, ähnlich dem, als würde man Selbstgespräche führen.

In der Ferne zieht ein Motorboot vorbei. Es mag drei Kilometer entfernt sein. Ich höre am Klang der Maschine, daß sie etwas Öl braucht. Uns ist, seitdem wir in Jakutien unterwegs sind, aufgefallen, daß die Motorboote hier im Vergleich zu denen im Irkutsker Gebiet viel rücksichtsvoller, ja, geradezu zurückhaltend geführt werden. Noch vor Lensk schien es eine Art sportlicher Herausforderung für die Bootsführer zu sein, uns anzupeilen und dabei noch einmal kräftig Gas zu geben. Hier beäugt man uns aus der Entfernung, manchmal sogar mit Ferngläsern.

Obwohl wir heute den ganzen Tag paddelten, können wir am fernen Horizont keine Häuser erkennen. Dabei müßten es bis Oljokminsk, einer Stadt, etwas kleiner als Lensk, vielleicht noch zehn, höchstens aber fünfzehn Kilometer sein. Markus kommt auf den verrückten Gedanken, Oljokminsk gäbe es vielleicht gar nicht.

Zwei Stunden vergehen. Die Dämmerung bricht allmählich herein. Um uns herum nichts weiter als unbewohnte Inseln. Zudem sind die durch ihre steilen Ufer kaum zugänglich. Und wir brauchen bald, sehr bald, einen Schlafplatz.

Das Tageslicht ist der Dunkelheit gewichen, die Bäume und Sträucher in ein grauschwarzes Kleid hüllte. Irgendwie sind wir traurig. Gerade Markus, der gestern bezweifelte, daß wir die Stadt heute erreichen würden, träumt jetzt von einer Kneipe, aus der russische Musik erklingt. Doch das bleibt Wunschdenken.

Dann aber erblicken wir dort, wo die Insel zu enden scheint, winzige, flimmernde Punkte. Ganz allmählich werden es mehr. Über ihnen zeichnet sich ein schwacher, rötlicher Lichtschimmer ab. Vor uns liegt Oljokminsk. Zu nah, um Trübsal zu blasen, zu fern, um es zu erreichen. Wir sind unglaublich matt und fürchten auch weitere, in dieser Finsternis für uns weitaus gefährlichere Schnellboote. Es wird höchste Zeit, einen Lagerplatz zu finden. Doch wohin sollen wir? Der Mond sendet ein wenig Licht durch die Wolken, so daß wir die Umrisse des Ufers erkennen können. Es scheint nicht geeignet für ein Nachtquartier zu sein. Unsere Ohren horchen in die Nacht, darauf gefaßt, das Motorengeräusch eines Tragflächenschiffes aufzuschnappen. Wir sind erschöpft, paddeln aber beharrlich weiter, bis sich endlich am Ufer etwas Helles von der Dunkelheit abhebt. Inmitten des dichten Sträuchergewirrs haben wir einen kleinen Sandstrand entdeckt. Erleichtert ziehen wir die Boote an Land. Der weiche Untergrund reizt die Hunde zum Spiel. Sand fliegt durch die Luft, die Tiere verhaken sich zum Knäuel und landen krachend im Gestrüpp kleiner Büsche.

Vergeblich suche ich die Gegend nach herumliegendem Holz für ein Lagerfeuer ab. Ich finde nicht einen Ast. Nur drei klägliche Zweige kann ich mitbringen. Also kein Feuer. Die Müdigkeit nimmt uns die Enttäuschung ab. Wie angetrunken bauen wir das Zelt auf und kriechen hinein. Noch bevor uns die Augen zufallen, öffnen wir eine Fleischkonserve und schneiden einen Kanten Brot in zwei Hälften. Wir haben nur wenig Hunger, doch brauchen wir Kraft, um am nächsten Tag nicht zu schwach für den kommenden »Ritt« auf der Lena zu sein. Gerade nach einem Tag wie diesem. Immerhin sind wir fast einhundert Kilometer vorangekommen. Weiter als jemals zuvor.

Mir fällt ein, daß ich vergaß, Condor eine Tablette gegen den Durchfall zu geben. Also muß ich noch einmal aus dem Zelt. Obwohl ich dem Rüden morgens und abends, so wie es auf der Packung geschrieben steht, die Medizin verabreiche, geht es ihm nicht besser. Selbst beim Schein des Mondes, der nun zwischen den Wolken zu sehen ist, fällt mir auf, wie dünn das Tier geworden ist. Schaue ich genauer hin, kann ich unter dem Fell den Verlauf seiner Rippen erkennen. Für mich sind die Hunde ein Stück Familie, und jedes Leid von ihnen zehrt auch an mir. Eine unbestimmte Unruhe bemächtigt sich meiner, und ich brauche trotz der großen Müdigkeit lange, bis ich einschlafe.

OLJOKMINSK

Es ist noch früh am Morgen, und die fernen Lichter sind verloschen. Der heutige Tag ist wolkenverhangen. Unsere Sonne aber ist die Stadt. Ronald und ich brechen zu ihr auf. Schnell haben wir unser Zelt zusammengepackt und schieben die Boote ins Wasser. Die gestrige Müdigkeit ist verschwunden, und die Aussicht auf Menschen verleiht uns beim Paddeln Flügel.

Am Stadtrand von Oljokminsk steht eine Fabrik mit demolierten Scheiben und einem schiefen Schornstein, welcher sich wie ein Kanonenrohr gen Himmel richtet. Menschen, deren Kleidung ebenso grau wie der Himmel ist, bewegen sich dorthin. Sie werden vom Werktor wie vom Maul eines großen Tieres verschluckt. Dies hält uns nicht davon ab, die Stadt, und zwar aus dem einzigen Grund, weil es eine Stadt ist, sympathisch zu finden.

Uns fällt auf, daß die Bewohner ihre Häuser sehr dicht ans Wasser gebaut haben. Welchen Grund mag es dafür geben? Und wie überstehen die Leute das Frühjahrshochwasser?

Wir binden die Hunde mit den langen Leinen an den Kajaks fest und beeilen uns, zur Straße zu gelangen. Die verfügt über einen Asphaltabschnitt, der jedoch nach wenigen Schritten wieder endet. Der Rest besteht aus dunklem Schotter. In einem der Gärten, die die Häuser umrahmen, hackt ein Bauer Holz. Wir fragen ihn nach dem Weg zur Post. Während der Mann das Brennholz auf einen Stapel legt, keucht er: »nächste rechts und geradeaus. Dann steht ihr davor.« Unser Dankeschön zersplittert im lauten Knacken der Scheite.

Die Post wirkt wie eine verlassene Armeefunkstation. Nur die lange, schlanke Antenne auf dem Dach vermittelt das Gefühl, daß es einen Kontakt zur Außenwelt gibt. Ob man hier auch auf ein Postschiff warten muß? Uns zog es zuerst zu diesem Ort, weil wir, darüber sind wir uns einig, nicht einfach nur ein paar Ansichtskarten und die Berichte für die Zeitung nach Hause verschicken wollen, sondern um vor allem den beiden Frauen, die uns auf dieser Reise im Kopf begleiten, Sonja und merkwürdigerweise auch Ljuda, die ich im Grunde kaum kenne, ein Lebenszeichen zu senden.

Die mollige Beamtin hinter dem zerschrammten Schalterfenster wundert sich nur insofern über uns, daß sie einige Sekunden länger als normal unsere Gesichter mustert. Dann sagt sie etwa das gleiche, was uns bereits ihre Kollegin in Matscha, zweihundertfünfzig Kilometer flußaufwärts, wissen ließ. Schnell gehe es nur mit einem Telegramm. Doch das sei teuer.

Wenigstens zwei Dreizeiler wollen wir absenden. Buchstaben für Buchstaben kritzeln wir auf vergilbte Formulare in die aufgedruckten Kästchen. Die Vorstellung, die Worte auf dem Papier würden sich bald in den Händen von Sonja und Ljuda wiederfinden, macht uns nervös. Beim Schreiben treffen wir die Kästchen nicht richtig. Werden in so einem Fall beim Übermitteln Buchstaben weggelassen? Lieber noch einmal von vorn. Als wir fertig sind, können wir unsere eigene Schrift kaum entziffern. Wie soll das erst die Postfrau schaffen? Es vergeht fast eine Stunde, bis wir mit dem Resultat zufrieden sind.

Die Beamtin schlägt vor, den Text auf Postkarten übertragen zu lassen, solche mit einem Rosenbild. Wir sind einverstanden und malen uns die Übergabe aus.

Zufrieden verlassen wir die Post, nehmen den Weg in Richtung Zentrum, um ein Lebensmittelgeschäft ausfindig zu machen. Vorbei an einer Bushaltestelle, an der eine Gruppe alter Frauen und Männer steht, eifrig diskutierend, gelangen wir zu einem Gebäude mit der Aufschrift »Bar«. Die Tür ist geöffnet. Ronald schaut erst mich an, dann auf seine Uhr. Es ist noch früh. Tee, Kaffee, ein bißchen Musik ...?

Wir betreten das Lokal. Es ist fast leer. Nur ein leicht verwahrlost wirkender, stoppelbärtiger Mann, wir sehen übrigens nicht viel besser aus, fällt uns in diesem Zusammenhang auf, lümmelt am Tresen. Der

Typ, er wirkt angetrunken, versucht, mit der Kellnerin ins Gespräch zu kommen.

Wir bestellen bei ihr heiße Getränke, und nach wenigen Minuten hält Markus sich an einer Tasse Kaffee, ich mich an einem Becher Tee fest. Auf unseren Wunsch hin hat die junge Frau die Musik lauter gedreht. Uns ist, als durchströme uns neue Energie. Schweigend lauschen wir einem russischen Lied, das uns bekannt ist. Es wurde auch in den Lensker Bars gespielt und begleitete mich während der letzten Tage ständig in Gedanken. Nun hören wir es wieder aus den Boxen des buntbeklebten Kassettenrecorders, der neben der Theke steht. Solche Momente tun uns gut, sind etwas Besonderes. Es riecht nach süßlichem Deodorant, nach Leben.

Für Markus scheint die Welt in Ordnung. Ich aber werde die dunklen Gedanken nicht los. Am liebsten würde ich zurück zur Post laufen und Sonja anrufen. Das aber würde umgerechnet zehn Mark die Minute kosten. Geld, das wir brauchen. Doch ich brauche auch Gewißheit. Markus ist der Meinung, zu Hause werde schon alles okay sein. Wie kann er da so sicher sein? Er sitzt zufrieden da, genießt offensichtlich seinen Kaffee und lächelt vor sich hin. Dann reden wir ... Seine Zuversicht motiviert mich, klarer zu denken und den Teufel von der Wand zu wischen.

Langsam dreht sich der hagere Mann am Tresen in unsere Richtung, greift nach seinem gefüllten Glas, wobei er einen Teil des Getränks verschüttet, und torkelt, vor sich hinbrabbelnd, zu unserem Tisch. Noch nie haben wir es in Sibirien erlebt, daß jemand fragen würde, ob er sich zu uns setzen dürfe. Man tut es einfach. Das scheint hier so normal wie ein Glas Wodka zum Frühstück zu sein.

»Kinder«, säuselt der Mann. Er läßt sich auf einen Stuhl neben Markus fallen und rückt ganz eng an ihn heran. Die fusseligen, grauen Haare des Trunkenen und sein bis unter die Brust aufgeknöpftes Hemd erwecken den Eindruck, daß er eben erst aus dem Bett gestiegen sei. Er nimmt mich ins Visier, hebt fragend seine Augenbrauen und legt dann seinen rechten Arm um die Schulter von Markus, der zu spät versucht, ein Stück wegzurücken. Der Alkoholisierte merkt das und raunt ihm zu: »Junge, hab keine Angst.« Während mich eine Mischung aus Sympathie und Abneigung durchzieht, nimmt er den Arm wieder zurück, fällt förmlich in sich zusammen und sitzt wie verloren auf seinem Stuhl. Dabei nuschelt er etwas vor sich hin. Ich verstehe nicht, was der Hagere, der augenscheinlich Kummer hat, sagt. Aber es scheint eine längere Rede zu werden. Beim Sprechen hebt der Mann hin und wieder seinen Kopf und sieht mal Markus, mal mir in die Augen. Dann wird seine Stimme eindringlicher, und ich glaube herauszuhören, daß er schon in jungen Jahren seine Eltern verloren und das ganze Leben nur gearbeitet habe, daß man ihn vor Jahren aus dem Werk entließ und er sich unnütz fühle. Sein überaus zerfurchtes Gesicht läßt ihn wie einen alten Mann aussehen. Doch wir erfahren, er sei vierzig Jahre alt. Seine langen, adrigen Finger greifen den Oberarm von Markus, rütteln an ihm.

»Ich bin allein, habe keine Freunde«, sagt er dabei mit lauter, aber weinerlicher Stimme.

«Pjotr!« schallt es plötzlich vom Tresen herüber. Die Kellnerin will uns von ihm befreien.

«Ist schon in Ordnung«, lasse ich sie wissen, denn der Typ tut mir inzwischen leid. Die Bedienung zuckt entschuldigend mit den Schultern und wendet sich wieder ihrem Abwasch zu.

Es wird Zeit für uns, die Lebensmittel einzukaufen und wieder in die Kajaks zu steigen. Wir können diesem Pjotr ohnehin nicht helfen, können ihm nur unser Ohr leihen, dürfen auch hier nicht unser Ziel, Tiksi, vergessen. Obwohl die gemütliche Bar zum Verweilen einlädt und wir noch Stunden in ihr verbringen könnten, verabschieden wir uns. Pjotr begleitet uns schlurfend zum Ausgang.

Er läßt uns wissen, daß wir seine Freunde sind und wünscht uns alles Gute. Wir reichen ihm die Hände, wünschen ihm ebenfalls viel Glück. Vielleicht braucht er mehr davon als wir. Ich sehe den traurigen Trunkenbold dabei an und freue mich, daß unsere kurze Bekanntschaft ein Lächeln auf sein Gesicht gezaubert hat. Dann hat uns die Straße wieder.

Wir gehen über Schotter, der noch feucht vom nächtlichen Regen ist, vorbei an einem zweistöckigen, unverputzten Steingebäude, das, nach dem rotgelben Eingangsschild mit der aufgedruckten russischen Flagge zu urteilen, das Rathaus sein könnte, und einigen langgestreckten, dunkelbraunen Holzhäusern, die im diesigen Licht des Vormittags so trostlos wirken, als wären sie unbewohnt. An einem der Häuser ist ein breites Schild mit der Aufschrift »Magasin« angebracht.

Wieder eines der Geschäfte, in dem wir, auf der Suche nach Speck für unsere Vierbeiner, vergeblich danach Ausschau halten. Es ist mittlerweile der dritte Laden, den wir in dieser Stadt aufsuchten. Als wir ihn verlassen, spricht uns ein Jugendlicher in gebrochenem deutsch an. Er hat einen Kaugummi im Mund, lehnt neben seinen Kumpanen an der Hausmauer und fragt nach der Zeit. Abschätzend betrachtet er uns von oben bis unten und spuckt dabei auf den Bürgersteig. Seine Frage soll wohl eine Anmache sein, denn alle aus der Clique, er inklusive, tragen Uhren an den Handgelenken. Wir antworten nicht und gehen weiter, begleitet vom Gelächter der Halbwüchsigen, das sich möglicherweise durch unser wenig gepflegtes Äußeres erklären läßt.

SCHWIMMEN IN GELD

Vorbei an langen Rohren, die die Lena mit Abwasser »versorgen«, entlang kleiner Häuser, welche, je weiter vom Stadtzentrum entfernt, umso luxuriöser wirken, paddeln Ronald und ich gen Norden. Das letzte Haus, das uns auffällt, ist eine große Villa aus hellem Birkenholz im Stil einer amerikanischen Ranch. Oljokminsk liegt hinter uns.

Gegen Mittag werden wir von einem Motorboot überholt, das, nach langer Zeit zum ersten Mal, sehr dicht an uns heranfährt. Der Bootsführer, ein alter Mann mit unregelmäßigem Bartwuchs und einem Blick, als schaue er ständig gegen die Sonne, hat seinen Enkel, einen kleinen Steppke mit semmelblondem Haar, bei sich. Neugierig betrachtet der uns, während wir in Erwartung einer Frage mit dem Paddeln innehalten.

»Hallo«, spricht uns der Mann mit schnarrender Stimme an und zieht sich eine Zigarette aus der Brusttasche. Mehr sagt er erst mal nicht, schaut uns dafür an wie sein Enkel. Langsam paddeln wir weiter, warten, ob es bei der Begutachtung bleibt. Wie im Schlepptau folgt uns das Motorboot. Um die Stille zwischen uns zu brechen, fragt Ronald, ob die beiden hier am Fluß wohnen. Der Alte nickt. Gewichtig nimmt er einen Zug an der Zigarette.

»Aus Deutschland?« hören wir ihn plötzlich fragen. »Schwimmt ihr in Geld?« Im ersten Moment weiß ich nicht, was diese Frage bedeuten soll, was er meint. Aber mir ist ja bekannt, und es wird mir nochmals klar, daß hier in Rußland zum Beispiel zehn Mark ein ganzer Monatslohn sein können. Was sind für uns zehn Mark? ›Ob der Mann Geld von uns haben will?‹ überlege ich. Ich komme nicht dazu, ihn danach zu fragen, denn der Fremde wendet das Boot und fährt ohne ein weiteres Wort von dannen.

EIN RUHETAG

Der nächste Tag überrascht uns mit freundlichem Wetter. Es ist einer der letzten Augusttage. Keine Wolke steht am Himmel, die Lena gibt sich freundlich, fließt ruhig.

Was aber am Vormittag so ist, muß nicht zwangsläufig auch für die

Mittagszeit gelten. Heftiger Nordostwind bläst uns plötzlich ins Gesicht. So sehr wir auch paddeln, wir kommen kaum vorwärts. Markus schlägt vor, im Schutze des Ufers weiterzufahren. Doch der Fluß läßt das nicht zu. In den kurzen Pinkelpausen treibt der Wind die Boote noch weiter vom Ufer weg, dorthin, wo sich die Wellen wie kleine Drachen aufbäumen. Der riesige Strom kommt mir wie ein Ungetüm vor. Über uns der sonnige Himmel, friedlich und falsch wie eine Kulisse.

Ein Gewaltakt hat uns wieder nah ans Ufer gebracht. Zu nah. Wir laufen auf Grund, Wellen klatschen ins Gesicht, Wasser ergießt sich über die Spritzdecken, die sich durch das Gewicht schwer nach unten beulen, strömt in die Luken. Die Hunde sind schon ans Ufer gesprungen. Auch wir beeilen uns, aus den Kähnen zu kommen.

Völlig durchnäßt wollen wir sie aus dem Wasser ziehen. Doch der Fluß »spuckt« uns die Boote unversehens mit einer neuerlichen Welle entgegen, als sollten wir uns hüten, ihn weiter herauszufordern. Na gut! Machen wir eben einen Ruhetag! Aufgrund des Wetters haben wir während dieser Tour noch nie einen einlegen müssen. Doch wenn er uns auch morgen nicht haben »will«? Trotzdem, so sagen wir uns, werden wir ihn »weiterreiten«, irgendwie, komme, was da wolle. Aber »irgendwie«, das zählt hier nicht. Wenn das Wetter nicht mitspielt, ist man auf der riesigen Wasserfläche ein Winzling, der Allgewalt der Natur ausgesetzt. Die Birken und Lärchen der Taiga scheinen zu tanzen. Ihre Wipfel wiegen sich im Wind. Der Ufersaum ist flach und an die einhundertfünfzig Meter breit. Wir tragen schwere Steine ins Zelt, das uns beim Aufbauen fast weggeflogen wäre, öffnen die beiden Seiteneingänge, damit der Wind kräftig hindurchpusten kann. Einen Vorteil hat das Ganze: Endlich können wir die Feuchtigkeit aus den Kleidern und Teppichresten, die den Hunden in den Luken als Polsterung dienen, wehen lassen. Schon seit vielen Tagen wissen sie und auch wir nicht mehr, wie sich Trockenheit wirklich anfühlt. Selbst wenn die Sonne schien, waren unsere Sachen klamm. Auf einem Fluß wird man immer naß: Spritzwasser, Schweiß und Regen tun das Ihrige. Dazu das leicht undichte Zelt. Einige Minuten stehen wir schon nackt im Wind, der unsere Körper trocknet. Uns fröstelt etwas, dennoch ist es ein wunderbares Gefühl, sich der Nässe zu entledigen. Wieder ist Mittagszeit. Wir schauen auf den Strom. Tiksi erscheint uns ferner denn je.

Auf der anderen Seite des Flusses erheben sich Berge. Sie sind hier, etwa einhundert Kilometer von Oljokminsk entfernt, stattlicher, größer, irgendwie gewaltiger als noch vor dieser Stadt. Teilweise sind sie bewaldet, meistens aber felsig. Die grauen, kahlen Steinwände zwischen dem Grün der Wälder erwecken bei mir den Eindruck, als wären sie von einer riesigen Rasierklinge geschoren worden.

Unser Zelt hat sich trotz der zwei geöffneten Eingänge zum Ballon aufgebläht. Man könnte meinen, daß es sich gleich in die Lüfte schwingen würde. Hoffentlich trotzen die Zeltstangen dem ungestümen Wind, der noch an Stärke zuzunehmen scheint.

Während Markus sich in unser »Heim« legt, und mit seinen knapp neunzig Kilogramm die Wahrscheinlichkeit eines fliegenden Zeltes stark reduziert, rufe ich die Hunde herbei. Neugier hat mich gepackt. Wie mag es landeinwärts aussehen? Auch wenn mir der Wind fast den Atem nimmt, ich will die Gegend erkunden, ein paar Fotos machen. Vielleicht auch von einem Bären?

Mit Gina und Condor fühle ich mich recht sicher. Dennoch ist es nach so vielen Tagen des Rund-um-die-Uhr-Zusammenseins mit Markus ein merkwürdig ungewohntes Gefühl, ohne ihn loszugehen. Daß ich so etwas denke, zeigt mir, daß wir uns wieder besser verstehen als noch vor ein paar Wochen, geschweige denn vor drei Jahren.

Mitten im Wald, wir haben uns schon kilometerweit vom Fluß entfernt, sträuben sich plötzlich Condors Nackenhaare. Mein Herz klopft schneller, ich verharre. Meine Hand wandert zum Revolver. Suchend schaue ich nach Gina. Unbeschwert läuft sie vor mir, scheint überhaupt nicht erregt. Der Rüde jedoch steht inzwischen voller Anspannung einige Meter neben mir. Ganz vorsichtig streckt er seinen Kopf zu Boden, um ihn gleich darauf wieder zurückzuziehen. Eine Schlange?

»Condor, pfui!« rufe ich vorsorglich und höre, wie meine Stimme durch den Wald hallt und sich mit dem Rauschen der Bäume vermischt. Jetzt nähert sich uns Gina interessiert. Die Hündin, die sonst stets aufgeregt herumschnüffelt, bleibt weiter gelassen.

Letztendlich entdecke ich hinter einem Strauch das, was Condor so in Erschrecken versetzte. Ich pruste los. Mit vielem habe ich gerechnet. Aber damit? Der Rüde, der vor keinem Angriff zurückweichende Hund, ist vor ein paar Pilzen zusammengefahren! Weiß und außergewöhnlich hochgewachsen stehen sie vor mir. Es könnte nichts Friedlicheres geben. Ich beuge mich nieder und berühre einen von ihnen, um Condor zu zeigen, daß es nur harmlose Gewächse sind. Doch wirklich überzeugen kann ich ihn nicht. Zwar kommt er jetzt geduckt heran und überwindet sich, das Exemplar zu beschnuppern, aber die Bürste auf seinem Rücken bleibt aufrecht stehen. Ich muß schmunzeln. In den vergangenen viereinhalb Jahren, die ich mittlerweile Hundebesitzer bin, habe ich schon manchmal erlebt, daß sich meine Vierbeiner, gerade in ihrer Jugend, vor mysteriösen Formen und Gestalten erschreckten oder ihnen skeptisch gegenübertraten. Doch das waren größere Dinge: ein dunkler Mantel zum Beispiel, den irgendjemand in der Dämmerung über einen Pfahl gehängt hatte. Auch Brunnenskulpturen wurden schon mißtrauisch beäugt und manchmal sogar angebellt. Aber das hier? Da ist Gina mit ihren fünfeinhalb Jahren gegenüber dem vier Jahre jüngeren Gefährten um einige Erfahrungen reicher. Das Kurioseste hierbei ist: In Condor steckt eine solch diktierende Dominanz, daß es selten einem Artgenossen gelungen ist, sie annähernd in Frage zu stellen. Er ist sonst immer von ungestümer Natur, selbst gegenüber Dingen, die ihm wirklich gefährlich werden könnten. Ich streichle meinem Hund übers Fell und sehe mir dabei die Pilze näher an. Solche Prachtstücke habe auch ich noch nicht gesehen. Durch ihre Höhe von etwa einem viertel Meter wirken sie geradezu bizarr.

Ich schaue mich um und entdecke noch weitere. Mein Magen beginnt bei ihrem Anblick zu knurren, ich bekomme Appetit auf ein herzhaftes Pilzgericht. Aber ob diese Riesen genießbar sind, weiß ich nicht. Ich war, so komisch das von einem Naturfreund wie mir klingen mag, noch nie in meinem Leben Pilze sammeln. Zwar weiß ich um einige Arten aus Büchern, doch das reicht in diesem Fall nicht. Als Kind aber war ich gemeinsam mit meinen Eltern ab und zu Blaubeeren pflücken gewesen. Und da es die hier auch gibt, mache ich mich mit einer Handvoll, als Ersatz für ein entgangenes gemeinsames Pilzmahl, auf den Weg zurück zu Markus.

Es kommt uns beiden seltsam vor, bereits nachmittags so faul am Ufer herumzulungern. Sonst immer in Zeitnot, müssen wir heute die Stunden regelrecht totschlagen. Wir tun, was wir tun können: baden, nicht zu lange, weil das Wasser kalt ist, die gesamte Wäsche ordentlich im Fluß durchschrubben ... Vor ein paar Stunden noch hatten wir sie im Wind trocknen lassen. Nun ist sie wieder klitschnaß. Aber wann bekommen wir noch einmal die Chance auf saubere Sachen? Dann sammeln wir Holz für das Feuer am Abend und strecken anschließend alle viere von uns.

Am späten Nachmittag liegen Ronald und ich gemeinsam im Zelt, schauen auf den Wasseratlas, den ich über unsere Köpfe halte und genießen dabei Zitronenwaffeln, die wir in Oljokminsk kauften. Sie schmecken so hervorragend, daß wir eine ganze Tagesration verputzen. Draußen hat sich der Sturm ein wenig gelegt.

»Sieh mal!« rufe ich und tippe mit dem Finger auf die Atlaskarte. »Das Dorf hier muß ganz in der Nähe sein. Wie wär's mit einem Bier für jeden?«

»Gute Idee«, erwidert Ronald und nickt. »Ich hab aber keine Lust mehr herumzulatschen. Gibt es hier keinen Bestellservice?« Unser Lachen erfüllt das windschiefe Zelt und schiebt die Sorgen, die wir mit dem Weiterkommen und der erhofften Zielankunft verbinden, nach draußen.

Ich nehme meine zum zweiten Mal getrocknete Kleidung vom Kajak, streife sie über und merke, wie frisch sie riecht. Dann schnüre ich meine Schuhe und mache mich auf den Weg ins Dorf, in dem es, so hoffe ich, ein Geschäft geben wird.

Ich habe ein Lied auf den Lippen, als mich meine Füße übers steinige, unebene Ufer tragen. Noch vor Tagen hätte ich an meinem Verstand gezweifelt, mir freiwillig einen so weiten Weg aufzuhalsen. Klar, ich bin der Einkäufer. Aber dies ist ein Extramarsch, der nur dazu dient, uns eine Freude zu bereiten. Ja, ich mache sie uns gern. Was spricht dagegen, wieder Ronalds Freund zu sein, so wie vor unserem Zerwürfnis? Weder er noch ich wußten damals, warum es uns so sehr nach Lara verlangte. Gut, abgesehen von einigen kleinen körperlichen Unzulänglichkeiten hatte sie ein wirklich schönes, strahlendes Gesicht. Doch dahinter verbarg sich ein leerer Mensch, eine Frau, die jedem von uns nur erzählte, was er hören wollte. Sie brauchte es, von uns beiden geliebt zu werden. Sie wollte nicht sehen, wer sie selbst war. Rückblickend kommt mir alles, was wir taten, wie ein Wettkampf vor, in dem es möglichst viel Zuneigung von Lara zu gewinnen gab. Das war keine Liebe, das war Angst, etwas verlieren zu müssen. Eigentlich waren auch wir nicht besser als diese Frau, denn wir ließen uns auf ihr Spielchen ein. Doch das Brennesselbad scheint uns abgehärtet zu haben, und wir können uns ziemlich sicher sein, so etwas nie wieder zuzulassen. Gemeinsam Durchlebtes als Schutzschild.

Nach zwei Stunden, als die Sonne bereits hinter mir untergeht, kehre ich mit einem Plastikbeutel, in dem die Bierflaschen aneinanderklimpern, zu unserem Rastplatz zurück. Von fern sehe ich, wie Ronald sich mit zwei Männern, die in einem Auto sitzen, das wie ein großes Spielzeug aussieht, unterhält. Noch bevor ich die drei erreiche, haben sie ihr Gespräch beendet. Der Motor heult auf und kurz darauf fährt der Wagen an mir vorbei, in Richtung des Dorfes, aus dem ich gerade komme.

Als hätte ich dort Gold gefunden, breite ich die beiden Bierflaschen vor Ronald aus. Schon die ersten Schlucke ringen dem dunkler werdenden Wald Romantik ab. Das Lagerfeuer brennt knisternd und sorgt für eine Atmosphäre, die mir guttut. Auch wegen solcher Momente sind wir losgefahren: unterm Sternenhimmel zu sitzen und sich frei vom Alltag zu fühlen, der hier für uns das Paddeln ist.

»Weißt du«, höre ich mich leicht angeheitert drauflosreden, »irgendwie hätte ich nie geglaubt, daß wir hier mal so sitzen.« Ich hole noch mehr aus mir heraus und erzähle Ronald, wie Lara mir einen Heiratsantrag machte. In Erwartung eines kräftigen Lachers von Ronald muß ich erkennen, daß der schwermütig aufs Wasser blickt.

»Was ist?« forsche ich.

»Sonja hat mir vor acht Monaten auch einen gemacht. Ich hab ›Nein‹ gesagt.«

»Wenn du wieder da bist ...«

»Wenn es dann nicht zu spät ist.« Traurig wirft Ronald einen Stein ins Wasser.

SANDBÄNKE

Heute ergeht es uns nicht besser als gestern. Wieder müssen wir runter vom Wasser, steuern ein Ufer mit einem grasbewachsenen Hügel an. Wie soll das nur weitergehen? Glauben wir allen Ernstes daran, Tiksi noch zu erreichen? Die Stadt ist von hier mehr als eintausendvierhundert Kilometer entfernt, und die wirklichen Herbststürme lauern erst noch auf uns. Ich wäre schon froh, das etwa fünfhundert Kilometer von hier entfernte Jakutsk zu erreichen. In Ronalds Augen kann ich lesen, daß auch er so denkt. Doch noch reden wir nicht über Jakutsk. Über den Hügel, auf dem wir sitzen und überlegen, wie es weitergehen soll, fegt der Wind und zerrt an unseren Jacken und Hosen. In der Ferne stehen dunkle Wolken wie eine Armee bereit.

Nach einer Stunde des Herumsitzens läßt der starke Nordostwind etwas nach. Wir wagen uns wieder auf den Fluß. Die Hunde scheinen keine Furcht zu kennen, denn wie selbstverständlich springen sie in ihre Luken, als wären die ihr Zuhause geworden.

Wenn das Fahren auch einem Rodeoritt gleicht, wir kommen voran.

Am Abend legt sich der Wind, und die Wasseroberfläche glättet sich. Eine riesige Sandbank kündigt eine große Insel an. Unser Schlafplatz.

Wir ziehen die Boote sehr weit auf den Sand, da das Ufer flach ist und nur einige Zentimeter über dem Wasserspiegel liegt. Für die Nacht können wir nur hoffen, daß uns kein plötzlich einsetzender Sturm oder kein vorbeifahrendes Schiff überrascht. Das letzte begegnete uns heute vormittag.

Während ich mich auf die Suche nach Brennholz mache, sitzt Markus vor dem Zelt und schaut in den Abendhimmel. Ich habe Gina und Condor bei mir, damit die beiden etwas Bewegung bekommen. Dabei fällt mir zum wiederholten Mal auf, in welchem Radius sich die Hunde um mich herum bewegen.

Gina, die sonst in Städten wie ein Magnet an mir klebt und mir direkt vor die Füße läuft, daß ich aufpassen muß, nicht zu stolpern, verhält sich in der Wildnis ganz anders. Der Jagdtrieb weckt ihre Sinne, wobei die Hündin wie ein Fuchs, der auf Beutefang ist, in allen möglichen Sträuchern, Ecken und Tierbehausungen herumstöbert. Dabei vergißt sie häufig, daß sie noch ein Herrchen hat. Schon früher war sie mir, wie jetzt auch, einige Male in freier Natur ausgebüchst. Zum Beispiel in der Niederen Tatra oder in den Wäldern von Finnland. Stundenlang rief ich dort nach ihr. Doch ohne Erfolg. Ich war mir schon fast sicher, Gina nie wiederzusehen. Auch wenn es schwerfiel und ich sie lieber gesucht hätte, blieb ich an der Stelle, von der sie weggelaufen war, denn ich hatte gelesen: Der Spürsinn eines Hundes führt ihn wieder dorthin zurück, von wo aus er loslief. Glücklicherweise auch Gina jetzt. Condor ist da ganz anders. Ihm haben es die Städte angetan. Dort eilt er oft weit vor mir her, so daß ich ständig aufpassen muß, ihn nicht aus den Augen zu verlieren. Hier aber, in der Wildnis, bleibt er dicht bei mir.

DAS FUSSBALLQUIZ

Es ist der letzte Tag im August. Seit Mittag fahren wir schweigend nebeneinander her. Keiner weiß so recht, was er erzählen soll. Zur Ablenkung haben wir schon so manches Ratespiel »verbraucht«. Zum Beispiel »Stadt-Land«. Irgendwann hatten wir alle Buchstaben durchgenommen. Dann kam ein Fußballquiz an die Reihe. Sieger wurde der, der pro Staat eine Mannschaft mehr wußte.

Nun kriecht die Zeit wieder dahin. Meine Gedanken schweifen flußaufwärts nach Lensk. Ob Ljuda mich schon vergessen hat? Ich spekuliere, rede mir Mut zu, kann plötzlich Ronald verstehen, wenn er sich Sorgen um Sonja macht. So weit weg von zu Hause glaubt man, dort hätte sich alles grundlegend verändert. Vielleicht kommen einem diese Gedanken, weil es nicht nur ein Abstand in Kilometern ist, sondern auch in der Art und Weise, wie sich für uns der Tagesablauf gestaltet. Wir leben hier draußen in einer ganz anderen Welt mit anderer Zeitrechnung. Doch die tägliche Paddelei, der abendliche Geruch verbrannten Holzes, das knisternde Feuer, das plätschernde Wasser, die durchfeuchteten Handschuhe, ja, selbst die hohen, sich im Wind biegenden Kiefern und die tanzenden, gelben Birkenblätter, welche manchmal übers Wasser geweht werden, das alles ist für uns ein Stück Alltag geworden. Ein Alltag außerhalb des eigentlich Gewohnten, des zu-Hause-Seins. Mir wird bewußt: Ich lebe. So selbstverständlich mir das manchmal erscheint, ist es nicht. Vielleicht übertreibe ich, wenn ich denke, jeder müsse einmal das Gefühl gehabt haben, sein Leben hätte schon vorbei sein können. Aber in diesem Moment, in dem ich das Paddel mal links, mal rechts eintauche und mein Boot mit mir langsam am endlos scheinenden Wald vorbeizieht, fühle ich ein Glücksgefühl in mir aufsteigen. Ich atme die warme Herbstluft ein und weiß, das ist Leben. Die Bäume, das Wasser, die Wolken, Ronald vor mir. Nein, er hat mir nicht das Leben gerettet, indem er mir damals das Messer wegnahm, sondern weil er da war. Die ganze Zeit über, auch als wir kein Wort miteinander sprachen, wir uns nicht sahen. Irgendwo tief in mir spürte ich Hoffnung, daß es wieder so sein könnte wie früher, der ganze Mist einmal hinter uns liegen würde. Freundschaft heißt auch, dafür zu arbeiten. Und mit jedem Tag auf dem Fluß haben wir uns wieder ein Stückchen zu ihr hinbewegt.

RAUCHWOLKEN

Es ist Nachmittag. In der Nähe des Dorfes Sanju-Jachtat steigen dicke, schwarze Rauchwolken in den Himmel. Es sind keine Abgaswolken, da brennt ein Passagierschiff. Kleine Motorboote eilen zur Hilfe, umringen den Havaristen. Vermutlich stammen die Helfer aus dem Dorf, das sich für uns bis jetzt nicht sichtbar hinter der Flußbiegung verbarg. Erneut braust eines der kleinen Boote an einer von den Jahren gezeichneten Fährstation vorbei, hin zur Unglücksstelle, qualmt selbst dabei. Doch das ist nur verbrannter Kraftstoff.

Wir können erkennen, wie Menschen über eine Rutsche und Strickleitern evakuiert werden. Auch Markus und ich sitzen in Booten, auch wir können helfen.

Schnell paddeln wir zum Ufer, an dem wir Gina und Condor aussetzen. Ich gebe ihnen das Kommando zum Bleiben. Die Hunde spüren unsere Aufregung, werden selbst zappelig, schauen zum Qualm, der sich schwerfällig gen Himmel wälzt. Doch sie bleiben, machen unangeleint »Platz«.

Wir haben es eilig und paddeln in Richtung Schiff. Etwa vierhundert Meter trennen uns noch von der Unglückstelle. Auch als wir dichter herankommen, können wir keine Flammen sehen. Womöglich greifen sie im Schiffsrumpf um sich, da, wo sich die Antriebsanlage befindet. Bei diesem Gedanken wird mir unwohl, war ich doch selbst Matrose, genauer gesagt Heizer. Ich befeuerte den Kesselraum eines Zerstörers der Bundeswehr, arbeitete zwei Level unter Deck. Das sind zwei Etagen, die zusammen etwa der Fläche eines Strafraums beim Fußball entsprechen. Als ich damals, begleitet von einem Obermaat, zum ersten Mal auf der Metalleiter hinabstieg, ahnte ich noch nicht, welche Hitze ich in den nächsten Wochen auszuhalten hätte. Ich nickte eifrig, als mir mein neuer Vorgesetzter das Antriebssystem erläuterte, konnte mir aber kaum vorstellen, die Funktionsweise des riesigen Labyrinths aus Rohren und Leitungen irgendwann einmal zu begreifen, geschweige denn zu beherrschen, welches der unzähligen Ventile ich bei einem bestimmten Vorgang auf- oder zudrehen müßte. Diese Gedanken schießen mir durch den Kopf. Dabei vergehen nur Sekunden. Eines fand ich damals von Anfang an besonders beunruhigend: den Treibstofftank und die unzähligen Gallonen Diesel, die ständig im Umlauf waren. Auf diesem Schiff vor uns wird es nicht anders sein. Und so wie damals werde ich die Furcht vor einer Explosion nicht los.

Trotz meiner Ängste will ich, wollen wir, helfen. Ich habe das Gefühl, als schulden wir den Leuten hier etwas. Aus dem Getümmel der vielen zu Hilfe geeilten Motorboote löst sich eines heraus und steuert direkt auf uns zu. Abwinkend verdeutlichen uns die beiden Insassen, daß wir uns der Unfallstelle fernhalten sollen. Alles sei unter Kontrolle. Sie meinen, wir würden mit den wackligen Kajaks nur noch mehr Chaos verursachen. Leicht enttäuscht befolgen wir den Hinweis der Männer und verfolgen aus angemessener Entfernung die Rettungsaktion. Unter den Passagieren, die sich trotz allem recht ruhig verhalten, sind viele ältere Männer und Frauen. Nacheinander und ohne Panik gleiten sie die Rutsche herunter, die aussieht, als hätte man einfach ein Blechrohr mit einer Säge halbiert.

Eine Viertelstunde später ist der Rauch durchsichtiger geworden. Wie es scheint, ist es Schiffsbesatzung und Dorfbewohnern gelungen, das Feuer einzudämmen. Erleichtert, obwohl wir nicht helfen konnten, paddeln wir zu Gina und Condor zurück.

Wir binden sie an die Kajaks, um ins Dorf gehen zu können. Zunächst aber laufen wir am Fluß entlang und nähern uns den Leuten des havarierten Dampfers. Die meisten der zahlreichen Passagiere stehen am Ufer, blicken in Richtung Schiff und reden durcheinander. Einige sitzen aber auch im Ufersand und beobachten das Geschehen, als könnten sie noch immer nicht begreifen ... Langsam gehen wir an den Leuten vorbei. Allen scheint es zumindest körperlich gutzugehen. Zum ersten Mal auf der Reise werden wir überhaupt nicht wahrgenommen, sind wir Randfiguren.

Als wir uns über einen staubigen Weg zum Dorfkonsum bewegen, spüren wir die unglaubliche Hitze dieses Herbsttages. Ich messe achtundzwanzig Grad im Schatten, fühle mich schlapp. Mit jedem Schritt glühen meine Beine mehr. Kein Wunder. Mir fällt ein, ich habe heute morgen, in nebliger Kühle, lange Unterhosen angezogen. Markus, dem ich mein Mißgeschick klage, findet das lustig und lacht. Er amüsiert sich so, daß auch ich schließlich in sein Gelächter einstimme. Trotz meiner vor Schweiß triefenden Beine will ich mich nicht mitten auf der »Hauptstraße« der Siedlung von meiner Unterhose trennen. Und außerdem: Schnell könnte es wieder kalt werden. In Sibirien weiß man das nie.

Der staubige Weg ist plötzlich rutschig geworden. Wir merken, Markus ist darauf ausgeglitten, daß Kuhfladen die Verursacher der »Glätte« sind. Die mageren Tiere stehen auf der eingezäunten Koppel, schauen uns gelangweilt an. Jemand ruft etwas, das klingt, als würde nach Markus und mir gerufen. Doch wir sind nicht gemeint.

Durch die Dörfer zu gehen und den Leuten hinter den Gartenzäunen kurz bei ihrer Arbeit zuzuschauen, sie nach dem Weg zu fragen, ist uns zu einem liebgewonnenen Ritual geworden. Es ist schön, ihnen zuzusehen. Voller Ruhe zupfen sie Unkraut oder lockern den Boden. Das hat etwas von einem zu Hause. Meist stellen sie uns ein paar Fragen und wünschen uns dann, wenn wir weitergehen, alles Gute.

Das Dorf ist groß, könnte eine kleine Stadt sein, gäbe es hier nicht nur die bescheidenen Holzhütten, die sich schier endlos aneinanderreihen. Natürlich liegt das Geschäft am anderen Ende des Ortes. Lange zu gehen fällt uns schwer. Es macht sich bemerkbar, daß wir seit Tagen eingepfercht in den Luken sitzen. Das ist nichts für die Beine.

Wir haben Glück, der Konsum hat noch geöffnet, und wir finden alles, was wir brauchen. Schwer bepackt verlassen wir ihn wieder. Auf der Straße verspüre ich plötzlich Appetit auf eine kalte Brause. Also gehen wir noch einmal ins Geschäft.

Die Himbeerlimonade weckt Erinnerungen an die Kindheit, gibt uns das Gefühl neuer Kraft und macht den Rückmarsch zum Lager erträglicher.

DIE STRASSE UND DAS UNWETTER

Am Abend gibt sich die Lena friedlich, und wir kommen gut voran. Aber es ist eigenartigerweise kein Vogel zu hören, kein Windhauch zu spüren. Es ist unheimlich still um uns. Diese Lautlosigkeit nagt an

Ronald ebenso wie an mir. So absurd es klingt, mir ist, als könnte ich die Stille hören. Sie bohrt sich in die Ohren und summt. Gestern noch akzeptierte ich diese Einsamkeit als Bestandteil des Lebens. Heute jedoch erdrückt sie mich fast.

Zwei Raubvögel kreisen über uns. Es sind Seeadler, wegen ihrer weißen Hälse unverkennbar. Ihren Horst haben sie auf einem Gesteinsvorsprung hoch oben in den Felsen errichtet. Hier leben die Tiere ungestört, wie im Paradies. Ich ertappe mich dabei, daß ich Gespräche mit ihnen führe. Werde ich langsam verrückt?

Die Wälder färben sich von Tag zu Tag bunter. Kühl ist es geworden. Da ich auf der Karte kein weiteres Dorf mehr ausfindig machen konnte, das wir heute noch hätten erreichen können, entschließen wir uns gegen halb neun, das breite Ufer anzusteuern.

Wir sind an Land gegangen. Plötzlich wird es um uns herum unerklärlich warm. Das Lagerfeuer kann es nicht sein. Dazu müßte es erst einmal brennen. Sekunden später ist die Kälte wieder da, aber nur, um erneut von warmen Luftmassen verdrängt zu werden. Wir blicken zum Himmel. Er ist leicht bewölkt. Nichts Außergewöhnliches also. Der abrupte Temperaturwechsel dauert minutenlang an, wobei die Unterschiede etwa fünfzehn Grad ausmachen müssen. Wir können uns nicht erklären, wodurch sie zustande kommen. Ich war bisher der Meinung, so etwas sei nur in großen Höhen möglich. Sibirien belehrt uns abermals eines Besseren.

Als es schon zu dunkeln beginnt, entfacht Ronald endlich das Feuer.

Von Osten her nähern sich zwei leuchtende Punkte. Ein Schiff? Nein, die Lichter sind zu dicht am Ufer und bewegen sich zu unruhig.

Des Rätsels Lösung ist ein grüner Armeejeep, der sich langsam zu uns durch den Sand müht. Der Wagen hält. Auf der Fahrerseite wird die Fensterscheibe heruntergekurbelt, und ein müdes Gesicht, das einem Mann um die fünfzig gehört, schaut heraus. Er wendet sich uns zu und sagt vorwurfsvoll: »Kinder, ihr steht mitten auf der Straße!«

»Was für eine Straße?«

»Was für eine? Die hier!« Der Fahrer zeigt mit einem Finger, um dessen Kuppe ein schmutziges Pflaster klebt, auf den Sand und die Kieselsteine unter unseren Füßen.

»Das ist die Straße?«

»Natürlich«, antwortet er und läßt uns wissen, daß er gerade aus Jakutsk komme und nach Oljokminsk wolle. Er sei ein Kurierfahrer.

Die Stimme des Mannes klingt nicht sonderlich freundlich. Aber seine Augen lächeln trotz der Müdigkeit, die sich auf seinem Gesicht abzeichnet.

»Es gibt nur diesen Weg«, sagt er und zündet sich eine Zigarette an.

»Im Winter«, fährt er fort, »ist das da die Straße.« Er weist zum Fluß.

»Und im Frühjahr?« wollen wir wissen.

»Urlaub.« Er läßt seinen Arm aus dem Fenster hängen. Wir fragen, ob er sich zu uns ans Feuer setzen wolle.

»Danke, Jungs. Ich muß weiter.« Wir wünschen ihm eine gute Fahrt, so wie er uns. Als der Motor seines Wagens bereits läuft, fragt der Mann, wohin wir eigentlich wollen.

»Das schafft ihr nicht«, sagt er so unmißverständlich, wie es ein Mensch, der hier lebt, nur sagen kann. Wir erfahren, daß es nördlich von Jakutsk bald Eis geben wird und die Wellen bis zu zwei Meter hoch schlagen werden. »Der Winter kommt schnell. Respekt, wenn ihr Jakutsk erreicht.« Er gibt Gas und winkt zum Abschied aus dem geöffneten Fenster. Wir haben vergessen, den Kurier mit der schlechten Nachricht nach seinem Namen zu fragen.

Später, im Zelt, drehen wir uns von einer Seite auf die andere, schwanken zwischen Vernunft und Unvernunft. Irgendwann fassen wir einen Entschluß: Das Ziel soll Jakutsk heißen, jene Stadt, die wir uns schon zu Hause als Mindestziel setzten, als hätten wir es bereits geahnt. Wenn wir etwas aus der letzten Reise, der Chaostour nach Brunei gelernt haben, dann, daß man gewisse Grenzen respektieren muß. Vor allem die, welche die Natur einem vorschreibt.

Mitten in der Nacht schnellt Markus plötzlich von der Isoliermatte hoch. Auch ich bin wach. Das kraftvolle Rütteln des Windes an den Zeltwänden hat mich kurz vor ihm aus dem Schlaf gerissen. Zur Kontrolle schaue ich durch die Einstiegsöffnung nach draußen. Die Sterne, die noch am Abend am Firmament leuchteten, sind verschwunden, und über den schwarzen Himmel werden vom böigen Wind Wolkenfetzen getrieben. Waren die merkwürdigen Temperaturschwankungen die Vorboten? Ich ziehe mich wie eine Schnecke in unsere Behausung zurück.

Kurz darauf tröpfelt Regen aufs Zeltdach, und es dauert nicht lange, da haben wir das Gefühl, es kippe jemand eimerweise Wasser gegen die Stoffwände. Sturmböen biegen die Gestänge durch. Das Zelt bläht sich auf. Wir bekommen Angst, es könnte zerfetzt werden, springen aus den Schlafsäcken, versuchen mit allem, was uns zur Verfügung steht, unsere Zuflucht von innen zu stützen. Als das Tosen des

Flusses in mein Bewußtsein dringt, denke ich an die Kajaks. Hals über Kopf renne ich barfuß und in Unterhosen in die Nacht. Markus bleibt im Zelt, damit es nicht wegweht. Regen peitscht mir ins Gesicht, an den Körper. Die Luft mag vier, fünf Grad haben. Ich spüre es kaum, bin viel zu aufgeregt, laufe über Kieselgestein zu den Booten, die von Wellen umspült werden. Endlich halte ich beide fest in den Händen, ziehe sie weit aufs Ufer. Dann knote ich eins mit dem meterlangen Hundegurt am nächsten Baum an. Gina und Condor laufen völlig durchnäßt um mich herum. Sie wirken wie Geister.

Als ich das andere Kajak befestigen will, höre ich Markus nach mir rufen. Erschreckt blicke ich zurück. Eine Sturmböe hat unsere Unterkunft erfaßt. Sie droht umzukippen. Ich eile ihm zur Hilfe, stürze ins Zelt, strecke mich wie er so weit aus, daß der Untergrund sich nicht selbständig machen kann. Mit ungeheurer Kraft stemmt sich der Sturm gegen das »Iglu«. Er scheint an Stärke zuzunehmen.

Voller Unruhe rede ich auf Markus ein. Ich muß noch das zweite Boot an den Baum binden. Aber jetzt das Zelt verlassen, mit nur einem Mann als Stütze? Es mit Heringen sichern? Der Ufersand ist zu lose. Schwere Steine ranholen? Wer soll das machen? Die Hunde? Die Lösung! Eigentlich dürfen sie das, was ich mit ihnen vorhabe, wegen Markus' verflixter Allergie sonst nie. Aber dies ist ein Notfall.

Gina und Condor betreten sehr zögerlich das Zelt, schauen ungläubig, obwohl der Sturm sie fast hereinweht. Dann endlich überwinden sie sich.

Ich schaffe es irgendwie, auch das zweite Kajak zu sichern und spanne unter Aufbietung aller Kräfte auch das Tarp zwischen die Boote, beschwere den Stoff mit großen Steinen. Schließlich brauchen auch die Hunde, nachdem sie ihren »Job« erledigt haben, ein trockenes Plätzchen. Dann wälze ich mich ins Zelt, zeige den beiden, wohin sie sollen, was sie mir schwanzwedelnd danken. Schnell verschwinden sie unter ihrem Dach. Wir warten und hoffen, daß das Unwetter endlich abzieht. Für einen Moment denke ich an den Kurier. Wie mag es ihm gehen?

Erst in der Frühe flaut der »Brachialsturm« ab. Übermüdet schließen wir für ein paar Stunden die Augen. Der September hat begonnen.

DAS FOTO

Am Vormittag peitscht uns der noch immer starke Wind kalte Gischt an die Hinterköpfe. Die Hunde haben sich in die Luken verkrochen.

Zwar haben wir Rückenwind, doch nützt der uns nichts. Im Gegenteil. Konnten wir bei Gegenwind noch den Weg der Wellenkämme ausloten, so überraschen sie uns nun von hinten. Es fällt schwer, Kurs und Gleichgewicht zu halten.

Hinter einer großen, hügeligen Koppel, auf der, so weit wir es überblicken können, keine Tiere weiden, haben wir Häuserdächer entdeckt. Sie wirken wie mit der Natur verwachsen. Dieser Ort heißt Balaganach.

Ich sehe Condor im Kajak dösen. Noch immer hat er von Reis und Nudeln nicht zugenommen. Wenn wir doch endlich an Speck kämen! In diesem Dorf vielleicht? Einen Versuch ist es wert.

Wir landen an, überqueren die große Koppel, die mit doppelten Drahtzäunen gesichert wurde.

Auf dem vom Regen durchweichten Weg haben sich tiefe Traktorspuren eingegraben. Er führt uns durch ein Birkenwäldchen. Der starke Wind rauscht in den Zweigen. Es riecht nach Pilzen und verbranntem Holz.

Das Wäldchen liegt hinter uns, und wir sehen an die zwanzig Holzhäuser mit kleinen Fenstern und kurzen Schornsteinen, aus denen Rauch aufsteigt.

An den Höfen vorbei führt ein schlammiger Weg, auf dem wir bis zu den Fußknöcheln versinken. Niemand ist zu sehen. Das Dorf wirkt, als wäre es Hals über Kopf verlassen worden. Einige gackernde Hühner, ein paar weidende Kühe und bellende Dorfhunde scheinen die einzigen Bewohner zu sein.

Dann sehen wir doch Menschen. Zwei Frauen stehen an einer Hofpforte und unterhalten sich. Wir erkundigen uns nach einem Laden und erhalten als Auskunft, daß es hier keinen gebe. Wir fragen, ob sie vielleicht selbst ein wenig Speck im Haus hätten, den sie uns verkaufen könnten.

»Speck?« echot die eine der beiden, eine Jakutin, der ein paar Zähne fehlen. »Dafür ist es noch zu früh.« Wir möchten wissen, wie das gemeint sei. Verwundert schaut uns die andere Frau, sie trägt einen weißgelben Trainingsanzug und Gummistiefel, an. Auch sie ist Jakutin, aber viel jünger als ihre Gesprächspartnerin. Sie teilt uns mit, daß man hier Speck erst ab Oktober, also wenn es kalt und wenn geschlachtet wird, bekomme. Dabei fährt sie sich mit den Fingern durchs haselnußbraune Haar.

Aus dem Haus, vor dem wir stehen, kommt eine dritte Frau und gesellt sich zu uns. Sie hat einen Tarnanzug an, als wäre sie beauftragt worden, das Dorf gegen fremde Eindringlinge zu schützen. Freundlich lächelnd schaut sie uns an.

Die Sonne hat sich durch die mächtigen Wolken gequält, und wir bekommen Lust auf ein Foto von den dreien. Als Markus den Apparat hervorholt, geraten die Jakutinnen in hellste Aufregung. Wie Spatzen, denen eine umherschleichende Katze auflauert.

«Nein, nein«, ruft uns die Frau im Tarnanzug zu und hält ihre Hand vors Gesicht. Plötzlich reden alle drei wild auf jakutisch durcheinander, und uns ist klar, daß ihnen ein spontanes Foto nicht recht sei. Sie zupfen an ihrer Kleidung herum, zeigen auf ihr Haar. Wir sehen das anders, doch ist das für die Frauen kein Argument. Sie wollen sich wenigstens ein bißchen zurechtmachen. Die Frau im Trainingsdreß zieht einen Kamm aus der Hosentasche, die Tarnanzugträgerin läuft zurück ins Haus und kehrt mit einer getönten Brille zurück. Die alte Bäuerin bindet ihr Kopftuch neu. ›Daß sie so eitel sind‹, denke ich. ›Sie tun ja gerade so, als warte auf sie ein Bühnenauftritt.‹

Die drei haben sich aufgestellt. Ein putziger Anblick. Dann lächeln sie los, und Markus drückt auf den Auslöser. Wir bedanken uns fürs Foto, das, ohne Übertreibung, eines der aufwendigsten der ganzen Reise war, und verabschieden uns.

Als der Tag zu Ende geht, sind wir heilfroh, die Stunden im Kajak überstanden zu haben. Noch immer sind es zweihundertundfünfzig Kilometer bis Jakutsk. Eine reichliche Woche zuvor hätten wir darüber gelächelt. Nun, von einem Tag zum anderen, mitten im Herbst, müssen wir befürchten, nicht einmal dieses Ziel zu erreichen.

TOURISTEN

Der zweite September. Zum ersten Mal können wir am Morgen kaum die Hände bewegen. Der kalte Wind machte sie taub. Mühevoll schnüre ich mit Ronald die Sachen zusammen. Später ziehen wir uns Neoprenhandschuhe über. Die Finger aber bleiben starr.

Seit einer Woche wachsen mit jedem Tag die Wellen an. Doch wir brechen unsere Tour auch heute nicht ab. Jakutsk wollen wir erreichen, komme, was da wolle. Während der Fahrt können wir uns kaum unterhalten, müssen uns aufs Wasser konzentrieren. Selbst Pausen machen wir nur noch in dringenden Fällen, und auch nur solange, wie unbedingt nötig.

Am frühen Nachmittag beruhigt sich das Wetter ein wenig. Wie an einer imposanten Theaterkulisse, führt uns der Fluß an Felsen vorbei, die mit denen aus dem Elbsandsteingebirge verwandt sein könnten.

Jede dieser Säulen hat, wie es scheint, ein Gesicht. Dies sind die sogenannten Lenafelsen, welche die Jakuten als heilig verehren, wie ich las.

Kilometer um Kilometer paddeln wir, Stunde um Stunde vergeht, und je weiter wir kommen, desto schöner und unwirklicher erscheinen uns die Felssäulen längsseits des Ufers. Uns fällt ein Fahrgastschiff auf, das vor den höchsten und schönsten Felsen seinen Anker geworfen hat. Wir hatten es vorher noch nicht gesehen. Demnach müßte es also aus Jakutsk, der größten Stadt am Fluß, kommen. Das Schiff ist voller Menschen, offenbar Urlauber. Dutzende Leute haben sich bereits über eine Gangway an Land begeben und sind dabei, Fotos von dem Naturwunder zu schießen. Dann erblicken sie uns, und die Kameras wechseln ihr Motiv. Die Felsen sind nicht mehr so wichtig. Eifrig winkt man uns zu. Manche der dick eingemummelten Männer und Frauen machen uns gestenreich klar, daß wir zu ihnen an Land kommen sollen. Ein weißgekleideter Mann an der Reling, anscheinend der Koch, schaut zu uns, bekreuzigt sich und schickt einen Gruß über den Fluß. Wir winken ihm zu und fahren weiter, unserem Ziel entgegen.

Ein Stück hinter dem Schiff entdecken wir Kreideinschriften im Felsgestein. Es sind Namen und Datierungen aus verschiedenen Jahrzehnten.

Das Dorf Ebe-Ise erreichen wir am Abend mit nassen Hinterteilen. Immerzu schwappte Wasser in die Vorderluken zu den Hunden und floß dann zu uns nach hinten. Die Tiere sind scheinbar auch froh, der Nässe zu entkommen. Als wir den Rastplatz erreicht haben, toben sie ausgelassen herum.

Ebe-Ise können wir leider nur vom gegenüberliegenden Ufer aus betrachten. Einmal quer über den Fluß wäre zu weit, zu gefährlich gewesen. So muß der Blick und das Wissen reichen, daß dort Menschen leben. Wir bibbern vor Kälte und lauschen in den Wind, ob wir vom Dorf her wenigstens ein Schaf blöken hören. Natürlich hören wir nichts. Der Ort ist etwa vier Kilometer entfernt.

Ein Trost: Unser Paddelstarrsinn hat uns fünfundsiebzig Kilometer näher ans Ziel gebracht.

KOLJA HINTERM GARTENZAUN

Wo sollen wir nur hin? Zwar zeigt Wassilis Flußatlas jede Insel an, die Sandbänke aber nicht. Das treibt uns schier in den Wahnsinn.

Hätten wir besser am gegenüberliegenden Ufer entlang paddeln sollen? Dort ist der Fluß frei von Labyrinthen wie diesen. Doch das würde einen gewaltigen Umweg bedeuten. Die Lena ist hier mittlerweile etwa acht Kilometer breit.

Ein Motorboot mit ausgeschaltetem Antrieb schwimmt vor uns. Darin – ein Mann mit einer Angel. Als wir nah genug an ihn herangefahren sind, wollen wir den richtigen Weg erfragen. Murren und Schulterzucken sind die Antwort. Haben wir die Fische vertrieben?

Da der Griesgram auch weiterhin beharrlich schweigt, lassen wir uns für ein paar Minuten treiben, um zu sehen, wo uns das Wasser hinträgt. Doch Strömung ist hier kaum vorhanden. Ratlos fahren wir ins Inselgewirr, darauf hoffend, an der richtigen Stelle wieder hinauszukommen.

Stunden später hat uns der große Flußarm wieder. Dort überfährt uns fast, wie könnte es anders sein, eines der »Horrorboote«. Anscheinend haben wir neben der Hoffnung, unser Ziel zu erreichen, diesesmal auch noch eine gehörige Portion Glück im Gepäck.

Wir haben Bestjach erreicht. An diesen Ort schließen sich fast nahtlos Mochsogolloch, was übersetzt Schwalbennest heißen soll, und Pokrowsk an. Die Städte sind zusammengewachsen, und wenn man ganz hochtrabend werden will, könnte man einen Vergleich zu New York, New Jersey und Newark ziehen. Auch hier verschmelzen die Stadtgrenzen, und auch hier träumen Menschen von einem besseren Lohn. Diese drei Städte sind einer der Anlaufpunkte für Arbeitssuchende an der Lena. Natürlich sind das riesige Zementwerk sowie die Gold- und Diamantenverarbeitung in den Händen derjenigen, die bereits viel Geld haben und die denen, die ein bißchen vom Reichtum der Erde abhaben wollen, keine Perspektive geben.

Sibirien läßt viel Platz für Träume, doch um sie zu verwirklichen, ist es für die wenigsten das richtige Land.

Ronald und ich bauen unser Zelt nahe der zahlreichen Holzhütten auf, die wie aus dem Hang gewachsen scheinen. Hier sieht es nicht nach Stadt, schon gar nicht nach New York aus.

Heute lassen wir das Lagerfeuer ausfallen. Wir wollen uns in eine Kneipe setzen, ein Bier trinken und uns darüber freuen, daß es nun nicht mehr weit bis Jakutsk, dem vorgezogenen Ziel unserer Träume, ist. Bevor wir morgen früh diese letzte Etappe in Angriff nehmen, verwöhnt Ronald unsere treuen Begleiter erst einmal mit einer Tüte Lebkuchen.

Dann gehen wir über unebene Wege zwischen hohen Holzzäunen

in den Ort. Zwar gibt es hier auch Straßenlaternen, doch funktionieren die meisten von ihnen nicht. Kinder spielen Fangen. Wie Schatten kreuzen sie unseren Weg, lachen, kreischen. Zwar wundere ich mich über die Kleinen, die zu dieser späten Stunde noch draußen sein dürfen, doch haben wir bereits gelernt, daß in Sibirien vieles normal zu sein scheint, was in unseren Breiten nicht vorkommt.

Ein Bauer treibt seine Kuhherde auf den Hof. Nachdem wir ihn nach einer Gaststätte fragten, zeigt er nach Norden. Wir sollen dem Weg folgen, dann käme ein Kulturhaus mit einer kleinen Bar. Ob sie geöffnet hat? Er wisse es nicht, er war schon lange nicht mehr dort.

Das Kulturhaus ist, ähnlich wie in anderen sibirischen Orten, ein häßlicher, mehrstöckiger Betonklotz, der völlig im Dunkeln liegt. Wir stehen eine ganze Weile davor und überlegen, ob es Sinn macht weiterzusuchen oder zum Lager zurückzukehren.

»Hallo, woher kommt ihr denn?« werden wir plötzlich über die Straße hin angesprochen. Hinter einem brusthohen Gartenzaun entdecken wir im Schein der Straßenlaterne den Frager, einen jungen Mann. Wir antworten und fragen nun unsererseits, ob er wüßte, wo wir ein Bier trinken und etwas essen könnten. Der Einheimische meint, daß es hier keine Gaststätte mehr gäbe und stellt fest: »Da hättet ihr ein paar Jahre früher kommen müssen.« Diesen Satz hören wir nicht zum ersten Mal auf unserer Reise. Wir sind zu dem Mann getreten, und ich hoffe, er redet ein Weilchen mit uns, denn auch ein kleiner Wortwechsel tut gut. Auf seinem Grundstück steht ein langgezogenes Haus, über dessen Eingang eine milchige Lampe brennt. Auch ein Gewächshaus gibt es im Garten, das kann ich im schwachen Licht der Straßenlaterne erkennen. Unser Gesprächspartner lehnt am Zaun und zündet sich eine Zigarette an. Er trägt Gummistiefel und eine weite Hose mit einem großen Flicken auf dem Knie. Die Ärmel des gestreiften Baumwollhemdes hat er trotz der Kälte, die schon in unsere Nasen zwickt, hochgekrempelt.

»Das Kulturhaus«, sagt er und zeigt auf den Betonklotz, »ist schon lange geschlossen. Aber wartet einen Moment.« Plötzlich ist er in seinem Haus, das ein klein wenig einer amerikanischen Ranch ähnelt, verschwunden.

Nach etwa fünf Minuten kehrt er mit einem prallgefüllten Plastikbeutel in der Hand an den Gartenzaun zurück.

»Ich würde euch ja hereinbitten«, erklärt er entschuldigend, während er drei Bierflaschen aus der Tüte fischt und sie mit der Kante eines Feuerzeugs öffnet, »aber meine Kinder haben einen leichten Schlaf.« Wir sehen, daß er seine Gummistiefel gegen warme Hausschuhe ausgetauscht hat.

»Kolja«, sagt der Mann, nickt und reicht uns jedem eine Flasche. Wir nehmen sie dankend an und stellen uns auch vor. Dann stoßen wir mit ihm über den Gartenzaun an. Die Szene hat etwas von einem netten Tratsch in einer Schrebergartenkolonie bei uns daheim. Nur, daß es hier nicht nach Gegrilltem riecht.

Der Gerstensaft wärmt gut durch. »Aahh«, stöhnt Kolja genießerisch, nachdem er einen Zug aus der Flasche genommen hat und sie zufrieden betrachtet. »Ein gutes Bier. Aus Sankt Petersburg.« Nach einem weiteren Schluck berichtet uns der Mann, während er zum Himmel schaut. daß er von dort stamme. Eine wunderbare Stadt sei das, und ganz besonders die Newa habe er geliebt.

»Aber hier ist es ja auch schön.« Sein Blick kehrt zurück von den Sternen und landet auf den Spitzen des Gartenzauns. Im Sozialismus habe es ihn wegen der Geldzulagen, die man hier bekam, an die Lena verschlagen. Schon unter Breschnjew suchte er hier nach Gold. »Sie standen neben uns mit Kalaschnikows. Das ist, wie ich hörte, auch heute noch so.« Die Zusatzvergütungen gäbe es nicht mehr, doch er sei mit seiner Familie trotzdem hiergeblieben. Aus Gewohnheit, wie er sagt, und ein wenig habe er auch diese Ruhe hier schätzen gelernt. In den Minen arbeite er schon seit einer Weile nicht mehr. Man habe ihn entlassen. Seine Frau, die beiden Kinder und er würden nun von den Kühen, Schweinen und den Erträgen aus dem Gewächshaus leben. Koljas Bierflasche zeigt auf den langen Glasbau in der Mitte des Gartens. Das meiste Gemüse, das sie ernten, könnten seine Frau und er an die Lebensmittelgeschäfte im nahen Pokrowsk, dem größten der drei Orte hier, verkaufen. Wir verstehen nicht alles von dem, was uns Kolja erzählt, doch seine Gesten und die betonte Aussprache helfen uns, seine Worte zu deuten.

»Wie ist das, in Deutschland zu leben? Verdient man dort viel Geld?«

»Na ja«, sage ich schließlich und versuche ihm klarzumachen, daß es zwar meist so ist, die Menschen dadurch aber auch nicht glücklicher sind. Meine Antwort steht zwischen uns. Kolja kann sie kaum begreifen.

Die Uhr zeigt auf Mitternacht, als wir ihm die Hände über den Gartenzaun reichen, uns für das Bier bedanken und ihm eine gute Nacht wünschen.

Als wir schon einige Schritte gegangen sind, ruft er uns zurück: »Ich hab noch was für euch.« Er hält uns den gefüllten Plastikbeutel, aus dem er vorhin die drei Bierflaschen entnahm, über den Zaun. »Nehmt nur. Sind schöne Sachen drin. Viel Gemüse. Und Wodka.« Wir sind uns nicht sicher, ob wir, die »Reichen«, dieses Geschenk annehmen sollen. Doch Kolja will es so.

Wir gehen zurück zum Lager. Auf dem Weg dorthin, zwischen den Höfen, herrscht unglaubliche Stille. Die Kinder, die vorhin hier spielten, sind verschwunden. Nach etwa fünfzehn Minuten erkennen wir von der Uferböschung aus die Konturen unseres Zeltes. Gina und Condor bellen in unsere Richtung. Sie halten uns wohl für Fremde. Erst als wir uns ihnen nähern und sie die ihnen vertrauten Stimmen hören, geht das Bellen in begrüßendes Winseln über.

Im Zelt, kurz vor dem Einschlafen, lasse ich den Tag Revue passieren. Ich denke auch an Kolja, den wir zufällig kennenlernten und der uns mit seiner Großzügigkeit beschämte, und ich frage mich, ob wir zu Hause auf einen Fremden auch so reagiert hätten.

Spät in der Nacht stimmt Gina ein Konzert mit den Dorfhunden an, das sich über Stunden bis in den Morgen zieht und uns den Schlaf raubt.

Obwohl uns Kolja auch ein Brot eingepackt hatte, wollen wir versuchen, in einem Lebensmittelgeschäft ein weiteres zu kaufen. Die junge Verkäuferin in dem kleinen Laden, den wir unweit des Zeltes ausfindig machten, sagt, sie warte noch auf die Lieferung.

Daraufhin vertreiben wir uns die Zeit am Ufer und sind nach etwa einer Stunde wieder im Geschäft. Leider vergebens. Die Frau sagt diesmal, daß das Brot geliefert wurde, jedoch schon wieder ausverkauft sei. Wir müßten uns bis morgen gedulden ...

DER HOLZSTAPEL

Die Lena ist mittlerweile so breit, daß wir nicht mehr von einem Ufer zum anderen schauen können. In der Ferne zeichnen sich riesige Inseln ab. Drei Schiffe ziehen langsam an ihnen vorbei.

Der böige Wind, mit dem wir es heute morgen zu tun hatten, ist nicht abgeflaut, im Gegenteil, zum frühen Nachmittag verstärkt er sich noch. Da er von der Seite bläst, müssen wir, um nicht abzudriften, kräftig gegen ihn anpaddeln.

Markus muß vier-, fünfmal das linke Paddel eintauchen, dann einmal das rechte. Anders bei mir. Ein verrücktes Verhältnis von zehn zu eins zermürbt mich. Meine linke Schulter schmerzt seit heute mittag höllisch, und ich kann mir nicht erklären, warum ich mich um soviel mehr quälen muß als Markus. Wir sitzen doch im selben Bootstyp, und auch unser Gepäck ist sehr ähnlich verteilt. Hat mein Kajak einen falschen Schwerpunkt? Zum Glück fährt Markus nun rechts von mir, so daß ich es in seinem Windschatten etwas leichter habe.

Schon seit einigen Stunden fahre ich neben Ronald an einem Ufer entlang, an dem wir kein Holz für ein Lagerfeuer entdecken können. Nur Steine und Sand. Es wird bereits Abend, wir frieren und wünschen uns, dem heftigen, kalten und unangenehmen Wind, der selbst durch die hochgestellten Jackenkragen fährt und uns wie mit feinen Nadeln in Gesicht und Finger sticht, zu entkommen, sehnen uns nach den wärmenden Flammen eines Lagerfeuers. Der Herbst ist endgültig da.

Vor uns erkennen wir eine Reihe gigantischer Masten, über die sich Elektrizitätsleitungen von einem Ufer zum anderen spannen. Nie zuvor haben wir so etwas gesehen. Der Fluß hat hier eine Gesamtbreite von etwa sechzehn Kilometern, und ich frage mich, wie diese stählernen Träger wohl dem Eisgang im Frühjahr standhalten.

Für einen Weile sind unsere »Holzsorgen« vergessen, doch als die Strommasten hinter uns liegen, ist der Wunsch nach einem Feuer aufs Neue geweckt.

Hinter der nächsten Kurve halten wir erstaunt inne, trauen unseren Augen nicht: Hunderte Baumstämme, aufgeschichtet in vielen Stapeln, liegen da am Ufer. Doch unsere Axt ist längst verlorengegangen, liegt irgendwo bei Birjulka auf dem Grund des Flusses.

Trotzdem. Wir gehen hier an Land. Ronald macht sich zusammen mit Gina und Condor in Richtung des nahen Waldes auf. Währenddessen errichte ich im Windschatten der Baumstämme das Zelt.

Mit genügend Holz im Arm zurückgekehrt, hat Ronald schnell ein Feuer entfacht, aber warm will uns dennoch nicht werden. Durch den stürmischen Wind, der uns vom Morgen an zu schaffen machte, sind wir zu sehr ausgekühlt. Gegen das Zähneklappern hilft zum einen der Gedanke, morgen Jakutsk erreichen zu können und zum anderen ein Schluck aus Koljas Wodkaflasche.

Mit dem schwindenden Tageslicht rücken wir dichter ans Feuer, genießen dessen Wärme. Vielleicht dreißig Kilometer trennen uns noch von unserem Ziel, das, wir erkennen es, durch den hellen, ockerfarbenen Schimmer am Himmel, in greifbare Nähe zu rücken scheint. Die Lichter von Jakutsk! Morgen soll die Reise im Kajak in dieser Stadt ihren Abschluß finden. Aus irgendeinem Grund glauben wir, die Lena gönne uns das nicht.

ZIELPUNKT JAKUTSK

Am nächsten Tag zeichnen sich im Laufe des Vormittags am Horizont Hochhäuser ab. Nicht die grauen, niedrigen Bauten, die wir erwarteten, sondern einladend helle, schöne Häuser. Die Hauptstadt

Jakutiens, sie empfängt uns als moderne Metropole. Mit leeren Mägen fahren wir ihr entgegen.

Der gewaltige Wasserlauf macht zur Stadt hin noch einmal einen großen Bogen. Markus, der mittlerweile ein Kartenspezialist geworden ist, schlägt vor, diesen Hauptarm zu verlassen und in die Inselwelt einzutauchen, direkt Kurs auf Jakutsk zu nehmen.

Seit Birjulka fuhren wir nicht auf solch schmalen Wasserwegen, obwohl es sehr reizvoll sein kann, so dicht am Ufer entlangzupaddeln. Das wird mir jetzt so richtig bewußt. Wir sehen Wasservögel, die über den Fluß gleiten, riechen das Gras. Natur hautnah. Wie ein grüner Vorhang hat uns das Dickicht aus Bäumen und Sträuchern den Blick auf die Stadt genommen.

Fast unmerklich wird die Strömung schwächer. Eine Sackgasse? Wir paddeln weiter und haben knapp drei Stunden später die Hochhäuser, Hafenkräne und einen erstaunlich hohen Funkturm im Blickfeld. Der Flußarm endet hier in einem kleinen Stausee, der von einem betonierten Damm begrenzt wird, über den Fahrzeuge rollen. Er ist die Trennlinie zum Hafen. Bis zu den Häusern sind es vielleicht ein bis zwei Kilometer. Der hohe Neubaublock, der uns am nächsten steht, sieht auch nicht anders aus als zum Beispiel einer in Berlin-Marzahn. Vor ihm breitet sich eine große, unbebaute Fläche aus. Wir können sie nicht genau einsehen, weil die mannshohe, mit Sträuchern bewachsene Böschung uns die Sicht darauf versperrt. Hier aber könnten wir unser Zelt aufschlagen, wären einigermaßen sicher, vor wem auch immer.

Jakutsk ist eine Großstadt, in der etwa zweihunderttausend Menschen leben. Hier heißt es, aufmerksamer zu sein als in den kleinen Dörfern, die wir kennenlernten. Je größer eine Stadt in Rußland, desto gefährlicher ist es dort! Diese und ähnliche Worte, die wir auf unserer Reise hörten, dringen kurz in mein Gehirn. Dann aber empfinde ich Freude.

Wir sind angekommen. Das also ist der so lang ersehnte Moment. Es ist Dienstag, der fünfte September, und wir haben als erste Ausländer den Fluß in dieser Dimension aus eigener Kraft befahren. Für uns ist das ein historisches Ereignis.

Als erster springt Markus aus der Luke. Ich kann gar nicht so schnell gucken wie er draußen ist. Er hat den Fotoapparat in den Händen, um meinen Ausstieg festzuhalten, macht ein, zwei Fotos und strahlt.

Nachdem wir die Boote an Land gezogen haben, nehmen wir uns in die Arme. Wir tun das tatsächlich, als wäre nichts selbstverständlicher als das. Danach lassen wir uns in den feinen Sand fallen, um zu begreifen, daß wir angekommen sind, daß wir diese Mammutstrecke von über dreitausend Kilometern in siebenundvierzig Tagen bewältigten. Nur für die Hunde ist es eine Landung von vielen. Schon toben sie, laufen ins Gebüsch.

Irgendwann, ich weiß nicht, wie lange wir schon hier gelegen haben, erhebt sich Markus, um das Zelt aufzubauen. Ich gehe mit Gina und Condor auf Erkundung. Das Strauchdickicht ist so verwachsen, daß selbst die Hunde Probleme haben hindurchzukommen. Aber es führt ein kleiner Weg zu jener unbebauten Fläche, die wir vorhin nur teilweise einsehen konnten.

Ich gehe über den sandigen Boden und denke daran, daß ich mich auf meiner dritten großen Reise befinde, das Vorgenommene erreicht habe. In mir breitet sich ein wärmendes Glücksgefühl aus. Jetzt, so überlege ich, »darf« ich wieder älter werden. Das mag seltsam klingen. Aber ich habe mir, als ich Mitte Zwanzig war, vorgenommen, alle paar Jahre etwas zu erleben, worauf ich stolz sein kann. Jeder mag da etwas anderes für sich finden. Für mich ist es das Reisen geworden. Bei unserer ersten Tour, der Weltumradelung, kam ich auf den Geschmack, und ich habe seitdem bei jeder weiteren dieser Unternehmungen mehr das Gefühl, sie prägten mich so sehr, daß die Zeit danach auf eine unbestimmbare Art langsamer zu vergehen scheint. Vielleicht auch, weil ich so lange von diesen Erlebnissen zehren kann. Eigentlich fühle ich mich ja zu Hause wohl, wenn ich mich zum Beispiel in meiner Wohnung einfach auf die Couch lümmeln kann, die besorgte Stimme meiner Mutter höre, ich hätte zu wenig zu essen im Kühlschrank, mich mit Freunden in einem Café treffe und dabei merke, daß sie wissen, ich bin auch nicht anders als sie. Doch jede der Reisen gibt mir das Gefühl, ein neues Kapitel in meinem Leben aufgeschlagen zu haben. Es ist wohl auch so, daß diese Touren fern vom gewohnten Alltag einiges klarer werden lassen. Hätte ich jemals geglaubt, Sonja derart zu vermissen? Angst um sie zu haben? Hier erst ist mir das bewußt geworden. Und auch wegen Markus. Es ist eine Sache, eine Freundschaft aufs Spiel zu setzen, und eine andere, jedoch weitaus schwierigere ist es, sie zurückzugewinnen. Ich glaube, wir haben es geschafft. Wird mir das auch bei Sonja gelingen? Ich werde das Gefühl nicht los, daß jener Streit bei unserem Abschied uns zu weit auseinandergebracht hat. In Lensk und Soldikel wollte ich sie unbedingt anrufen, wissen, wie es ihr geht. Jetzt aber habe ich Angst davor, den Telefonhörer in die Hand zu nehmen. Ist da ein neuer Mann? Ich schiebe diesen Gedanken weit von mir.

Am Abend ist unsere Stimmung wunderbar, wir fühlen uns befreit von unseren Sorgen, die sich auch um ein erneutes Scheitern einer solchen Reise bewegten. Nun sind wir am Ziel. Ronald und ich haben es gemeinsam erreicht, sind nicht an gegenseitigem Mißtrauen zerbrochen, auch wenn das durchaus hätte eintreten können. Ein Lagerfeuer, das uns an vorherigen Abenden auf eine seltsame Weise stets beruhigte, brauchen wir heute nicht. Auch müssen wir nicht mit dem Proviant sparen. Heute kann jeder von uns soviel Brot und Fleisch aus der Dose essen, wie er vermag. Auch die Hunde kommen nicht zu kurz. Wir trinken Orangensaft, haben ihn uns, wie auch die Speisen, in einer Art Luxus-Geschäft besorgt, in dem es vom Essen bis zur Kleidung alles gab. Es duftete so herrlich nach edlem Parfum, daß wir dort Stunden hätten verbringen können.

Motiviert von dieser »Schnupperei« waschen wir uns im Fluß. Und das ist eine Tortur! Die Lena ist niemals warm. Heute aber ist sie kälter als die Luft. Den Weg aus dem Wasser zum Handtuch bewältige ich äußerst schnell. Ich gebe zu, im Gegensatz zu Ronald bin ich eine Frostbeule, hat er doch schon oft im tiefsten Winter in der Ostsee gebadet.

Das Zentrum von Jakutsk zu erreichen, bedarf von unserem Lager aus eines kilometerlangen Marsches auf weichem Sandstrand, entlang dicker Rohre. Beim Anfassen spüre ich ihre Wärme. Scheinbar hat sich eine Gruppe von Männern und Frauen deshalb den Platz in ihrer Nähe gewählt. Die Leute haben zwei Feuer entzündet und hocken neben provisorisch aus Stoffresten und Planen errichteten Zelten. Im schwachen, flackernden Schein der Flammen erkenne ich zumeist wettergezeichnete Gesichter, ein kleines Kind auf dem Schoß einer Frau. Es weint. Ein verwahrloster Hund schleicht sich an die Sitzenden heran. Die Frau wirft einen Gegenstand nach dem Tier. Anscheinend sind diese Menschen obdachlos. Was machen sie nur im Winter, wenn das Thermometer auf unter sechzig Grad rutscht? Wir gehen weiter, uns zieht es in die Stadt.

Der große Ordshonikidseplatz ist mit bunten Lichterketten geschmückt. Er lädt zum Verweilen ein. Hier gibt es zwei Hotels und ein modernes Theater mit einer riesigen Solaranlage auf dem Dach. Der Asphalt der Straßen ist jedoch so rissig wie nach einem Erdbeben. Willkommen in der kältesten Großstadt der Welt!

Ein Polizist naht, und es sieht so aus, als wolle er etwas von uns. Wir haben richtig vermutet. Der Uniformierte, ein Jakute, fragt uns in einer Mischung aus Langeweile und Unmißverständlichkeit nach unseren Ausweisen. Wir zeigen sie ihm und verheimlichen ihm ganz bewußt nicht, daß wir einen offiziellen Brief aus Rostock mit uns führen. Er will das Schreiben sehen. Zunächst aber blättert er gewichtig in den Reisepässen. In einem von ihnen findet er den Brief. Während er noch liest, erkundigen wir uns bei ihm, ob er uns eine nicht zu teure Tanzbar nennen könne.

»Da gibt es hier nicht viele«, erwidert der Ordnungshüter, schaut uns an, reicht uns die Pässe samt Bürgermeisterbotschaft zurück und schiebt seine Mütze zurecht. Doch weder der Name noch der Weg zu solch einem Nachtlokal fallen ihm ein. Er sei einfach zu lange nicht mehr tanzen gewesen.

Wir, deswegen vom Ufer aufgebrochen, machen uns, nachdem uns der Polizist mit guten Wünschen verabschiedete und davonschritt, allein auf die Suche.

Es ist bereits nach Mitternacht. In jeder der Bars, die wir auf einer nicht enden wollenden Hauptstraße ausfindig machten, hätten wir einen gehörigen Eintritt entrichten müssen. Da mittlerweile unsere Füße schmerzen und wir müde geworden sind, beschließen Ronald und ich, zum Zelt zurückzukehren.

Wieder auf dem Ordshonikidseplatz fällt uns ein Junge auf. Er ist nicht älter als acht Jahre und sitzt zusammengekauert auf einer der steinernen Treppenstufen, die zu einen Lebensmittelladen führen. Neben ihm steht eine Bierflasche. Die Jacke, die er anhat, ist dünn, die Hose zu kurz, und die Schuhe sind zu groß. Für einen Moment bleiben wir stehen. Der Kleine zieht nervös an einer Zigarette. Auch zu dieser nächtlichen Stunde sind eine Reihe von Menschen unterwegs. Achtlos gehen sie an dem Kind vorbei. Auch wir gehen weiter, hin zu unserem Lager, das uns bei der Ankunft behaglicher als sonst erscheint.

DER FRANZOSE

Am nächsten Tag sind Ronald und ich wieder in der Stadt, sitzen gegen Mittag in der Hauptpost, einem großen, blauweißen Gebäude. Wir schreiben Ansichtskarten. Es riecht moderig hier, und manchmal klingelt ein Telefon, zerschneidet buchstäblich das Stimmengewirr der vielen Kunden. Seltsam, obwohl wir soviel in den letzten Tagen und Wochen erlebten, weiß ich jetzt nicht, was ich schreiben soll. Mir kommt es vor, als hätte ich seit Jahren keinen Kontakt mehr in die Heimat gehabt. Als multipliziere mein Kopf zu der verronnenen Zeit auch noch die gewaltige Entfernung und die Sehnsucht.

Während ich die ersten Worte zu Papier bringe, tritt jemand an unseren Tisch, sagt: »Hallo«. Die Stimme gehört einem schwarzhaarigen Mann, der etwas älter als wir zu sein scheint. Er trägt einen braunen Strickpullover, hat einen Drei-Tage-Bart und eine markante Nase. Wie ein Russe sieht er nicht aus.

»Ihr seid wohl auch nicht von hier, was?« fragt er uns auf englisch und fügt an, daß er Adam heiße und aus Nimes komme. Der Franzose erzählt uns, daß er bereits seit drei Wochen in einer kleinen Pension unweit der Post wohne und eigentlich schon längst mit dem Flugzeug nach Tiksi aufbrechen wollte. Die Polizei aber lasse das nicht zu, wolle ihn in der Stadt festhalten. Er dürfe sie nur dazu verlassen, um zurück nach Frankreich zu fliegen.

»Ich fahre aber nicht nach Hause«, betont er fast trotzig, »bevor ich nicht meine Mammutknochen habe.«

»Die gibt es hier?«

»Natürlich!« Die Augen des Franzosen werden größer. »Nirgendwo auf der Welt findet man so viele, und so große.«

»Bist du Archäologe?«

»Nein«, erwidert er und beugt sich zu uns herab. »Eigentlich bin ich ja, das heißt, ich war Bäcker in einer kleinen Konditorei.« Adam schaut auf die Wanduhr.

»Verdammt!« entfährt es ihm. »Ich muß zur Polizei.« Hektisch kramt er einen Stift und ein Stück Papier aus der Hosentasche und kritzelt eine Nummer drauf.

»Wie wär's mit einem Bier heute abend?« Wir nicken. »Ruft mich unter dieser Nummer an. Meine Vermieterin wird den Hörer abnehmen. Sie ist schwerhörig. Also wundert euch nicht. Sprecht laut und verlangt Adamo. So nennt sie mich. Jetzt muß ich aber los.« Mit diesem Satz stürmt der dunkelhaarige Mammutfan aus der Post.

JAKUTSKER NACHTLEBEN

Am späten Nachmittag, Markus und ich haben einige Karten nach Hause geschrieben und anschließend in einem Imbiß mit Hackfleisch gefüllte Brötchen gegessen, wählen wir von einem Telefon in der Post Adams Nummer. Doch am anderen Ende der Leitung meldet sich weder eine Frau, noch weiß die nuschelnde Männerstimme etwas von einem Adamo. Schade, wir hätten ihn gern wiedergesehen.

In Markus' Jackentasche findet sich noch ein zweiter Zettel mit Telefonnummern. Die eine gehört Nikolai Markwart, dem Lensker Mafiakönig, den wir nie kennenlernten, weil er, als wir ihn anriefen, auf der Lena angeln war. Die andere Nummer ist die Durchwahl zu seinem Kollegen, dem »Chef« von Jakutsk. Das jedenfalls sagte uns der Ust-Kuter Gangsterboß Wladimir beim Abschied, als er uns den Zettel gab. Wir sollten ruhig Kontakt zu seinen »Außenleuten« aufnehmen. Ich höre den Rufton. Dann meldet sich eine Frauenstimme.

»Ist Istvan zu Hause?«

»Wer ist da?«

»Freunde von Wladimir.« Es tritt eine Pause ein.

»Istvan ist nicht da.«

»Wann kommt er wieder?«

»Er sitzt.«

»Sitzt?« wiederhole ich.

»Für vier Jahre! Sagt es Wladimir! Sagt es ihm!« Die Verbindung ist beendet. Ich habe gelesen, daß man schon für den Diebstahl eines Telefons in Rußland so lange eingesperrt werden kann. Doch soll das Strafmaß hierzulande angeblich auch sehr verschieden festgesetzt werden, je nachdem, über welche Kontakte man verfüge. Wladimir erwähnte uns gegenüber, daß er einige der Richter sehr gut kenne. Bei diesen Gedanken wird mir erneut verdeutlicht, mit was für Leuten wir es zu tun hatten und daß es klüger wäre, den Zettel mit der Telefonnummer zu vernichten ...

Nach diesem Telefonat kehren wir zum Ufer zurück. Wir wissen nicht so recht, was wir machen sollen und ziehen es vor, den Sonnenuntergang mit unseren Vierbeinern vor dem Zelt zu genießen. Mit zunehmender Dunkelheit steigt die Anzahl der erleuchteten Fenster in dem Plattenbau, den wir von unserem Lagerplatz aus gut sehen können. Wir fragen uns, ob die Menschen hinter den Gardinen wohl gerade fernsehen, ein Fotoalbum anschauen, ob sie am Wohnzimmertisch sitzen, plaudern oder Karten spielen. Plötzlich überkommt uns der Wunsch, an eine der Wohnungstüren zu klopfen. Doch wir bleiben auf unseren Gepäcktaschen sitzen, nehmen noch einen Schluck aus der Wodkaflasche. Ausgerechnet in Jakutsk fühlen wir uns allein und verlassen. Schuld daran ist nicht nur unser abgelegenes Lager, das uns durch die große Sandfläche und das Gebüsch von der City trennt, wir könnten auch auf dem Ordshonikidseplatz auf einer Bank sitzen, sondern, daß Jakutsk nichts weiter ist als eine von Tausenden Großstädten dieser Welt, in der die Bewohner genug damit zu tun haben, ihren eigenen Weg zu gehen. An solch einem Ort bleiben natürlich auch zwei wie wir anonym. Dies läßt uns die Einsamkeit noch stärker empfinden als in den Weiten der Taiga. Wir reden über quietschende Einkaufswagen in ehemaligen DDR-Kaufhallen oder den

Duft einer Pilzsuppe, Dinge, die unter normalen Umständen völlig belanglos sind. Aber heute hilft dies, zusammen mit Koljas Wodka, unsere Herzen zu erwärmen.

Gegen zweiundzwanzig Uhr, wir sind leicht angetrunken, wollen Markus und ich doch noch einmal einen Abstecher in die Innenstadt machen. Auch in Jakutsk muß doch ein Teil Lensk, ein Stück Ust-Kut stecken! Wir machen uns auf die Suche danach.

Wie zwei Kenner der Stadt steuern Ronald und ich das exquisite Hotel »Lena« auf dem Ordshonikidseplatz an, betreten es und müssen unsere Pässe vorzeigen. Normalerweise läßt man zwei leicht schwankende Typen wie uns nicht in solch ein Etablissement, aber ein deutscher Paß bewirkt offenbar Wunder. Das ist traurig, aber für uns hilfreich, vermutet man doch wahrscheinlich bei Ausländern eine gut gefüllte Brieftasche. In unserem Fall besteht sie vorwiegend aus Quittungen und Formularen von Grenzübertritten, die wir auf der Rückfahrt wieder vorzeigen sollen. Doch das muß ja niemand außer uns wissen.

Ein bewaffneter Sicherheitsbeamter fährt uns im Lift in die Bar im fünften Stockwerk. Leichtbekleidete junge Frauen und ältere Herren, viele in Marineuniformen, sitzen an langen Tischen, auf denen Kerzen brennen, und plaudern.

Als Eintritt werden pro Person einhundert Rubel verlangt, etwa neun Mark. Dazu erhält jeder eine gekühlte Flasche Bier von einer wortkargen Kellnerin gratis.

Schon nach dem ersten Schluck, den wir an einem etwas abseits stehenden Tisch nehmen, grummelt es kräftig in unseren Mägen. Was sich bei mir nach einigen Sekunden wieder legt, läßt Ronald alsbald vom Stuhl hochfahren. Er durchschreitet den Raum äußerst flink und verschwindet aus meinem Blickfeld.

Wenige Minuten später kommt die Kellnerin, die uns vor kurzem noch das Bier reichte, mit einem gefüllten Wassereimer auf mich zu. Drohend zeigt sie mir einen Feudel, den ich schleunigst zum Einsatz bringen soll, wolle ich nicht achtkantig aus der Bar fliegen und Strafe zahlen.

Ich verstehe nicht ganz. Forsch präsentiert mir daraufhin die Frau, sie zerrte mich förmlich vom Tisch, das Malheur, das Ronald angerichtet und auf der Auslegware hinterlassen hat. Von ihm selbst fehlt jede Spur.

Nachdem ich auf Knien den Grund des Anstoßes beseitigt habe und auf dem Teppichboden nur noch ein feuchter Fleck übrigbleibt, tritt der Verursacher heran.

»Mir geht's jetzt besser«, sagt er, etwas bleich, aber aufrecht stehend. Abwesend betrachtet er meine Arbeit und bedankt sich. Die anderen Gäste in unserer Nähe schauen abschätzig zu uns herüber. Einige grinsen. In diesem Augenblick möchte ich unter der Auslegware verschwinden. Wir ziehen es vor zu gehen.

Der Weg führt uns aus dem Hotel zu einem Taxistand.

»Wohin?« fragt der müde aussehende Fahrer eines Wolga Kombi, als wir bereits eingestiegen sind.

»Tanzen«, antworte ich kurz. Eine Fahrt, die uns durch finstere Straßen führt, aber nur fünf Minuten dauert, endet an einem hell beleuchteten Eingang einer Diskothek, vor der sich junge Leute, in Grüppchen stehend, unterhalten. Wir zahlen dem Fahrer fünfzig Rubel und steigen aus. Hinter der Tür, über der das Wort »Stealth« prangt, hören wir Technomusik hämmern.

Kaum haben wir den Vorraum betreten, werden wir von muskulösen Ordnungshütern abgetastet und gleich darauf zur Seite gezerrt. Es folgt eine kurze Einführung in die Regeln der Diskothek. Dann nehmen die Männer Ronald den Dolch ab, den er am Gürtel trägt. Man hatte ihm den ja vor ein paar Wochen in Lensk schon einmal abgenommen, später aber zurückgegeben. Die Ordner hier meinen auch, er könne sich das Ding später wieder abholen, in den Saal dürfe er damit jedenfalls nicht. Fast verliebt beäugen sie die Stichwaffe.

An den Mischpulten im Tanzsaal steht ein Discjockey mit Sonnenbrille und Basecap. Sein Körper bewegt sich nur unmerklich. Dafür läßt er seinen Kopf auf- und abwippen. Manchmal, wenn er den Regler der Musik für einen Moment herunterzieht, brüllt er etwas in sein Mikrofon, was die jungen Leute auf der Tanzfläche im Chor erwidern.

Wenig später tauchen auch wir unter einer silbrigen, sich langsam drehenden Glitzerkugel in die Menge ein.

Tanzen, sagt man, ist der in Bewegung umgesetzte Rhythmus von Musik, und die wird zu einem Gefühl, das vieles vergessen läßt. Je wilder man also tanzt, umso mehr will man demzufolge abwerfen? Für uns könnte das zutreffen. Unsere Art zu tanzen bringt uns bald die erste Frage ein.

»Ist das modern?« schreit uns ein Bursche zu. »Da, wo ihr herkommt, meine ich!« Wir nicken, obwohl das nicht stimmt. Der Alkohol im Blut läßt uns vergessen, daß wir uns nüchtern nie und nimmer so bewegen würden.

Eine halbe Stunde später ahmen fast alle um uns herum unser ausgelassenes Springen und Armschütteln nach.

Die Uhr zeigt auf halb fünf Uhr morgens, als wir den Tanzschuppen verlassen. Den Dolch hat man Ronald nicht zurückgegeben. Die Ordner taten so, als hätten sie ihn nie gesehen.

Nach erfolgloser Diskussion stehen wir vor dem Gebäude. Es ist eisig kalt. Alles, die dunklen Fenster der Häuser, die menschenleere Straße, das rote Signallicht des hohen Funkturms, das aus der Ferne zu hörende Nebelhorn eines Schiffes, ja, selbst die frostige Luft scheint uns fremd. Auch wissen wir nicht, woran wir uns orientieren sollen, um zurück zum Ufer zu gelangen.

Ein junger Mann im grünen Parka steht scheinbar ebenso unschlüssig wie wir neben der Diskothek, wirft sich die Kapuze über und kommt langsam auf uns zu. Er bleibt vor uns stehen, sagt nichts, mustert uns nur. Weder sieht er vertrauensselig noch angsteinflößend aus.

Als wir losgehen, ob in die richtige Richtung wissen wir selbst noch nicht, folgt uns der Bursche wie selbstverständlich.

»Was ist?« frage ich ihn schließlich, wobei ich meinen Atem als weißen Hauch wahrnehme. Schweigen. Wir gehen weiter, die lange Straße entlang.

Nach etwa einem halben Kilometer erkennen wir am Straßenrand hölzerne Verkaufsbuden, wie Relikte eines Weihnachtsmarktes stehen sie da. Eine hat geöffnet. Die müde und leicht gereizt wirkende Verkäuferin mit einer dunkelbraunen Hornbrille auf der Nase lacht belustigt auf, als ich sie nach dem kürzesten Weg zur Lena frage.

»Ist das hier der Taxistand?« schnauzt sie mich an. »Immer die Leninstraße entlang. Immer geradeaus.« Sie fährt ihren kräftigen Arm, der in einem dicken Pullover steckt, wie ein übereifriger Verkehrspolizist in die uns gewiesene Richtung. Dann greift sie sich eine Zeitung, und wir sind Luft für sie.

Rußlands Großstädte haben weltweit die breitesten und längsten Straßen. Und so gähnt uns auch die Leninstraße in ihrer ganzen Dimension an. Der junge Mann, der uns schon seit der Diskothek verfolgt, läßt sich nicht abschütteln. Als wir stehenbleiben, bleibt auch er stehen. Abermals stelle ich ihn zur Rede. Da nimmt er seine Kapuze ab, kommt näher und bittet um ein kleines Geschenk. Es müsse nichts Besonderes sein. Auch kein Geld. Nur irgendeine Kleinigkeit. Er erwähnt, daß ihm schon öfter Ausländer etwas gegeben hätten. Diese Dinge sammle er. Wozu, läßt er offen.

»Nimm das hier«, erwidere ich und reiche ihm ein unbenutztes Taschentuch mit dem Rostocker Rathaus als Motiv, auch, um ihn endlich loszuwerden. Wie durch Zufall fand dieses Tuch aus dem am Ufer von Lensk umgekippten Geschenkbeutel den Weg hinein in eine meiner Jackentaschen und wandert nun in die mir entgegengestreckten Hände dieses Burschen aus Jakutsk.

»Wie heißt du?« frage ich ihn.

»Aljoscha.« Der Bursche lächelt, während er das Taschentuch betrachtet. »Euch alles Gute!« ruft er und rennt die breite Leninstraße, durch die sich morgendliche Nebelschwaden ziehen, zurück. Schon ist er hinter einer Hausecke verschwunden.

Nach anderthalb Stunden haben wir die uns schier endlos erscheinende Hauptstraße hinter uns gelassen und stehen auf einem uns wohlbekannten Platz. Wir sehen das blauweiße Gebäude der Post, das Sacha-Theater mit der Solaranlage, die bunten Lichterketten ...

Und weitere zwanzig Minuten später fallen wir erschöpft, aber glücklich in die Schlafsäcke. ›Ein schönes Gefühl, einen Anlaufpunkt zu haben, und sei der auch noch so bescheiden‹, denke ich, bevor mir die Augen zufallen.

DER BANKBESUCH

Am späten Nachmittag des dritten Tages in Jakutsk stehen wir in einem Geldinstitut. Hier wollen wir unsere letzten D-Mark in Rubel tauschen. Wir sind durch etliche Straßen geirrt, um dieses Gebäude zu finden. Immer wieder gaben uns die Leute unterschiedliche Auskünfte. Auf dem Leninplatz meinte ein Passant gar, daß er den Banken hier nicht trauen würde und er uns, damit wir nicht ins »Unheil« gerieten, nicht sagen würde, wo sich eine von denen befände. Erst eine junge Frau mit zwei Einkaufsbeuteln in den Händen wußte und erklärte uns den Weg dorthin.

Gleich drei Sicherheitsleute mit Maschinenpistolen stehen in diesem Geldinstitut. Anscheinend hat man hier schon einschlägige Erfahrungen gemacht. Markus reiht sich in die Warteschlange zur Kasse, ich studiere die Wechselkurse an der Anzeigetafel. Für eine D-Mark bekommt man elf Rubel. Ein Mann mit schmalem Oberlippenbärtchen stellt sich zu mir und sagt, er wolle mir einen besseren Kurs als den der Bank anbieten. Ich gebe Markus Bescheid. Dann folgen wir dem Unbekannten in eine Ecke, wo kaum Leute stehen. Nach kurzem Wortwechsel tauschen wir im Verhältnis von eins zu dreizehn unsere D-Mark gegen seine Rubel.

Ein kleiner Linienbus, der aussieht, als wäre er bei einem Unfall vorn und hinten zusammengeschoben worden, erleichtert uns den Rückweg. Eine einfache Fahrt kostet fünf Rubel, also etwa vierzig Pfennig.

Direkt neben der Vordertür sitzt eine junge Frau, bei der man spätestens beim Aussteigen bezahlen muß. Ich erinnere mich zwangsläufig an eine Busfahrt vor sechs Jahren in Irkutsk: Damals betrug der Fahrpreis nur ein Zehntel des jetzigen.

Wir steigen am Ordshonikidseplatz aus. Dort steuern wir einen Lebensmittelladen an. Drinnen erblicken wir zum ersten Mal auf der Reise verschiedene Sorten Brot. Ob Vollkorn-, Weizen-, Toastbrot oder solches zum Aufbacken, hier kann man es sich je nach Geschmack aussuchen. Die Gegensätze zwischen russischen Städten und Dörfern werden auch dadurch widergespiegelt.

DER HAFEN

Seit unserer Ankunft haben Ronald und ich den Hafen mit einer Mischung aus Hoffnung und Unbehagen beobachtet. Wird es dort einen Kapitän geben, der uns und die Hunde stromaufwärts mitnehmen wird?

Um aufs Hafengelände zu gelangen, muß man dem Pförtner den Betriebsausweis zeigen oder nicht gesehen werden. Mal schauen, ob das funktioniert. Wir begeben uns zur Schranke. Wenige Meter vor uns biegt eine gertenschlanke Frau zum Pförtnerhäuschen ein. Der Wächter legt seine Zeitung aus den Händen und äugt der Evastochter hinterher. Währenddessen schleichen wir uns ungesehen unter dem Schlagbaum hindurch.

Der Hafen mit seinen verrosteten, alten Kränen, die sich durch langsame Drehungen ihrer ganzen Erbärmlichkeit zu erwehren scheinen, wirkt wie ein großer Schrottplatz. Das Gelände, das als Lagerplatz für eine Vielzahl hoher Holzstapel und langer Metallrohre dient, ist zum Großteil betoniert. Dort, wo der Untergrund gerissen ist, drängt sich Unkraut aus den Ritzen. Es riecht nach feuchtem Holz und Moder. Eine schwarzweiße Katze läuft wie verloren zwischen den Stahlträgern umher. Vor der ölgetränkten Kaimauer haben sieben, acht Schiffe festgemacht. Sie liegen weit unter dem Rand der Mauer im Wasser. Von hier oben bis zum Deck sind es vielleicht zehn Meter. Ob das Frühlingshochwasser der Grund für diese hohe Kaimauer ist?

Wir stehen unter einem Kran, der womöglich schon seinen Geist aufgegeben hat. Ein grelles »Hallo« schallt plötzlich aus Ronalds Mund hinunter zu einem Frachter. Ich bin erschrocken, sehe mich um, ob der Pförtner auf uns aufmerksam wurde. Da sich jedoch im etwa einhundert Meter entfernten Wachhäuschen nichts Auffälliges tut, beruhige ich mich wieder.

Das Schiff ist mit drei Traktoren beladen. Platz wäre für mindestens dreißig. Also auch Platz für uns?

»Was ist?« meldet sich ein schlaksiger Bursche von der Reling des Schiffes.

»Können wir den Kapitän sprechen?«

»Der kommt später.« Die Worte des jungen Mannes erreichen uns zweimal, hallen auch als Echo von der Mauer wider.

»Wartet hier!« Er zeigt uns, daß wir die Kaitreppe hinuntersteigen und zu ihm kommen sollen.

Steinerne Stufen führen uns durch einen niedrigen Tunnel, der in die Mauer hineingebaut wurde. Sie sind so ungewöhnlich hoch, daß es scheint, es fehle jeweils eine. Gebückt klettern wir hinab und müssen aufpassen, nicht in Unrat zu treten.

Am Tunnelausgang stehen wir dem Stahlgehäuse des Schiffes gegenüber. Ein halber Meter über uns – die Reling. Dort erwartet uns der Schlaksige und weist uns an hinaufzuklettern. Es gibt keine Leiter. Wir ziehen uns an der rostigen Stahlwand des Frachters hinauf und springen danach anderthalb Meter in die Tiefe.

»Gut, gut«, jubelt der etwa zwanzig Jahre alte Bursche. Als wir neben ihm stehen, sehen wir, er könnte der Zwillingsbruder von Ilja Richter, dem Diskokönig der Siebziger, sein. Fehlt nur, daß gerufen wird: »Licht aus, Spot an!« Er aber heißt nicht Ilja, sondern Dmitri.

»Aus Rostock?« wiederholt er mit freudigem Erstaunen, als er hört, woher wir kommen. »Nicht zu glauben. Noch vor zwei Tagen ankerte hier ein Schiff aus eurer Heimatstadt.« Wir brauchen eine Weile, dies zu begreifen. Um hierher zu gelangen, muß das Schiff den weiten und keineswegs ungefährlichen Weg, die Nord-Ost-Passage, genommen haben.

»Wo ist es jetzt?«

»Richtung Norden«, erklärt Dmitri und versucht, uns verständlich zu machen, daß das Schiff noch eine Ladung abliefern und dann in Jakutsk überwintern wolle. Das Gefühl, hier womöglich nicht die einzigen Rostocker zu sein, ist eines von der Art, das einen ausgiebig lächeln läßt. In diesem Moment sind wir uns sicher, der Kapitän des Frachters wird durch diese Tatsache schneller einen Draht zu uns finden und uns mitnehmen.

»Wann fahrt ihr?« erkundigen wir uns, als könne es für dieses Schiff nur den einen Weg gen Süden geben.

»Nun«, Dmitri schaut tatsächlich in südliche Richtung und hält die Hand waagerecht vor die Stirn, um nicht von der Herbstsonne geblendet zu werden. »Sonntag legen wir ab. Es geht nach Ust-Kut.« Übermorgen also. Glücklich strahlen wir ihn an.

»Dein Kapitän, ist er gut?« will ich wissen.

»Manchmal«, lautet die Antwort, die durch ein Schulterklopfen begleitet wird. »Kommt! Ich habe heißen Tee.« Nachdem wir uns auf sein Geheiß die Schuhe abgestreift haben, steigen wir die steilen, mit Auslegware bedeckten Holzstufen hinauf, und ich hoffe, sie nicht zum letzten Mal genommen zu haben.

Auf dem Oberdeck hat es sich die Schiffsbesatzung, eine Handvoll Männer in dunklen Overalls, bequem gemacht. Sie lümmeln auf Tischen und Stühlen und sehen sich ein Video an, in dem Bruce Willis gerade jemanden mit einem Motorboot verfolgt. Ein kurzes Nicken in unsere Richtung ist die Begrüßung der Crew. Dann konzentriert man sich wieder auf den Film.

»Übermorgen zeige ich euch meine Musiksammlung. Rock'n Roll.« Dmitri redet, als wäre unsere Mitfahrt schon geritzt. Dann holt er zwei Tassen mit dampfendem Tee. Wir setzen uns nach draußen aufs Oberdeck mit Blick auf die glitzernden Wellen und die fernen Häuser der Stadt, deren Fassaden in der Sonne funkeln. Hinter uns, im Fernseher, tobt eine wilde Schießerei. Bruce Willis hat wieder zugeschlagen.

Die Strahlen der Nachmittagssonne wärmen unsere Gesichter. Plötzlich sind die Schußwechsel verstummt. Stattdessen spüren wir Unruhe, hören, wie Tische und Stühle zurechtgeschoben werden.

»Der Kapitän«, erklärt Dmitri wissend. Wir ahnten es bereits.

Ein stattlicher Mann mit krausem Haar und einer Sonnenbrille auf der Nase betritt das Oberdeck, mustert uns. Er sagt nichts, verschwindet im Innern des Schiffes.

»Ich werde ihn fragen«, flüstert Dmitri uns zu. Er steht auf und folgt seinem Chef. Minuten später kehrt er augenzwinkernd zurück. Die Sache ist gebongt.

»Kommt Sonntag nicht zu spät«, mahnt er. »Wenn ihr wollt, könnt ihr euch heute abend hier duschen.« Ein Angebot, das wir ohne zu zögern annehmen. Endlich wieder warmes Wasser.

Leichten Schrittes, fast tänzelnd, entfernen wir uns vom Hafen. Heute ist ein Glückstag. Mal sehen, was wir noch aus ihm herausholen können.

Ein Bus schaukelt uns wenig später in Richtung des langen, stählernen Funkturms. In einem blauen, etwas verfallenen, zweietagigen Gebäude soll die jakutische TV-Station ihren Sitz haben. Hier wollen wir fragen, ob man uns für einen Tag eine Videokamera ausleihen kann. Dann bekämen wir wenigstens Filmaufnahmen von Jakutsk. Ohne große Mühe finden wir den Sender.

Im Gebäude der TV-Station passieren wir eine Sicherheitskontrolle, bei der wir unsere Ausweise hinterlegen müssen.

Wir finden das Büro, in welchem wir nach den Worten der Ordnungskräfte Auskunft erhalten würden. Nachdem wir klopften, treten wir in einen Raum mit Glasschränken und vielen Fotografien an den Wänden. Es sind zumeist Portraits. Eine junge Sekretärin im weinroten Kostüm steht von ihrem Schreibtisch auf und begrüßt uns freundlich. Sie ist umgeben von einer frischen, wohlriechenden Duftwolke. Wir stellen uns vor, äußern unser Anliegen und werden gebeten, Platz zu nehmen. Minuten später kommt aus dem Nebenzimmer ein sommersprossiger junger Mann, der einen Mund so klein wie eine Erdbeere hat. Er sei Kameramann des Jakutischen Fernsehens, teilt er uns mit. Über das Ausleihen eines Aufzeichnungsgerätes könne er jedoch nicht entscheiden. Dies dürfe nur der Chef. Wieder vergehen ein paar Minuten. Dann erscheint ein weiterer Mann, dem Aussehen nach ein Jakute. Er trägt eine schmale Brille, durch die er uns interessiert mustert. Lächelnd tritt er auf uns zu, sagt: »Hallo.« Fast hat es den Anschein, er hätte auf uns gewartet. Doch anstatt uns eine Kamera auszuleihen, will er mit uns ein Interview drehen. Er habe gleich gesehen, daß wir von sehr weit her kämen. Dies sei Grund genug für einen Fernsehbericht.

Als er unsere Geschichte hört, ist er aus dem Häuschen. Wir verabreden uns für morgen früh auf dem Ordshonikidseplatz.

Gegen Abend machen wir uns auf den Weg zu Dmitri. Das Betreten des Hafengeländes stellt nun kein Problem mehr dar. Markus muß dem Pförtner nur sagen, zu welchem Schiff wir wollen und die Ansprechperson nennen. Daraufhin dürfen wir passieren. Wir bewegen uns in Richtung Kai und sind geschockt. Wo ist das Schiff? Anstelle des »TL 2093« hat dort ein Frachter namens »Magdeburg« angedockt. Wir sehen darauf einen Mann, der gerade dabei ist, aus einem Eimer Kartoffelschalen in die Lena zu kippen. Die Gelegenheit nutzend, fragen wir nach »unserem« Schiff, dem Schiff mit den Traktoren. Der Mann zuckt mit den Schultern und verschwindet im Innern des Frachters.

Ratlos sehen wir uns um. Im Scheinwerferlicht erkennen wir am anderen Ende des Hafens die uns vertraute Schiffsbrücke. Erleichtert eilen wir dorthin. Aber wie sollen wir an Bord gelangen? Zwischen Kaimauer und dem Schiff hat ein kleiner Schlepper festgemacht. Für die Dusche werden wir klettern müssen. Die Besatzung des Schleppers hat nichts dagegen, daß wir ihr Schiff betreten. Vielmehr pfeift sie uns zu und wünscht uns für den Weg über die rostigen Stahlträger viel Glück. Dann – endlich an Bord – werden wir wie alte Bekannte begrüßt. Dmitri zeigt uns den Duschraum, in dem auch eine kleine Sauna integriert ist.

Heißes Wasser. Nach zwei Monaten zum ersten Mal. Am liebsten würde ich stundenlang darunter stehenbleiben. Welch ein Gefühl, wieder richtig sauber zu sein!

DER ÜBERFALL

Nach diesem wohltuenden Intermezzo fahren wir gegen neun Uhr abends zurück zum Ordshonikidseplatz. Die bunten Lichterketten zwischen den Straßenlaternen verströmen Gemütlichkeit, und in mir wächst, so wie vorgestern abend, der Wunsch, dem Zeltplatz noch ein Weilchen fernzubleiben.

Scheinbar hat das heiße Wasser Markus, ganz im Gegensatz zu mir, müde gemacht. Fortwährend gähnt er und drängelt, zum Lager zurückzukehren. ›Warum nicht mal allein unterwegs sein?‹ denke ich daraufhin und teile Markus kurzentschlossen mit, daß er schon mal das Zelt »vorwärmen« solle. Er hat nichts dagegen, wünscht mir viel Spaß und geht davon. Die Trennung läuft so selbstverständlich ab, als befänden wir uns in Rostock, und nicht in einer wildfremden sibirischen Großstadt.

Durch Dmitri erfuhr ich, daß es nicht weit vom Leninplatz entfernt eine Bar geben soll, in der man keinen Eintritt bezahlen muß. Ich finde sie, setze mich an einen der Tische und trinke ein Bier. Doch fühle ich mich inmitten der vielen Menschen allein. Allesamt sitzen sie in kleinen Grüppchen an den Tischen, plaudern und haben es gut. Irgendwie hoffe ich, durch einen Zufall in ihre Gespräche integriert zu werden. Doch dies geschieht nicht.

Nun ist es kurz nach Mitternacht, und ich mache mich auf zum Lager. Die flachen Wasserlachen auf der Straße sind auch heute nacht mit einer dünnen Eisschicht überzogen. Noch hält sie nur bis zum nächsten Vormittag.

Ich lasse die Leninstraße hinter mir, das Hotel »Lena«, überquere den Ordshonikidseplatz. Ich gehe zügig, denn der Schlafsack ruft.

Zwei junge Männer kommen mir entgegen. Im orangegelben Licht der Straßenlaterne erkenne ich in ihnen Jakuten. Plötzlich, auf meiner Höhe, packt mich einer der beiden fest am Arm und schleudert mich gegen die steinerne Rückwand der Bushaltestelle. Ich bin geschockt. Weiß nicht, wie mir geschieht, was man von mir will. Der andere springt auf mich zu, drückt seine Hand an meine Schulter, preßt mich gegen die Wand.

«Geld, Geld«, tönt es fordernd aus den Mündern. Ich sehe, wie ihre Augen mich böse anstarren. Zurückschlagen? Die Rubel rausrücken? Ich bin ratlos. Meine blitzartigen Überlegungen werden durch zwei Uniformierte gestoppt, die wie aus dem Nichts um die Ecke der Haltestelle kommen. Ohne daß ich die Polizisten bitte, schreiten sie ein. Mit einer Konsequenz, wie ich sie bisher nicht erlebte. Noch bevor meine Angreifer die Situation verstehen, fällt einer von ihnen, von der Faust eines der Uniformierten getroffen, über einen kniehohen Zaun in ein Blumenbeet. Noch schlechter ergeht es dem Kumpanen. Durch den Schlag mit einem Gummiknüppel auf den Kopf sackt er in sich zusammen und muß noch weitere Hiebe einstecken.

Ich weiß nicht, wie ich mich verhalten soll. Aus den Angreifern sind Opfer geworden. Ist die Jakutsker Polizei immer so brutal oder kennt man die Ganoven bereits? Ich versuche, die wütend drauflosschlagenden Ordnungshüter - auch sie sind Jakuten - zu beschwichtigen. Langsam werden ihre Hiebe und Drohungen schwächer.

«Geh weiter!« fordert einer der Polizisten in einer Tonlage, die keinen Widerspruch duldet. Verwirrt setze ich mich in Bewegung, kann meinen Blick aber nicht vom Ort des Geschehens wenden. Irgendwie ist mir, als lasse ich die Kriminellen im Stich. So kurios es klingt, mir tun sie jetzt leid. Trotzdem bin ich erleichtert, unbeschadet davongekommen zu sein. Es war schon das dritte Mal auf der Reise, daß ich in solche Auseinandersetzungen hineingeriet. Immer war das Glück auf meiner Seite. Ich schaue in den wolkenverhangenen Himmel und danke dafür.

Erst als ich die Hauptstraße, die für uns die Stadtgrenze symbolisiert, überquert habe, fühle ich mich sicherer. Nun könnten die Hunde und vielleicht auch Markus mein Rufen hören.

DAS INTERVIEW

Die Morgensonne quält sich durch die Sträucher auf der unserem Lagerplatz gegenüberliegenden Halbinsel. Es ist kalt. Eisiger Nordostwind sticht mir wie mit Nadeln ins Gesicht. Heute haben Ronald und ich die Verabredung mit den Fernsehleuten von »Sacha-TV«. Wir wollen uns um neun Uhr neben dem Hotel »Lena« treffen. Die Zeit bis dahin ist knapp. Wir eilen über den feinen Dünensand, um pünktlich zu sein.

Als wir, etwas außer Atem, den bebrillten Chef der TV-Station neben dem Postamt begrüßen, klopft der ungeduldig auf seine Uhr. Wir haben uns um eine Minute verspätet.

»Schnell«, ruft er, streicht sein glattes, strähniges Haar zurecht und verhält sich, als säße ihm der nächste Termin schon im Nacken.

Wir steigen zusammen mit ihm und einem Kameramann in einen Jeep, brausen zurück zum Ufer, zu unserem Zelt. Kein Wort darüber, daß wir uns hätten gleich dort treffen können.

Während der Fahrt dreht sich der Fernsehchef, er sagt, er heiße Ruslan, zu uns um und fragt, ob wir ihm nicht endlich ein paar russische Schimpfwörter entlocken wollen. Wir verstehen nicht, was er meint.

»Jeder Ausländer«, fährt er fröhlich fort, »will solche Wörter wissen.« Ich halte dagegen, daß wir mit den Menschen, die wir hier antreffen, nicht streiten wollen. Ruslan lächelt verschmitzt und dreht sich wieder nach vorn.

Fünf Minuten nach unserer Ankunft am Ufer ist das Interview schon vorbei. Wir haben ein paar Fragen zum Grund unserer Reise beantwortet, warum wir solch knurrende Hunde dabei haben und wieso unsere Kajaks so farbenfroh sind. Ruslan ist der Meinung, das reiche. Er will uns in den Abendnachrichten unterbringen, die in ganz Jakutien zu empfangen und, so betont er, sehr beliebt seien.

Der Jeep braust davon, und ich grüble, ob ich ein gutes Bild abgegeben habe, denn auch Ljuda könnte vorm Fernseher sitzen.

WO IST DMITRI?

Dieser Tag will nicht vergehen. Auf einmal haben wir nichts mehr zu tun. Wir leeren zwei Fischdosen, setzen uns in den Ufersand, schauen aufs Wasser, essen wieder. Wir möchten weg von hier, müssen aber noch bis morgen ausharren. Dann geht es endlich heimwärts. Um uns abzulenken, gehen wir zum Hafen. Vielleicht spendiert uns Dmitri ja wieder einen heißen Tee ...

Aber wo ist sein Schiff?

Wir suchen das gesamte Gelände ab, befragen sämtliche Schiffsbesatzungen. Nichts. Dmitris Schiff ist verschwunden. Ratlos stehen wir an der Pier, können nicht glauben, daß der Frachter ohne uns abgefahren ist. Niedergeschlagen trotten wir die Kaimauer entlang, erkundigen uns auf anderen Schiffen nach einer Mitfahrgelegenheit. Doch die wenigen Frachter und Öltanker fahren entweder flußabwärts oder haben ihren Zielhafen für die Überwinterung bereits erreicht. Wie nur sollen wir Jakutsk verlassen? Verzweifelt sitzen wir auf einem bröckligen Betonblock und grübeln, suchen nach einem

Ausweg. Mit dem Flugzeug wäre es viel zu teuer. Doch es gibt einen Weg über Land in den Süden. Nicht die »Uferstraße«, auf ihr kommt man nur bis Oljokminsk. Östlich der Lena verläuft eine andere. Sie führt hinunter nach Solowjowsk, nahe der Grenze zu China. Aber was sollen wir dort? Von da aus sind es fast zweitausend Kilometer bis Birjulka. Davon müßten wir siebenhundert mit dem Zug fahren, weil es auf dem Abschnitt keine Straße, keinen Weg gibt. Wovon aber den Zug bezahlen? Am elften Oktober laufen außerdem die Visa ab. Also in etwa einem Monat. Es ist zum Verrücktwerden. Gibt es denn keine andere Möglichkeit? Die Hafenverwaltung!

Ein Mann mit Filzhut deutet, als wir ihn nach der Verwaltung fragen, mit dem Arm auf ein dreistöckiges Gebäude und brubbelt dabei etwas in seinen verwirbelten Vollbart, was wir nicht verstehen.

Wir gehen zum grauen Verwaltungsgebäude, an dessen Front ein Schild mit der Aufschrift »Dispatcher« hängt und steigen eine hölzerne Treppe hinauf, die an der Fassade entlang in die erste Etage führt. Dort befindet sich die Eingangstür. Sie ist verschlossen. Durch ein Fenster hindurch sehen wir einen jungen Mann. Wir klopfen an die Scheibe. Keine Reaktion. Wie auch, wenn er gleich zwei Telefonhörer an die Ohren hält. Unser Klopfen wird lauter, eindringlicher. Endlich werden wir bemerkt und hineingelassen. Während wir ihm unsere Situation schildern, hat der Bursche, der seine Jeans mit breiten Hosenträgern am Körper hält, wieder einen der orangefarbenen Hörer am Ohr. Beim Telefonieren malt er kleine abstrakte Gebilde auf einen Notizblock. Ob aus Langeweile oder warum auch immer, bleibt uns verborgen.

»Jetzt noch mal«, fordert er uns erneut zum Reden auf, und ich hoffe, während ich von vorn beginne, kein Telefon möge dazwischenbimmeln.

Bald sind wir klüger: Unser Schiff, das mit dem Namen »TL 2093«, habe schon heute mittag abgelegt. Es hätte einen wichtigen Funkspruch erhalten.

»Raketa«, ertönt es plötzlich aus dem Mund des Dispatchers, als wäre vor dem Fenster ein UFO aufgetaucht. Ich bemerke, wie Ronald fragend die Augenbrauen hebt. Das Tragflächenboot, das »Horrorschiff«, könnte unsere Chance sein. Wie weit mag es fahren? Für Fragen bleibt keine Zeit. Übereifrig greift die Hand des jungen Mannes zum Telefon, und sein Zeigefinger dreht die Wählscheibe schneller hin und her, als man es für möglich halten würde.

»Einen Moment«, sagt der Bursche dann, legt den Hörer auf und nickt. Wenig später betritt ein freundlich dreinblickender kleiner Mann mit Pudelmütze und grünem Overall den Raum.

»Poschli!« wendet sich der Neuankömmling an Ronald und mich und fordert uns mit einer Handbewegung auf mitzukommen.

»Geht nur«, rät der Dispatcher. Wir drücken ihm die Hand, bedanken uns, wissen aber noch immer nicht, ob er uns gerade die Lösung unseres Problems bescheren konnte.

Der Mann mit der Pudelmütze verfrachtet uns in den Laderaum eines Lieferwagens. Türen knallen. Dann rast er los, als ginge es um Leben und Tod. Wir halten uns an einer Seilwinde fest. Plötzlich stoppt das Fahrzeug. Die Tür wird geöffnet. Wir sind an einem kleinen zweistöckigen Holzbau angekommen, sollen aussteigen.

Unser Begleiter führt uns raschen Schrittes eine Treppe hinauf in ein Büro, in dem laut hörbar eine Uhr tickt. Die Tapeten an den Wänden sind vergilbt. Ebenso die Gardinen. Kein Wunder: Der Aschenbecher auf dem Schreibtisch, auf dem ansonsten viele Papiere liegen, ist übervoll. Dahinter sitzen ein Mann und eine Frau. Sie, die Mitte ihres Lebens liegt bereits hinter ihr, wirkt sehr herb. Der jüngere Mann ist sehr schlank, hat buschige Brauen. Die beiden schauen finster drein. Aber sie machen etwas möglich, wovon wir nach dem Verschwinden von »TL 2093« nicht einmal zu träumen wagten. Nachdem wir ihnen die Grußbotschaft von Rostocks Stadtoberhaupt reichten, und sie das Schreiben aufmerksam studierten, teilt uns die Frau mit, daß sie uns weiterhelfen und auf der »Raketa«, dem schnellsten Schiff auf der Lena, unterbringen wolle. Noch dazu umsonst. Um Viertel vor sechs morgen früh sollen wir uns beim Kapitän melden. Er werde nicht warten. Hunde und Kajaks? »Kein Problem«, betont die resolut-freundliche Frau. »In Rußland ist alles möglich.« Das aus dem Mund einer russischen Behördenmitarbeiterin? Wir werden rot. Wissen wir doch mittlerweile, daß das offizielle Schreiben viele Bürokratenschranken durchlässig macht, ja, sogar magische Kräfte besitzt, uns den Heimweg freizugeben.

Übermütig schütteln wir von frostigen Wintern gezeichnete Hände. Unser Begleiter scheint so überrascht, daß er fragend zu den Büroleuten schaut.

ADAM UND SASCHA

Die letzten Sonnenstrahlen des Tages scheinen auf uns. Mit strahlenden Gesichtern packen Markus und ich unsere Ausrüstung zusammen. Zwar wissen wir noch nicht, wie weit uns das Schnellboot morgen mitnehmen wird, doch spekulieren wir auf Lensk.

Jemand ruft unsere Namen. Wir drehen uns um und sehen auf dem Weg, der zwischen den Büschen hindurchführt, Adam, den

Franzosen. Er hat jemanden mitgebracht: einen großgewachsenen, jungen Mann mit einer Hornbrille im Gesicht. Adam und sein Begleiter verharren in einiger Entfernung. Sie zeigen auf die Hunde.

Erst als Gina und Condor keine Gefahr mehr darstellen, ich führte sie etwa dreißig Meter vom Zelt weg, wagen sich die Männer zu unserem Lager herunter. Adam stellt uns Sascha vor. Wir erfahren, er sei erst dreiundzwanzig und ein wahres Allroundtalent, studiere gleich drei Fachgebiete, die unterschiedlicher kaum sein könnten: Agrarwissenschaft, Bergbau, mit Spezialisierung auf Diamanten, und Informatik.

»Er ist auch ein Fremdsprachengenie«, fügt der Franzose hinzu. »Ohne ihn wäre ich in dieser Stadt verloren. Ich kann doch kaum Russisch.« Freundschaftlich legt er Sascha den Arm um die Schulter. Er, dem Adams Schwärmerei sichtlich peinlich ist, kratzt sich verlegen im Nacken und ergänzt: »Hier muß man vielseitig sein, sonst erreicht man nichts.«

Sascha ist Jakute, könnte dem Aussehen nach aber genausogut Russe sein. »Mein Vater ist Russe«, erklärt er, »aber meine Mutter stammt aus Schigansk. Als Jakutin mit einem Russen verheiratet zu sein, ist eine heikle Angelegenheit, denn Russen und Jakuten mögen sich eigentlich nicht.«

»Gibt es Auseinandersetzungen?«

»Nur in den Köpfen. Man geht sich aus dem Weg. Meine Eltern sind eine große Ausnahme.« Sascha spricht englisch so schnell wie eine Maschine. Seine Stimme hebt und senkt sich kaum.

»Ihr seht nach Aufbruch aus«, meldet sich Adam, der seine Tasche wie beim ersten Mal, als wir ihn trafen, über die Brust geworfen hat und übermüdet aussieht.

»Morgen geht unser Schiff«, sagt Markus und packt dabei den Rest unseres Gepäcks zusammen. »Wie wär's mit einem Abschiedsbier am Hafen?« schlage ich vor und versuche, so die Unterhaltung zu verlagern. Wir wollen aber zuerst zur »Raketa«. Auf keinen Fall dürfen wir dieses Schiff verpassen. Zwar sind es bis zur Abfahrt noch zehn Stunden, und von hier aus ist es auch kein sehr weiter, dafür aber ein komplizierter Weg. Wir müssen in die Kajaks steigen, bis zu dem hohen Damm, der den Hafen begrenzt, paddeln, die Boote dort hinübertragen, wieder paddeln und sie neben die »Raketa« ans Ufer stellen. Ein kleines Mammutprogramm, bei dem uns Adam und Sascha gern helfen wollen.

Inzwischen ist es finster geworden. Während wir die Boote ins Wasser schieben, machen sich die beiden auf, die Bucht bis zum Damm zu umgehen.

Wie oft wir uns bisher auch in die Bootsluken hineinzwängten, es bleibt ein Balanceakt. Der gelingt uns auch heute. Wir paddeln los und ich denke: ›Wie vertraut mir das alles ist: jeder Paddelschlag, der Fluß, den ich mit der Spitze des Kajaks »zerschneide«, Wasser, das auf die Jacke tröpfelt, der Neoprengeruch der Spritzdecke ...‹

Wir sehen die grellen Lichter des Hafens und mir ist, als würde ich das Paddeln schon jetzt vermissen. Noch ein paar Minuten, dann haben wir den Damm erreicht. Man gewöhnt sich an vieles, auch an eine große, beschwerliche Reise. Den Russen wird nachgesagt, sie seien melancholisch. So oft, wie wir in diesem Land unterwegs waren, färbte das auch auf uns ab. Neben mir sehe ich Markus, wie er verträumt in den Sternenhimmel schaut. Ich beginne zu lächeln, mich zu freuen. Wir sind wieder ein wahres Team, sind hier auf der Lena wieder »zusammengewachsen«. Sibirien scheint ein ideales Pflaster dafür zu sein, Probleme in den Griff zu bekommen.

Ufersand schrammt unter den Booten, die Hunde springen hinaus. Vor uns liegt der haushohe Damm. Noch sind Adam und Sascha weit entfernt. Dann aber, als sie bei uns angekommen sind, packen sie die Haltegriffe eines der beladenen Kajaks, das immerhin achtzig Kilogramm wiegen mag. Gemeinsam tragen wir das Boot über den Damm aus Sand und Beton. Die aufgeweichte Erde ist rutschig, bietet kaum Halt. Adam stößt einen Fluch aus. Seine Schuhsohlen haben kaum noch Profil. Aus Angst abzurutschen, hält er sich mehr am Rand des Kajaks fest, als daß er die Last trägt. Den Damm hinabzusteigen, ist nicht leichter.

Endlich stehen beide Boote samt Gepäck auf der anderen Seite. Auf zur letzten Paddeltour, zur »Raketa«! Diesmal befahren wir eine enge, mit Schilf gesäumte Wassergasse. Der Schilfgürtel ist so dicht, daß kein Licht hindurchschimmert und wir kaum die Hand vor Augen sehen. Zum Glück tauschten wir vorgestern die Batterien unserer Taschenlampen aus. Während wir uns vorsichtig den Weg bahnen, halten wir sie zwischen den Zähnen. Aufmerksam verfolgen Gina und Condor die Lichtkegel, die übers Schilf und Wasser huschen. Einzelne Seevögel verlassen aufgeschreckt ihre Nester. Die Hunde spitzen die Ohren, schauen aufmerksam den gefiederten Nachtschwärmern nach. Hier scheint einem, als hätte sich der Hafen samt Stadt in Luft aufgelöst.

Als wir aus dem Dickicht in das Hafengewässer kommen, werden wir vom grellen Licht der Scheinwerfer geblendet. Nun brauchen wir die Taschenlampen nicht mehr.

In der Nähe der »Raketa« holen wir die Kajaks ans Ufer und befestigen wie gewohnt die Hunde an den Booten. Bis Adam und Sascha bei uns eintreffen, lassen sich Gina und Condor ausgiebig von uns streicheln.

Zu viert schlagen wir dann den Weg zur nahen Anlegestelle, dem Schiffsbahnhof, ein. Dort, vor einem Lokal, gibt es einen überdachten Schaschlikstand mit Holzbänken. Nehmen wir die abendliche Kälte in Kauf, sparen wir Geld, denn in der Bar sind die Preise fast doppelt so hoch wie hier draußen. Ein typisch sibirischer Kompromiß. Wir können unseren Atem sehen, als wir unter dem weißen Stoffdach sitzen.

»Was machen die Mammutknochen?« frage ich Adam.

»Reden wir lieber nicht davon. Ich kann ja schon froh sein, wenn ich ohne weitere Probleme die Stadt Richtung Heimat verlassen darf«, meint der resigniert. »Mein Visum läuft nämlich bald ab. Einen Freund von mir hat man deswegen ein ganzes Jahr lang in Rußland festgehalten. Männer, das sind gute Aussichten!«

Markus und ich bestellen Schaschlik, und ich sehe, daß Adam und Sascha dies nicht tun. In unserer Reisekasse ist zwar nur noch wenig Geld, aber wir können den beiden unmöglich etwas voressen. Also gebe ich bei dem jungen Verkäufer noch zwei Schaschlikspieße in Auftrag. Dieser nimmt das Geld, umgerechnet zehn Mark, entgegen und wiegt sich dabei im Rhythmus von Santanas »Maria, Maria«. Am Verkaufstisch nehme ich die Portionen in Empfang und lasse Ketchup aus einer beschmierten Plastikflasche über die großen, duftenden Fleischstücke fließen. Adam und Sascha empfangen mich mit strahlenden Augen.

Wir genießen das würzig Gegrillte und bekommen Appetit auf ein kräftiges Bier. Auch, weil es die Kälte vertreiben wird. Als ich auf die Temperaturanzeige meiner Uhr schaue, bin ich nicht überrascht, daß das Thermometer minus vier Grad anzeigt. Markus ist aufgestanden. Er läßt seine Arme kreisen. Ihn fröstelt.

»Findest du das etwa kalt?« erkundigt sich Sascha und schiebt seine Brille ein Stückchen höher. Markus nickt. »Im Winter«, so meint der Einheimische und hebt den Zeigefinger, »hatten wir hier schon mal minus fünfundsechzig Grad. Das ist kalt.« Mir läuft bereits bei diesen Worten ein Schauer über den Rücken.

Sascha bittet uns, ihm ein paar deutsche Vokabeln beizubringen. Er hat ein Wörterbuch dabei, das zur einen Hälfte in deutsch-russisch und zur anderen in russisch-deutsch untergliedert ist.

»Man kann nie genug wissen«, sagt er. Selbst, wenn ich mit Markus deutsch rede, schlägt der junge Mann nach dem einen oder anderen Wort in seinem Wörterbuch nach. Er, das Gegenteil von einem Schönling, die riesige Hornbrille, die viel zu große Nase und die breiten

Lippen machen aus ihm wahrlich keinen Frauenschwarm, scheint als größten Vorzug sein Wissen zu haben.

Als sich die Kälte durch unsere Jacken und Pullover gefressen hat und selbst dieser liebenswerte Bursche leicht zu frösteln beginnt, reift in uns der Entschluß, doch noch die Bar zu betreten. Wohlige Wärme empfängt uns dort. Außer einer Gruppe junger Leute, die sich an einem der Tische ständig mit Bierflaschen zuprosten, sind wir die einzigen Gäste.

Wir fragen Adam, was er, wenn er nach Frankreich zurückkommt, machen werde, ob er eine Familie hat. Ja, er habe eine zehnjährige Tochter, lebe aber solo, da seine Frau sich vor einem Jahr von ihm habe scheiden lassen. Er schweigt plötzlich und macht einen gedankenverlorenen, fast apathischen Eindruck. Selbst der steif dasitzende Sascha wirkt neben ihm lebendiger. Der trinkt keinen Alkohol, und wir haben ihn, was man bei einem Mann hierzulande noch seltener erlebt, bisher keine Zigarette rauchen sehen. Sascha meint, das töte Gehirnzellen ab. Eine Freundin habe er auch nicht. Ihm scheint es mehr zu gefallen herauszufinden, ob er seine neu erlernten deutschen Vokabeln auch richtig ausspricht. Wir nicken ihm bestätigend zu und stupsen ihm aufmunternd in die Seite. Sascha lächelt. Es scheint einer der Momente zu sein, in dem es ihm gelungen ist, der Einsamkeit zwischen seinen Büchern ein Schnippchen zu schlagen.

Aber wo ist Adam? Ich blicke suchend umher und kann es nicht fassen: Der vor kurzem noch in sich gekehrte Trauerkloß ist dabei, ein Mädchen vom Nebentisch zum Tanzen aufzufordern! Noch erstaunlicher: Er hat sich seiner »Briefträgertasche« entledigt und sie neben unseren Tisch geworfen. Ohne diese Tasche, in der er wahrscheinlich seine Probleme herumträgt, scheint der Franzose förmlich aufzublühen. Alphavilles »Big in Japan« erklingt und Adam kreist mit der jungen Dame über die Tanzfläche, stolz, wenigstens einer Sache den richtigen Schliff zu verpassen. Und wir? Wir werden bald flußaufwärts, heimwärts fahren. Diese Nacht hat genug Hoffnung für uns vier.

RAKETA

Die Zeit hat scheinbar Flügel bekommen. Als wir auf die Uhr schauen, zeigt sie fünf vor halb sechs. Noch zwanzig Minuten bis zur Abfahrt! Wir schrecken hoch. Doch wie von Adam verabschieden, wenn er mit seiner Tanzpartnerin knutscht? Wir tippen ihm auf die Schulter, machen uns bemerkbar. Währenddessen bohrt Sascha seine Hände in die Windjacke, wippt teilnahmslos mit dem Fuß. Adam wirkt unschlüssig, entscheidet sich dann aber, uns mit Sascha zu den Kajaks zu begleiten.

Die »Raketa« steht nicht mehr neben unseren Booten, sondern etwa zweihundert Meter weiter an einem Anlegesteg. Nichts wie hin!

Unsere Kajaks sind mit Eis und Reif überzogen. Aber für diesen schönen Anblick bleibt keine Zeit. Wir hasten alle vier mit der schweren Ausrüstung zum Steg, rutschen auf der überfrorenen, glatten Erde aus. Die Arme werden immer länger. Wir sind erschöpft, müssen kurze Pausen einlegen. Nach und nach saugt das windschnittige Schnellboot Passagiere ein, und schon sehe ich den letzten im Schiffsinnern verschwinden.

Während wir noch schleppen und schnaufen, ist ein dumpfes Grummeln zu hören. Die Motoren der »Raketa« laufen warm. Das läßt uns noch emsiger werden. Steine knirschen unter den Schuhen.

Der Kapitän, ein schnauzbärtiger Riese, steht auf dem Oberdeck und mahnt uns zur Eile. Mürrisch schüttelt er den Kopf, redet für mich unverständliches Zeug, weist uns aber dennoch einen Platz für die Kajaks zu. Wir sollen sie aufs flache Schiffsdach schnallen. Unser Gepäck muß neben die Eingangstür gestellt werden.

»Daß mir die Leute durchkommen«, schnarrt er uns an. Jetzt noch Gina und Condor holen.

»Verdammt!« flucht der Kapitän, als er die Hunde erblickt. »Die auch noch?« Doch so gereizt er auch scheint, er kennt Kompromisse. Die Vierbeiner dürfen mit uns in den Passagierraum. Als wir noch einmal vom Schiff laufen wollen, um uns von Adam und Sascha zu verabschieden, ist die Gangway bereits eingeholt. Schon wird der Schiffsdiesel lauter. Wir beeilen uns, aufs Dach zu den Booten zu kommen, um sie zu sichern. Während wir gebückt dastehen und sie beharrlich mit einer Hand festhalten, winken wir mit der anderen Adam und Sascha zu. Wie festgewachsen stehen die beiden am Ufer. Sie werden immer kleiner, so wie die sich aus der Dunkelheit schälende Silhouette von Jakutsk.

Das Schiff rauscht durch das Hafenbecken der orangefarbenen Sonne entgegen, die am Horizont aufgeht.

Der Fahrtwind vereist unsere Gesichter, die Hände, und macht sie taub. Die Luft erscheint mir so wie bei minus dreißig Grad. Experten nennen so etwas den »Chill-Faktor«. Ein Wert, der zur Temperatur die Windgeschwindigkeit einrechnet. Etwas so furchtbar Kaltes und Schneidendes wie jetzt habe ich noch nie erlebt. Ich atme kaum, weil ich fürchte, die Kälte könnte meine Lungen vereisen. Mit den Gepäckriemen zurren Markus und ich die Kajaks an einem Gitter fest. Wir müssen höllisch aufpassen, dabei nicht von Bord geweht zu werden, da das Schiff mit etwa sechzig Stundenkilometern über den Fluß rast.

Endlich können wir zu den anderen Passagieren ins Warme hinuntersteigen. Die Plätze dort sind wie in einem Flugzeug angeordnet. Es herrscht gedämpfte Stille. Die vielleicht fünfzig Fahrgäste haben so viele Körbe, Tüten und Taschen bei sich, daß selbst der Gang zugestellt und ein Hindurchkommen kaum möglich ist. Junge und alte Frauen sitzen da. Sie haben die Kopftücher nicht abgebunden und sich einige der Gepäckstücke zwischen die Beine geschoben. Die Männer nicht. Viele lesen Zeitung oder schauen aus dem Fenster.

Noch immer ist uns kalt. Durch die Scheiben sehen wir die Landschaft, die uns sehr bekannt vorkommt, vorbeifegen. Wir versuchen zu begreifen, daß die Rückreise begonnen hat.

RUSSISCHES ROULETTE

Ronald hat sich die Hunde an die Beine gebunden. Er schläft. Ich lächle vor mich hin, male mir Ljudas weiche Haut, Andrejs kräftigen Händedruck, Anuschkas Café, in dem es nach abgestandenem Bier riecht, Wassilis kleine Kajüte aus. All dies sind Teile eines Bildes, das die Überschrift »Lensk« trägt.

Nachdem ich mich im gemütlichen Polstersitz aufgewärmt habe, steige ich zur Reling hinauf, um eine Zigarette zu rauchen. Diese Angewohnheit, die ich auf der Reise ziemlich gut unter Kontrolle habe, ist ein Relikt meiner chaotischen »Larazeit«. Es gab damals Tage, da qualmte ich bis zu sechzig Zigaretten.

Die Luft scheint mir jetzt nicht mehr so frostig. Ich sitze auf einer weißen Eisenbank, habe die Beine übereinandergeschlagen und schaue aufs schäumende Wasser. Am Ufer wirft ein Fischer eine Angel aus. Ein friedliches Bild.

»Kann ich eine Zigarette haben?« Die helle Stimme gehört einer jungen Frau mit dunklen Ringen unter den Augen. Sie trägt einen dünnen, blauen Mantel. Neben ihr steht ein kleines Mädchen mit einer bunten Strickmütze. Der Blick des Kindes geht durch mich hindurch, als sehe es mich nicht. Dankend nimmt die Fremde die Zigarette an. Dann setzen sich beide neben mich.

»Kalt heute«, versuche ich das Schweigen zu brechen. Die Frau nickt und saugt den Rauch förmlich ein.

»Ja, kalt«, antwortet sie abwesend.

»Wo fahren sie hin?« frage ich.

»Zu meiner Mutter«, erwidert sie und mustert mich mit traurigen Augen.

»Ist Ihnen nicht gut?« erkundige ich mich. Die Brünette versucht durchzuatmen, erwähnt ihren Mann, hält den Zeigefinger an die Schläfe und spreizt den Daumen ab. Zuerst glaube ich, er wurde umgebracht, doch höre ich aus ihren Worten auch »Roulette« heraus. Die Hand der Frau sinkt wie tot auf eine kleine Ledertasche. Ihr fließen Tränen über die Wangen.

Ich bin hilflos. Schlimmer noch als die Deutlichkeit ihrer Gesten und Worte ist das Gefühl, nicht helfen zu können. Zögernd lege ich meine Hand auf ihre. Ich weiß nicht, ob das etwas hilft. Die Frau läßt es geschehen, scheint es kaum zu bemerken.

Eine Weile sitzen wir so da. Sie, die nicht weiterweiß, zutiefst traurig ist, ich, der ich mich mit jedem zurückgelegten Meter mehr auf Lensk freue. Unterschiedlicher könnte es kaum sein.

»Danke«, murmelt sie, steht auf, nimmt die Tochter an die Hand und geht. Ich bleibe sitzen. Wie lange, weiß ich nicht. Ich schaue aufs Wasser. Es ist grau, glitzert nicht mehr.

DAS HIRSCHGEWEIH

Der Kapitän schickt uns an der Fährstation von Sanju-Jachtat von Bord.

»Das muß reichen«, schmettert er. Störte ihn etwas an uns? Wir erfahren es nicht. Doch als er Ronald und mich auf der Station stehen sieht, scheint sich ein Anflug von Mitleid durch sein herbes Antlitz zu kämpfen.

»Das Passagierschiff nach Lensk«, ruft er, »kommt nachmittags um drei Uhr. Ich werde den Kollegen anrufen. Alles Gute!« Dann ist der Kapitän verschwunden und mit ihm das Schnellboot.

Es ist Mittagszeit und Jakutsk mehr als zweihundertfünfzig Kilometer entfernt. Die Fährstation, der stählerne Koloß, ist uns bekannt. Vor zwei Wochen lag nur etwa einhundert Meter von ihr entfernt das brennende Passagierschiff. Uns ist, als würden wir wieder den Rauch schnuppern, die lauten Stimmen hören.

Der glühende Stern am Himmel hat hier tatsächlich noch im September genügend Kraft, daß wir in T-Shirts auf dem rostigen Eisenboden liegen können. Vergessen die »Eiszeit« auf der »Raketa«.

Ein Bootsmotor heult auf, kommt näher und verstummt, als wäre er abgesoffen. Gina und Condor beginnen zu bellen. Etwas klappert, Wortfetzen sind zu hören. Schnell bringt Ronald die Hunde zu einem von uns einsehbaren Platz auf dem Anleger und befiehlt ihnen, wie schon so oft in solchen Momenten auf der Reise, sich hinzulegen und »lieb« zu sein. Währenddessen steigen zwei Männer die Leiter zur Fährstation herauf. In den Händen halten sie ein Hirschgeweih.

»Na, ihr zwei?« grüßen sie ein wenig herausfordernd. »Touristen, was? Wir wollen euch das hier verkaufen.« Sie halten das Geweih hoch, als wäre es so etwas wie der heilige Gral.

Wir tun so, als hätten wir kein Wort verstanden, zucken nur mit den Schultern, schauen in den Himmel, haben kein Geld für das Angebot übrig. Zögerlich ziehen sich die »Geweihhandelsvertreter« zur Beratung zurück.

Minuten später stehen sie wieder vor uns und verdeutlichen uns gestenreich, daß sie uns das Geweih schenken wollen. Wir erheben uns, und ich glaube, daß Ronald sich genauso wie ich schlecht fühlt. Was waren wir eben nur für arrogante Affen! Ich will sagen, daß sie uns kein Geschenk machen müssen. Daß es schon ein Geschenk sei, hier überall freundlich aufgenommen zu werden. Doch die beiden Männer haben das Geweih bereits auf den Boden gelegt und steigen die Leiter hinab.

»Wartet!« rufe ich. Mein Wort wird vom startenden Motor durchschnitten.

AN BORD

Ein Schaufelraddampfer, den man eher auf dem Mississippi vermuten würde, bewegt sich am frühen Abend auf der träge dahinfließenden Lena auf uns zu. Die quietschenden Geräusche, die dabei erzeugt werden, hören sich nicht gerade vertrauenerweckend an. Dennoch sind wir froh, als der alte Dampfer mit der Aufschrift »Blagoweschtschensk« anlegt. Hier fragt niemand, wie er weiterkommt, sondern ob.

Lautes Gejohle, als trügen wir eine olympische Goldmedaille um den Hals, erklingt von der Reling, während wir das Schiff betreten. Die meiste Aufmerksamkeit aber gehört Gina und Condor: »Was für Hunde!«, »Wie schön!«, »Die hören ja gut« sind nur einige der Zurufe. Eine Frau mit rötlichen Locken und schmalem Mund eilt zu uns.

»Was ist das alles? Wohin soll das? Das kostet extra!« Sie bringt sich in Pose und will uns den Weg versperren. Wir erkundigen uns nach dem Anruf vom »Befehlshaber« der »Raketa«. Aber die Frau weiß scheinbar von nichts. Der Kapitän, er vermittelt trotz seines hinkenden Gangs jene Souveränität, die ein Schiffsführer meiner Meinung nach haben muß, tritt zu uns und will wissen, was los ist. Auch er hat keine Ahnung von einem Telefonat. Ratlos stehen wir da.

»Zeigt eure Papiere«, fordert der Kapitän. Wir kramen die Pässe heraus. Langsam blättert er sie durch und findet den Bürgermeisterbrief.

»Dawai«, sagt er, ordnet an, wo wir die Kajaks und Hunde anbinden dürfen, weist uns den Weg zu einer Kabine und heißt uns als Gäste seines Schiffes willkommen. Das ist mehr, als wir erwarten durften. Wir bieten deshalb unsere Arbeitskraft als Gegenleistung an. Er winkt ab.

»Angenehme Reise.« Dann hinkt er davon und geht die Treppe zur Brücke hinauf.

Markus und ich wuchten die bepackten Kajaks aufs Schiff. Fast werden sie uns entrissen, weil es ein paar kräftige Männer gut mit uns meinen. Vom schmalen Deck aus hieven wir die Boote vereint über die Reling. Während ich, bedrohlich dicht über dem Abgrund, die Kajaks mit den Gurten am metallenen Geländer verzurre, schiebt sich der Dampfer bereits weiter in Richtung Lensk. Ich spüre, daß man mich beäugt, wie ich da so ohne Absicherung herumhantiere. Staunen würde hier darüber niemand. Nach unseren Erfahrungen scheint es in diesem Land gefährlich eingestufte Situationen nur zu geben, wenn schon etwas passiert ist. Das »kurz davor« gilt als nötiges Risiko.

Ich habe die Hunde an den Leinen befestigt. Doch ihr Aufenthalt bei den Booten ist nicht von langer Dauer. Nachdem einige Passagiere sich ihnen näherten, bellten Gina und Condor ununterbrochen.

Die Frau mit den Locken nimmt mich beiseite und weist mir den Weg zum Oberdeck. Hier seien die Hunde besser aufgehoben, meint sie, denn zu diesem Deck hätten Fahrgäste keinen Zutritt. Sie erlaubt mir sogar, Gina und Condor unter meiner Aufsicht frei herumlaufen zu lassen.

Die Zweimannkabine ist eng, doch gemütlich. Zwischen den beiden Liegen gibt es ein Schiebefenster. Davor bräunlich gemusterte Vorhänge. Neben der Tür befindet sich ein Waschbecken, ausreichend für eine Katzenwäsche und zum Zähneputzen.

Nachdem wir unsere feuchten Handtücher und die Kleidung, die fürchterlich muffig riecht, auf den Regalen, die über den Liegen angebracht sind, aufgehängt haben, lassen wir uns kraftlos auf die Matratzen fallen. Wir sind geschafft, aber zufrieden. Selbst wenn wir unter freiem Himmel auf dem Oberdeck hätten campieren sollen, wären wir darüber erfreut gewesen. Vorwärts zu kommen, ein großes Stück weiter in Richtung Heimat zu gelangen, und das ohne zu paddeln: ein Luxus, den wir genießen.

Irgendwann nachts werde ich geweckt. Durchs geöffnete Fenster dringt Stimmengewirr und Hundegebell, das sich mit einer Lautsprecherdurchsage und deren Echo vermischt. Es klingt wie in einer Schlucht.

»Was ist los?« Ich wende mich verunsichert zu Markus. Ein undefinierbares Gebrummel ist die Antwort. Da es in der Kabine so dunkel ist, daß es keinen Unterschied macht, die Augen offen oder geschlossen zu halten, schalte ich das blaue Licht an meiner Armbanduhr ein und erkenne, daß beide Zeiger auf der Zwei stehen. Dann ziehe ich den Vorhang zurück und sehe das nahe Ufer, das vom grellen Scheinwerferlicht des Schiffes erhellt wird. Auch Markus hat sich inzwischen aufgerichtet und schaut mit mir nach draußen. Wir erkennen, wie sich dort eine Menschenmenge ans Wasser schiebt. Ein Motorboot ist unterwegs. Aha, Passagierzustieg. Fast glaubte ich, das Schiff würde brennen, wie in Sanju-Jachtat. Hinter den Leuten am Ufer deuten sich schwach die Umrisse von Häusern an. Welches Dorf das ist, wissen wir nicht, denn wir haben jegliches Gefühl für Entfernungen verloren. Beruhigt legen wir uns zurück in die Kojen. Doch an Schlaf ist nicht zu denken, da sich das aggressive Gebell von Gina und Condor in meine Ohren bohrt. Aus Erfahrung weiß ich, daß die Hunde die nächtliche Unrast auf dem Schiff reizt. Wäre ich bei ihnen, würden sie sich beruhigen. Also muß ich aufs Oberdeck.

Als ich dort angekommen bin und die Tiere mich sehen, verstummen sie. Ich kehre also zurück in die warme Kabine.

Die nächtliche Frische noch in den Gliedern, ziehe ich mir den Schlafsack bis zu den Ohren. Doch schon nach geraumer Zeit ertönt das Bellkonzert von neuem. Wieder schauen wir aus dem Fenster. Wieder sehen wir Menschen am Ufer. Haltestelle Nummer zwei also. Kurzentschlossen packe ich meinen Schlafsack und eile damit die Stahltreppen hinauf. ›Dann penne ich eben bei den Hunden‹, denke ich genervt und müde. Nur so kann ich für Ruhe sorgen und selbst noch etwas Schlaf bekommen.

Morgens, gegen vier Uhr, gleite ich aus einem Traum, in dem ich im Kajak durch eine Schwimmhallendusche fahre, in die Realität und stelle fest: Das Wasser kommt vom Himmel. In der Hoffnung, das Tröpfeln würde gleich wieder aufhören, verharre ich in der Schlaftüte. Doch nun schicken die Wolken einen scharfen »Duschstrahl«. Dazu böigen Wind. Fluchend stemme ich mich aus dem nassen Sack und flüchte hinunter in die Kabine.

Im Halbschlaf döse ich der Morgendämmerung entgegen. In mir

bohrt das schlechte Gewissen, die Hunde im Stich gelassen zu haben. Sonst konnte ich ihnen immer das regendichte Stoffdach aufbauen. Hier auf dem Schiff war das unmöglich. Hoffentlich werden sie nicht krank.

DER KAPITÄN

Am Abend laufen wir auf dem Zwischendeck dem Kapitän in die Arme. Er grüßt und bittet uns, nachdem wir kurz übers schlechte Wetter sprachen, in seine Kajüte. Sie ist drei-, viermal größer als unsere und besitzt gleich zwei Fenster. In der Mitte steht ein dunkelbrauner Tisch ohne Decke. Vier rote, gepolsterte Stühle laden zu einer Partie Poker ein. An der Wand die Liege, darauf zerwühltes Bettzeug. Die Tapeten sind vergilbt, und über allem liegt der Geruch von kaltem Rauch.

Der Kapitän, er strahlt Ruhe und Besonnenheit aus, bietet uns Platz an und hält uns, bevor er selbst eine Zigarette aus seinem silbrigen Etui zieht, dieses vor die Nase. Markus greift zu.

Zunächst kommt kein Gespräch zustande. Der Mann schaut gedankenversunken, als säße er allein im Raum, aus dem Fenster und bläst genießerisch den Zigarettenqualm durch die leicht trotzig wirkenden Lippen. Sein braungebranntes, kantiges Gesicht, von dem sich kontrastreich blaue Augen abzeichnen und seine schwarzgrauen Haare, die eng an den Kopf gekämmt sind, erinnern mich an Clark Gable.

Auf die Frage, ob hier auch schon andere Ausländer mitgefahren seien, erklärt er, daß dies sehr selten vorkomme, er aber mal vier Amerikaner auf seinem Schiff hatte, von denen einer seekrank wurde. Der Kapitän schmunzelt dabei und verdeutlicht, daß er sich darüber wunderte, weil sein Schiff ja ein Flußdampfer sei. Wieder zieht er an der Zigarette und verhüllt den Raum mit einem Schleier aus hellblauem Rauch. Dann redet der Kapitän über sein Schiff. Er spricht so liebevoll von ihm wie von einem Bruder. Daß es fast fünfzig Jahre alt sei, er auf ihm sozusagen all seine Geburtstage gefeiert habe, und er hier sogar seine Frau kennenlernte. Aus seinen Worten entnehmen wir, wie sehr ihm der Dampfer am Herzen liegt und er sich wenigstens ein paar neue Ersatzteile für ihn wünscht. Die aber seien schwer zu bekommen, und wenn, dann teuer. Er sagt das leise, weil laut zu sprechen nicht seine Art zu sein scheint, und schimpft dann über Moskau und, daß sich niemand von dort um Sibirien kümmere. Wir erzählen dem Kapitän vom brennenden Schiff in Sanju-Jachtat, und er meint, dies sei ein Beweis für sein Gesagtes. Irgendwann verstummt der Mann, und wir merken, daß es Zeit ist zu gehen.

Beim Abschied vertraut er uns an, daß er uns zweimal auf dem Fluß in den Kajaks gesehen habe, und daß er das als kleiner Junge auch mal machen wollte. Er wünscht uns alles Gute und schüttelt jedem die Hand.

LEICHTSINN

Auch in der zweiten Nacht auf der »Blagoweschtschensk« weckt mich Gebell. Als wäre ich in einem Film, in dem sich die vorherige Nacht wiederholt. Eine Anlegestelle? Ich schaue durch den Spalt des Vorhangs. Nein, keine Scheinwerfer, keine Leute am Ufer. Ich schiebe das Fenster herunter. Gleichmäßig bewegt sich der Dampfer an der dunklen Silhouette des Waldes vorbei, der von einem mit durchsichtigen Wolken bedeckten Halbmond in weißes Licht getaucht ist.

Nervös lausche ich auf das Hundegebell. Es klingt anders als gestern. Heiserer, wütender, aggressiver. Hastig schlüpfe ich in die Schuhe, greife mir einen Pullover vom Regal, streife ihn über. Ich laufe zur Metalltreppe, die zum Oberdeck führt. Ins erregte Gebell meiner Hunde mischen sich Worte, trunkenes Gegröle. Im Schein meiner Taschenlampe erkenne ich drei Gestalten, die sich neben Gina und Condor, die wild an ihren Leinen ziehen, aufhalten. Würden die Männer nur zwei Schritte vortun, würden die Tiere zubeißen. Einer von ihnen schwankt mal vor, mal zurück. Mir fährt der Schreck in die Knochen. Wissen die nicht, was sie da tun?

»Zurück!« fauche ich. Langsam drehen sich die Männer zu mir. «Zurück mit euch!« wiederhole ich. Diesmal lauter.

»Hallo Freund«, lallt es mir entgegen. «Sind das deine Hunde?« Ich habe kein Ohr für die Trunkenbolde, muß mir etwas einfallen lassen, sie von dort wegzubekommen.

«Die Hunde gefallen uns! Verkaufst du sie?« Ich lasse den Lichtkegel über die Tiere gleiten, und was ich da sehe, läßt mich erstarren. Zwei der drei Gurte, mit denen ich Condor gesichert habe, sind durchgebissen. Der dritte hängt nur noch an einer dünnen Verbindung. Wäre ich Sekunden später hiergewesen ... Umgeben vom Gelächter der Alkoholisierten, deren Gesichter ich kaum erkennen kann, verknote ich die durchtrennten Gurte.

Als ich dann vor den Männern stehe und sie mit ausgebreiteten Armen langsam, aber bestimmt zurückdränge, erkenne ich, daß es Besatzungsmitglieder sind. Einer von ihnen, ein mittelgroßer, sehniger Typ, mit Schnurrbart und schwarzweiß gestreiftem Ringelpullover, langt nach meiner Hand, drückt fest zu und lächelt.

«Ganz ruhig, mein Junge«, dringt es aus ihm. «Wir arbeiten hier.

Wollten deine Hunde nur füttern. Mit ihnen reden.« Ich unterstelle dem Mann nichts Schlechtes. Doch weiß ich auch um die Gefahr, wenn bei solchen Annährungsversuchen Alkohol mitspielt. Zu gut erinnere ich mich daran, wie Gina eines Nachts auf Sri Lanka, ich war dort allein mit ihr, einem Betrunkenen in den Arm biß, als dieser, zusammen mit seinen beiden Begleitern, versuchte, mich zu überwältigen. Geht es um meinen Schutz oder fühlen die Hunde ihr Revier verletzt, fackeln sie nicht lange.

Immer noch ist meine Hand von der Pranke des Sehnigen wie von einem Schraubstock umschlossen. Ich versuche, ihm die Gefahr zu verdeutlichen, in die er sich und seine Kumpane brachte und daß, wenn sie den Tieren weiter auf die Pelle rücken würden, die Sache übel ausgehen könnte. Ich sage das freundlich. Auch wenn ich innerlich erregt bin, spiele ich den Diplomaten, denn wir sind hier Gäste. Nun greift der Kumpel des Schnurrbärtigen nach meiner Hand, die ich gerade zurückbekam. Durch sein fülliges Gesicht wirkt der fast gutmütig. Er fordert von mir, ich solle richtig zudrücken. Will er hier ein Kräftemessen veranstalten?

Endlich schaffe ich es, die Kerle wegzulotsen. Ich habe ihnen erzählt, daß auch ich mal auf einem Schiff gefahren bin, bei der Marine. Das scheint sie zu beeindrucken.

Als wir die Metalltreppe hinabgestiegen sind, lasse ich mir per Handschlag ihr Wort geben, sich von den Hunden fernzuhalten.

DER NASENKNEIFER

Irgendwann, mitten in der Nacht, kneift mich etwas in die Nase. Ronald kann es nicht sein. Er ist draußen, um die Hunde zu beruhigen. Ich kann nichts sehen, es ist stockfinster. Da, wieder dieses Kneifen! Ich schnelle zum Lichtschalter, knipse die Lampe an, ziehe dann den Vorhang beiseite und traue meinen Augen nicht. Steht doch vorm geöffneten Fenster ein junger feixender Kerl mit jakutischen Gesichtszügen.

»Komm raus«, lallt der. »Laß uns feiern.« Als Lockmittel hält er mir eine Bierflasche vor die Nase. Ich verspreche, ich würde mich morgen früh mit ihm unterhalten. Der angetrunkene Jakute scheint nicht zu verstehen. Er steckt plötzlich seinen Kopf durch den Fensterrahmen und packt mich am T-Shirt. Langsam stemme ich die Scheibe nach oben. Der Bursche lacht verlegen und zieht seinen Schädel und Arm aus dem Spalt. Als das Fenster geschlossen ist, umgibt mich angenehme Ruhe – und der Geruch gammliger Socken. Es ist nicht das erste Mal, daß uns die Passagiere in Anspruch nehmen wollten. Am Abend zuvor versammelte sich vor unserem Fenster eine stetig wachsende Menschengruppe. Es war halb geöffnet, damit der Mief, der unseren Klamotten entströmte, aus der Kabine weichen konnte.

»Kommt mit zu mir«, rief eine Stimme.

»Nein, zu mir«, eine andere. Es klopfte auch an der Tür. Köpfe wurden in unsere Kabine gesteckt. Wem sollten wir zuerst antworten? Oder besser: Wie sollten wir den Leuten klarmachen, daß wir nur auf den Pritschen liegen und uns ausruhen wollten? Das verstand keiner da draußen. Wie auch? Wir verstehen es selbst kaum. Vor einigen Tagen noch, umgeben von Wald, in den Kajaks sitzend, darauf wartend, eine Stimme, ein Tiergeräusch, etwas zu hören, was auf Menschen in der Nähe hätte schließen lassen, ja, da war das ganz anders. Jetzt aber sind wir überfordert. Irgendwann verlieren die Leute das Interesse an uns, vielleicht auch, weil im Fernsehraum ein amerikanischer Actionfilm mit Arnold Schwarzenegger läuft. Als diese »Belagerung« beendet ist, fühlen wir uns besser. Arnold rettete diesmal nicht nur die Welt. Erleichtert und unbeobachtet ziehen wir uns aus und spülen uns am Waschbecken den Schweiß von den Körpern.

SAFAR

Als wir am dritten Tag auf dem Schiff im Speisesaal frühstücken, gesellt sich ein südländisch aussehender Mann mit einer Lederkappe auf dem Kopf zu uns an den Tisch. Seine Augen sind so schwarz wie eine sternenlose Nacht, und ein spitzbübisches Lächeln hängt ihm in den Mundwinkeln, die von einem zurechtgestutzten Oberlippenbart gerahmt werden. Er sagt, er heiße Safar und sei auf dem Weg nach Hause. Der Dunkelhaarige spricht so leise und ruhig, daß er auch ein buddhistischer Mönch sein könnte. Safar aber ist Tadschike, ist Moslem.

»Nach Hause zu fahren«, stellt Ronald fest, »ist ein schönes Gefühl, nicht wahr?« Safar nickt.

»Ich war schon ein Jahr lang nicht bei meiner Familie«, verrät er uns und beißt einen kleinen Happen von seinem Butterbrot ab.

»Was hast du hier gemacht?«

»Ich bin Lehrer.« Der Südländer flüstert, als wolle er uns ein Geheimnis anvertrauen. »In Jakutsk habe ich Kinder in Mathematik unterrichtet. Nun habe ich frei.«

»Hast du auch Kinder?«

»Sieben«, entgegnet er stolz.

»So viele?«

»Das ist noch wenig«, behauptet er allen Ernstes. »Zehn bis fünfzehn Kinder sind bei uns normal.« Fast verschlucken wir uns am heißen Tee.

»Wieso bist du nach Jakutsk gegangen?« frage ich den Mann. Er lacht, und wir können zwei goldene Eckzähne inmitten eines weißen, gepflegten Gebisses ausmachen.

»Ein Freund von mir ist dort Lehrer«, erzählt er. »Er wurde krank. Ich habe ihm geholfen.« Es ist für uns immer wieder erstaunlich, wie selbstverständlich man sich hier einander unterstützt, auch über solch riesige Entfernungen hinweg. Ist es das karge Leben, das den Blick in gleicher Weise auf die Not anderer schärft?

Er verabschiedet sich, will nach jemandem sehen, der Fieber hat.

Wir sind faul geworden, schlafen viel, lassen die Zeit verstreichen, warten darauf, daß endlich »Lensk« durch die Lautsprecher gerufen wird. Mehrmals am Tag steigen wir die Treppe zum Oberdeck zu den Hunden hinauf, oder wir gehen in den Speisesaal zum Essen. Dort gibt es zwei Kellnerinnen, die unterschiedlicher kaum sein können. Die Böse ist nicht wie im Film eine verschrumpelte Alte, sondern eine prinzessinhafte, blauäugige Schönheit. Nichts kann man ihr recht machen. Ständig verdreht sie die Augen. Reicht man ihr das Geschirr zum Abräumen zu langsam, murrt sie, ist man zu schnell, faucht sie: »Noch nicht!« Die alte Kellnerin hingegen steht, wenn sie Dienst hat, mit gefalteten Händen neben ihrer Kasse und achtet stets darauf, ob der Gast noch einen Wunsch hat. Sie ist so ruhig, wie derzeit das Wasser der Lena. In der Nähe der Alten fühlen wir uns wohl. Sie gibt uns, ebenso wie Safar, den wir nicht mehr zu Gesicht bekommen, das, was die anderen Menschen auf dem Schiff nur selten ausstrahlen: Ruhe und Geborgenheit.

DER REISEVERANSTALTER

Am Nachmittag klopft es zweimal kurz an unsere Kabinentür. Noch bevor wir »Ja, bitte« rufen können, wird sie unsanft aufgerissen. Ein alter, weißhaariger Mann mit einem gewaltigen Bauch unter dem hellblauen Anzug, an dem etliche goldglänzende Orden prangen, steht im Türrahmen und sagt: »Ha!« Dann kommt er auf uns zu und setzt sich auf eine Kante von Ronalds Pritsche.

»Kinder!« Der Alte klingt wie ein Hirsch. »Wie ich sehe, reist ihr gern. Bestimmt kennt ihr die ganze Welt. Laßt uns ins Geschäft kommen.« Wir verstehen nicht ganz. Da versucht er, uns mit ein paar Schenkelklopfern auf die Sprünge zu helfen. Nachdem wir mehrmals auf seine schnell gesprochenen Worte mit Schulterzucken reagierten, versucht er uns in langsamerem Sprachtempo zu verdeutlichen, daß er Reisen verkaufe und die Flüsse in Jakutien wie kein zweiter kenne. Wir, so kehrt er heraus, könnten dabei auch einige Rubel verdienen.

»Wie denn?« frage ich.

»Besorgt mir Touristen aus Deutschland«, erwidert er forsch. Um seiner Euphorie keinen allzu großen Faustschlag zu versetzen, nicke ich zaghaft.

»Ha!« entfährt es ihm wieder. »Deutschmark.« Er verzieht sein Gesicht, als prüfe er einen guten Wein. Dann nimmt er den Zeigefinger seiner rechten Hand und zeichnet mit ihm einen Strich vor seiner Kehle. Will er uns umbringen? Weit gefehlt. Dies sei ein Zeichen für Überfluß. Er kramt Zettel und Kugelschreiber aus seiner Jackentasche und notiert etwas, was, wie er uns klarmacht, wir als seine Visitenkarte verwenden sollen. Wir können die krakelige Schrift auf dem Papier kaum entziffern. Plötzlich schnellt der seltsame Alte von der Pritschenkante auf, jagt zur Tür, daß seine Orden laut klimpern und stürmt hinaus. Wir haben ihn auf dem Dampfer auch später nicht wieder gesichtet.

Nach diesem Besuch verlassen wir unsere Kabine und schauen nach den Hunden. Wir füttern sie mit Resten vom Mittagessen, die uns die alte Kellnerin eingepackt hat. Danach gehen wir übers Unterdeck, auf dem gähnende Leere herrscht.

Wir finden ein Spielzimmer und in ihm ein Schachbrett mit geschnitzten Figuren. Während wir spielen, braut sich draußen ein Unwetter zusammen. Es beginnt zu regnen, und der Wind peitscht die Tropfen gegen die Scheiben. Ich schaue nach draußen. In Gedanken sehe ich, wie unsere Kajaks auf den Wellen tanzen. Von Gina und Condor ist fast nichts zu sehen, denn sie haben sich in die Luken zurückgezogen. Wir sitzen vornübergebeugt in unseren, die Mützen tief in den Gesichtern. Ich höre uns über das Wetter fluchen, spüre regelrecht das Schaukeln des Bootes und wie ich darum kämpfe, in den hohen Wellen nicht die Balance zu verlieren ... Vergangenheit. Nun sitzen wir in bequemen Sesseln, deren Komfort wir wohl anders wahrnehmen als die skatspielende Familie neben uns.

Mittwoch, der dreizehnte September. Ronald und ich erwachen und blicken auf vier graue Hochhäuser, die uns bekannt vorkommen. Lensk. Schnell die Taschen gepackt und runter vom Schiff! Bevor wir von Bord gehen, klopfen wir beim Kapitän. Wir bedanken uns für seine Gastfreundschaft und überreichen ihm einen Wimpel, auf dem ein Segelboot über die Ostsee treibt. Der Kapitän nickt.

Wir führen erst die Hunde an Land, dann greifen wir uns Boote und Gepäck. Diesmal hilft uns ein alter Mann von der Fährstation. Wir werfen einen Blick zurück zum Schiff. Es wirkt verlassen, wie ausgestorben. Ein Großteil der Passagiere ging hier von Bord.

Feiner Nieselregen tröpfelt vom Himmel, durchnäßt uns allmählich. Die Stadt wirkt kalt und leer. Vor vier Wochen noch schien die Sonne, der Herbst hatte gerade erst begonnen. Nun ist der Winter im Anmarsch. Keine Liebespärchen, die über die Promenade schlendern, kein Vogelzwitschern, kein Wassili, kein Andrej, keine Ljuda. Nur graue Wolken und Häuser, die verbarrikadiert wirken. Es schnürt uns die Kehlen zu.

Unser Lager errichten wir fast genau an der Stelle, wo wir es das erstemal aufschlugen. Gina und Condor kriechen unter ihr Tarp. Auf uns wartet eine neue, wichtige Aufgabe. Wir müssen abtrainieren. Der Körper darf nicht abrupt von den ständigen Anstrengungen auf Bequemlichkeit umschalten. Als wir vor sechs Jahren von der Weltumradelung zurückkehrten, fehlte mir jegliche Lust dazu, meinen Körper weiter zu trainieren, ihn langsam herunterzufahren. Ich bewegte mich kaum und bekam die Quittung dafür: einen zu niedrigen Blutdruck und Übergewicht. Ronald war da klüger. Diesmal bin ich es auch. Wir haben uns vorgenommen, von jetzt an für ein paar Wochen jeden Tag mindestens fünfzehn Minuten zu laufen. Das strengt an, denn unsere Beine sind untrainiert und matt.

Nach dem Dauerlauf steigen wir die steile, glitschige Böschung hinauf. Oben angekommen putzen wir uns den Schmutz von den Hosen und steuern Anuschkas Café an.

Es hat zwar geöffnet, doch ist der Fernseher unser einziger Unterhalter. Anuschka hat sich nach einem kurzen »Hallo« ins Hinterzimmer verkrochen. Zermürbt sie das Wetter?

Gedankenverloren schlürfen wir heißen Tee und schauen aus dem Fenster, an dem die Regentropfen wie Tränen herabfließen.

Anuschkas Toilette ist eine niedrige, vom Regen der letzten Tage durchfeuchtete Holzhütte mit zwei Eingängen. Ich kann nur geduckt

»einsteigen«. Es stinkt fürchterlich. Ich bin schneller wieder draußen als gedacht.

Als ich zum Café zurückgehe, muß ich zweimal hinschauen. Da steht Enders, der stolze Vater. Er trägt wieder seine Lederjacke, die er sich einst aus Deutschland mitbrachte. Ich sehe Bilder vor mir: wie wir in der Bar nicht weit von hier saßen und er mit uns »auf das Leben« anstieß. Übermütig umarme ich den Mann und bringe ihn kräftig ins Wanken. Er scheint mir wie ein Schlüssel zu Lensk. Erst jetzt bemerke ich seine glasigen Augen.

Gerade will ich ihn fragen, ob alles in Ordnung mit ihm sei, als sich uns ein silberfarbener Toyota nähert und jäh bremst. Ein sportlicher Typ mit schwarzem Haar steigt aus dem Wagen und stellt Enders genau meine Frage. Der nickt. Der Schwarzhaarige stellt sich vor: Er heiße Sergej und sei Andrejs Bruder. Ich bin überrascht. Er war bei unserem ersten Aufenthalt in Lensk unerwähnt geblieben und sieht seinem Bruder überhaupt nicht ähnlich.

»Wo ist Andrej?« frage ich. Kurzes Schweigen, das Enders nutzt, um von dannen zu schwanken. Was ist nur los mit ihm?

»Andrej liegt im Krankenhaus«, sagt Sergej, und die Besorgnis steht ihm im Gesicht geschrieben. Für einen Moment glaube ich, er meine einen anderen Andrej, denn »unser« war doch, wie er behauptete, noch nie krank.

»Was ist geschehen?« will ich wissen und ziehe Sergej am Ärmel.

»Es geht ihm nicht gut«, erwidert der nur. Als ich die folgenden Worte nicht verstehe, ahmt er mit seinen Händen eine nähende Bewegung nach und faßt sich an die Nieren.

»Warte!« bitte ich ihn und laufe zu Ronald, um ihm Bescheid zu geben.

Kurz darauf sitzen wir bei Sergej im Auto und fahren zu Andrej.

Wir betreten das Krankenhaus, ein graues steinernes Gebäude. Die Gänge im Innern wurden einst hellblau gestrichen. Jetzt blättert die Farbe wie vertrocknete Haut von den Wänden. Stechender Arzneigeruch hängt im Treppenhaus.

Im vierten Stock treffen wir auf eine junge Krankenschwester. Sergej fragt nach Andrej, ob wir zu ihm dürfen. Sie nickt und verschwindet hinter einer Glastür.

Ein hohlwangiger Patient mit stoppligem Haar, das auf dem Kopf kürzer als an den Wangen ist, schlurft uns entgegen. Erst als der Mann ein verzerrtes Lächeln versucht, erkennen wir in ihm Andrej. Er scheint um Jahre gealtert. Dieser Moment drückt mir dermaßen aufs Gemüt, daß ich mich zum Fenster drehe und mir auf die Unterlippe beiße, um die Tränen zu unterdrücken. Der Anblick von Andrej, die verlassenen Straßen da draußen und das Wetter verdeutlichen mir, daß Augenblicke, wie man sie einst erlebte, wohl auch deshalb, weil sie so schön waren, nicht zurückkehren.

Ich habe mich gefangen und wende mich wieder den anderen zu. Wir wollen Andrej einen Stuhl anbieten, doch der winkt ab. Alles sei halb so schlimm. Vielmehr interessiere ihn, wie es uns gehe und ob wir noch eine Weile in Lensk blieben. Denn dann, so betont er, könnten wir wieder gemeinsam feiern.

»Feiern!« schimpft Sergej. »Werde du erst mal gesund!«

»Ich bin gesund!« Andrej lächelt krampfhaft und sagt: »Mein Bruder ist immer vernünftig.«

»Was ist falsch daran?« verteidigt sich Sergej. Dann winkt er ab. Andrej will rauchen. Nicht wir und auch nicht sein Bruder können ihn davon abhalten, zum Treppenhaus zu schlurfen, wo ein Aschenbecher stehen soll. Der befindet sich auf einem Fensterbrett und sieht nicht unbenutzt aus. Dort angekommen inhaliert Andrej den Rauch wie ein Medikament.

»Was sagen die Ärzte?« fragt Ronald.

»Ein paar Steine hier«, antwortet Andrej und weist auf seine Nieren. »Das wird schon wieder.« Ich versuche, seine Hoffnung zu teilen, doch wenn ich ehrlich bin und ihn mir ansehe, weiß ich, daß er sich etwas vormacht.

Wir müssen uns verabschieden, denn die Krankenschwester hat an der Glastür zum Flur, unsichtbar für Andrej, auf ihre Armbanduhr geklopft.

Wir finden uns auf der Uferstraße wieder, nicht weit von der Stelle, an der wir vor wenigen Wochen bei Sonnenaufgang mit Andrej und Ljuda standen und auf die Lena blickten. Auch jetzt schauen wir auf den Fluß, der schon bald zugefroren sein wird. Ich rede mit Ronald über meine Traurigkeit und höre, daß es ihm nicht anders geht.

NIKOLAI

Es ist Abend geworden. Markus und ich sitzen auf unseren Taschen und überlegen, ob es Sinn macht, schon jetzt zum Hafen aufzubrechen, um das nächste Schiff nach Ust-Kut zu nehmen.

Am Nachmittag trafen wir Sergej an diesem Tag zum zweiten Mal. Er war zu unserem Lager gekommen, sagte, er wolle uns seiner Mutter vorstellen. Sie würde sich bestimmt freuen, deutsch mit uns reden zu können. Wir fuhren mit ihm an den Stadtrand von Lensk, wo sie und sein Vater sowie die beiden jüngeren Schwestern wohnten. Vor einem kleinen Haus aus Stein stoppte er das Auto. Ein Steinhaus ist in dieser Gegend, abgesehen von den mehrstöckigen Neubauten, selten. Die Wohnung der Eltern war sauber und aufgeräumt. Die Mutter, eine Frau um die fünfzig, saß allein in der Küche an einem Holztisch und schälte Kartoffeln. Sie schien ein wenig überrumpelt, weil Sergej uns mitgebracht hatte, ohne ihr vorher Bescheid zu sagen. Sie sprach in gebrochenem deutsch mit uns. Während wir gemeinsam am Küchentisch saßen, erzählte die Frau unter Tränen von Andrej und seiner Krankheit. Angeblich hätte er nicht nur Nierensteine. So wie sie es ausdrückte, würde es sich um Krebs handeln. Ich fühlte, wie sich mein Herz zusammenkrampfte und hoffte, sie würde sich im nächsten Moment korrigieren und sagen, sie hätte nicht das richtige deutsche Wort verwendet. Doch die Andrejs Mutter ließ keinen Zweifel aufkommen. Die Ärzte hätten ihr gesagt, wie es wirklich um ihren Sohn stünde ...

Das ist nun schon wieder ein paar Stunden her. Wir sind zurückgekehrt zum Fluß und haben viel geredet, Ronald und ich. Die Erlebnisse der letzten Tage und die traurigen Umstände Andrej betreffend lassen uns nicht zur Ruhe finden. Wir wollen gerade ins Zelt kriechen, als sich von der Uferböschung ein bärtiger Mann herabmüht. Scheinbar will er zu uns. Wir gehen ihm entgegen. Er trägt eine abgewetzte Lederjacke, speckige Jeans und eine Baseballkappe, auf der sich unlesbar gewordene Buchstaben befinden. Der Ankömmling mustert uns, wie mir scheint, schielt er etwas.

»Zwei aus der Fremde«, sagt er wie ein heiserer Opernsänger und streicht sich über die leicht angegrauten Barthaare. »Ich heiße Nikolai.« Er hält uns seine Hand entgegen. Im Verlauf des Gesprächs erfahren wir, daß er Musiker sei. Eigentlich wirkt er auf mich eher wie ein Obdachloser. Er erzählt, daß er einst in Lensk sehr bekannt war, doch hier aus verschiedenen Gründen mit dem Singen kein Geld mehr verdienen könne. Auf die Frage, warum dies so sei, antwortet er nicht, sondern zeigt vielmehr auf einen Landvorsprung in der Ferne, direkt neben dem Auffangbecken fürs Frühjahrshochwasser.

»Da lebe ich.« Er erklärt – meine Vermutung war also richtig – daß er kein zu Hause mehr habe, unter freiem Himmel schlafen müsse und für die Nacht nur eine alte Decke besitze.

»Ich werde nach Norden gehen«, sagt der Mann bestimmt. Warum er nach Norden und nicht lieber in den warmen Süden aufbrechen wolle, beantwortet er damit, daß man seine Lieder dort nicht verstehen könne. Schließlich würden sie von viel Schnee in den Dörfern und von Menschen handeln, die so sind wie das Wetter hier. Seine Offenheit überrascht, und ich vermute, daß er auch ein wenig Hilfe von uns erwartet.

Wir bieten dem Musiker eine Tasche zum Sitzen, Brot und Sardinen an. Auch könne er, wenn er wolle, die Nacht bei uns im Zelt schlafen. Ich zeige auf unsere Behausung. Nikolais Blick hellt sich auf, und er bedankt sich mit einem intensiven Handschlag. Dieser Typ scheint in seiner Stadt ein Fremder geworden zu sein. Ein bißchen fühlen wir uns auch so.

Die Dunkelheit kommt wie ein Schleier, der unsere letzten Hoffnungen begräbt, in Lensk an alte Erlebnisse anknüpfen zu können. Morgen, so beschließen wir beide, immer noch auf unseren Habseligkeiten sitzend, werden wir uns im Hafen ein Schiff suchen. Nikolai ist bereits im Zelt verschwunden. Er wolle jede Sekunde dieses Glücks auskosten, so sagte er.

Die Hunde schlagen an, als sich zwei Schatten aus der Finsternis schälen. Mir fällt es schwer zu glauben, wen ich vor mir sehe: Ljuda und Michail! Beide haben sich in Schale geworfen. Sie trägt, wie ihr Bruder auch, eine schwarze Lederjacke mit vielen Schnallen, und auf dem Kopf eine dunkle Kappe. Ljuda umarmt mich, doch ich spüre eine Distanz zwischen uns und eine eigenartige Unsicherheit, die sich meiner bemächtigt. Ich weiß nicht, was ich sagen soll.

Ljuda löst diese Spannung, indem sie eine kleine Wiedersehensfeier in Anuschkas Café vorschlägt. Zu viert gehen wir dorthin.

»Ich habe dein Bild auf meinem Computer vergrößert«, schwärmt sie, als wir bereits im Café sitzen, und untermauert ihre Worte mit dem Geständnis, mich nicht wegfahren lassen zu wollen. Für einen kurzen Moment spiele ich tatsächlich mit dem Gedanken, ihren Wunsch zu erfüllen.

Michail erweist sich als gesprächig. Er vertraut uns an, daß er seit einer Woche nicht mehr auf die Baustelle müsse.

»Vor euch sitzt der erste männliche Kindergärtner von Lensk«, ruft er aus. Wir schmunzeln. »Das ist mein wirklicher Beruf.« Michail erklärt uns, daß die Kinderstätte umgebaut werden mußte und er dabei geholfen habe.

An diesem Abend vergeht die Zeit wie im Galopp. Auf einmal ist es Mitternacht. Ljuda sitzt auf meinem Schoß. Bald werden zehntausend Kilometer zwischen ihr und mir liegen. Bliebe ich hier, lägen ebensoviele Kilometer zwischen mir und der Heimat. Beide Vorstellungen schmecken irgendwie bitter.

Markus scheint in Lensk doch noch auf seine Kosten zu kommen. Während ich ihm und Ljuda beim Tanzen zuschaue, stößt mich ein junger Kerl, der am Nachbartisch sitzt, an. Gutgelaunt erhebt er sein Glas. Der Bursche hat blondes kurzes Haar und leicht vorstehende Augen.

«Auf die Deutschen!« prostet er mir auf deutsch mit russischem Akzent zu. Und dann schnarrt er: »Auf den Führer!« Denkt der wirklich, ich würde diesen Trinkspruch erwidern? Der Typ, den ich um die Dreißig schätze, mustert mich mit glasigem Blick und streckt mir seine Hand entgegen. Ich ignoriere das und erkläre ihm, daß ich seine Gesinnung nicht teile. Doch der angetrunkene Mann läßt nicht locker, rückt seinen Stuhl zu mir, sagt, er heiße Aleksander und berichtet mir dann euphorisch von seinem Großvater, der sein großes Vorbild sei. Er wäre im Krieg gewesen und hätte ihm, Aleksander, viel von den Deutschen und von Hitler erzählt. Auch habe der Großvater ihm »Mein Kampf« geschenkt. Mehrere Male hätte er das Buch schon gelesen, mit wachsender Begeisterung.

Nicht zum ersten Mal höre ich solche Worte aus dem Mund eines Russen. Ich habe kein Interesse daran, mit diesem Burschen zu diskutieren und wende mich wieder unserer Runde zu.

Drei Tische weiter erheben sich zwei Pärchen. Auch sie beginnen zu tanzen. Anuschka, die Caféhausbetreiberin, scheint heute vergnügt zu sein. Sie dreht das Radio lauter und wiegt sich im Takt der Musik.

Wieder fällt mir dieser Aleksander auf. Wie ein trotziges Kind schaut er vom Schanktisch her zu mir und stampft mit den Füßen heftig auf den Boden, als würde er zu Marschmusik exerzieren. Er leert ein weiteres Glas Wodka, läßt es mit Wucht auf den Tresen krachen. Dann kommt er auf mich zu und packt mich am Kragen.

«Deutschland gut! Hitler gut!« schreit er und grinst mich trunken an. »Nicht kapitulieren!« Ich löse mich von ihm, stoße ihn weg. Er aber guckt mich verständnislos an. Wie nur soll ich diesem Irren begegnen?

Ich bin froh, als wir die Bar verlassen. Aber auch draußen finden wir keine Ruhe vor dem Nazi. Als hätte ihn jemand mit einer unsichtbaren Sehne an uns geknotet. Dazu labert er immerzu denselben Mist. Nun versucht er es bei Markus, faßt ihn an der Schulter und will ihn herumreißen. Doch der macht nicht lange Federlesen und schiebt den lästigen Burschen einfach zur Seite. Der betrunkene Nazifreund schwankt etwas, fängt sich aber wieder, schickt einen ungläubigen Blick zu uns, ordnet dann verlegen seine Sachen und trottet von dannen. Ich schaue ihm nach. ›Vielleicht würde er nicht so reden, wenn er den Krieg selbst erlebt hätte‹, denke ich.

Ljuda und Michail verabschieden sich von uns.

Für diese Nacht teilen Markus und ich uns einen Schlafsack. Nikolai hat den anderen für sich. Wir hören sein leises Schnarchen und vergessen die Enge. Uns bleibt das Gefühl, einem Bedürftigen eine Freude bereitet zu haben.

NIKOLAIS LIED

Ein lautes Gähnen, ähnlich dem Muhen einer Kuh, reißt mich aus meinen Träumen. Der Verursacher, Nikolai, ist wachgeworden und räkelt sich.

»Wie war die Nacht?« will Ronald von ihm wissen.

»Besser als im Hotel«, verkündet unser Schlafgast. Seine Stimme klingt im engen Zelt noch kräftiger als draußen, fast bedrohlich.

»Roller!« er meint Ronald, »habt ihr auch Kaffee?« Da wir keinen bei uns haben, schlagen wir Nikolai vor, später mit ihm in Anuschkas Café einen zu trinken.

Noch bevor wir dazu kommen, müht sich ein hellblauer Kleinbus durch den Ufersand. Als der Wagen hält, steigt Ljuda aus. Ihr Arbeitskollege, ein fülliger Mann, der nicht aufhört, vor sich hinzulächeln, wartet im Fahrerhaus. Ljuda will uns zum Kaffee einladen.

»Bist du nicht dieser Sänger?« stellt sie erstaunt fest, als sie von Nikolai begrüßt wird. Man sieht es ihm an: Er freut sich über diese Frage. Dann zieht er einen sorgsam gefalteten Zeitungsartikel aus der Jackentasche, der ihn in einer Lensker Kneipe auf einem Barhocker mit einer Gitarre im Arm zeigt. Im Hintergrund ein einsam lächelnder Gast. Der Zeitungsausschnitt muß schon durch viele Hände gewandert sein, so abgegriffen wie er ist.

»Mama«, singt Nikolai aus voller Kehle, »prischli do ...« Die Stimme kommt mir bekannt vor. Sie klingt wie jene, die uns aus Kapitän Wassilis Schiffslautsprechern das Lied von Lensk zu Gehör brachte. Wir fragen, ob er dieses Lied kenne, er womöglich auch dessen Sänger sei. Nikolai verneint letzteres.

»Aber ich liebe es«, sagt er und schmettert los. Seine Stimme, die dem Original zum Verwechseln ähnelt, weckt Erinnerungen. Mir ist, als würde gleich das uns vertraute Schiff mit Kapitän Wassili hier anlegen, und wie vor vier Wochen säßen wir wieder vereint in der gemütlichen Kajüte. Als Nikolai verstummt, klatschen wir ihm begeistert Beifall. In seinen Augen spiegelt sich Freude. Ein Sänger ohne Applaus, so er, sei wie ein Boot ohne Wasser.

EINE BITTE

Am frühen Nachmittag des vierzehnten September sitzen wir mit Nikolai am Ufer. Anscheinend weiß er nicht so recht, was er mit sich anfangen soll. Markus schlägt ihm vor, er könne uns ja zum Hafen begleiten. Da gäbe es sicher etwas Gutes zu essen.

»Vielen Dank«, entgegnet unser Gast. »Ihr habt mir genug geholfen. Ich muß weiter.« Aber sollen wir ihn einfach so ziehen lassen? Wir haben einige Sachen im Gepäck, die wir nicht mehr benötigen. Zum Beispiel eine Aluminiumtrinkflasche, das Tarp und eine Neoprentasche. Nikolai kann diese Dinge bestimmt brauchen, auch wenn sie seine Probleme nicht verringern. Er freut sich über die Geschenke und verstaut sie in seiner neuen Tasche.

«Braucht ihr den noch?« Der Sänger zeigt auf den Schlafsack, in dem er geschlafen hatte und schaut uns hoffend an. Wir zögern, erklären ihm dann, daß wir den noch benötigen. Ich komme mir egoistisch vor und habe das Gefühl, daß es Ronald auch so geht. Aber wir bleiben bei dem Gesagten.

Nikolai schüttelt unsere Hände, bedankt sich, steigt die Böschung hinauf und ist bald nicht mehr zu sehen.

DIE VERSPRECHEN

Zwei Stunden später stromern wir am Hafen entlang. Der wirkt noch armseliger als der Jakutsker. Vier Schiffe haben am Kai festgemacht. Zwei werden demnächst nach Ust-Kut auslaufen. Eines aber legt schon heute ab. Der Kapitän ist bereit, uns mitzunehmen. Wir sollen um acht Uhr an Bord kommen.

Aber zunächst gehen wir zur Klinik, um Andrej Lebewohl zu sagen. Der wirkt sehr schwächlich, und am liebsten würden wir ihn beim Gehen auf dem Krankenhausflur unterhaken. Doch Andrej würde das nie zulassen. Er verspricht, uns im November in Rostock zu besuchen.

»Wenn ich mein Auto aus Gifhorn hole«, sagt er und lächelt zuversichtlich. Wir nehmen seine Hand, die nicht mehr so hart zupackt wie vor Wochen und versuchen, ebenfalls zu lächeln. Das fällt schwer, denn ich habe das Gefühl, ihn nie wiederzusehen.

Eine steife Brise weht von Osten und fegt alte Zeitungsblätter über das Ufer zu uns. Dunkle Wolken hängen wie schmutzige Zuckerwatte am tiefen Himmel und schicken hin und wieder ein paar Tropfen zur Erde. Wir schnüren unsere Sachen zusammen.

Gerade als wir die Stangen aus dem Zelt ziehen wollen, hören wir von der Böschung her eine uns vertraute Stimme. Ljuda und ihre Freundin Nina stehen dort unter einem mächtigen orangefarbenen Regenschirm und winken. Ronald scheint es von meinem Gesicht abzulesen: Ich will heute noch nicht fort. Morgen aber, so verspreche ich es ihm. So kommt es, daß wir eine weitere Nacht in Lensk verbringen, und zwar auf einer kleinen Party von Michails Nachbarn, zu der uns Ljuda und Nina mitnehmen.

DER SCHIFFSWECKER

Es ist Freitag. An diesem Morgen weckt uns der Lärm einer Schiffssirene. Für einen Moment denke ich, das Signal könnte uns gelten. Auch scheint es näher zu kommen. Ich krabble aus dem Zelt und kann nicht begreifen, was ich vor mir sehe: Ein etwa einhundert Meter langer Frachter ist bis auf vielleicht dreißig Meter gefährlich nah ans Ufer herangefahren. Auf dem Deck stehen einige Männer, die mir zuwinken. Überwältigt stehe ich da. Auch Markus ist aus dem Zelt gekrochen. Von der Brücke erschallt eine Lautsprecherstimme. Man bietet uns an, sofort aufs Schiff zu steigen, man habe gehört, daß wir nach Ust-Kut wollen. Ich schlucke, bekomme eine Gänsehaut, verdeutliche den Männern, daß wir sehr dankbar für ihr Angebot seien, sie jedoch nicht auf uns zu warten bräuchten. Kurz darauf schallt ein «Haben verstanden« aus dem Lautsprecher.

Gestern abend gingen wir noch einmal zum Hafen und informierten den Kapitän des Schiffes, auf welchem wir auch mitfahren wollten, daß wir noch einen Tag in Lensk bleiben würden, kundschafteten aber einen weiteren Frachter mit der Bezeichnung »SK 2009« aus, der heute nachmittag nach Ust-Kut aufbrechen würde. Wir bekamen eine Zusicherung für die Mitreise und verzichten deshalb auf das soeben erhaltene Angebot.

Langsam schiebt sich der Lenariese stromaufwärts.

EIN WIEDERSEHEN

Die Abfahrtzeit der »SK 2009«, unsere neue Mitfahrgelegenheit, hat sich um etwa einen Tag verschoben. Morgen vormittag um zehn Uhr würden wir den genauen Ablegetermin genannt bekommen.

Es ist Samstagmorgen, neun Uhr dreißig.

Auf dem Weg zum Hafen bläst uns kalter Wind ins Gesicht. Es

regnet. Anders als in Jakutsk müssen wir uns am Hafeneingang bei keinem Pförtner melden. Das Gelände hat noch nicht einmal einen Zaun.

Auf dem Frachter, der uns nach Ust-Kut bringen soll, herrscht aufgeregtes Treiben. Männer in blauen, ölverschmierten Arbeitsanzügen eilen umher, schleppen dicke schwarze Schläuche oder Maschinenteile und vertäuen die Fracht, die unter grauen Planen geschützt auf der Ladefläche des Schiffes steht.

Der Frachter hat etwa die gleiche Länge wie jener, welcher uns gestern vom Ufer aus mitnehmen wollte. Dieser hier besteht aus zwei Teilen, einem Haupt- und einem Vorschiff. Auf dem stehen vier geschlossene Eisenbahnwaggons, die unübersehbar mit Rost bedeckt sind.

Gerade als wir einen dicken Arbeiter im blauweiß gestreiften T-Shirt nach dem Kapitän fragen wollen, kommt der höchstpersönlich auf uns zu. Der kleine, vollbärtige Mann trägt eine schwarze Ledermütze.

Er begrüßt uns mit ruhiger Stimme und sagt: «Um elf Uhr fahren wir.« Uns trifft diese Nachricht wie ein Schlag. Wie sollen wir unseren Kram und noch dazu die Kajaks so schnell hierher bugsieren? Sieht aus, als müßten wir noch einmal in die Boote springen. Wir haben noch vierzig Minuten. Das Schiffsoberhaupt tippt, während wir überlegen, auf seine Uhr.

«Bis gleich.« Dann fällt die Tür hinter ihm ins Schloß.

Wir laufen die Strecke zum Zelt zurück. Jetzt schnell das Gepäck verstaut, auf die Kajaks geschnallt und flußabwärts gepaddelt. Der Wind ist kräftiger geworden. Er pfeift regelrecht um unsere Köpfe, verfängt sich im Zelt, als wolle er es mitnehmen. Es regnet stärker. Die Wellen auf dem Wasser haben Schaumkronen. Mit klammen Fingern falten wir das Gestänge, stehen dabei auf dem Stoff, damit er nicht wegfliegt, und pressen ihn dann in eine Tasche. Neugierig stecken die Hunde ihre Schnauzen zwischen uns.

Ein kurzer Signalton ist zu hören, als wolle jemand sich uns mitteilen. Ich schaue auf. Ein Schiff, es ähnelt jenem von Wassili, dem Kapitän des Holzschleppers, naht. Was heißt ähnelt? Es ist sein Schiff! Freude durchströmt mich, die in Panik übergeht. Wie sollen wir uns von Wassili verabschieden und gleichzeitig zum Hafen hetzen? Wo war der Mann überhaupt die ganze Zeit?

»Ich kann euch doch hinfahren«, platzt es aus dem Kapitän heraus, nachdem er seinen Kahn ans Ufer gesteuert hatte und von uns hörte, wie sehr wir in Eile sind. Überglücklich nehmen wir zur Kenntnis, daß so noch einige Minuten des Zusammenseins mit unserem Freund herausspringen. Wassili pfeift zwei Männer seiner Besatzung zu uns. Sie sollen uns beim Tragen helfen.

Diese, ein Jakute und ein Russe, lassen die hölzerne Leiter vom Bug des Schiffes zu uns herab.

Wie bereits vor Wochen balancieren wir darüber an Bord. Nur, daß wir diesmal ein fast vollbeladenes Kajak tragen. In Deutschland wäre das eine beinah zirkusreife Aktion. Hier ist es Normalität, und wir haben uns bereits an solche Akte gewöhnt. Nun noch das zweite Kajak, und dann die Hunde.

Die Motoren beginnen zu arbeiten. Ich schaue auf den Fluß. ›Tob nur‹, denke ich zufrieden. Während Wassili das Steuer führt, erfahren wir, daß er in den vorherigen Tagen eine Holzlieferung nach Witim brachte. Eine der letzten in diesem Jahr. Wir docken beim Frachter an.

Markus und ich packen uns ein Kajak. Aus dem Augenwinkel sehe ich, wie jemand unser zweites Boot hochhebt und es uns hinterherträgt. Es ist Kapitän Wassili, der sich das beladene Kajak unter den Arm geklemmt hat, als wäre es eine große Tasche. Nicht zu fassen! Ein Gorilla in Menschengestalt!

Nun hüpfen noch die Hunde an Bord, und die Reise kann beginnen. Dankbar klopfen wir Wassili auf die Schulter. Ohne seine Hilfe hätten wir das wohl nicht geschafft, da mache ich mir nichts vor.

Von einem Matrosen unseres neuen Reisevehikels, der unseren Wortwechsel mit anhörte, erfahre ich wie nebenbei, daß das Schiff nun doch erst in den Abendstunden auslaufen werde. Die Dokumente der Ladungen seien noch nicht von der Hafenbehörde beglaubigt worden. Erstaunt schaue ich Markus an. Jetzt, da wir Wassili getroffen haben, ist die verspätete Abfahrt wie ein Geschenk für uns. Doch bevor wir uns in die kleine vertraute Kajüte setzen, eilen wir in die Stadt, um Proviant für die Hunde zu besorgen.

Zum ersten Mal auf der Reise nehmen wir Gina und Condor dorthin mit. Sicherheitshalber führe ich den Rüden an der Leine und behalte Gina, die nicht so wild ist, genau im Auge. Die Hunde sollen sich wieder an den Trubel einer Stadt gewöhnen. Doch beide verhalten sich wie immer, lassen sich durch die vielen Menschen nicht beeindrucken.

Vor einem u-förmigen Flachbau, in dem sich mehrere Läden befinden, kommt uns ein junger Mann entgegen. Es ist Aleksander, der Nazi. Als er uns sieht, verlangsamt er seinen Schritt. Bepackt mit zwei Einkaufstüten bleibt er zögernd vor uns stehen.

»Guten Tag. Wie geht es Ihnen?« Seine Stimme klingt unsicher.

Jetzt, im nüchternen Zustand, hat er sein Nazitum nach innen gekehrt. Irgendwann wird es der Wodka wieder herauslassen.

DIE ABSCHIEDSFEIER

Am Nachmittag werden wir in Wassilis Kapitänskajüte gebeten. Dort sitzt auch ein Großteil der Mannschaft: Russen und Jakuten, friedlich vereint, eingehüllt in dichte Rauchschwaden. Man feiert, stößt auf unser Wohl an. Russische Tanzmusik tönt aus dem Radio. Die Mannschaft und ihr Kapitän wollen uns den Abschied erleichtern.

»Gründe zum Feiern«, überschreit Wassili das Stimmengewirr, »gibt es immer. Und ihr seid ein besonderer.« Leckere geräucherte Fischstückchen machen die Runde. Mit Genuß lasse ich sie auf meiner Zunge zergehen. Markus hat keinen Hunger. Doch ändert sich dies, als wie aus heiterem Himmel ein vielleicht zehnjähriger Steppke, Michail und Ljuda die Stufen zu uns in die Kajüte herunterkommen.

Irgendwann sind die Getränke alle. Was nun? Rundherum lange Gesichter. Plötzlich vibriert das Schiff. Die Motoren werden gestartet. Die Drehzahl erhöht sich. Wir fahren los. Wohin, weiß keiner so recht.

»Bestimmt zum nächsten Geschäft«, vermutet Ljuda und schmiegt sich an Markus.

Kurz darauf spüren wir eine starke Erschütterung. Benutzte Teller rutschen über den Tisch. Flaschen kippen um, fallen zu Boden. Erschreckt halten sich alle fest, wo es nur geht. Jemand erklärt uns völlig ruhig, daß der Kapitän wohl auf eine Sandbank gestoßen sei.

»Wenn Wassili zuviel getrunken hat ...«, lautet die mit einem Schulterzucken verbundene Erklärung. Wieder geht ein Ruck durchs Schiff. Diesmal ist die Antwort der Besatzung überschwengliches Gelächter. Ein Kutter, der sich über eine Sandbank quält, als Stimmungsmacher?

»He, Wassili«, schreit einer der Russen hoch zur Brücke, «trink nicht so viel! Ich habe Frau und Kinder!« Gejohle ertönt. Dann kommt das Schiff wieder in Fahrt, aber nur, um kurz darauf aus eigener Kraft zu stoppen.

Die Besatzung hat für Getränkenachschub gesorgt und irgendwo, der Kapitän hatte das Schiff ans Ufer gesteuert, Bier und Wodka gekauft.

Als alle wieder auf dem Schlepper sind, brausen wir zurück zum Hafen. Die Männer sehen zufrieden aus, Ronald und ich sind es auch.

Stunden später. Ljudas Sohn, er heißt Wladimir und hat dieselben schwarzen Augen wie seine Mutter, liegt schlafend in meinem Arm. Ljuda lehnt an meiner Schulter, und Ronald sitzt gedankenverloren am Tisch. Es ist ruhig geworden auf dem Kahn. Die meisten der Anwesenden sind müde und dösen vor sich hin. Nur Wassili scheint keine Müdigkeit zu kennen. Er sitzt still da und schaut glückselig drein.

Jemand ruft von Deck aus unsere Namen in die Kajüte. Bald wird der Frachter ablegen ...

Wir gehen nach oben, und alle anderen folgen uns. ›Nun ist es also soweit‹, denke ich, und dann erinnere ich mich an den Spruch meiner Großmutter: Ein Abschied fällt umso schwerer, je länger er sich hinzieht. Also dann: Wassili reicht uns seine Lieblingsmusikkassette mit dem Lied von Lensk, und wir schenken ihm unseren letzten Wimpel. »Ich werde ihn dort oben anmachen«, sagt er mit einem Grinsen und zeigt auf den Schiffsmast. Dann schließt er uns in seine mächtigen Arme. Michail nickt uns zu. Auch der kleine Wladimir umarmt uns, und die Besatzung reicht uns die Hände oder klopft uns freundschaftlich auf die Schultern. Wir steigen hinüber zum Frachter.

Auch von Ljuda haben wir uns verabschiedet. Jetzt steht sie an der einen, ich an der anderen Reling. Nebel zieht über das Wasser. Wassili läßt den Motor aufheulen, legt ab. Ljudas Gesicht verschmilzt mit der Dunkelheit. Ich will etwas rufen, doch ich kann nicht, meine Kehle ist wie zugeschnürt.

DIE KÖCHIN

Lautes Klopfen weckt uns. »Kommt essen«, ertönt eine weibliche Stimme vor der Tür. Wir ziehen uns an. Ich habe gewaltigen Hunger, aber vor allem Durst.

Als wir über den schmalen Gang in die Messe treten, steigt mir der Duft von Schweinebraten und gekochten Kartoffeln in die Nase. Markus ist in Gedanken offenbar noch bei Ljuda. Ich habe den Eindruck, er nimmt seine Umgebung nur wie nebenbei wahr.

Die Köchin ist, wie es sich für eine Köchin gehört, eine stämmige Frau, die etwas Mütterliches ausstrahlt. Sie kommt mit einem großen Topf in den Händen auf uns zu. »Hier. Nehmt das!« sagt sie. »Essen für eure Hunde.« Ich bin verblüfft. Noch nie hat sich jemand auf dieser Reise die Mühe gemacht, Gina und Condor eine warme Mahlzeit zu bereiten.

»Habe ich gern getan«, verkündet die Küchenfee mit einem Lächeln. »Ich liebe Hunde. Zu Hause habe ich auch einen.« Ich muß an meine

Mutter denken. Für Hunde, egal welcher Rasse, würde sie auch alles stehen und liegen lassen. Ich erinnere mich: Sie und ich standen vor einigen Jahren an einer Haltestelle und warteten auf die Straßenbahn. Da kam ein junger Mann mit einem Kampfhund, ich glaube, es war ein Pitbull, um die Ecke. Plötzlich sprang das Tier meine Mutter an. Ich erschrak. Der Mann auch. Meine Mutter aber war die Ruhe in Person, sagte gar zum Hundebesitzer, der seinen Vierbeiner hart zurückkommandierte: »Seien Sie nicht so streng. Er hat's nicht so gemeint.« Verdutzt leinte der den Hund an und verschwand danach im hinteren Teil der Bahn.

Die Köchin läßt es sich nicht nehmen, uns zu den Hunden auf die Ladefläche des Schiffes zu begleiten. Dort sind Gina und Condor an einer geschützten Stelle angeleint. So kann ihnen der Regen kaum etwas anhaben. Schwanzwedelnd werden wir begrüßt. Beim Anblick der Tiere nimmt mir die Köchin den Topf wieder ab. Sie möchte die Fütterung selbst übernehmen. Besorgt greife ich nach ihrem Arm. Sie versteht, da Condor giftig bellt. Dann stellt sie den Topf auf den Eisenfußboden, so, daß sowohl die Hündin als auch der Rüde ihn mit den Schnauzen erreichen können. Knurrend, doch zufrieden, schlabbert erst Condor, dann Gina das Fressen.

Etwas später, im Speiseraum, bekommen wir unser Frühstück.

JAGD

Am späten Sonntagnachmittag, wir sind etwa einhundert Kilometer von Lensk entfernt, wird der Anker geworfen. Der Kapitän erklärt uns, daß er mit ein paar Leuten auf die Jagd gehen will. Fast könnte man denken, er wolle uns um Erlaubnis fragen. Während Markus an Bord bleiben möchte, nutze ich die Zeit, um Gina und Condor Auslauf zu verschaffen. Ich hieve die Hunde ins Motorboot, in dem schon sieben Leute mit Gewehren sitzen, und stelle, als ich zum Ufer blicke, fest, daß es jenem ähnelt, an dem ich bei der Hintour die Leiche fand. Das verursacht bei mir augenblicklich eine Gänsehaut. ›Doch hier sieht es ja überall gleich aus‹, beruhige ich mich und hoffe, der Tote wäre weit entfernt. Dennoch geht er mir nicht mehr aus dem Kopf. Komisch, in dieser Gegend, so nah am Tod, ausgerechnet hier, keimte zwischen Markus und mir wieder Freundschaft auf.

Ich erkläre jemandem von der Mannschaft, daß ich die Hunde am Ufer ausführen werde. Aber ich gehe nicht weit, bleibe da, wo noch kein Gras wächst. Irgendwann setze ich mich und beobachte die beiden beim Spielen. Aus der Ferne sind Schüsse zu hören. Nach etwa zwei Stunden kehren die Männer von der Jagd zurück. Sie haben drei Hasen erlegt.

ALJOSCHAS BELEHRUNG

Ich frage mich, wie lange das Schiff wohl bis Ust-Kut brauchen wird. Schaue ich mir die Bewegung an, mit welcher der Frachter gegen die Strömung fährt, schätze ich die Geschwindigkeit auf etwa drei Knoten die Stunde, was bedeuten könnte, in vier, fünf Tagen dort zu sein. Sind wir erst einmal in Ust-Kut, ist auch Irkutsk nicht mehr weit, und bald sind wir dann auch in Rostock. Sonja. Ich kann es kaum erwarten, sie wiederzusehen. Wie wird das sein? Ich spüre, wie mein Herz schneller klopft, sich aber auch die altbekannte Angst einschleicht.

Gegen Abend steige ich mit Markus, ich konnte den armen Kerl trotz seines Liebeskummers zu etwas Abwechslung überreden, auf die Kommandobrücke, um einen Blick von so hoch oben auf den Fluß zu werfen. Doch statt des Kapitäns sitzt am Steuer ein langer, magerer Enddreißiger, mit Augen, in denen die Frage geschrieben steht, was wir wohl bei ihm wollen.

Der Mann am Steuer beäugt uns von oben bis unten, sagt aber nichts. Wir staunen derweil über die grandiose Aussicht. Kilometerweit kann man von hier den Flußverlauf einsehen. Der Wald wirkt durch das viele Gelb der Birkenblätter nun sehr herbstlich. Bei uns daheim sehen die Laubbäume erst in etwa einem Monat so aus. Da, an dieser Stelle haben wir die Hunde aus den Booten springen und am Ufer entlanglaufen lassen ...

Ich erkundige mich nach der Reisezeit bis Ust-Kut.

»Vier, fünf Tage«, antwortet der Steuermann, verfällt dann aber wieder in lethargisches Schweigen und blickt auf den Fluß. Plötzlich dreht er sich um und fragt fast vorwurfsvoll: »Habt ihr keinen Beruf?« Wir stottern ein wenig herum, denn auf die Frage war keiner von uns vorbereitet. Wir nennen unsere Ausbildungsberufe, Schlosser und Bauarbeiter.

»Ja und?« löchert der Ersatzkapitän weiter. »Müßt ihr nicht arbeiten? Oder hat man soviel Urlaub in Deutschland? Ich habe gehört, ihr seid schon seit Juli hier in der Gegend.« Mit »Gegend« meint er ein Areal von etwa drei Millionen Quadratkilometern, und er fragt so, daß man ihm anmerkt, wir gefallen ihm nicht. Unser Tun scheint nicht sein Ding zu sein. So sagt er es uns auch: »Was soll das?« Ich könnte ihm antworten, jeder muß für sich entscheiden, was ihm sein

Handeln wert ist. Stattdessen habe ich das Gefühl, ich müsse mich bei dem Mann für meine, für unsere Lebensweise entschuldigen.

»Ich heiße Aljoscha«, stellt er sich vor, wenn auch mit Blick aufs Wasser. »Ich bin der erste Mechaniker und dritte Kapitän. Mir macht die Arbeit auch nicht immer Spaß, aber ich tue sie.« Er zündet sich eine Zigarette an und atmet den Rauch durch die Nase aus. Ich reagiere nicht auf diese Spitze.

»Du hast von hier oben eine schöne, freie Sicht«, versuche ich einen Ablenkungsversuch. Doch Aljoscha deutet Höheres in den Satz: »Frei«, wiederholt er und lacht auf. »Dies ist das größte Land der Welt, und fast jeder hat hier den Platz, den ihm das Leben gibt.« Er dreht sich zu uns und schüttelt den Kopf. »Hier kann man nicht so einfach frei sein.« Abermals mustert er uns. Ich bemerke, daß Markus mit seinen Gedanken immer noch woanders ist. Er schaut nachdenklich in die Ferne. Aljoscha hat seine Zigarette aufgeraucht. Ich habe keine Ahnung, warum wir noch immer bei ihm stehen.

»Ich lebe in Ust-Kut«, fährt er unvermittelt fort. »Wenn der Fluß ohne Eis ist, fahre ich mit diesem Schiff von Ust-Kut nach Lensk, von Lensk nach Ust-Kut. Immer das gleiche. Nur im Winter habe ich frei. Doch was willst du da machen? Ich freue mich, wenn es Ende Mai wird. Dann geht die Arbeit wieder los. Das ist gut. Es ist eine Aufgabe.«

»Hast du keine Familie?«

»Doch.«

»Ist das keine Aufgabe?«

Aljoscha schweigt und kratzt sich am Kopf. Habe ich einen wunden Punkt getroffen? Beim Stande von eins zu eins im Infragestellen von Lebensansichten entscheide ich mich, den Rückzug anzutreten. Ich tippe Markus an, der mir daraufhin folgt.

ABLENKUNG

Zwei Tage sind vergangen. An der Reling stehend sehe ich die uns bekannten Ufer wie in einem rückwärts abgespulten Film vorbeiziehen.

In der Messe steht ein Fernseher. Eine Antenne gibt es nicht, aber einen Videorecorder. Dazu drei verschiedene Spielfilme. Einer davon heißt »Brat dwa«. In diesem Krimi hat einer soviel Pech, daß man das Gefühl bekommt, das Glück sei ausgestorben. Wir haben auch schon »Die Verurteilten« von Stephen King in den Recorder geschoben. Die russische Synchronisation beschränkt sich auf eine heisere

Männerstimme, die immer dann dazwischenredet, wenn ich gerade dabei bin, das Englische halbwegs zu verstehen. Nein, ich will mich nicht beschweren. Ich wünschte nur, es gäbe einen Knall, und ich wäre zu Hause. In vertrauter Umgebung würde ich bestimmt nicht mehr so viel an Ljuda denken.

KARTOFFELN

Der vierte Tag auf dem Schiff. Zum zweiten Mal auf der Fahrt wird der Anker geworfen. Diesmal unweit eines Dorfes, etwa zweihundert Kilometer vor Ust-Kut. Mit dem Motorboot steuert Aljoscha, der dritte Kapitän, das Ufer an. Auch Ronald und ich sind an Bord. Die Hunde bleiben derweil auf dem Schiff. Wir haben uns vorgenommen, der Köchin eine Freude zu machen, wollen Lebensmittel einkaufen: Fisch- und Fleischdosen, Brot, Eingewecktes. Was sie so gebrauchen kann. Die liebenswerte Kombüsenchefin hat die Hunde und uns in den letzten Tagen durchgefüttert, ohne daß wir eine Gegenleistung erbringen konnten. Niemand wollte unsere Arbeitskraft, obwohl wir sie anboten. Man hätte genügend Leute, meinte der Kapitän.

Auf der schlammigen »Hauptstraße« fragen wir eine Gruppe Männer und Frauen nach einem Laden. Sie sind dermaßen damit beschäftigt, uns in Augenschein zu nehmen, daß sie unsere Frage überhören.

Etwas weiter treffen wir auf einen dünnen Mann, der irgendwohin eilt. Hinter ihm müht sich eine kugelrunde Frau in blauer Windjacke, mit ihm Schritt zu halten. Auf unsere höfliche Bitte zeigt uns das ungleiche Paar die Richtung, in der sich ein Geschäft befinden soll. Ich möchte von den beiden ein Foto machen, zücke die Kamera und frage die Frau um Erlaubnis.

»Halt«, stoppt sie mein Tun, »nur, wenn du das Foto nicht an den ›Playboy‹ verkaufst!« Überrascht senke ich den schon in Startposition gebrachten Apparat, will gerade auf diese Schlagfertigkeit mit einem Schmunzeln reagieren, als ich bemerke, daß die Frau selbst gar nicht lacht. Ich verspreche, das Foto für mich zu behalten. Mag sein, daß die Matrone über einen derart trockenen Humor verfügt, daß ich ihn nicht verstehe. Jedenfalls gewährt sie mir die Aufnahme.

Nach der Wegbeschreibung der beiden haben wir den Konsum gefunden. Wie wir von ihnen erfuhren, werde er um vierzehn Uhr geöffnet. Wir haben noch eine knappe Stunde Zeit. Da es nieselt, macht das Warten wenig Freude. Der Laden liegt dicht am Ufer, und wir können beobachten, wie kurz vor vierzehn Uhr ein Ruderboot anlegt. Eine Frau in schwarzer Jacke und mit hellblauer Mütze entsteigt ihm. Das muß die Verkäuferin sein. Bestärkt wird meine Vermutung dadurch, daß sie ein Schlüsselbund aus der Jackentasche zieht und damit den Laden aufschließt, pünktlich, zur angegebenen Zeit.

Das Geschäft, es ist mit einem großen Sicherheitsschloß und einem Gitter nicht viel anders als eine russische Bank gesichert, bietet die üblichen Waren. Wenn man Glück hat, auch Brot. Wir haben kein Glück. Das Brot kommt erst morgen. Auf die Frage, ob die Dorfbewohner in ihrem Laden einkaufen – ich denke dabei an Anuschka aus Lensk, die vorwiegend auf die Kundschaft von den Schiffen angewiesen ist – erfahren wir auch hier, daß die Leute zu wenig verdienen, um sich regelmäßig mit den Waren des täglichen Bedarfs versehen zu können. Man lebe im Ort von Garten und Vieh.

Mit einem prallgefüllten Stoffbeutel kehren wir zum Schiff zurück. Dort herrscht helle Aufregung. Der Frachter hat nicht ohne Grund hier Halt gemacht. Es gilt, Kartoffeln zu verladen. Und das sind nicht wenig. Mit Pferdekarren werden die Säcke vom Dorf zum Ufer transportiert. Traktoren? Nicht hier. Wir fühlen uns um ein Jahrhundert zurückkatapultiert. Menschen, die, wie der Kapitän der »Blagoweschtschensk« es ausdrückte, von der Zukunft träumen, doch in der Vergangenheit leben müssen.

Die Kartoffelverladerei bringt Bargeld für die Bauern und für uns eine Chance, mit anzufassen. Hier wird jede Hand gebraucht.

So ein Kartoffelsack wiegt etwa einen Zentner. Zweihundert davon sollen von den Karren abgeladen und mit dem Motorboot zum Schiff gebracht werden. Dazu muß das Beiboot selbstverständlich mehrmals fahren. Aljoscha achtet akribisch darauf, daß es bis zum Äußersten beladen wird, mindestens einhundertzwanzigprozentig. Der Kahn liegt dabei so tief im Wasser, daß er nur einige Zentimeter darüber hinausragt. Der Motor hat ordentlich zu tun. In Sibirien, einem Land, das von Kraftstoff mehr als genug haben könnte, herrscht Dieselknappheit.

Das Motorboot legt ab.

»Das ist Arbeit, was?« ruft uns Aljoscha zu, der es auch steuert. In seinem stets ernsten Gesicht flackert ein kurzes Lächeln auf.

Das Schiff ist erreicht. Nun werden die Säcke an der Stahlwand des Frachters hinaufgewuchtet und in rostige Container gepackt. Alles ist perfekt organisiert. Es gibt keine Pausen, keine Herumstehenden. Der Kapitän und all seine Untergebenen fassen gleichermaßen mit an. Selbst die im vierten Monat schwangere Frau von Oleg, dem zweiten Mechaniker. Und zwischen allen sind auch wir. Das tut gut.

Die Arbeit ist getan. Aljoscha fährt mit dem Kapitän zum Ufer. Er hat ein dickes Bündel Rubelscheine bei sich, die er nun an die Bauern verteilt. Alle sehen zufrieden aus.

Bierflaschen werden herumgereicht und Zigaretten spendiert. Der lange Aljoscha klopft uns auf die Schultern. In diesem Moment gehören wir zur Crew. Auch die Köchin lächelt. Vorhin stellten wir ihr den Beutel mit den Lebensmitteln heimlich in die Küche, da sie ihn nicht annehmen wollte.

Zum ersten Mal dürfen wir gemeinsam mit den Leuten vom Schiff speisen. Das Essen beschließen, wie könnte es anders sein, drei Gläschen Wodka für jeden. Als Zeichen dafür, das alles gut wird, zumindest gut werden kann.

EINE SIBIRISCHE LÖSUNG

Der Frachter erreicht Ust-Kut am Freitagmorgen, fünf Tage, nachdem er in Lensk ablegte. Nach fast einer Woche blinkt zwischen den Wolken auch wieder die Sonne hindurch.

Noch wissen Ronald und ich nicht, wie wir nach Birjulka gelangen werden. Hier, in Ust-Kut, endet der Schiffsverkehr. Zunächst aber schleppen wir wieder Kartoffelsäcke. Die Container müssen entladen und die Kartoffeln in die Stadt gebracht werden. Oleg, der zweite Mechaniker, ist dafür zuständig. Er hat am Hafeneingang einen alten, hellblauen Ural-Laster auftreiben können.

Nachdem er mit zehn Tonnen Kartoffeln beladen wurde, muß er nun die schlammige Böschung, einen Höhenunterschied von vielleicht fünf Metern, bewältigen. Das ist leichter gesagt als getan. Oleg kurbelt am Lenkrad wie an einem riesigen Ventil, bei dem er verzweifelt ausprobiert, welche die richtige Drehung sein könnte. Man sieht ihm an, daß er schwitzt. Der Motor heult in obersten Drehzahlregionen. Der Laster wackelt, rührt sich aber kaum von der Stelle. Dafür fliegt Schlamm durch die Luft.

Zweiter Versuch. Diesmal mit der Schubkraft von mehr als zehn Männern. Auch das bringt nichts. Bretter werden zusammengesucht und unter die Räder gelegt. Umsonst. Ratlos tauschen die Umstehenden Blicke aus. Einen Teil der Säcke von der Ladefläche nehmen? Das komme nicht in Frage, so der Kapitän, während er sich an seinen frischgestutzten Bart greift und überlegt. Dann fällt ihm eine Lösung ein, die sibirischer nicht sein könnte: Ein zweiter, viel stärkerer LKW muß den Laster mit den Kartoffeln den Abhang hinaufziehen.

Der Fahrer der von der Straße herbeigewinkten Zugmaschine, ein KAMAS, schafft das spielerisch. Applaus und Gejohle folgen.

Während die Schiffscrew das Deck mit Wasser aus langen Schläuchen abspült – die Ecke, in der die Hunde auf uns warten, sparen sie aus – fahren wir mit dem Kapitän in seinem roten Mitsubishi in die Stadt. Oleg, erleichtert, nun Asphalt unter den Rädern zu haben, lenkt den alten Ural hinter uns her. Unser Ziel sind zwei Schulen, in denen die Kartoffeln für den langen Winter eingekellert werden sollen, damit, wie unser Begleiter erklärt, die Schüler und Lehrer nicht hungern müßten. Wer dies finanziert hat, erfahren wir nicht. Zu viert verwandeln wir die leeren, halbdunklen Räume in ein Kartoffellager.

Drei Säcke sind übriggeblieben. Die sind für den Kapitän. Er will sie in seine Garage gebracht haben. Die steht auf der anderen Seite des Flusses.

Wir rollen über die Stahlbrücke, unter der wir vor anderthalb Monaten hindurchpaddelten und glaubten, die Lena wäre schon an dieser Stelle breit. Nun wissen wir: Hier war sie noch schmal und harmlos.

Der Kapitän mustert uns im Rückspiegel. »Wie kommt ihr eigentlich nach, wie heißt das Dorf, Birjalka?«

»Nach Birjulka.«

»Ja, das meine ich.«

»Wir wissen es noch nicht.«

»Ich habe da eine Idee.«

»Wirklich?«

»Fragt die LKW-Fahrer am Hafen.«

DER KAMAS

Markus und ich sind von der Idee des Kapitäns angetan. Werden es auch die Lastwagenfahrer sein? Am Hafeneingang versuchen wir unser Glück.

Nach einer Wartezeit von etwa einer halben Stunde rollt ein weißer KAMAS mit einem Container auf der Ladefläche heran. Da er an der Einfahrt halten muß, ist die Gelegenheit günstig. Der Fahrer springt aus dem Laster und rennt zum Abfertigungshäuschen. In den Händen ein paar Papiere, die im Wind flattern.

Wir klopfen an die Beifahrertür des LKW. Gähnend steigt ein junger Bursche in verwaschenen Jeans und T-Shirt zu uns herab. Er hat rötliches, kurz geschnittenes Haar und Sommersprossen. Noch während wir ihm schildern, was wir wollen, fällt er uns ins Wort: »Der

Laster gehört nicht mir. Fragt ihn dort.« Er zeigt auf den Fahrer, der gerade zurückkommt. Der wirkt sportlich, ist ein Stückchen größer und auch etwas älter als sein Beifahrer, aber nicht älter als wir. Seine aufgeschlossene Art, die sich einem sofort mitteilt, und seine ganze Erscheinung lassen darauf schließen, daß dieser Bursche garantiert ein Mädchenschwarm ist.

Morgen wollen die beiden tatsächlich nach Irkutsk fahren. Uns ist klar, daß wir erst einmal diese Stadt erreichen müssen. Dann können wir weitersehen.

»Hast du noch Platz für uns?« fragt Markus und erwähnt, daß wir auch Kajaks, viel Gepäck und zwei große Hunde mit uns führen. ›Was ist in ihn gefahren?‹ denke ich. ›Muß er das alles sofort sagen?‹ Doch der Fahrer teilt ihm mit, daß er gegen unsere Mitreise nichts einzuwenden hätte. Platz gebe es im Container genug. Allerdings müsse uns klar sein, daß er über Bratsk fahre, was einen Umweg von mehr als fünfhundert Kilometern bedeute und, daß die Mitfahrt nicht umsonst sei. Wieviel wir springen lassen sollen, läßt der Fahrer offen. Daß er dabei nicht reich werden wird, muß er noch nicht wissen. Zum Glück schweigt Markus jetzt.

»Jewgeni«, stellt sich der junge Mann vor und reicht uns, sozusagen zum Geschäftsabschluß, die Hand. Wir schlagen ein, und ich sehe in Gedanken schon die Irkutsker Kathedrale, auch wenn uns vielleicht noch einige Rubelscheine davon trennen.

Da unsere Ausrüstung schon heute vom Schiff gebracht werden muß, einigen wir uns, daß sie der Fahrer für einen Hunderter zu einer Uferstelle am Stadtrand bringt. Dort wollen wir übernachten.

Nachdem all unsere Sachen im Container untergebracht sind, gehen wir noch einmal an Bord, um uns von der Mannschaft zu verabschieden. Doch niemand ist auffindbar. Von der Brücke aus sehen wir den LKW und daneben Jewgeni, der zu uns schaut und mit dem Finger, so wie einst Andrej, auf seine Armbanduhr klopft.

Auf dem Rückweg treffen wir dann doch noch jemanden: Es ist der Kapitän, der in Begleitung einer Frau ist. Wenigstens von ihm können wir uns verabschieden und ihm nochmals Dank sagen.

Es ist dunkel geworden. Wir liegen im Zelt. Nicht weit von hier ist Wladimirs Bar. Ihn besuchen? Er würde uns so schnell nicht wieder weglassen. Also bleiben wir liegen. Denn einsam fühlen wir uns nicht mehr.

Säcke schleppen macht müde. Wir gähnen die Zeltdecke an. In der Ferne fährt ein Auto. Ich höre jemanden lachen und das vertraute Geräusch der Wellen, die ans Ufer schlagen. Hier, in der Nähe unseres einstigen Lagerplatzes, habe ich das Gefühl, die Zeit hätte sich zurückgedreht. Ich kann seltsamerweise die Ungewißheit spüren, die zu Beginn unseres Unternehmens nicht nur darin bestand, ob wir es schaffen würden, tagein, tagaus, in zermürbender Monotonie, die Paddel zu führen, dem Lauf der Lena nach Norden zu folgen. Und obwohl Vergangenheit und Gegenwart zu verschmelzen scheinen, ist da ein neues Gefühl, ist alles so anders. Morgen werden Markus und ich den Fluß verlassen, zum ersten Mal nach neun Wochen.

DIE FAHRT NACH IRKUTSK

Es ist Samstag, der dreiundzwanzigste September. Wieder einer dieser warmen Nachmittage, an denen man denken könnte, der Winter habe es sich anders überlegt. Am Morgen sah es hier noch ganz und gar nicht danach aus. Da hatte sich der flache Uferbereich über Nacht mit Eis bedeckt. Das Thermometer zeigte minus sechs Grad. In diesem Moment waren wir uns sicherer denn je, daß die Entscheidung, in Jakutsk unsere Tour zu beenden, und nicht erst in Tiksi, gut war.

Heute sind wir rechtzeitig zur Abfahrt bereit. Alles ist verstaut und verpackt. Während Ronald zur Straße schaut, beobachte ich die Fährmänner in ihren Ruderbooten, wie sie sich gegen die Strömung mühen, um am anderen Ufer an der angesteuerten Stelle auch anzulegen. Jewgeni und sein Kompagnon müßten jeden Moment hier sein. Um fünfzehn Uhr, hatten sie gesagt.

Es vergehen eine Viertelstunde, eine halbe, eine dreiviertel Stunde. Wir werden unruhig. ›Vielleicht haben es sich die Jungs anders überlegt und sind schon längst auf dem Weg nach Irkutsk‹, grüble ich.

Gegen sechzehn Uhr, die Sonne berührt schon die Baumspitzen, trudelt der KAMAS endlich ein. Vor Freude boxe ich Ronald in die Seite.

Jewgeni steigt aus, läßt die Fahrertür ins Schloß fallen. Er kommt zu uns, druckst etwas herum, scharrt mit den Turnschuhen im Sand und will wissen, was wir ihm bezahlen können. Über Nacht hat er vielleicht darüber gegrübelt, daß wir zwar Europäer sind, was hier viel zählt, aber, so wie wir aussehen, durchaus auch schon pleite sein könnten.

Als wir ihm unsere letzten fünfhundert Rubel, etwa dreißig Mark, entgegenstrecken und das Futteral des Geldbeutels zeigen, guckt er zu Boden. Dann nimmt er die Scheine und sagt: »Dawai!« Natürlich hat er mehr erwartet. Und unser »Danke« legt leider nichts Zählbares in seine Hand.

Kajaks und Taschen werden in den Container geschoben. Auch

Gina und Condor sollen hinein. Wir werden ab und zu eine Pause einlegen müssen, um ihnen etwas Frischluft zu verschaffen.

Im Fahrerhaus finden normalerweise drei Personen Platz. Zu viert sitzt man sich regelrecht auf der Pelle, und die kleinste Bewegung des Nachbarn wird zur eigenen. Doch wir nehmen das gern in Kauf, geht es doch auf der Hauptstraße in Richtung Bratsk.

Schon nach einigen Kilometern wird unser Fahrer hektisch und fordert seinen rothaarigen Kollegen auf, schleunigst in die Schlafkoje zu kriechen und den Vorhang zuzuziehen. Gleich werde eine Polizeikontrolle kommen. Vier Leute im Fahrerhaus, das sei strikt verboten. Auch in Rußland gelten Gesetze, und manchmal tue man gut daran, sie einzuhalten.

»Sonst bin ich euer Geld gleich wieder los«, wendet sich Jewgeni an uns und kratzt sich am Hals.

Nachdem unsere Pässe von den Milizbeamten durchgeblättert wurden und Jewgenis Beifahrer unentdeckt blieb, können wir die Fahrt fortsetzen. Dieser krabbelt alsbald aus der Koje wieder zu uns nach vorn.

Wir spüren, Jewgeni ist ein routinierter »Trucker«. Schon als Sechzehnjähriger habe er heimlich mit dem LKW seines Vaters geübt, läßt er uns wissen. Ihn reize das Verbotene. Nun sei er fünfundzwanzig, und dieser Laster gehöre ihm.

»Es ist angenehm, sein eigener Chef zu sein«, schwelgt er. »Ich bin fast immer auf Tour.« Ob er keine eigene Familie habe, wollen wir wissen.

»Natürlich.« Jewgeni hat Frau und Kind. »Sie sind mein Hafen«, sagt er. Dennoch möchte er nicht nur beim Fahren unabhängig sein. Er zählt eine Reihe von Frauennamen auf, deren »Inhaberinnen« angeblich in vielen Städten auf ihn warten würden. Seine Augen glitzern dabei wie zwei hellblau funkelnde Steine. Auch heute trägt er, wie bereits gestern, eine Wollmütze, die jenen ähnelt, welche sich Rapper auf den Kopf stülpen. Fahren wir durch ein Dorf und gehen junge Frauen die Straße entlang, kurbelt er die Scheibe herunter und pfeift ihnen nach. Das sei sein Zeichen, so sagt er. Doch keine der Schönen dreht sich um. ›Vielleicht hat er noch andere Tricks auf Lager‹, überlege ich. Sein sommersprossiger Kollege dagegen, er heißt Wolodja, wirkt eher schüchtern und lächelt jedesmal hilflos, wenn Jewgeni sein Pfeifkonzert anstimmt. Er würde viel darum geben, so fahren zu können wie sein Arbeitgeber, berichtet er uns. Bald soll er bei Jewgeni ins Geschäft einsteigen und den zweiten LKW übernehmen, den der dann kaufen will. Wolodja ist erst einundzwanzig Jahre alt und vor einigen Wochen vom dreijährigen Armeedienst aus Wladiwostok zurückgekehrt. Er hat eine Freundin, sagt er, die während der ganzen Militärdienstzeit auf ihn gewartet habe. Das bestärke ihn in dem Glauben, daß es noch Menschen gibt, auf die man sich verlassen könne.

Die Sonne hat sich verabschiedet, und die schmale Asphaltstraße ist mittlerweile in einen äußerst holprigen Sandweg übergegangen, der zumeist nur auf einer Seite befahrbar ist. Bei Gegenverkehr ist das eine heikle Sache. Die Geschwindigkeit verringert dennoch niemand. Aber das sei normal, meint Jewgeni.

»Im Winter geht's auch nach Lensk«, verrät er uns, was mir ungewollt einen Stich ins Herz versetzt. »Mitten durch den Wald. Das solltet ihr mal erleben.« Er ahmt heftige Schaukelbewegungen nach. Ein bißchen kann ich mir das schon jetzt vorstellen.

Ausgerechnet auf dieser erbärmlichen Piste möchte Jewgeni Wolodjas Fahrtauglichkeit testen. Der ist augenscheinlich sehr aufgeregt und sich nicht sicher, ob er das packt. Nie zuvor habe er solch eine große Maschine gesteuert. Wie soll er auch, hat er doch nicht einmal einen LKW-Führerschein.

»Na los«, ruft Jewgeni und gibt ihm einen freundschaftlichen Klaps.

Die Fahrschulausbildung beginnt. Ich bin hellwach, höre, wie das Blut in meinen Adern pulsiert. Wolodja eiert auf der Fahrbahn von links nach rechts und wieder zurück. Das Lenkrad scheint für ihn viel zu groß. Er hat Mühe, es zu umfassen und dreht daran wie ein zu klein geratener Seemann am Steuerrad eines Schiffes im Sturm. Lichthupen entgegenkommender Fahrzeuge blenden uns. Wieder ein Baum, der nur durch Jewgenis beherzten Griff ins Lenkrad umschaukelt werden kann, wieder ein Graben, der wie durch ein Wunder nicht unsere Endstation wird. Dazu schnarrt ohrenbetäubend türkische Diskomusik aus dem Kassettenradio. Ich schwitze, beiße mir auf die Unterlippen, bereue es in den schlimmsten Augenblicken sogar, hier eingestiegen zu sein.

Nach anderthalb Stunden meint Jewgeni, Wolodja wäre nun genug unter Aufsicht gefahren. Er solle jetzt zeigen, was er gelernt habe. Er, Jewgeni, sei müde und müsse etwas schlafen. Wir erschrecken ob dieses Ansinnens, hoffen aber, der »Lehrmeister« weiß, was er tut, da er sicher auch morgen noch den Frauen hinterherpfeifen will.

Erst gegen zwei Uhr morgens, wir haben kein Auge zugetan und saßen die ganze Zeit kerzengerade und voller Aufmerksamkeit auf unseren Plätzen, darf Wolodja den Fahrersitz räumen. Wir nähern uns der Großstadt Bratsk, und Jewgeni traut seinem Mitstreiter noch keine Stadtfahrt zu.

Es geht über einen Staudamm, den achtgrößten der Welt. Blicke ich aus dem Fenster, so sehe ich tief unter uns auf dem Wasser viele kleine leuchtende Punkte. Sie gehören zu Frachtern, die auf der Angara, einem weiteren riesigen Fluß Rußlands, unterwegs sind und von hier oben wie Spielzeugschiffe in der Badewanne wirken.

Bei dem Namen Bratsk muß ich an den jungen Mann denken, der uns während unserer Weltumradelung vor einigen Jahren kurz vor Kasan entgegengefahren kam. Auch er war mit dem Fahrrad unterwegs. Sein Haar war lang und zerzaust, das Glas seiner runden Brille hatte einen Riß. Er stammte aus Bratsk. Von dieser Stadt hier war er losgefahren, um Moskau zu erreichen. Sein Tourenrad besaß nicht einmal eine Gangschaltung. Und außer einer alten, orangefarbenen Wetterkutte hatte er fast nichts bei sich, nicht mal ein paar Rubel. Auf unsere Frage, wo er nachts bliebe, erzählte er uns von fremden Familien, die ihn aufnehmen würden. Und wenn mal kein Dorf käme, so er, fände sich auch ein Plätzchen im Wald. Der, wie uns damals schien, verrückte Fahrradfahrer, und dabei galten wir mit unserer Weltumradelung auf Zeit bei unseren Bekannten auch als durchgeknallt, wollte unbedingt seinen Bruder in Moskau besuchen. Dieser, so hörten wir, habe immer gemeint, er, der Bratsker, wäre ein Versager. Aus welchem Grund auch immer: Für uns wurde dieser Bursche zum zähesten Verfechter eines Anliegens, und ich hoffe sehr, er hat sein Ziel erreicht. Irgendwann verfliegen diese Erinnerungen. Wir haben die Stadt, die etwa so groß wie Magdeburg ist, passiert, und die Straße, die nach Süden führt, wird wieder zur Schotterpiste. Dennoch falle ich in einen Halbschlaf, aus dem die Unebenheiten der Fahrbahn mich immer wieder in die Gegenwart zurückholen. Schlaf ist ein Luxus, den uns diese Fahrt nicht gewährt.

Um vier Uhr in der Frühe steuert Jewgeni den Laster neben ein Rasthaus. Er und Wolodja verschwinden in der Blockhütte, um etwas zu essen. Danach wollen sie ein Nickerchen im LKW machen. Ich nutze die Pause, um Gina und Condor auszuführen, während Markus den Container durchlüften läßt. Der nämlich wird unser Schlafplatz sein.

Gerade, als ich an einen Herbstspaziergang im heimischen Barnstorfer Wald denke, reißt mich das Blöken von Schafen aus diesen Gedanken. Wildes Getrappel ist zu hören. Automatisch rufe ich nach den Hunden. Keine Reaktion. Ich starre in die Finsternis, kann nichts erkennen. Noch einmal blökt es. Diesmal lauter. Mit meiner Taschenlampe leuchte ich die Umgebung ab, kann aber nichts erkennen. Plötzlich tritt Stille ein. Ich spüre Unruhe in mir und bewege mich in die Richtung, aus der die Geräusche kamen. Aus dem Dunkel kommt mir Condor entgegengetrottet.

»Wo ist Gina?« frage ich, als könnte er mir antworten. Angespannt greife ich sein Halsband, führe ihn mit mir. Ein Schritt ins Leere. Ich rutsche in eine Kuhle, falle hin, erhebe mich wieder. Da leuchtet mich ein Augenpaar an.

»Gina?« Jetzt erkenne ich, daß sie es ist. Regungslos starrt sie mich an. Ich zucke zusammen. Vor ihr liegt ein Schaf. Ist es tot? Sofort drängen sich mir Bilder auf, laufen zurückliegende Begebenheiten wie ein Film vor mir ab: Wir waren damals unterwegs in China, sechs Jahre ist das her, waren kurz vor der kasachischen Grenze. Ich führte Gina auf einem weiten Wiesenhang aus, auf dem Yaks, Pferde und Schafe weideten, ließ sie unangeleint bei Fuß gehen und freute mich über meine gelungene Erziehung. Ein kurzer Moment, ich drehte mich nur einmal weg, reichte aus, daß es passierte. Ich merkte es, als die Schafe blökten und sah, daß meine Schäferhündin eines der Tiere vor sich herjagte und es faßte. Ich schrie, rief die Hündin zu mir, doch der Jagdtrieb hatte sie gepackt. Berittene Viehhirten wurden aufmerksam, ebenso ihre Hütehunde. Allesamt stürmten sie auf Gina zu. Plötzlich schien sie sich eines Besseren zu besinnen und raste zu mir zurück. Sekunden später umkreisten uns die aufgebrachten Chinesen. Ein Greis sprang von seinem Kamel und band aus einem Strick eine Schlinge. Mir fiel es wie Schuppen von den Augen, was er vorhatte ...

Nun, die Sache ging glimpflich für uns aus, denn zwei Taxifahrer hatten ein Herz für uns. Sie bezahlten den Hirten den entstandenen Schaden. Markus und ich hätten es nicht vermocht. Jetzt, in dieser Finsternis, glaube ich für einen Moment, den Greis wiederzusehen. Aber hier ist niemand, außer dem Schaf und meinen beiden Hunden. Derb greife ich Gina in den Nacken. Ihr Wimmern bohrt sich mir ins Herz. Aber lernt sie nicht aus Vergangenem? Plötzlich rappelt sich das scheinbar leblose Schaf auf und verschwindet in der Dunkelheit. Überrascht lockere ich meinen Krallengriff und gehe, den Schreck noch in den Gliedern, zurück zum LKW, wo Markus schon auf mich wartet.

Dort mache ich es mir auf einem Diwan, der im vorderen Teil des Containers steht, gemütlich. Markus hat sich weit vorn, direkt am Eingang, hingelegt, mit dem Kopf unmittelbar an der geöffneten Stahltür, um wegen seiner Hundehaarallergie atmen zu können.

Ich höre Jewgeni und Wolodja aus der Raststätte kommen. Sie steigen in den Laster, schmeißen den Motor an, um es in der Fahrerkabine warm zu haben. Es ist frostig kalt.

Morgens, kurz nach acht, wir haben über vier Stunden pausiert, klettern Ronald und ich aus dem Container. Fast zur selben Zeit steigen auch Jewgeni und sein Kollege aus dem Fahrerhaus. Sie rekeln sich und wünschen uns einen »Guten Morgen«.

»Ist das normal?« frage ich Jewgeni, nachdem der unter großer Anstrengung die Containertür verriegelt hat, »daß man den Motor die ganze Nacht laufen läßt?«

»Natürlich«, keucht der. »Bei der Kälte hält dich keine Decke warm.«

Gutgelaunt sitzen wir im warmen Führerhaus, und ich träume davon, während der KAMAS uns durchschüttelt, endlich im VW-Bus der Heimat entgegenzufahren. Wir lehnen uns zurück, soweit dies bei der Enge möglich ist. Ich schaue aus dem Fenster, sehe Wälder und Wiesen, die noch vom Reif bedeckt sind.

Erst zum Mittag hin verschwindet er. An einer Kreuzung biegen wir auf die Fernverkehrsstraße Moskau-Irkutsk ab.

Plötzlich bremst Jewgeni, ohne daß eine Ampel in der Nähe ist. Was ist passiert? Ich entdecke einen Ladafahrer, der auf der anderen Straßenseite neben seinem Wagen steht und winkt. Der KAMAS rollt an den rechten Fahrbahnrand und stoppt.

Jewgeni springt auf die Straße, läuft zu dem Mann.

»Gibt es Probleme?« fragt Ronald. Wolodja, der seinem Boß interessiert hinterherschaut, grinst.

«Er hat Diesel«, ist die Antwort. «Sehr billig.«

»Woher?« erkundige ich mich.

»Ist nicht so wichtig«, entgegnet Wolodja und verfolgt das Geschehen auf der gegenüberliegenden Straßenseite wie einen Krimi, obwohl außer Lippenbewegungen und Gesten nichts auszumachen ist.

Kurz darauf steigt Jewgeni wieder ein und folgt dem Lada auf eine Nebenstraße ins nächste Dorf. Dort halten wir neben einer Art Garagenkomplex. Der Ladafahrer, ein etwa fünfzigjähriger, korpulenter Mann mit dunklem Vollbart, rollt nacheinander zwei große, graue Tonnen aus dem unverputzten Steingebäude. Dabei öffnet er die Garagentür nur so weit, daß sein Körper und ein Faß hindurchpassen. Unverzüglich stößt er die Tür mit dem Fuß wieder zu, als verberge er dahinter das Bernsteinzimmer. Die ölverschmierten Behälter ähneln Regentonnen.

Laut vor sich hinpfeifend stellt Jewgeni mit Hilfe eines dicken, schwarzen Schlauches eine Verbindung zwischen Tonne und Tank her.

»Man muß sparen, wo man kann«, resümiert er mit einem Lächeln, während der Treibstoff die Behältnisse wechselt.

Nur dem Ladafahrer scheint die Sache nicht ganz geheuer. Unruhig steht er mit wachen Augen daneben und starrt auf jedes vorbeifahrende Auto. Als ich die Szene mit dem Fotoapparat festhalten möchte, hebt der Bärtige erschreckt die Hand und verabschiedet sich aus dem Winkel des Objektivs. Ihm sind es wohl schon jetzt zu viele Augen, die mitbekommen, was er hier treibt.

Wir befinden uns wieder auf der Hauptstraße.

»Wieviel hast du bezahlt?« löchern wir Jewgeni.

»Halb soviel wie normal. Die Preise an den Tankstellen sind gestiegen. Was soll man da machen?« Er dreht das Radio lauter. Wir hören Musik von Scooter, einer deutschen Band.

Die Wolken sind im Laufe des Nachmittags aufgerissen. Wir nähern uns Irkutsk.

Gegen achtzehn Uhr sehen wir die rotbraune Kathedrale dieser Stadt. Sie glänzt in der Abendsonne. Neben uns die Angara, auf der kleine, glitzernde Wellen tanzen. Ein wunderbares Gefühl zu wissen, wir sind »fast« zu Hause. Noch schöner aber wäre es zu erfahren, wo uns Jewgeni absetzen wird.

Er bringt den LKW neben einer GAI-Station, einer Kontrollstelle der Verkehrspolizei, am Stadtausgang Richtung Birjulka zum Stehen. Hier, so erklärt uns Jewgeni, hätten wir eine gute Chance weiterzukommen. Wir schlußfolgern, daß sich vielleicht auch die Möglichkeit ergibt, einen Großteil des Gepäcks, vor allem aber die Boote, in der Obhut der Polizei zu lassen, um schneller und einfacher nach Birjulka zu gelangen und unseren Bus abzuholen.

Der Abschied von Jewgeni und Wolodja ist kurz, aber herzlich.

Da Markus und ich es heute unmöglich vor Anbruch der Dunkelheit nach Birjulka schaffen können, bis dahin sind es noch über zweihundert Kilometer, beschließen wir, hier, in der Nähe der Polizeistation, unser Zelt aufzubauen und morgen weiterzutrampen.

Wir fragen die wachhabenden Uniformierten, ob dies für sie in Ordnung sei. Sie haben nichts dagegen. Dann schleppen wir unsere Sachen und die Boote zu einem kleinen asphaltierten Platz, an den eine Wiese grenzt. Dort errichten wir das Zelt. Es riecht nach feuchtem Gras, und wir freuen uns, so sicher die Nacht verbringen zu können.

TRAMPEN NACH BIRJULKA

Wir haben unruhig geschlafen und fühlen uns an diesem Montagmorgen schwach und ausgelaugt. Seit einem Tag haben wir nichts mehr gegessen. Das letzte Geld gaben wir Jewgeni. Wir müßten in die Stadt, zu einer Bank. Leider haben wir keine Travellerschecks bei uns, und die andere Möglichkeit – eine Überweisung aus Deutschland

– würde mindestens zwei Tage dauern. ›Was sollen uns die Schecks auf der Lena nützen?‹ dachten wir vor unserer Abfahrt. Als wir in Rußland mit den Fahrrädern unterwegs waren, da hatten wir solche Wechsel dabei. Wir konnten sie problemlos in jedem internationalen Hotel einlösen. Auf diese Tour nahmen wir nur eine EC-Karte mit, die wir hier, in Sibirien, höchstens zum Abkratzen der vereisten Scheiben unseres VW-Busses verwenden können. Aber was soll das Jammern ...

Wir stehen an der Straße und heben die Daumen. Doch niemand hält an. Nur wenn einer der Polizisten den Stab rotieren läßt, dann machen die Autos fast eine Vollbremsung. Nachdem die Fahrer ihre Papiere im Kontrollhäuschen vorgezeigt haben, brausen sie weiter, ohne uns zu beachten.

Einer der Beamten kommt, als er unsere erfolglosen Versuche bemerkt, auf uns zu. Er schlägt vor, die Autos für uns anzuhalten. Sie stoppen in gewohnter Weise. Doch jedesmal, wenn die Insassen unser Anliegen hörten, verneinen sie und geben wieder Gas.

Nach vier Stunden, wir sind durchgefroren und hungrig, beschließen wir, uns zu Fuß in Richtung Birjulka aufzumachen. Wir haben uns die Rucksäcke mit dem gefüllt, was wir dringend brauchen werden: Schlafsäcke und warme Kleidung. Die Polizisten erklärten sich bereit, auf den Rest unseres Gepäcks aufzupassen. Freilich wollen wir nicht die ganze Strecke nach Birjulka laufen. Doch außerhalb der Stadt steigen die Chancen, mitgenommen zu werden. In Sibirien unterscheiden sich Stadt und Land derart, daß die Leute abseits der großen Häuser wissen: Man muß sich helfen, sich unterstützen, wo es möglich ist, um klarzukommen. Diese einfache Weisheit wollen wir uns zunutze machen.

Nach knapp zwei Kilometern entdecken wir jemanden, der ein Rad an seinem KAMAS wechselt. Wir wollen mit ihm ins Gespräch kommen und bieten unsere Hilfe an. Doch dieser Bär von einem Mann ist schon fertig mit der Arbeit. Er hält uns eine riesige verschmutzte Hand entgegen. Der Mann heißt ebenso wie Jewgenis Kompagnon Wolodja und hat nichts dagegen, uns mitzunehmen. Vor allem, betont er, weil er noch nie solch schöne Hunde gesehen habe. Gina und Condor, unsere »Fahrscheine« nach Norden.

Unsere Blicke wandern an der langen leeren Ladefläche des LKW-Aufsatzes entlang. Er hat keine Seitenwände. Die Hunde ins Führerhaus? Wolodja schüttelt den Kopf.

»Sie müssen da rauf«, meint er und zeigt mit dem Daumen zur Ladefläche.

Über die breiten Hinterreifen hinweg klettere ich auf den Aufsatz, hangle mich an mehreren Vierkantstützen entlang, die mit fingerdicken Eisenketten verbunden sind. Diese Konstruktion, so Wolodja, diene zum Transport von Baumstämmen.

Nacheinander reicht mir Markus die Hunde wie Gepäck nach oben. Ich binde sie in der Mitte der Stahlketten mehrfach mit kurzen Leinen fest. So können die beiden nicht hinunterfallen, selbst wenn es unterwegs holprig werden sollte, und das wird es ganz bestimmt. Wohl ist mir bei dieser Aktion nicht. Mehrmals überprüfe ich meine Arbeit und steige mit ungutem Gefühl im Magen von der Ladefläche.

Unser neuer Fahrer beschleunigt den Laster auf achtzig Stundenkilometer. Jedes Schlagloch läßt uns zusammenfahren und besorgte Blicke durch die kleine Scheibe zu unseren Hunden werfen.

»Wir fahren jetzt durch Burjatien«, erklärt Wolodja und beschreibt mit ausladender Geste das weite Land. Dies sei ein autonomes Gebiet, in dem vorwiegend Buddhisten leben würden. Er fängt an, von seiner Großmutter zu berichten, einer Burjatin. Sie habe ihm von Stalin erzählt, und daß es den Leuten hier damals verboten gewesen sei, ihren Glauben auszuüben, ihre Sprache zu sprechen. Wolodja fühle sich durch diese Frau auch als Burjate, obwohl sein Vater Russe sei. Wir erzählen unserem Fahrer von Sascha aus Jakutsk, der russisch-jakutische Eltern hat und damit nicht klarkommt.

»Der Junge sollte wissen, wer er ist«, kommentiert unser Chauffeur. Dann erzählt er uns, eine Hand am Lenkrad, mit der anderen gestikulierend, wie ihm seine Großmutter schon als Neunjährigem erlaubte, einen Traktor zu fahren.

»Das war schön«, schwärmt er und lacht laut auf. »Deswegen bin ich jetzt LKW-Fahrer.« Er nimmt wieder beide Hände ans Lenkrad und steuert den Lastwagen mit einer Leichtigkeit, als würde er einen Mercedes lenken. Es ist schon eigenartig zu hören, daß dieser Riese von einem Mann derart durch seine Kindheitserlebnisse geprägt wurde. Ähnlich war das ja auch beim Kapitän der »Blagoweschtschensk«.

Wolodja schaut zu uns, bemerkt unsere noch immer sorgenvollen Blicke aus dem Rückfenster, läßt einen Goldzahn aufblinken und sagt: »Ist alles in Ordnung. Wenn mir meine Großmutter vertraute, könnt ihr das auch.«

Neben uns – weite, abgeerntete Felder und hügelige Wiesen. In den Bächen spiegelt sich das Sonnenlicht. Wie eine Armee stehen Bäume am Horizont. Für uns ist diese Ferne ein ungewohnter Anblick, den wir in uns aufsaugen, als hätten wir so etwas noch nie gesehen. Als wir die Straße vor über zwei Monaten zum ersten Mal befuhren, nahmen wir diese Natur nicht so deutlich wahr wie jetzt. Wir sehnten uns danach, die Lena zu erblicken. Heute ist es umgekehrt.

Am Nachmittag, nach fast dreistündiger Fahrt, in einem Dorf namens Borto, hat uns die Straße wieder. Bis Birjulka, so Wolodja, sind es noch sechzig Kilometer. Gern hätte er uns bis dorthin begleitet, aber er müsse noch eine Ladung Baumstämme abholen. Dann heult der Motor auf, und der LKW klappert die Abzweigung in Richtung Wald hinunter, während Gina und Condor über die Wiese jagen, um ihre wiedergewonnene Freiheit auszukosten. Fast sieht es aus, als würden sie Wolodja begleiten.

Eine Stunde später kämpft sich ein Ikarusbus die hügelige Straße herauf. Lustlos strecke ich ihm den Daumen entgegen, ohne damit zu rechnen, daß der Fahrer hält. Seitdem wir hier stehen, rauschen die Fahrzeuge an uns vorbei, als trügen wir Tarnkappen, als gelte unsere These von den hilfsbereiten Landbewohnern nicht mehr. Der Bus wird langsamer. Zischend greift die Bremshydraulik. Die Einstiegstür klappt auf. Überrascht streiche ich mir die Haare aus dem Gesicht und rufe nach Ronald, der am nahen Waldrand mit Gina und Condor herumtobt.

Es vergeht eine Ewigkeit, so scheint es mir, bis Ronald mit den Hunden am Bus ankommt. Momente, in denen der Busfahrer auf seine Armbanduhr schaut und ungeduldig seine Füße auf- und abwippen läßt. Für ihn sind wir nur Reisende, die er mitnehmen kann. Für uns ist er die Chance, eine Nacht ohne Zelt zu verbringen, einen Tag früher zu Hause zu sein. Der Mann am Lenkrad zündet sich eine Zigarette an. Ein gutes Zeichen.

Zwei Minuten später steigen wir die drei Stufen zu ihm hinauf und zwängen uns zwischen den Fahrgästen und ihren Taschen in den hinteren Teil des Fahrzeugs. Die Passagiere mustern uns skeptisch. Nur eine ältere Dame mit nachgezogenen Augenbrauen lächelt uns und, wie mir scheint, auch die Hunde an, die es nicht leicht haben, die Taschenberge hinter sich zu lassen.

Der Busfahrer war einverstanden, uns kostenlos mitzunehmen. Wir sollten das aber nicht die anderen Passagiere wissen lassen.

In Manzurka, es sind noch dreißig Kilometer bis Birjulka, steigen wir an einer Kreuzung nach einer halben Stunde Fahrt aus.

Es ist fünf Uhr nachmittags, als Ronald vorschlägt, den verbleibenden Weg zu Fuß zu schaffen. Der Busfahrer, der uns bis hierher mitgenommen hatte, war vor etwa einer Stunde in Richtung Katschug weitergefahren. Birjulka schien niemandem einen Besuch wert. Auch alle anderen Fahrzeuge, die die Kreuzung passierten, nahmen den Weg nach Katschug. Wir schnallen uns die Taschen über die Schultern und brechen auf. Unsere Füße scharren über den Boden und wirbeln Staub auf. Viel Kraft haben wir nicht mehr. Unsere »Akkus« sind leer. Auch Hunger verspüren wir nicht. Nur unsere Mägen krampfen sich zusammen, als wollten sie sich selbst verdauen. Die Sonne verströmt noch viel Wärme und schickt ihre Strahlen über die Kiefern, deren lange Schatten sich im Sand des Weges abzeichnen, hinweg zu uns.

Wir sind keine fünf Kilometer gegangen, als Häuser am Straßenrand auftauchen. Zunächst wollen wir weitergehen, weil Birjulka unser Denken bestimmt. Dann aber schlurfen wir doch ins Dorf mit dem Namen Waischa. Es riecht nach Kuhmist, und eine unheimliche Stille lastet über den Dächern und der menschenleeren Dorfstraße. Ist das etwa wieder so eine ausgestorbene Häuseransammlung wie jene vor Ust-Kut? Wir sind froh, als wenig später das knatternde Geräusch eines Motorrades die Stille durchbricht. Aus der Ferne hören wir einen Hund bellen.

Wir gehen an Häusern vorbei, in deren Gärten riesige Holzstapel aufgeschichtet wurden. ›Merkwürdig‹, denke ich, ›in Sibirien, dem kohlereichsten Gebiet der Welt, verheizt man Bäume ...‹ Im Hof neben uns kommen zwei kleine Jungen hinter einem Schuppen hervorgeflitzt. Als sie uns entdecken, halten sie inne und betrachten uns mit weitgeöffneten Augen und Mündern. Kein Wort kommt über ihre Lippen, auch nicht, als wir die Knirpse fragen, ob ihre Eltern zu Hause seien. Sie starren uns an, und erst, nachdem ich meine Frage wiederhole, überwindet der größere von beiden sein Staunen und antwortet: »Meine Mutter kommt gleich.« Kurz darauf erscheint eine kleine Frau in roten Hosen und hellblauem Anorak. Auch sie hat, ebenso wie die Jungen, mongolische Gesichtszüge, also hohe Wangenknochen, schmale Augen und ein gebräuntes rundes Gesicht – nie sah ich ein runderes. Es ist von vielen Lachfalten durchzogen. Als sie vor uns steht, schlägt sie die Hände vor der Brust zusammen und schüttelt unaufhörlich den Kopf. Die Frau ist im Vergleich zu uns sehr klein.

»Wir wollen nach Birjulka. Haben Sie vielleicht ein Auto?« frage ich und hoffe insgeheim, sie müsse sowieso heute noch dorthin fahren.

»Das ist kaputt«, sagt die Frau und mustert uns noch immer. »Aber wie kommt ihr hierher?« Wir erzählen ein bißchen über unsere Reise, woraufhin sie uns auffordert einzutreten. Sie bewegt sich rasch, öffnet uns das Gartentor und eilt dann der Haustür entgegen. Ich folge ihr, während Ronald Gina und Condor vor dem Hof an einen Telefonmast bindet. Immer wieder hält die Frau inne, dreht sich um, als könne sie nicht glauben, was für eigenartige Kreaturen da plötzlich aufgetaucht waren. Der Hof sieht kahl aus. Ein paar schwarze Hühner picken scheinbar unmotiviert auf der feuchten, dunklen Erde herum.

»Boris, Dansan!« ruft die Frau den Jungen zu, bevor sie die Haustür öffnet. »Kommt, helft mir.« Die Buben gehorchen aufs Wort.

Durch das Flurfenster fällt Sonnenlicht, der Rest des Raumes gleitet ins Halbdunkel. Wir sollen die Schuhe ruhig anbehalten, der Fußboden sei kalt, sagt die Frau. Wir betreten die Küche. Die Schränke, der Tisch, die Stühle, alles ist aus Birkenholz gezimmert. Den Dielenbrettern, die laut unter unseren Schritten ächzen, sieht man ihr Alter an. Im Wohnzimmer ein ähnliches Bild. Nur die Anbauwand birgt noch einen Hauch von ehemaligem Glanz. Im Schrank stehen ein paar Gedichtbände, leicht vergilbte Familienfotos und ein kleiner rosafarbener Radiorecorder. Auch das Sofa wirkt alt und durchgesessen. Dennoch strahlt all dies Gemütlichkeit aus. Wir fühlen uns sofort wohl.

Die Hausherrin verrät uns, sie heiße Ona. Sie wirbelt durch die Küche, um ein Abendbrot für uns zu zaubern. Ein paar Eier und auch einen Kanten Brot holt sie aus dem Schrank. Offenbar spürt sie unseren Hunger.

Ein Bursche mit einer großen Pelzmütze und ein junges Mädchen, die schwarzen Haare zu einem strengen Zopf geflochten, treten in die Küche.

»Wer ist das, Ona?« fragt der junge Mann und weist mit einer Kopfbewegung auf uns. Wir stehen mitten im Raum, und ich fühle mich noch nicht einmal schlecht dabei, zu sehen, daß die kleine Frau ihren Schrank für uns plündert. Der Anblick von Nahrung ruft in mir gewaltigen, unbescheidenen Hunger hervor.

»Was bin ich nur für eine Gastgeberin?« belehrt sich die Burjatin selbst, als sie uns stehen sieht. »Setzt euch.« Dann erst wendet Ona sich dem Fragenden zu: »Das sind ... Ja, wie heißt ihr denn?« Sie hält sich die Hand vor den Mund.

»Das sind Marks und Ronal«, erklärt sie nach unserer Antwort dem Neuankömmling, der uns daraufhin seine Hand reicht. Sie fühlt sich, wie so viele Hände, die wir auf unserer Reise schüttelten, trocken und rissig an.

»Ich bin Pjotr Pawlowitsch«, sagt er mit fester Stimme. »Aber alle nennen mich Kolja.«

Nachdem wir uns hingesetzt haben, fängt auch Dansan, der kleinere der beiden Knirpse an zu sprechen. Er fährt mit den Fingern über sein pechschwarzes Haar, das seinen Kopf wie ein Helm umrahmt, und fragt Ronald über Condor aus. Sein anfängliches Schweigen ist einem regelrechten Redeschwall gewichen. Ona, die gerade die Pfanne schwenkt, schaut ihn mahnend an. Dansan aber will mehr über den Hund wissen. Wie alt, wie schwer, wie gefährlich, wie gehorsam. Sein Wissensdurst scheint befriedigt zu sein, aber nach einer Pause trägt er Ronald eine seltsame Bitte vor. Dansan möchte auch so einen Hund haben. Seiner sei zwar nicht schlecht, aber eben kein so schöner und mächtiger. Darum will der Kleine, und er wird knallrot dabei, daß Ronalds Rüde seiner Sapha ein paar kleine Condorchens in den Bauch tue, so entnehmen wir seinen Worten und seiner Gestik. Ronald hat nichts dagegen, und da die Hunde ihm gehören, habe ich erst recht nichts einzuwenden.

»Das Abendbrot ist fertig«, ruft Ona und strahlt übers ganze Gesicht, wobei ihre Lachfalten noch tiefer werden. Aufmunternd nickt sie uns zu. Dabei wippt ihr Zopf am Hinterkopf auf und ab.

An diesem Abend bezweifeln wir, daß Kaviar oder Trüffel, serviert in einem Edelrestaurant, besser schmecken könnten. Den Geschmack dieser Spiegeleier habe ich übrigens bis heute nicht vergessen.

Über dem Haus hat sich eine dicke Wolke in den Abendhimmel geschoben. Die Luft riecht nach verbranntem Holz. Gesättigt stehen wir auf der Dorfstraße und warten auf Dansan, der seine Hündin holt. Diese zieht an dem Knaben, als wäre der nur die Verlängerung der Hundeleine.

Condor wirkt gegen die weiße Hundedame wie ein junger Braunbär. Die beiden beschnüffeln sich an den betreffenden Stellen, aber was sie damit anzufangen haben, will ihnen nicht einfallen. Kein Wunder, die Hündin müßte läufig sein, und das passiert nur zweimal im Jahr. Dansan läßt die Schultern hängen und bekommt traurige Augen, als Condor sie anknurrt.

»Kommt wieder rein«, ruft Ona hinterm Gartenzaun. »Es wird kalt.«

Wir sitzen gemeinsam mit der Familie im Wohnzimmer. Ona erzählt uns, nachdem wir sie auf die Ähnlichkeit der Burjaten zu den Mongolen ansprachen, daß dies kein Wunder sei. Burjate bedeute Nordmongole. Vor über siebenhundert Jahren seien ihre Vorfahren in dieses Land gekommen. Ona sagt, sie lebe gern hier. Mit den Russen hätten sie keine Probleme mehr. Besonders liebe sie dieses Land wegen des Baikalsees. Vor Jahren, als sie noch ein Kind war, habe sie ihn zum ersten Mal gesehen.

»Dort gibt es sogar Robben«, schwärmt unsere Gastgeberin, »und das Wasser glitzert wie Gold.« Lächelnd schaut sie uns in einer Art an, die auszudrücken scheint: Wie könnt ihr nur so fern des Baikal zu Hause sein? Auf Ronalds Frage, warum sie und ihre Familie hier in Waischa auf russischem Gebiet und nicht in Burjatien leben würden, antwortet Ona, daß sie ihrem Mann wegen der Arbeit in dieses Dorf gefolgt sei, es für sie aber keinen Unterschied mache, ob sie nun in Burjatien oder nicht in Burjatien wohne. Die Hauptsache wäre, es sei nicht weit bis zum Baikal.

»Meinen Glauben trage ich hier«, ergänzt sie und legt ihre Hand auf die linke Brust.

Das Mädchen mit dem schwarzen Zopf, sie heißt Tanja, hat indes ihre Freundin ins Haus geholt. Die beiden flüstern sich etwas zu und kichern. Tanja fragt uns, was für Musik wir gern hören und ob wir etwas vorsingen würden. Verlegen rutschen wir auf der Couch umher, nennen zwei, drei Songtitel, lassen aber nicht unerwähnt, daß wir das letzte Mal ein Lied in der Schulzeit vortragen mußten und dies schon dreizehn Jahre her sei. Ich bemerke, wie sich Schmunzeln und Verwunderung in den Gesichtern der Familie ausbreiten. Einen Augenblick später beginnen Tanja und ihre Freundin zu singen. Ona flüstert uns zu, daß dies ein burjatisches Volkslied sei. Es klingt fremd, aber wunderschön.

Als der Gesang verklungen ist, sollen wir zeigen, was wir können. Ich spüre, wie ich erröte, berate mich mit Ronald. Doch selbst ihm, der sechs Jahre an der Musikschule das Akkordeonspielen erlernte, will nichts Gescheiteres in den Sinn kommen als das Kinderlied »Alle meine Entchen«. Wir beginnen damit, treffen manchmal einen falschen Ton, unsere Stimmen wackeln. Als wir es hinter uns gebracht haben, getraue ich mich nicht, in die Gesichter der Zuhörer zu schauen. Aber als die Leute uns komischerweise freudig applaudieren, hebe ich doch die Augen.

Die Uhr neben der Anbauwand zeigt auf acht, als ein beleibter Mann in den Raum tritt. Ona stellt ihn uns als ihren Ehemann vor. Mit ihm kehrt auch die Hoffnung ein, heute doch noch Birjulka zu erreichen. Er besitze, so hören wir, einen Lada Niva, doch habe der schon seit Wochen eine defekte Kurbelwelle. Nachdem er uns das gesagt hat, geht er wieder nach draußen. Minuten später kehrt er mit Holzscheiten im Arm zurück. Diese trägt er zum Ofen und wirft sie hinein.

»Wenn ihr wollt, könnt ihr bei uns übernachten«, meint der Hausherr, schließt die Ofentür, kommt auf uns zu und sagt: »Ich bin Fedja.«

Als ich später im Schlafsack auf dem Wohnzimmerboden liege – Ronald nächtigt wegen meiner Allergie zusammen mit den Hunden im Vorraum des Hauses – geht es mir nicht aus dem Sinn, wie es wäre, wenn ich hier leben würde, zusammen mit dieser freundlichen Burjatenfamilie. Ich erinnere mich der Nächte, die wir auf unserer Fahrradreise in der Mongolei neben so mancher Jurte verbrachten. Von diesen Leuten ging auch so eine unsagbare Ruhe aus. Sie weckten in mir ein Gefühl von Geborgenheit, so daß ich mich ihnen sofort vertraut fühlte und ich mir lebhaft vorstellen konnte, den Rest meines Lebens in der Nähe dieser Menschen zu verbringen. Es waren – und so ist es auch jetzt – jene Momente, in denen ich mein Heimweh vergaß, welches mich, so glaube ich, nur deswegen stets begleitet, weil ich mit der Heimat Geborgenheit verknüpfe. In Augenblicken wie diesen, in denen mir fernab von zu Hause soviel davon gegeben wurde, war und bin ich mir sicher, daß ich nicht nur eine Heimat habe.

BEIM BÜRGERMEISTER VON BIRJULKA

Um sechs Uhr morgens piepte der Wecker meiner Armbanduhr. Ich hatte ihn auf diese frühe Stunde gestellt, da Ona uns am Vorabend wissen ließ, daß um halb sieben ein Schulbus ins nächste Dorf unterwegs sein würde. Immerhin zwölf Kilometer, die Markus und ich mitfahren könnten.

Ona ist mit uns aufgestanden, um uns zur Haltestelle zu begleiten. Während sie sich in ihren Anorak zwängt, drängt sie zur Eile: Der Bus warte nicht, man müsse pünktlich sein. Hören wir da Kritik aus ihrem Mund? Wir sputen uns und stehen kurz darauf mit Gepäck und Hunden vor dem Haus. Erste Sonnenstrahlen brechen durch die Bäume. Die Burjatin geht einen zügigen Schritt, an den sich unsere müden Beine erst gewöhnen müssen.

An der Kreuzung, die nach Birjulka führt, verabschiedet sich Ona von uns. Wir danken ihr für die Gastfreundschaft, und ich umarme die Frau unvermittelt. Sie sträubt sich etwas, versucht aber, dies mit einem Lächeln auszugleichen. Kennen Burjaten solche Umarmungen nicht? Ich weiß es nicht und hoffe, ihr nicht zu nahe getreten zu sein. Sichtlich irritiert geht Ona die Dorfstraße zurück zu ihrem Haus.

Entweder hat der Bus Verspätung oder er ist bereits vorbeigefahren. Die morgendliche Kälte lädt nicht gerade zum Verweilen ein. So gehen wir auf der Straße in Richtung Birjulka. Durch das gestrige

Abendessen sind wir gestärkt und kommen recht zügig vorwärts. Nach einer Weile drückt es uns jedoch im Bauch. Wir eilen vom Weg zu den nahen Büschen und sehen den Bus vorbeifahren.

Nachdem wir sieben Kilometer gegangen sind, stoppt ein anderer Schulbus ohne Fahrgäste. Der Fahrer nimmt uns mit bis zum übernächsten Dorf.

Und wieder geht es weiter per pedes. Aber die Sonne hat inzwischen an Kraft gewonnen, und ihre Strahlen kitzeln angenehm unsere Gesichter. Auch der Reif auf den Gräsern und im Gesträuch ist verschwunden.

Aus der Ferne hören wir ein Motorgeräusch, das näherkommt. Automatisch halten wir dem Fahrzeug unsere Daumen entgegen. Im Gegenlicht erkennen wir einen Lieferwagen, der sich über die holprige Piste quält.

Diesmal sitzen wir zwischen acht Bäuerinnen. Die Hälfte von ihnen ist etwa in unserem Alter, die anderen Frauen sind wohl um die fünfzig, sechzig. Sie scheinen vom Feld zu kommen. Alle tragen graugrüne, verblichene Kopftücher, graue Wattejacken, staubige weite Baumwollhosen und schmutzige Stiefel. Die uniforme Kleidung ließ mich erst beim näheren Hinsehen die Altersunterschiede erkennen. Die Frauen beäugen auch uns und unsere haarigen Begleiter, aber dann wollen sie wissen, was uns ins Irkutsker Gebiet verschlug.

Wir holpern über eine Brücke, die einen etwa zwanzig Meter breiten Fluß überspannt.

»Lena«, ruft eine der jungen Bäuerinnen, schaut mich dabei an und zieht ihr Kopftuch enger. Ich weiß im ersten Moment nicht, ob sie ihren Namen oder den des Flusses genannt hat. Bald aber, als ich das nahe Ufer als unseren »Startplatz« erkenne, habe ich Klarheit. Wie lange ist das her? Fünfundsechzig Tage? Wirkliche Aussteiger mögen darüber lächeln. Für uns war es eine endlos lange Zeit. Und so mancher Tag zählte mehrfach. Trotzdem möchten wir jetzt keinen davon missen.

Durch das heiser klingende Motorgeräusch des Lieferwagens hindurch, der sich über die rötliche Erde einen kleinen Anstieg hinaufquält, hören wir das Rauschen des Flusses.

Der Transporter hält mehrmals an, und nach jedem Halt steigen einige Frauen aus. Bald sitzen Markus und ich allein unter der im Wind flatternden Plane. Der Fahrer wohnt in Birjulka und nimmt uns bis dorthin mit.

Der Ort wirkt auf uns größer als bei unserer Ankunft vor zwei Monaten, fast wie eine Stadt. Auch wenn die flachen Hütten Birjulka ein

Dorf bleiben lassen. Als wir vor sechs Jahren von unserer Fahrradreise heimkehrten, kamen uns die Häuser von Rostock kleiner vor. Wir waren durch viele Großstädte gefahren.

Nun sind Markus und ich wieder am Ausgangspunkt unserer Paddeltour angekommen und steigen die silbrigglänzende Leiter des Lieferwagens hinunter. Der freundliche Fahrer hat uns neben einem Laden aussteigen lassen, in dem es, glaubt man dem Schild, Speck geben soll. Die ganze Reise über suchten wir vergeblich danach.

Wir gehen zum Rathaus, einem grünen Holzhäuschen, das nur durch die im Wind wehende blau-rot-weiße Flagge einen Hauch von Offiziellem signalisiert. Auf dem Rasen vor dem Haus steht ein grüner Armeejeep, das Auto des Bürgermeisters.

Als wir das Gebäude betreten, dringen aus dem Büro des Dorfoberhauptes Stimmen zu uns. Der Bürgermeister hat Besuch. Seine Sekretärin bittet uns, in den Sesseln des Vorzimmers Platz zu nehmen und uns etwas zu gedulden. Die Sessel sind weich, und wir müssen uns anstrengen, nicht einzuschlafen.

Irgendwann scharren Stühle über die Dielen. Der Besuch rüstet zum Aufbruch. Ein kleiner, dicker Mann mit unzähligen Abzeichen an der Uniform verläßt das Büro und geht schnellen Schrittes an uns vorbei. Kurz darauf fällt die Haustür ins Schloß. Unvermittelt steht der Bürgermeister vor uns. Er lächelt, wobei er wieder seine Zahnreihe aus Gold aufblitzen läßt.

»Wie war die Reise?« fragt er, ohne sonderlich erstaunt zu sein, daß wir wieder da sind. Er wartet die Antwort nicht ab, fordert uns mit lässiger Handbewegung auf einzutreten. Während wir uns aus den Sesseln stemmen, sagen wir ihm, daß unsere Reise gut verlaufen sei, wir uns aber ein paar weniger Mücken gewünscht hätten. Daß wir uns oft einsam fühlten, muß er nicht wissen.

»Mit eurem Bus ist alles in Ordnung«, läßt der Dorfchef uns wissen. Er scheint unsere Gedanken lesen zu können. Bei diesen Worten setzt er sich auf die Schreibtischkante.

»Ich habe den Motor einmal die Woche gestartet, so wie ihr es wolltet.« Wir atmen kurz durch und lächeln dem Bürgermeister zu.

»Ich komme später wieder«, teilt der seiner Sekretärin mit, die sich gerade über ein Schriftstück beugt. Dann treten wir mit ihm ins Freie und steigen in den Jeep.

Da steht er ja! Ein wenig schief, weil ein Reifen fast platt ist. Auf dem Dach liegen Tannennadeln. Der Anblick unseres Autos treibt uns die Müdigkeit aus den Knochen. ›Nie wieder orange‹, dachte ich noch, als wir den Bus im Juni einem Rollstuhlfahrer aus Oldenburg abkauften. Heute wirkt diese Farbe auf mich wie eine frische Apfelsine.

Markus setzt sich auf den Fahrersitz. Mit dem rechten Fuß drückt er das Gaspedal durch, nachdem er den Schlüssel im Zündschloß herumdrehte. Nach dem dritten Startversuch heult die Fünfundsiebzig-PS-Maschine auf. Wir jubeln. Der Bürgermeister steht neben mir, die Hände auf dem Rücken verschränkt und schaut uns an wie ein zufriedener Rennstallchef seine Schützlinge.

Langsam lenkt Markus den Wagen vom Hof. Ich muß an einen Cowboyfilm denken, in dem zwei Männer auf ihren Pferden die Stadt verlassen, um ihre Zukunft zu suchen. Der Bürgermeister streicht mit seiner Hand über den hinteren Kotflügel. Auch er hat wohl unseren fahrbaren Freund liebgewonnen.

Wir parken ihn vor dem großen grünen Hoftor und geben durch eine Luftpumpe mit rotem Holzgriff – mein Vater hatte sie mir für die Reise überlassen – Druck auf die Reifen.

»Habt ihr überhaupt noch Geld für Benzin?« Wir verneinen. Daraufhin steckt uns der Bürgermeister ein paar Rubel zu. Wir bedanken uns und versprechen ihm, das Geld nach unserer Heimkehr zurückzuschicken. Und als er mit all seiner Freundlichkeit vor uns steht, nehmen wir den dünnen Mann einfach in den Arm. Wir drücken ihn an uns, klopfen ihm auf den Rücken.

IRKUTSK

Unser Wagen rollt über die Landstraße Richtung Süden, Irkutsk entgegen. Aus dem Radio tönt Musik von Madonna. Ronald pfeift vor sich hin, ich habe die Scheibe heruntergekurbelt und den Arm aus dem Fensterrahmen gestreckt.

Wir verbringen die Nacht auf dem Irkutsker Flughafen, das heißt, Ronald auf der Rückbank des Busses und ich im internationalen Wartesaal, wie eh und je. Das bedeutet, jedesmal, wenn wir hier schliefen, ist er leer. Vor sechs Jahren träumte ich mich auf denselben Polsterstühlen trunken in einen »Sektschlaf«, weil ich mit Ronald meinen Geburtstag gefeiert hatte. Zwei Jahre später wähnten wir uns, auf ebenjenen Sitzen, auf der Erfolg versprechenden Tour ins reiche Brunei. Und nun? Wieder bin ich hier. Wieder liegt der strenge Geruch von Bohnerwachs in der Luft. Aber zum ersten Mal habe ich heute das Gefühl, etwas hinter mich gebracht zu haben, beruhigt nach Hause fahren zu können. Ljuda? Ich werde sie nicht vergessen. Doch scheint die Begegnung mit ihr nun wie ein in sich abgeschlossenes Kapitel. Ich nähere mich meinem eigentlichen Leben. Einem Leben voller Möglichkeiten, in dem auch Ronald eine wichtige Rolle spielen wird. Daran denkend schlafe ich ein.

Am nächsten Morgen betreten wir eine Bank im Zentrum der Stadt. Mehr aus Neugier und dem Drang, die Theorie in der Praxis zu bestätigen, daß eine EC-Karte nie und nimmer in Sibirien funktionieren kann, schieben wir das Plastikstück in den Schlitz des Bankautomaten. Wir sollen die Geheimzahl eingeben, teilt uns der Computerbildschirm mit, und danach auswählen, wieviel Dollar wir abheben wollen. Als die Geldzählmaschine anfängt zu brummen und wir Sekunden später einhundert Dollar in den Händen halten, können wir nicht begreifen, was soeben passiert ist. Das wollen wir noch einmal erleben! Und wieder! Dreihundert Dollar knistern letztendlich zwischen unseren Fingern. Mehr aber bekommen wir nicht. Trotzdem sind wir begeistert. Ronald stößt einen Hurraschrei aus. Zwei der Sicherheitsbeamten senden uns fragende Blicke zu. Sie können nicht ahnen, daß wir die Heimfahrt in den Händen halten. Zumindest reicht der Zaster bis Moskau.

Etwas später sitzen wir unter einem großen Marlboroschirm in einem Hafenlokal am Ufer der Angara und schlürfen heißen schwarzen Tee. Dazu lassen wir uns Schokoladenriegel schmecken, schauen auf die Wellen des Flusses und blicken kurze Zeit einem Holzfrachter hinterher, der gen Süden fährt. Es ist jene Ruhe in uns, die man fühlt, wenn man eine Sache erfolgreich abgeschlossen hat. Die Luft ist mild, hat etwa zwanzig Grad, und wir tragen T-Shirts. Es ist der letzte warme Tag des Jahres. Noch ahnen wir nicht, daß es so einfach nicht ist, nach Hause zu kommen ...

SCHNEE

Wir befinden uns auf der Straße nach Kansk, sind vor acht Stunden in Irkutsk aufgebrochen und wechseln uns beim Fahren ab. Von gestern zu heute gab es einen Wetterumschwung. Es ist kalt geworden. Schneetreiben. Dicke Flocken wehen gegen die Windschutzscheibe. Ronald schläft auf dem Rücksitz, und die Hunde dösen im hinteren Teil des Busses vor sich hin. Ich steuere das Fahrzeug durch die Nacht und male mir aus, wie es wäre, wenn das Hinweisschild vor mir nicht Kansk, sondern schon Moskau anzeigen würde.

Der Sturm rüttelt am Wagen. Ich fahre langsam genug, um auf der abschüssigen Piste nicht ins Schleudern zu geraten. Die Reifen graben sich durch den Schnee. Ich erinnere mich an den Sturm in der Gobi-Wüste, der uns von der Straße trieb. Auch der Überschlag mit dem Auto hinter Omsk ist mir gegenwärtig. Knapp dreitausend Kilometer westlich von hier schleuderten wir einen Abhang hinunter. Ronald hatte die vereiste Fahrbahn unterschätzt. Das soll, das darf nicht noch einmal passieren! Der Tacho zeigt vierzig Stundenkilometer an, und die Scheibenwischer schieben den Schnee von der Frontscheibe.

In einer Linkskurve passiert es trotzdem. Ich verliere die Kontrolle über den Wagen. Er schlittert einem Abhang entgegen, genau wie damals, nur langsamer. Ronald schießt aus dem Schlafsack ...

Plötzlich werde ich wach. Was geschieht? Ich höre, wie Markus aufschreit. Der Bus kippt, steht nur noch auf zwei Rädern. Mir stockt der Atem. Dann fängt sich der Wagen, fällt langsam zurück.

Markus flucht unaufhörlich. Gina und Condor jaulen. Ich versuche, sie alle zu beruhigen. Dabei bin ich selbst in heller Aufregung.

Das Auto steht dennoch bedrohlich schräg. Eine Gewichtsverlagerung könnte ausreichen, es umkippen zu lassen. Vorsichtig ziehe ich die Schiebetür auf. Schnee dringt herein.

»Bleib du sitzen!« raune ich Markus zu, der unruhig auf seinem Platz hin- und herrutscht. Seine knapp neunzig Kilogramm sind womöglich die Rettung.

Ich muß allein die Reifen aus dem Schnee befreien. Mit Kehrschaufel und nackten Händen grabe ich wie ein Maulwurf. Es ist müßig. Der Schnee hat die Räder bis zur Hälfte verschluckt.

Markus gibt Gas, während ich am Heck des Busses schiebe. Abgase nebeln mich ein. Meine Hände sind vor Kälte taub. Der eisige Wind treibt mir die Flocken ins Gesicht, in den Nacken. Aber unser Wagen rührt sich kaum. Noch ein Versuch. Es hat keinen Zweck.

Ich stehe am Straßenrand. Warte sehnsüchtig auf ein Fahrzeug, das uns hier rausziehen könnte. Aber zu der Zeit? Es ist zwei Uhr nachts.

Nach etwa einer halben Stunde wird es hinter einer Kurve hell. Als ich den Arm hebe, verlangsamt ein Wolga seine Fahrt.

»Können sie uns helfen?« rufe ich ins Wageninnere, nachdem die Scheibe heruntergekurbelt wurde. Es fällt mir schwer, meine eisigen Lippen zu bewegen. Ohne Antwort entsteigt dem schwarzen Auto ein Mann um die vierzig. Mit vereinten Kräften schieben wir den Bus an.

»Ist das kalt heute!« höre ich meinen Nebenmann sagen, während wir kurz innehalten. Dabei schöpfe ich Kraft, um es gleich noch einmal zu versuchen. »Das wird nichts. Ich muß weiter.« Als klingle ein

Handy im Auto, eilt der Mann dorthin und fährt langsam von dannen. Enttäuscht stapfe ich zu Markus.

»Was war denn das für einer!« höre ich mich sagen. Mein Reisegefährte schüttelt verzweifelt den Kopf. Solch einen Sibirier lernten wir noch nie kennen. Einer, dem es zu kalt ist, der nicht hilft.

Erst eine Stunde später zerschneiden erneut Scheinwerfer das Dunkel der Nacht. Diesmal von der anderen Seite.

Ein Lastwagenfahrer hält an. Ich brauche kaum etwas zu sagen. Der junge Mann weiß genau, was zu tun ist. Er wirft mir das Ende eines langen Stahlseils zu. Ich habe ein gutes Gefühl. Auf diese Art könnten wir es schaffen.

Kraftvoll spannt sich Sekunden danach die Verbindung zwischen unseren Fahrzeugen. Ein Ruck geht durch den schiefstehenden Bus. Krampfhaft hält Markus das Lenkrad fest. Wie ein Panzer wühlt sich unser Wagen durch die wadenhohen Schneemassen. Es sieht aus wie ein Kinderspiel. Dabei vergesse ich die Kälte um mich herum.

Der Bus steht wieder auf der Straße. Ein kurzer Händedruck, ein paar Dankesworte mitnehmend, dann ist der Helfer schon verschwunden.

Im Wagen tauschen wir die Plätze. Es ist wohl besser, wenn ich weiterfahre.

BÖCKCHENSPRÜNGE

Einen Tag später sind wir bereits in Nowosibirsk. Hinter dem Kreisverkehr mit der aufragenden Rakete, an dem man auch zum Flughafen abbiegen kann, steht ein Schild, das auf Omsk verweist. Auf dieser Strecke liegt kaum Schnee. Trotzdem ist es kalt. Das Thermometer zeigt auf minus vier Grad.

Wir fahren über eine gute Asphaltstraße, deren Belag erneuert wurde. Wie lange sie den Temperaturextremen trotzen kann, weiß niemand. Um uns herum weite, schier endlose Wiesen, auf denen manchmal kleine Baumgruppen, Birken, stehen. Dies wäre ein herrlicher Anblick, wenn der Motor nicht ständig stottern würde. Die »Böckchensprünge« des Wagens werden immer heftiger. Unsere Nerven sind gespannt. Wie es scheint, wird das Benzin nicht richtig angesaugt. Man könnte denken, der Tank sei leer. Doch das ist er nicht.

Ein paar Stunden später säuft der Motor ab. Wir rollen an den Straßenrand. Wo ist die nächste Autowerkstatt? Kann sie den Schaden beheben?

Wieder strecken wir die Arme aus, als ein armeegrüner KAMAS naht. Er hält an.

»Was habt ihr für ein Problem?« fragt uns der Mann mit den breiten Schultern, nachdem er aus dem Führerhaus sprang. Markus schildert ihm unseren Kummer.

»Gut«, sagt der Breitschultrige, als er weiß, worum es geht. «Von hier aus – fünfzehn Kilometer. Da gibt es eine Werkstatt.« Ich halte unser Abschleppseil schon in der Hand.

Sekunden später geht es los. Ich lenke. Mein Puls hämmert. Mit der linken Hand umkralle ich das Steuer, mit der rechten greife ich den Hebel der Handbremse. Mein Fuß liegt einsatzbereit auf dem Bremspedal. Die Fahrt wird schneller. Wenn ich das Pedal antippe, strafft sich das Seil. Ich bin sehr aufgeregt, versuche den Film in meinem Kopf, welcher mir einen heftigen Aufprall aufs LKW-Heck vorgaukelt, nicht Realität werden zu lassen.

Unsere Tachonadel steigt auf sechzig. Auf siebzig. Auf achtzig. Der Breitschultrige fährt, als gäbe es uns nicht. Vor uns sehe ich nur die Stahlwand des Containers ...

Endlich, fast unmerklich verringert sich das Tempo. Die Zugmaschine rollt langsam aus. Tatsächlich. Wir stehen. Neben uns sehen wir ein großes, eingezäuntes Gelände mit einem zweistöckigen Gebäude. Anscheinend ist dies die Werkstatt. Kein Mensch ist zu sehen. Unser Helfer rüttelt an den Toren. Sie sind verschlossen.

«Wir haben Pech«, murmelt der Russe, als er zurückkommt. »Wo ist der Motor? Ich will euch was zeigen.« Wir folgen ihm, in der Hoffnung, einen jener sibirischen Ratschläge zu ergattern, mit dem man die für uns unüberschaubare Technik überlisten kann. Ich lasse die Hunde aus dem Kofferraum springen. Der Motor befindet sich genau unter ihnen. Sie müssen solange neben dem Fahrzeug Platz nehmen.

»Wie heißt du?« frage ich, um die Stille zu überwinden.

»Andrej«, erwidert der Mann und öffnet dabei die Heckklappe. Ich muß an Andrej aus Lensk denken, der ein ebenso unverwüstliches Kraftpaket zu sein schien. Wie mag es ihm jetzt gehen?

Ein lautes Geräusch unterbricht meine Gedanken. Andrej hat sich den Benzinschlauch geschnappt, kräftig daran gesaugt und den Inhalt auf den Asphalt gespuckt. Es folgt noch so ein Sauger, als wolle Andrej einen Golfball durch den bleistiftdicken Schlauch ziehen. Erstaunt beobachten wir die Szene. Was tut er da, was wir nicht hätten auch machen können? Doch auch das ist Sibirien. Kaum jemand erklärt einem hier etwas. Man handelt einfach.

»Russisches Benzin«, belehrt uns Andrej und spuckt wieder aus, »ist sehr schlecht. Wenn ihr das so macht wie ich, kommt ihr bis Omsk.« Das klingt wie eine Verheißung.

Der Motor springt wirklich an. Mit einer Leichtigkeit, die wir seit Kemerowo, also seit etwa sechshundert Kilometern, nicht mehr kennen, kommen wir voran. Nach wenigen Minuten haben wir Andrejs Laster eingeholt. Wir überholen ihn und winken unserem Helfer zu.

Keine zehn Kilometer später stehen wir wieder am Straßenrand. Andrejs KAMAS nähert sich uns ein zweitesmal. Als der Mann aussteigt und uns abwechselnd am Benzinschlauch saugen sieht, legt er seinen Kopf zur Seite und lächelt. Er schaut dabei so gutmütig drein wie Condor, der sich im Gras sonnt. Wir überlegen zunächst, Andrej zu fragen, ob er uns bis Omsk abschleppen könnte. Das wäre das einfachste. Wir müßten auf der zweihundert Kilometer langen Strecke nicht zwanzigmal anhalten, sechzig Mal am Schlauch ziehen und würden nicht insgesamt einen Liter Benzin in den Mund bekommen. Auch die Hoffnung, Andrej könnte die passende Autowerkstatt wissen, beflügelt uns. Dennoch verkneifen wir uns dies Ansinnen. Vielleicht auch, weil wir glauben, daß er unseren Wunsch, ohne zu zögern erfüllt hätte.

Neuer Rekord. Mit geringerem Tempo und einem »Extraschluck« aus dem Benzinschlauch hat unser Bus tatsächlich dreizehn Kilometer durchgehalten. Mittlerweile sind wir zwei Stunden, beziehungsweise vierzig Kilometer von der Stelle, an der wir den breitschultrigen Mann zum ersten Mal trafen, entfernt.

Wieder machen wir eine »Saugpause«, nach der wir fünf Minuten warten, bis sich der Dreck in den Benzinfiltern, so vermuten wir es, gesetzt hat. Nicht weit von uns sehen wir, wie ein LKW einen Traktor aus dem Wald schleppt. Bei genauerem Hinsehen erkennen wir den uns bekannten KAMAS.

Im Zentrum der Millionenstadt Omsk finden wir am späten Nachmittag eine Autowerkstatt, in der man uns helfen könnte.

Hier herrscht reges Treiben. Jeder, ob nun Mechaniker oder Kunde, ist beschäftigt. Wir wissen nicht, an wen wir uns wenden sollen. Wolgas, Ladas, aber auch Toyotas, Mazdas, Fords und VW stehen mit geöffneten Türen oder Motorhauben kreuz und quer herum. Wir warten geduldig, bis einer der Monteure für uns Zeit findet.

Mit viel Geschick baut er aus dem Bus beide Benzinfilter aus: einen aus dem Motorraum und einen vom Unterboden.

»Ein wenig schmutzig, ja?« frage ich vorsichtig, während er die Teile akribisch betrachtet.

»Ein wenig?« wiederholt der Monteur und hebt fast vorwurfsvoll die Augenbrauen. «Sehr schmutzig!«

Er verschwindet mit den ausgebauten Filtern im Lager und kehrt nach kurzer Zeit mit zwei neuen zurück. Triumphierend läßt er uns wissen, daß so saubere Filter aussähen.

Als sie eingebaut sind und wir uns nach dem Preis erkundigen, winkt der etwa Zwanzigjährige ab.

«Erst mal eine Probefahrt«, sagt er. »Bezahlung später.«

Zusammen mit den Hunden, aber ohne Markus, der will in der Werkstatt warten, fahren wir los. Der Monteur lenkt den Bus über die Hauptstraße Richtung Stadtrand. Schnell merke ich, daß er unser Fahrzeug bestens unter Kontrolle hat. Jeder Griff sitzt. Als hätte er eine Kopie unseres Wagens bei sich zu Hause stehen.

Wir biegen in eine Nebenstraße ein. Sie ist schmal und kaum befahren. Plötzlich schaltet der Mechaniker zurück in den dritten Gang und gibt Vollgas. Ich werde in den Sitz gedrückt. Der Motor dröhnt. Die Schaltung springt in den vierten Gang. Mit einhundert Sachen rasen wir über den rissigen Asphalt. Mir ist alles andere als wohl dabei. Schweigend schiele ich zum Tacho. Einhundertzwanzig. Einhundertvierzig. Ich spüre jede Bodendelle. Häuser und Bäume fliegen an uns vorbei. Mir fallen die Kajaks auf dem Dach ein. Wenn bloß die Verbindungen halten ... Ausgerechnet in dieser engen Straße kommt uns ein Opel entgegen. Den Mechaniker scheint das nicht zu beunruhigen. Während ich mich angespannt in den Sitz presse, hält der das Tempo, als wären wir nur in einen zu schnell abgespulten Film geraten. Der Opel schießt auf uns zu. Ist mein Begleiter wahnsinnig? Ich sehe es schon knallen. Im letzten Moment weicht der Fahrer unseres Autos aus. Steine schlagen an den Fahrzeugboden, wir werden zur Seite geschleudert. Will der Bursche sich bei mir als Stuntman bewerben?

Endlich, die Hauptstraße. Allmählich kehrt die Lockerheit in mich zurück. Obwohl ich als Fahrer auch kein Angsthase bin, haben sich mir noch nie so sehr die Nackenhaare gesträubt wie bei dieser Fahrt.

Als ich, noch etwas weich in den Kniekehlen, auf dem Hof der Werkstatt aussteige, fragt mich Markus, wie es war und ob es mir gutgehe. Ich sähe so blaß aus.

»Alles gut«, nimmt mir der Mechaniker die Antwort ab. »Geht da bezahlen.« Er zeigt auf eine offenstehende Tür.

Wir schieben vierhundertzehn Rubel über den Tisch.

»Tankt Benzin mit hoher Oktanzahl«, rät er uns zum Abschied. Der Bursche hat leicht reden. »Super plus« kostet hier umgerechnet fast neunzig Pfennig. Für russische Verhältnisse bleibt das nur den Reichen vorbehalten. Doch wollen wir nicht weiterhin alle zwölf, dreizehn Kilometer pausieren, wird uns nichts anderes übrigbleiben, als den empfohlenen Kraftstoff abwechselnd mit normalem Benzin zu tanken. Ohne ein einziges Ruckeln rollen wir aus der Stadt.

MOSKAU

Jekaterinburg. Der Motor surrt, und wir kommen gut voran. Perm. An einer Ampel setzen wir einen jugendlichen Tramper ab, den wir zweihundertfünfzig Kilometer von Bisert bis zu dieser Stadt mitnahmen. Kasan. Wir passieren die große Wolgabrücke.

Knapp zweitausend Kilometer haben sich unter unseren Rädern seit Omsk abgespult, ohne daß wir anhalten mußten, um am Benzinschlauch zu saugen. Wir verdanken das zwei kleinen Filtern und der Tatsache, daß man selbst in Omsk gern VW fährt.

In den ersten Morgenstunden des zweiten Oktober erreichen wir Moskau. Da unser Geld zur Neige geht und wir auf keinen Fall Ronalds Eltern um Hilfe bitten wollen – das haben wir auf den letzten beiden Reisen oft genug getan – sind wir in den vergangenen Tagen auf die Idee gekommen, hier in der Hauptstadt die ARD zu besuchen. Mit deren Kollegen in Deutschland, China und den USA haben wir in den letzten Jahren schon so manchen Bericht über unsere Touren gedreht. Geld bekamen wir dafür nicht. Auch diesmal wollen wir keins. Jedenfalls nicht geschenkt. Wir wollen es uns borgen.

In einem Luxushotel sucht man uns die Adresse der ARD-Vertretung heraus. Wir lassen das Auto auf dem Hotelparkplatz stehen und machen uns mit der Metro auf den Weg zur Fernsehstation.

Im Zug, eingequetscht zwischen Menschen, die unterwegs zur Arbeit sind, merken wir an deren Reaktionen, wie sehr wir stinken. Uns wird erst in diesem Moment bewußt, daß wir uns seit fast zwei Wochen nicht mehr gewaschen haben. Ist das wirklich schon so lange her? In einen Fluß zu springen erschien uns zu zeitraubend. Kilometer waren uns wichtiger. Jetzt wünschten wir, es getan zu haben. Die Umstehenden rümpfen die Nasen, drehen sich weg und scheinen heilfroh zu sein, als der Zug leerer wird und sie sich aus unserem Dunstkreis entfernen können. Wir schauen zu Boden, wollen keinem Blick begegnen.

Nach dem Aussteigen fragen wir eine Blumenverkäuferin nach dem Hotel »Ukraina«. Dort in der Nähe hat die ARD ihren Sitz. Doch die Verkäuferin zischt uns an, wir sollen weitergehen. Wir fühlen uns wie aussätzig.

Mit großen Schritten marschieren wir über eine lange Brücke, die

die Moskwa überspannt, und sehen in der Ferne die in der Sonne glänzenden Fenster der Lomonossow-Universität. Komisch. Jedesmal, wenn wir durch Moskau kommen, nehmen wir uns kaum Zeit für diese Stadt.

Die ARD hat ihr Büro am Kutusowski-Prospekt, eine der endlos langen, geraden Hauptstraßen, die zum einen ins Zentrum, zum anderen zum Moskauer Ring führen. Der Hinterhof des Hauses, aus dem einige Balkone herauswachsen, besitzt einen bewachten Parkplatz.

Mit dem Fahrstuhl brausen wir ins zwölfte Stockwerk. Die Lifttür öffnet sich, und wir stehen wieder vor einem Eingang. Es bedarf vieler Worte und Erklärungen, bis sich nach dem Klingeln eine weitere Tür auf dem Stockwerk für uns öffnet.

Wir betreten einen Empfangsraum. Eine Putzfrau stellt behende den Staubsauger ab und eilt uns entgegen. Während sie sich uns nähert, wischt sie sich die Hände an der Schürze ab und mustert unsere Schuhe.

»Ist niemand da«, sagt sie in gebrochenem Deutsch. »Setzen sie sich. Möchten sie etwas trinken?« Wir lächeln, nicken und lassen uns in den schwarzen Sesseln nieder. Kurz darauf steht dampfender Hagebuttentee vor uns. Die Putzfrau läßt sich nicht weiter durch uns stören und fährt mit ihrer Arbeit fort, wobei sie ihr Hinterteil wie ein schweres Pendel bewegt.

Nachdem wir getrunken, uns auf einer Toilette wenigstens den Schmutz aus den Gesichtern gewaschen und uns wieder in die Sessel gesetzt haben, kommt eine junge Frau im schwarzen Kostüm in den Raum.

»Wer sind sie?« fragt sie uns. Wir erklären es ihr.

»Heute ist viel los hier«, sagt sie daraufhin. Dann nimmt sie einen breiten Ordner aus einem Schrank, trägt ihn zu ihrem Schreibtisch und tut so, als wäre die Sache für sie erledigt.

Wir erheben uns, gehen zu ihr, und Ronald fragt: »Kommt der Chef bald?« Sie schüttelt den Kopf und sagt: »Und wenn er kommt, hat er viel zu tun.« Wir versuchen der Frau zu erklären, warum wir ausgerechnet hier hereingeschneit sind, aber schon die ersten Sätze wären besser in unseren Köpfen geblieben.

»Da machen sie sich mal nicht so viele Hoffnungen«, fällt sie uns ins Wort. »Ich meine, sie können es gern versuchen. Aber wenn sie mich fragen ...?«

Enttäuscht fahren wir im Lift die Etagen hinab. Obwohl die Sonne scheint, fröstelt mich. Ein Anruf nach Hause ...?

Zwei Stunden haben wir auf einer Parkbank am Kutusowski-Prospekt neben einem Geschäft, aus dem es nach frischgebrühtem Kaffee duftete, gesessen und überlegt, was wir tun können.

Schließlich fahren wir wieder im Lift zum ARD-Büro hinauf.

Als wir dort ankommen, nähert sich uns ein hellhaariger, großer Mann. Er kommt mir seltsam bekannt vor, bis bei mir der Groschen fällt: Das ist doch der aus dem »Weltspiegel«!

»Ihr müßt die beiden Lenafahrer sein«, stellt er mit ruhiger Stimme fest und hält uns freundlich lächelnd die Hand entgegen. »Ich bin Thomas Roth und leite das ganze hier.« Ja, wir wissen's, will ich antworten, lasse es aber bleiben. Wir folgen dem Mann, der keinen Anzug, sondern dunkle Jeans und ein blaues Hemd ohne Krawatte trägt, durch einen Flur, auf dem ein Kopiergerät steht. Danach erreichen wir sein Büro. Es hat einen herrlichen Ausblick über die sonnenüberfluteten Straßen von Moskau. Einen Moment lang genießen wir diesen Blick.

»Setzt euch doch«, dringt die Stimme des ARD-Mannes zu uns. Er fragt, was wir gern trinken möchten. Irgendwie sieht er nicht aus wie ein Chef, und ich komme nicht umhin, ihn auf der Stelle sympathisch zu finden.

Kurz darauf sitzen wir in bequemen Sesseln, halten jeder eine Tasse heißen Tee in den Händen und schlürfen genüßlich daran.

»Jetzt erzählt doch mal von eurer Reise«, bittet er und wirkt dabei wie ein neugieriger Junge. Er steckt sich eine Marlboro an und bläst den Rauch zur Lampe, die über dem Glastisch hängt.

Wo anfangen? Zuerst berichten wir Allgemeines. Aber bald plaudern wir auch über die kleinen, uns wichtigen Dinge: das Saugen am Benzinschlauch, die Begegnung mit dem freundlichen Bürgermeister in Birjulka, Jewgenis Fahrschulunterricht, Wladimirs Geschenk, die fünf jungen Frauen zu meinem Geburtstag, und auch über Wolja, den Fischer, der mich aus dem kalten Wasser zog ...

»Ich verstehe euch«, sagt unser Gegenüber. »Die Gastfreundlichkeit der Russen, ihre Urwüchsigkeit ist unbeschreiblich. Hier in Moskau ist das nicht so zu spüren. Aber weiter östlich, da beginnt das wahre Rußland, das ich gelernt habe zu lieben. Dort sind die Menschen so unverdorben, so, als wäre die Zeit stehengeblieben. Irgendwie hat sich mir dieses Land in mein Herz gegraben. Mein Traum ist es, einmal von der Tschuktschenhalbinsel bis nach Kaliningrad zu reisen. Einmal quer durch Rußland. Wenn alles gutgeht, kann ich das sogar schon nächstes Jahr verwirklichen.«

»Wie lange sind sie schon hier?«

»Sechs Jahre etwa«, antwortet er. »Einmal von einundneunzig bis fünfundneunzig. Dann kam eine kleine Unterbrechung, in der ich beim Hörfunk in Deutschland arbeitete. Aber seit April achtundneunzig bin ich wieder hier. Ich erinnere mich oft an meine erste Zeit. Da gab's ja die zwei Putsche: den gegen Gorbatschow und den gegen das Weiße Haus.«

Wir wollen mehr darüber wissen. »Naja«, fährt der Mann fort. »Zum Beispiel feuerten beim zweiten Putsch Rechtsradikale und Anhänger von Chasbulatow und Ruzkoi, das waren zwei noch in der Duma verbliebene Abgeordnete, auf die russischen Truppen des Innenministeriums.« Er steht auf und geht zum Fenster. »Damals konnte man sich hier nicht so hinstellen, wie ich es jetzt tue.« Er klopft gegen das Glas der Scheibe. »Auch in dieses Haus schlugen Kugeln ein, aber weiter unten. Wir hatten, wo ich jetzt stehe, eine Kamera aufgestellt. Dort drüben, im Hotel Ukraina«, er zeigt auf ein nahes Gebäude, »starben zwei Leute, die sich zu nah am Fenster aufhielten.« Wir treten zu ihm und schauen hinunter auf die Straße, auf den Strom von Autos und O-Bussen. Thomas Roth spricht auch über den ersten Putsch gegen Gorbatschow, als damals, vor neun Jahren, in der Nähe einer Unterführung, die den Neuen Arbat kreuzt, drei Jugendliche erschossen wurden.

»Man hat ihnen auf dem Wagankow-Friedhof ein Ehrengrab errichtet.« Unser Gastgeber wirkt nachdenklich. Er schweigt eine Weile. Dann aber huscht ein Lächeln über sein Gesicht. »Meine ältere Tochter Natascha hat mich manchmal hier besucht. Zum Glück in friedlicheren Zeiten. Ja, Rußland hat zwei Gesichter.«

Wir kehren zu den Sesseln zurück.

»Mich interessiert das einfache Leben«, bemerkt er und erzählt, daß er in einem Plattenbau wohne. Dies läßt ihn auf unserer Sympathieskala weiter nach oben schnellen.

»Ich wollte kein Haus am Stadtrand«, fährt der Mann fort. »Wie soll ich jemanden aus dem Volk wirklich kennenlernen, wenn ihn und mich gleich auf den ersten Blick soviel trennt?« Diese Einstellung finde ich toll und sage es, denn: Wir haben sie nur ganz selten bei Deutschen im Ausland antreffen können.

Die Zeit verrinnt. Fast haben wir vergessen, warum wir hier sitzen. Doch es fällt uns wieder ein.

»Vergeßt das mal mit dem Borgen«, sagt der Korrespondent allen Ernstes und winkt ab. »Reichen euch fünfhundert Mark?« Wir sind sprachlos.

»Ich sage der Sekretärin Bescheid.« Er hat sich eine neue Zigarette angesteckt.

»Warum wollt ihr eigentlich gleich wieder los?« fragt er und schlägt die Beine übereinander. »Bleibt doch noch einen Tag.« So sehr wir auch Lust dazu hätten, uns zieht es nach Hause. Zu sehr sind wir bereits darauf fixiert. Der Moment, wieder die Haustür aufzuschließen, ist so greifbar nahe gerückt, daß ich in meiner Hosentasche schon mit dem Schlüssel spiele. Doch irgendwann, und das möglichst bald, möchten wir diesen netten Menschen wiedertreffen.

Am frühen Nachmittag verabschieden wir uns. Wir drücken seine Hand und danken ihm für seine Großzügigkeit. Die Sekretärin, eine Frau in den besten Jahren, überreicht uns den vorbereiteten Umschlag und ein großes Stullenpaket.

Thomas Roth begleitet uns bis vor die Haustür.

»Ich freue mich, euch getroffen zu haben«, sagt er feierlich und winkt uns zu, bis wir um die Hausecke verschwunden sind.

EIN ANRUF

Mit unserem neuen Reichtum in den Taschen fahren Markus und ich nach Norden, Richtung Lettland. Wir haben die Fensterscheiben – wie bei unserer Abfahrt aus Birjulka – heruntergekurbelt und saugen die kühle Herbstluft ein. Meine Gedanken schweifen zurück. Ich sehe Markus und mich, wie wir uns in jener Küche in der Waldemarstraße von Rostock gegenüberstehen. Einer hat für den anderen nur Unverständnis, Mitleid oder Wut übrig. Jetzt, nach diesen gemeinsam verbrachten zwölf Wochen, ist er wieder der Freund, den ich so lange vermißte. Trotzdem werde ich dabei das Gefühl nicht los, daß mir das Leben für das, was ich Markus antat, irgendwann einmal kräftig in den Hintern treten wird.

An der russisch-lettischen Grenze müssen Ronald und ich diesmal »nur« sechs Stunden warten, um am frühen Morgen des nächsten Tages den Schlagbaum passieren zu können. Uns ist seltsam zumute, so, als ließen wir einen Teil von uns auf der russischen Seite zurück.

Wir fahren fast ohne Unterbrechung, wechseln uns in gewohnter Weise ab, so daß Tag und Nacht zu einem Klumpen aus Kilometern verschmelzen. Wie eine Schneekugel, die nach jedem Rollen größer wird. Nach Lettland folgt Litauen, dann Polen. Die Wälder und Seen der Masuren fliegen an uns vorbei und bestärken uns in der

Gewißheit, daß die Welt viel zu groß ist, um sie ganz und gar in sich aufsaugen zu können.

An einer Tankstelle erlaubt ein freundlicher Mitarbeiter Markus, den Akku seines Handys aufzuladen. Wir sind wieder erreichbar.

Am nächsten Morgen gelangen wir nach Grudziadz. Wir haben vor, hier zum letzten Mal unterwegs einzukaufen und parken vor einem real-Markt. Fast zwei Tage reichten die Stullenpakete aus Moskau.

Während Markus in den Markt geht, wähle ich aufgeregt eine Telefonnummer. Endlich höre ich die Stimme von Sonja. ›Sie lebt!‹ denke ich ... Doch die Freude währt kurz. Sonja klingt sachlich, beantwortet meine Fragen, als wäre es besser, das Gespräch gleich wieder zu beenden. Nach einem Vierteljahr des Wiederhörens? Enttäuscht lege ich auf.

Von einem Freund, den ich anschließend anwähle, erfahre ich, daß es für Sonja jemand anderes gäbe. Wie versteinert sitze ich auf dem Beifahrersitz. Ich weiß, daß ich ihr oft das Gefühl gab, ich würde sie nicht richtig lieben. Sonja war der Meinung, ich würde sie meistens wie eine Kumpeline behandeln. Sicher hatte sie Recht. Auf dieser Reise aber habe ich begriffen, was sie mir wirklich bedeutet. Ich glaube, ich bin gereift, in dem was ich denke, was ich tue, was ich will. Ich kann nicht erklären, warum ausgerechnet auf dieser Tour. Waren es die einsamen Wochen in der Taiga, die in mir so oft den Wunsch auslösten, einfach mal in den Arm genommen zu werden? War es der Anblick des Toten? Oder waren es die Träume, die Verzweiflung, die Schmerzen, die Sorge um meine Hunde, die Freude, einen Menschen zu treffen, die Gespräche mit Markus?

Nun ist er da, der »Arschtritt des Lebens«, und ich bekomme zurück, was ich Markus damals »gab«. In diesem Moment ist die langersehnte, herbeigeträumte Ankunft für mich nur noch Formsache. Sie wird lästig sein, mich bedrücken, und ich habe das Gefühl, daß ich in Rostock ankommen und am liebsten gleich wieder abhauen möchte ...

ANKUNFT

Die Nacht zum fünften Oktober. Wir parken vor einem McDonalds-Restaurant an einer Autobahnraststätte nahe Berlin und haben uns zwei Dosen Bier geholt. Ronald, um sich abzulenken, ich, um wenigstens einmal mit ihm auf unsere Heimkehr anzustoßen. Gern würde ich ihn aufmuntern. Doch womit? Autotüren fallen neben uns ins

Schloß, ich höre deutsche Wortfetzen. Ungewohnt, fremd und vertraut zugleich. Irgendwann schlafen wir ein.

Der Tag zieht herauf, als ich von der Autobahn aus die turmreiche Silhouette Rostocks erblicke. Ich kann das innige Gefühl, das mich bei diesem Anblick durchströmt, nicht mit Ronald teilen, kann das Glücksgefühl, einen so weiten Weg zurückgelegt zu haben, um wieder zu Hause anzukommen, nicht kundtun. Ronald schläft, sieht traurig aus. Er tut mir leid. Trotzdem frage ich mich, ob es etwas Schöneres geben kann als heimzukehren. Ja, es kann: heimzukehren, zusammen mit einem Freund.

P.S. Wochen später steige ich die Treppen zu meiner Wohnung hinauf, vorbei an Sonjas Tür. Für einen Moment bleibe ich stehen. Ich höre Geräusche. Völlig kopflos renne ich weiter die Stufen hinauf, verzweifelt, mit weichen Knien. Jetzt weiß ich, was damals in Markus vorging ...

DANKSAGUNG

der SCANDLINES GmbH Deutschland;
Firma prijon für die Ausrüstung;
den Stadtwerken Rostock,
Norbert Petters Immobilien,
der Panasonic Deutschland AG,
Elmenhorster Fruchtsaftgetränke GmbH,
Firma Happy Air,
kw – Agentur für Kommunikation & Werbung,
Firma Abschlepp-Harry,
Reisebüro Eurotouristik GmbH,
Firma Siebdruck Günther sowie
Dr. Hommel und Dr. Schultz
für die finanzielle Unterstützung;
dem Oberbürgermeister der Hansestadt Rostock,
Herrn Arno Pöker und Frau Angelika Scheffler,
Außenverbindungsbeauftragte von Rostock,
für das Geleitschreiben und die Souvenirs.

dem Bürgermeister von Birjulka,
Wladimir aus Ust-Kut,
Aleksej senior und Aleksej junior aus Tschuja,
Andrej Periljew, Anuschka, Ljuda, Nina,
Pjotr, Sascha Enders und Wassili aus Lensk,
Viktor aus Soldikel,
Semjon und Familie aus Daban,
Dmitri vom »TL 2093«,
den Hafenverwaltungsbeamten aus Jakutsk,
den Kapitänen von »Raketa«, »Blagoweschtschensk«
und »SK 2009«,
den Fernfahrern Jewgeni, Wolodja und Andrej,
Ona und Familie aus Waischa und
allen Menschen, die wir unterwegs trafen,
für die Hilfe, Herzlichkeit und Gastfreundschaft;

ebenso Thomas Roth für das Heimfahrgeld und das Vorwort,
Dr. Goebel für die umfassende »Hundeversorgung«,
Andreas Kroll für die vielen Tips und Erledigungen,
Christa und Erwin Prokein für ihr liebevolles Zutun,
Frau Wachtl für die kurzfristige Hilfe.

Für die Mitarbeit an diesem Buch danken wir:
Herrn Langenberg, Stefan Bliese, Hannelore und
Katrin Weymann,
Peter Uhde und Martina Hamann.

Außerdem danken wir allen Lesern, die uns trotz der langen
Wartezeit auf das Buch die Treue hielten.

STATISTIK DER REISE

Reisedauer:
insgesamt 87 Tage
(10. 7.–5.10.2000)
davon 9 Tage Anreise,
47 Tage im Kajak,
25 Tage Rückreise

Streckenstatistik:
Rostock–Birjulka und zurück ca. 16000 km,
Kajakreise 3200 km,
Rückreise Jakutsk–Birjulka 4400 km,
Insgesamt 23600 km

Klimastatistik:
höchste Temperatur 33° Celsius
(am 27. 8. 2000 bei Oljokminsk)
niedrigste Temperatur –6° Celsius
(am 23. 9. 2000 in Ust-Kut)

Reisekosten:
ca. 30000 DM

Gewichtsverluste:
Ronald 15 kg
Markus 12 kg
Rüde Condor 5 kg
Hündin Gina 3 kg

Angaben zur Lena:
Entdeckung der Quelle 1996
Länge 4400 km (zehntlängster Fluß der Erde)
Breite bis zu 40 km
Einzugsgebiet ca. 2,5 Mio km²
Schiffbarkeit 3380 km
Zuflüsse ca. 200000
Temperaturextreme: –65° C bis +42°C

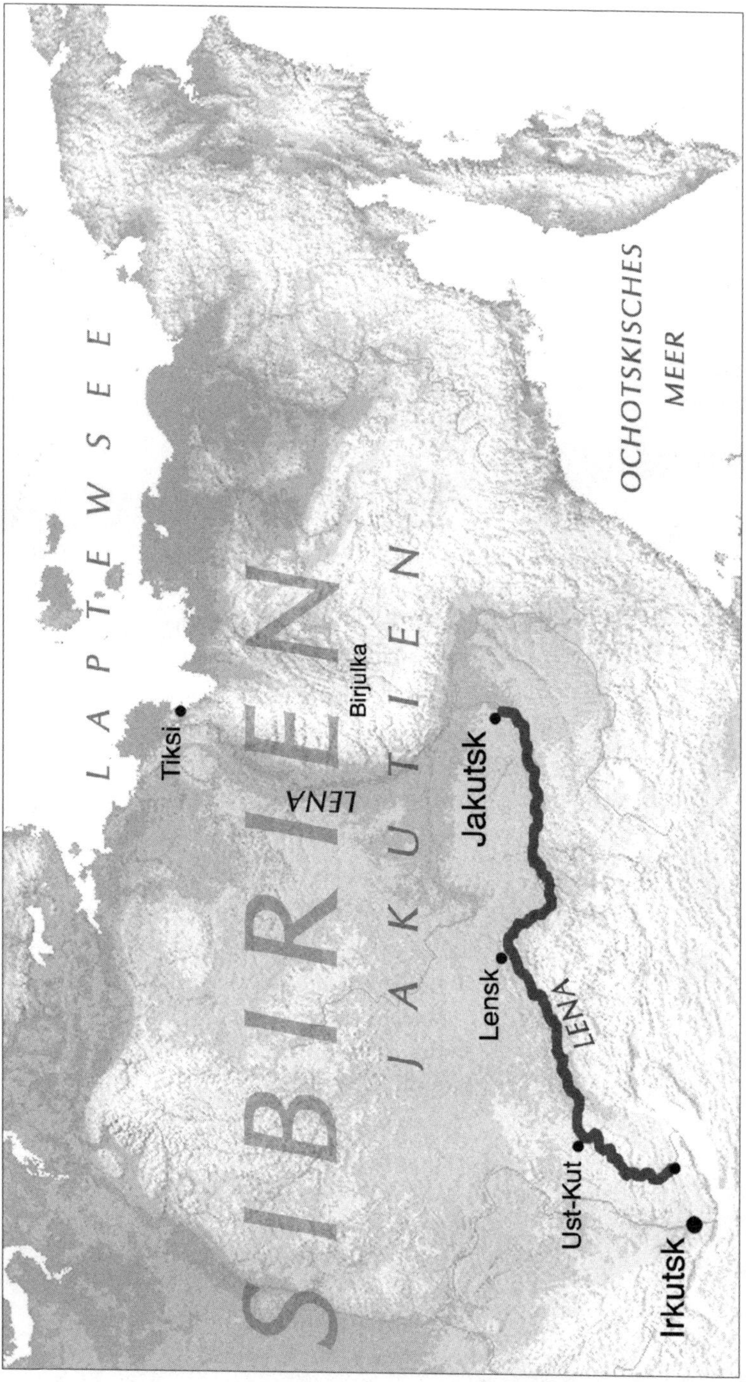
LAPTEWSEE
SIBIRIEN
JAKUTIEN
Tiksi
Birjulka
LENA
Jakutsk
Lensk
LENA
Ust-Kut
Irkutsk
OCHOTSKISCHES MEER

NACHWORT

Drei Jahre nach dieser Reise war ich noch einmal auf der Lena unterwegs. Ich befuhr sie von Jakutsk bis Lensk auf einem Frachter, um neue Foto- und Filmaufnahmen von diesem Gebiet zu machen. Daß ich allein nach Jakutien kam, hatte den Grund, daß Ronald und ich uns unser neues Vorhaben, eine Reportage über die Lena im Wandel der Jahreszeiten zu drehen, teilen wollen. Vier Touren also, zwei für Ronald, zwei für mich. So kam ich hierher, um den Sommer »einzufangen«.

Da die Arbeit an dem nun vorliegenden Buch vor meiner Abfahrt noch in vollem Gange war, waren auch die Erinnerungen an unsere Reise vor drei Jahren lebhaft. Ich fühlte mich wie ein kleiner Junge, der buchstäblich in seine Lektüre eintauchte. Alles war mir vertraut: der Duft von gegrilltem Schaschlikfleisch im Hafen von Jakutsk, die »Raketa«, das Motorgeräusch eines vorsintflutlichen Traktors, das Rauschen in den Bäumen der schier endlosen Taiga, das Plätschern des Wassers am Bug des Schiffes ... Ich sah das Ufer, wo wir unsere erste Bekanntschaft mit einem Bären hatten, erkannte die Stelle wieder, an der uns in der Nacht zum September ein heftiger Sturm heimsuchte. Ich beobachtete die Sonnenuntergänge, das Glitzern der Wellen, kurz, ich freute mich, diese Gegend noch einmal zu bereisen.

Doch es hatte sich auch so manches verändert: In vielen Dörfern waren die Häuser durch die gewaltige Flut vor zwei Jahren eingestürzt oder weggeschwemmt worden, waren teilweise die Böschung hinuntergerutscht, lagen zerstört am Ufer. Das Dorf der Wolgadeutschen, Soldikel, wurde zum Beispiel völlig zerstört. Ich fragte mich, wie es wohl Andrejs Cousin Wladimir samt Familie und dem Bürgermeister Viktor gehen mochte, ob sie versorgt waren. Die Familien aus Soldikel wurden, so berichtete man mir, nach Lensk umgesiedelt. Ob unsere Bekannten auch darunter waren? Diese Stadt übrigens, mit der wir so viele Erinnerungen verknüpfen, hätte es beinahe auch nicht mehr gegeben.

Die Uferpromenade von Lensk – wie ausgestorben. Anuschkas Café? Das gab es nicht mehr. Die Bar des Eisenbiegers, die Gaststätte, in der wir einst mit Andrej, Major Enders und Aleksej saßen und der Akkordeonmusik lauschten? Von den Eismassen vernichtet. Ich spürte, daß ich all dies, jetzt, da ich hier war, mehr vermißte als in den letzten drei Jahren daheim. Von unseren Bekannten traf ich einzig Major Enders. Er wohnte nicht mehr dort, wo wir ihn einst besucht hatten. Auch sein Haus war fortgerissen worden, erzählte er mir. Als die Flut kam – das Wasser reichte bis in die zweiten Stockwerke der Häuser – wurden die Familien mit Booten in die kilometerweit entfernten Berge evakuiert. Monatelang campierten der Major, seine Frau und der damals ein Jahr alte Sohn German zusammen mit den anderen Einheimischen in Zelten in der Taiga. Erst als das Wasser zurückging und neue Häuser gebaut und Wohnungen zugeteilt waren, konnten die Menschen wieder in die Stadt zurückkehren. Nun wohnte Enders mit seiner Familie in einem neuerrichteten Plattenbau.

Ich erfuhr auch, daß der junge Kapitän Andrej mittlerweile in Deutschland lebe und es ihm gutgehe. Seine Nierenerkrankung hatte er also überstanden! Von den anderen wisse der Major nichts. Seit der Flut wäre der Kontakt zu ihnen abgebrochen. Ob er keine Angst hätte, daß solch eine Katastrophe noch einmal passiere, fragte ich ihn. Er erzählte mir, daß deswegen viele Lensker fortgezogen seien, er aber bleiben wolle. Man hätte inzwischen am Ufer große Barrieren gegen das Eis errichtet. Und überhaupt ginge es in der Stadt aufwärts.

Ich stimmte ihm zu, denn ich konnte die Zuversicht in den Gesichtern der Menschen, die hiergeblieben waren, sehen. In den Straßen hörte ich es hämmern und bohren. Man war dabei, der Stadt ihr Gesicht zurückzugeben. Ein Teil der Promenade sah jetzt sogar schöner aus als vor drei Jahren. Der Hafen, in dem während der Überschwemmung die Kräne umgekippt waren, arbeitete wieder, zeigte Geschäftigkeit, die zu sagen schien: »Jetzt erst recht!« Das machte auch mir Mut, und die pessimistischen Gedanken, die mir bei der Ankunft in Lensk durch den Kopf gingen, daß es hier nie wieder so sein würde wie einst, wichen einem Gefühl von Hoffnung und der Gewißheit, daß das Leben der Menschen am »großen, mächtigen Strom« – das ist die Übersetzung von »Lena« – sich nicht einmal durch eine Katastrophe aus der Bahn werfen läßt. Ich kehrte nach Hause zurück mit der Vorfreude, unseren Freund Andrej in Deutschland ausfindig zu machen und die Lena nicht das letzte Mal gesehen zu haben.

Markus Möller
Rostock, im Juli 2003

INHALTSVERZEICHNIS